anti
manual
de Criminologia

Salo de Carvalho

Professor adjunto de Direito Penal e Criminologia na Universidade do Estado do Rio de Janeiro (UERJ) e na Universidade Federal do Rio de Janeiro (UFRJ). Mestre (UFSC, 1996) e doutor (UFPR, 2000) em Direito, com pesquisas de pós-doutoramento em Criminologia na Universidade Pompeu Fabra de Barcelona (2010), em Direito Penal na Universidade de Bolonha (2014) e em Filosofia Política e Ética na PUCRS (2016).

antimanual de Criminologia

8ª edição
revista
2024

Av. Paulista, 901, Edifício CYK, 4º andar
Bela Vista – São Paulo – SP – CEP 01310-100

SAC sac.sets@saraivaeducacao.com.br

DADOS INTERNACIONAIS DE CATALOGAÇÃO NA PUBLICAÇÃO (CIP)
VAGNER RODOLFO DA SILVA – CRB-8/9410

C331a   Carvalho, Salo de
Antimanual de Criminologia / Salo de Carvalho. –
8. ed. – São Paulo : Saraiva Jur, 2024.
504 p.
ISBN: 978-65-5362-863-2 (impresso)
1. Criminologia. 2. Antimanual. I. Título.

2024-635   CDD 364
CDU 343.9

Índices para catálogo sistemático:
1. Criminologia   364
2. Criminologia   343.9

Diretoria executiva	Flávia Alves Bravin
Diretoria editorial	Ana Paula Santos Matos
Gerência de produção e projetos	Fernando Penteado
Gerência de conteúdo e aquisições	Thais Cassoli Reato Cézar
Gerência editorial	Livia Céspedes
Novos projetos	Aline Darcy Flôr de Souza
	Dalila Costa de Oliveira
Edição	Iris Ferrão
Design e produção	Jeferson Costa da Silva (coord.)
	Verônica Pivisan
	Alanne Maria
	Lais Soriano
	Rosana Peroni Fazolari
	Tiago Dela Rosa
Planejamento e projetos	Cintia Aparecida dos Santos
	Daniela Maria Chaves Carvalho
	Emily Larissa Ferreira da Silva
	Kelli Priscila Pinto
Diagramação	Rafael Cancio Padovan
Revisão	Ariene Nascimento
Capa	Deborah Mattos
Produção gráfica	Marli Rampim
	Sergio Luiz Pereira Lopes
Impressão e acabamento	Gráfica Paym

Data de fechamento da edição: 26-03-2024

Dúvidas? Acesse www.saraivaeducacao.com.br

Nenhuma parte desta publicação poderá ser reproduzida por qualquer meio ou forma sem a prévia autorização da Saraiva Educação. A violação dos direitos autorais é crime estabelecido na Lei n. 9.610/98 e punido pelo art. 184 do Código Penal.

CÓD. OBRA 14891   CL 614170   CAE 866110
OP 236239

Para Mari, porque sempre soube transformar
o tédio em poesia.
Para Inês, porque mudou o sentido de tudo
e ressignificou a poesia.

Comecemos pelos jurisconsultos. Julgam-se os primeiros sabedores do mundo, e não há mortal que se admire tanto quanto eles quando, como Sísifo, rolam sem cessar para o alto de uma montanha, enorme rochedo que tomba de novo mal atinge o pico, isto é, quando entrelaçam quinhentas ou seiscentas leis, sem cuidar se têm alguma relação com as questões tratadas, quando amontoam glosas sobre glosas, citações sobre citações, quando fazem com que o vulgo pense que a sua ciência é coisa dificílima, persuadidos de não haver nada mais lindo que o que custa muitas dores e muitas fadigas. (Erasmo de Rotterdam)

Do I contradict myself?
Very well then I contradict myself,
(I am large, I contain multitudes.) (Walt Whitman)

SUMÁRIO

Nota explicativa XVII
Introdução: Por que Antimanual de Criminologia? XIX
01. O Fascínio pela Violência e pela Punição XIX
02. Civilização, Barbárie e Ciências Criminais XX
03. Ciências Criminais e Razão XXII
04. *Antimanual de Criminologia:* Temas e Perspectivas ... XXIII
05. Por que *Antimanual de Criminologia?* XXIV

PRIMEIRA PARTE
FUNDAÇÕES 1

I   ENSINO E APRENDIZADO DAS CIÊNCIAS CRIMINAIS NO SÉCULO XXI 3
01. As Expectativas e os Ruídos no Ensino das Ciências Criminais 3
02. A Fragmentação do Ensino das Ciências Criminais: Direito Penal e Criminologia 5
03. O Local do Saber Criminológico Oficial 7
04. A "Outra" Criminologia 8
05. A Fragmentação da Criminologia e o Ensino Formal 11
06. A Fragmentação do Ensino das Ciências Criminais 13
07. As Possibilidades de Reconstrução das Ciências Criminais 17
08. O Equívoco entre Interdisciplinaridade e Auxiliaridade nas Ciências Criminais 20
09. O Obsoleto Ensino do Direito Penal 23

10. O Obsoleto Ensino do Direito Processual Penal: a Captura pelo Direito Penal e a Persistência da Teoria Geral do Processo..... 27
11. A Construção Artificial do Caso Penal................................. 30
12. O Fetiche pela Jurisprudência.. 31
13. A Vocação das Ciências e das Políticas Criminais................. 33
14. Teoria Criminológica Problematizadora............................... 36

II *A ATUALIDADE DA CRIMINOLOGIA CRÍTICA: PENSAMENTO CRIMINOLÓGICO, CONTROLE SOCIAL E VIOLÊNCIA INSTITUCIONAL......................... 39*
01. Teoria Tradicional e Teoria Crítica...................................... 39
02. Razão Jurídica, Razão Instrumental..................................... 43
03. Teoria Crítica e Questão Penal: a Crítica no Direito Penal e na Criminologia.. 48
04. Possibilidades da Crítica no Direito Penal e na Criminologia: Planos de Análise, Estratégias de Ação e Problemas de Investigação.. 50
05. Coda... 52

III *FRONTEIRAS ENTRE CIÊNCIA (CRIMINOLÓGICA) E ARTE... 53*
01. O Direito Moderno e a Vontade de Sistema: Segurança e Previsibilidade como Metas... 53
02. A Ferida Narcísica da Dogmática Jurídica: o Caráter Não Científico do Direito... 56
03. Criminologia e Ciências Criminais Integradas..................... 60
04. Abertura Criminológica... 61
05. O Despedaçamento dos Saberes Criminais......................... 62
06. Teorias Gerais e Vontade de Sistema.................................. 64
07. O Espírito Teórico e a Vontade de Verdade....................... 66
08. A Tetralogia dos Valores (Metafísicos) nas Ciências Criminais 71
09. Aberturas Transdisciplinares Possíveis................................ 74
10. O Dramático e o Trágico nas Ciências (Criminais)............. 76
11. Possibilidades do Trágico em Criminologia........................ 79
12. O Olhar Trágico sobre o Sistema Penal.............................. 82

Segunda Parte
CRÍTICA CRIMINOLÓGICA ÀS CIÊNCIAS CRIMINAIS 85

IV *DESCONSTRUÇÕES E CONSTÂNCIAS DO MODELO INQUISITORIAL: CRÍTICA CRIMINOLÓGICA AO PROCESSO PENAL*.................................. 87

01. Gestação da Estrutura Inquisitorial........................... 87
02. A Expansão do Instrumento Inquisitório 89
03. O Estilo Inquisitorial 93
04. Secularização e Secularismo................................... 94
05. O Declínio do Sistema Inquisitório Confessional................... 98
06. O Discurso Médico de Desconstrução e a sua Recepção pela Jurisprudência 100
07. As Alterações Legislativas....................................... 103
08. O Discurso Punitivo da Modernidade: Humanismo e Racionalismo 105
09. A Queda do Inquisitório Confessional e o Modelo Laico 108
10. O Código de Napoleão e a Reconfiguração do Inquisitório: o Sistema Misto.. 111
11. Inquisitorialismo Revitalizado e Vontade de Verdade 114
12. A Crença na Bondade do Poder Punitivo......................... 115
13. A Caracterização do Oposto: o Sistema Acusatório............. 117
14. A Legitimidade do Processo: o Respeito às Regras do Jogo ... 119
15. A Constância Inquisitiva: Inquisitorialismos de Alta e Baixa Intensidade.. 120

V *A FERIDA NARCÍSICA DO DIREITO PENAL: CRÍTICA CRIMINOLÓGICA À DOGMÁTICA JURÍDICO-PENAL*. . . 122

01. As Feridas Narcísicas da Civilização 122
02. A Primeira Ferida Narcísica do Direito Penal: o Ideal do Controle do Crime Destituído pela Criminologia.......... 125
03. O Efeito da Lesão ao Narcisismo do Direito Penal na Criminologia.. 128
04. A Alteração da Programação Criminalizadora: o Direito Penal no *Welfare State* 130
05. A Emergência dos Riscos 136

06. As Constituições Contemporâneas e a Expansão do Direito Penal.. 137
07. O Narcisismo Penal Potencializado: o Direito Penal do Risco.. 140
08. O Controle Punitivo dos Excedentes: As Funções (Reais) do Direito Penal no Estado-Penitência................................ 146
09. A Segunda Ferida Narcísica do Direito Penal....................... 150
10. O Saber Penal e a (Cons)Ciência dos Limites....................... 152

VI CRIMINOLOGIA E TEORIA CRÍTICA DOS DIREITOS HUMANOS: CRÍTICA CRIMINOLÓGICA À POLÍTICA CRIMINAL.. *154*

01. Criminologia, Garantismo e Direitos Humanos.................... 154
02. Garantismo Clássico e Limitação das Violências.................. 155
03. A Expansão dos Direitos Humanos e as Consequências Político--Criminais... 156
04. Novos Direitos e Demanda de Tutela Penal......................... 157
05. Periculosidade e Defesa Social... 158
06. Nova Fundamentação às Sanções Penais............................. 160
07. Reversibilidade em Primeiro Grau....................................... 161
08. A Reversibilidade do Direito.. 162
09. Direitos Humanos e Direitos das Instituições...................... 164
10. As Consequências da Hierarquização dos Direitos.............. 166
11. Superação da Concepção Metafísica de Direitos Humanos..... 170
12. A Independência dos Direitos Humanos.............................. 172
13. O Reconhecimento da Reversibilidade pela Criminologia: as Funções do Discurso Penal... 175
14. Paleopositivismo e Ampliação dos Horizontes de Punitividade... 177
15. Direito e Poder de Punir... 179
16. As Virtudes do Garantismo... 180
17. Garantismo: Modelo Crítico de Ciências Criminais Integradas.. 182
18. Garantismo e Pretensões Universalistas............................... 183
19. A Reversibilidade do Discurso Garantista........................... 185
20. Garantismo e Teoria Agnóstica: Política Criminal de Redução de Danos... 187

21. Criminologia Crítica e Reversibilidade: Autocrítica............. 189
22. Projeto Político: Redução do Punitivismo 192

VII *TEORIA AGNÓSTICA DA PENA: CRÍTICA CRIMINOLÓGICA AOS FUNDAMENTOS DO POTESTAS PUNIENDI* *195*
01. A Política Abolicionista 195
02. Foucault e o Abolicionismo 197
03. Abolicionismo como Revolução Permanente 199
04. Os Limites da Dor: Opções aos Castigos 202
05. As Condições de Resolução das Situações Problemáticas 204
06. Substitutivos Penais e Ampliação da Rede de Punitividade 206
07. Os Limites Constitucionais do Abolicionismo 209
08. Supérfluos Fins: Fundamentos Constitucionais da Teoria Agnóstica da Pena 211
09. Supérfluos Fins: Fundamentos Doutrinários da Teoria Agnóstica da Pena 213
10. Tobias Barreto e a Teoria Agnóstica 217
11. Teoria Agnóstica e Redução de Danos 218
12. Realismo Marginal e Redução de Danos 220

VIII *REPROVABILIDADE E SEGREGAÇÃO: AS RUPTURAS PROVOCADAS PELA ANTIPSIQUIATRIA NAS CIÊNCIAS CRIMINAIS* *222*
01. Prisões e Manicômios 222
02. O Sistema Punitivo entre a Culpabilidade e a Periculosidade . 223
03. Periculosidade e Crise da Culpabilidade 225
04. Periculosidade, Correcionalismo e Welfarismo Penal 227
05. "Menores e Loucos": Tobias Barreto e a Teoria Agnóstica da Culpabilidade 228
06. "Menores e Loucos": Tobias Barreto e a Crítica aos Fundamentos da Inimputabilidade 232
07. "Menores e Loucos": Tobias Barreto e a Crítica à Cisão do *Homo Criminalis* 233
08. Edificação e Crise das Prisões e dos Manicômios 235
09. Os Caminhos da Crítica Criminológica e Psiquiátrica 237
10. O Saber Antipsiquiátrico 239

11. A Crítica Antimanicomial 243
12. Abertura dos Manicômios 247
13. As Alternativas ao Tratamento Asilar 248
14. A Lei Basaglia e a Reforma Psiquiátrica 250
15. O Impacto da Reforma Psiquiátrica 253
16. Avanços da Antipsiquiatria e Lições à Criminologia: Direitos e Garantias dos Usuários dos Serviços de Saúde Mental 256
17. Avanços da Antipsiquiatria e Lições à Criminologia: Limites à Intervenção Psiquiátrica 258
18. Avanços da Antipsiquiatria e Lições à Criminologia: Práticas Disruptivas 261

IX *CRIMINOLOGIA E TRANSDISCIPLINARIDADE: AUTO-CRÍTICA* *264*

01. A Busca das Origens (Criminológicas) 264
02. A Gênese Criminológica e as Armadilhas da Interdisciplinaridade 266
03. A Criminologia Castigada: o Rótulo da Auxiliaridade 272
04. A Criminologia de Si e a Criminologia do Outro 274
05. A Negação da Razão Punitiva: Razão Ética e Ética da Alteridade 276
06. Diagnósticos Fundamentais em Criminologia 279
07. Os Limites da Criminologia e a Ausência Epistemológica 279
08. Criminologia e Alteridade 282
09. O Mal-Estar nas Ciências Criminais 285

Terceira Parte
EXPERIMENTAÇÕES E ABERTURAS......................... **289**

X *MEMÓRIA E ESQUECIMENTO NAS PRÁTICAS PUNITIVAS: DIÁLOGOS ENTRE CRIMINOLOGIA E FILOSOFIA* *291*

01. O Espaço do Diálogo entre Criminologia e Filosofia 291
02. Utilidade e Desvantagem da História para Análise do Sistema Criminal 292
03. O Enfoque Genealógico na Investigação dos Castigos 295
04. A Justificativa do Direito de Punir 297
05. A Continuidade da Programação Punitiva na Modernidade ... 298

06. Supérfluos Fins: Fundamentos Filosóficos da Teoria Agnóstica ... 301
07. Nietzsche e o Instrumental de Análise do Sistema Punitivo.... 305
08. A Memória do Delito.. 306
09. Durabilidade e Fluidez dos Castigos... 309
10. Pena: Dispepsia, Doença Histórica... 313
11. Transvaloração dos Valores Punitivos: a Dessubstancialização do Crime e do Criminoso... 315
12. Transvaloração dos Valores Punitivos: a Abdicação da Verdade ... 317
13. Retomada do Trágico e Redução dos Danos Punitivos 319

XI *A CRIMINOLOGIA NA ALCOVA: DIÁLOGOS COM A LITERATURA... 323*
01. A Imagem do Homem Civilizado 323
02. O "Outro" do Civilizado: o Bárbaro.. 325
03. O *Homo Naturalis* Adormecido 326
04. Sade e os Valores da Cultura 327
05. O Pensamento e os Frequentadores da Alcova...................... 330
06. Sade e a Erótica do Poder.. 332

XII *FREUD CRIMINÓLOGO: A CONTRIBUIÇÃO DA PSICANÁLISE NA CRÍTICA AOS VALORES FUNDACIONAIS DAS CIÊNCIAS CRIMINAIS. 335*
01. Possibilidades de Aproximação entre os Discursos Criminológicos e Psicanalíticos.. 335
02. Mal-Estar, Culpa e Ressentimento 339
03. Freud, Nietzsche e a Teoria do Ressentimento....................... 345
04. As Rupturas Psicanalítica e Criminológica.............................. 347
05. Teorias Psicanalíticas da Sociedade Punitiva.......................... 351
06. O Criminoso por Sentimento de Culpa................................... 353
07. Os Efeitos Corrosivos da Psicanálise na Criminologia e no Direito Penal: a Despatologização do Criminoso e a Crítica à Culpabilidade 356
08. A Questão do Diagnóstico Criminal: a Crítica Psicanalítica à Vontade de Verdade no Processo Penal 360
09. Os Limites da Psicanálise nas Ciências Criminais: a Questão Etiológica e o Tratamento como Pena...................................... 366

10. Indagações Finais sobre as Possibilidades da Criminologia Contemporânea 369

XIII ERICH FROMM E A CRÍTICA DA PENA: APROXIMAÇÕES ENTRE PSICANÁLISE E CRIMINOLOGIA DESDE A TEORIA CRÍTICA DA SOCIEDADE *371*
01. Erich Fromm, a Teoria Crítica da Sociedade e a Criminologia Crítica... 371
02. Fromm entre Marx e Freud..................................... 373
03. *O Medo à Liberdade* 390
04. Fromm: Criminólogo Crítico................................... 395
05. Fromm e a Crítica da Pena...................................... 400
06. A atualidade da crítica criminológica de Erich Fromm 409

XIV SENSACIONALISMOS A SANGUE FRIO: A RUPTURA NA NARRATIVA DO CRIME (DIÁLOGO ENTRE A CRIMINOLOGIA CRÍTICA E O NOVO JORNALISMO) *420*
01. As Narrativas do Crime no Jornalismo Investigativo e no Direito Penal: Hiperbolia Sensacionalista e Anemia Sociológica. 420
02. O Conteúdo da Narrativa Sensacionalista 425
03. Truman Capote, Perry Smith, Dick Hickcock, a Família Clutter e o Condado de Holcomb 434
04. *A Sangue Frio* e *Outsiders*: Algumas Considerações 442

Referências Bibliográficas 443

NOTA EXPLICATIVA

Ao organizar o *Antimanual*, procurei apontar algumas alternativas ao ensino da criminologia no Brasil. A maioria dos livros de criminologia apresenta uma descrição cronológica das principais escolas, traçando um itinerário que normalmente tem sua origem no liberal-racionalismo ou no positivismo e finda nas correntes críticas ou nas renovações do positivismo (conforme a perspectiva do autor). Assim, limita o ensino da criminologia à descrição da história do pensamento criminológico e/ou reduz a criminologia à função auxiliar do direito penal.

No *Antimanual*, procuro compartilhar algumas angústias sobre temas que considero relevantes, objetivando contribuir para o fortalecimento do *pensamento criminológico crítico* em marcha no Brasil desde a década de 70 – notadamente a partir de *Criminologia Dialética* (1972), obra seminal de Roberto Lyra Filho. Sem esquecer – e isto é importante sublinhar – que, para o bem e para o mal, estamos inevitavelmente inseridos na tradição romano-germânica das ciências criminais.

O pensamento crítico brasileiro em ciências criminais, em suas mais diversas tendências, não tem medido esforços para consolidar uma práxis acadêmica com capacidade de pensar "a" e "com a" criminologia, isto é, com capacidade de refletir *criminologicamente sobre os problemas criminológicos e também os problemas dogmáticos*.

Na primeira parte do livro procuro apresentar um diagnóstico preliminar do ensino e do aprendizado das ciências criminais (da criminologia, do direito penal e do processo penal) no Brasil. O estudo é seguido por ensaios que procuram afirmar a *atualidade da criminologia crítica* e, ao mesmo tempo, confrontar os limites da ciência (criminológica) com os saberes profanos.

Na segunda, busco *aplicar a metodologia crítica* e tomar as ciências criminais como *objeto de investigação*, problematizado o modelo integrado tradicional através do olhar criminológico. São estudos direcionados: (*primeiro*) à crítica da matriz inquisitória do processo penal; (*segundo*) à demonstração do narcisismo do direito penal; (*terceiro*) à análise do idealismo das políticas criminais; (*quarto*) à desconstrução das teorias da pena; (*quinto*) à percepção das rupturas provocadas pela antipsiquiatria no direito penal e na criminologia; e (*sexto*) à exposição dos limites do próprio saber criminológico (autocrítica).

Ao final (terceira parte), apresento ensaios que tentam traçar possibilidades de diálogo da criminologia com a filosofia (Nietzsche), a literatura (Sade), a psicanálise (Freud e Fromm) e o novo jornalismo (Capote) – este último trabalho, redigido com Mari Weigert, questiona os processos de essencialização do crime pela imprensa sensacionalista, tema sempre atual.

O *Antimanual de Criminologia* pretende ser um convite à reflexão crítica; um texto que busca alertar o leitor sobre as artimanhas de justificação do poder e as formas violentas de ação do sistema punitivo.

Rio de Janeiro, março de 2024.

Salo de Carvalho

INTRODUÇÃO
Por que *Antimanual de Criminologia*?

A crise abandonada em si mesmo é a morte. A crise positivada pela responsabilidade e pelas energias de construção é a crítica, é a vida. E esta parece ser, exatamente, a nossa tarefa de intelectuais no aqui e agora: *compreender o mundo e a crise, compreender a profundidade abissal que esta crise assume, e nos responsabilizarmos pelas extraordinárias potências que emergem desde esta difícil e complexa situação.*
(Ricardo Timm de Souza)

01. O Fascínio pela Violência e pela Punição

As ciências criminais, como nenhum outro ramo do direito, expõem de forma incontornável as feridas da cultura ocidental e do processo civilizatório.

As ciências jurídicas em sentido amplo, fundadas na ideia ilustrada de contrato, atuam com a pretensão de regular, através das normas, o convívio social, estabelecendo pautas de ações civilizadas e o rol dos atos inapropriados. Através da regulamentação jurídica a sociedade fixaria os preceitos básicos da convivência em comunidade e os ideais de conduta, instituindo respostas de reprovação ao seu desrespeito.

Nesta perspectiva do direito como regulador, o penal surgiria como o mecanismo de intervenção mais radical, estabelecendo as mais graves sanções aos mais gravosos atos. Em razão de a intervenção penal causar sérios danos aos direitos e garantias individuais, estaria limitada apenas aos casos de impossível resolução pelos demais mecanismos de controle social, formais ou informais.

A criação desta série de filtros condicionantes da atuação das agências penais decorre da violência inerente às práticas punitivas. Em razão de o poder penal tender sempre ao excesso – seja no plano da elaboração (legislativo), da aplicação (judiciário) ou da execução (executivo) das leis –, sua utilização deveria ocorrer apenas em última instância (*ultima ratio*), nas situações de maior gravidade aos principais interesses sociais.

A investigação destas situações-limite, destes casos de graves ofensas à noção de civilização, que legitimariam a intervenção punitiva, caracteriza, em grande parte, o interesse que as pessoas têm pelas ciências criminais. Nota-se, quando a discussão criminal é pautada, verdadeiro fascínio pelos atos de crueldade, pelo excesso de violência, pelo abuso da força e o uso desmedido do poder. Fenômenos desta ordem, contudo, mais do que indicadores da curiosidade mórbida pelas mais distintas formas de imposição de sofrimento às pessoas, expõem a fraqueza do humano frente aos modelos de conduta traçados como ideais pela Modernidade.

02. Civilização, Barbárie e Ciências Criminais

O projeto político da Modernidade, no qual se insere o discurso das ciências criminais, tem como objetivo a busca da felicidade através da negação da barbárie e da afirmação da civilização.

Nas mais diversas construções teóricas da *primeira natureza* (Freud) humana – do bom selvagem (Rousseau) ao *homo lupus* (Hobbes) –, o Estado moderno, derivado do contrato social, representa a superação da infância da humanidade. Na *segunda natureza*, cabe ao ente político a criação de instrumentos para concretização do ideal civilizatório, extirpando, constante e gradualmente, os resquícios do selvagem.

A justificativa do Estado é baseada na hipótese de que o homem, no estado de natureza, gozaria amplamente sua liberdade, não havendo qualquer restrição aos desejos. No entanto a impossibilidade de convívio se estabelece em face da tensão entre desejos ilimitados e bens limitados. O uso da violência define, pois, as relações na primeira natureza. A forma de anular o estado de guerra, corrupção do estado de natureza, é a instituição do poder civil. A incerteza do gozo dos bens, face à possibilidade de expropriação pela força, conduz à elaboração do acordo. Os homens, em troca de segurança, optam por limitar sua liberdade, alienando certo domínio ao repositório comum denominado Estado. Como regulador instituído, caberia ao poder instituído executar esta quantidade alienada em caso de violação das leis de convivência. E o direito penal será visto como mecanismo idôneo para resguardar os valores e os interesses expostos no contrato.

A incorporação da filosofia política iluminista confere às ciências criminais modernas os princípios fundamentais do direito de punir. Note-se, p. ex., que Beccaria, ao discorrer sobre a origem das penas, entende que as leis estabeleceram as condições de reunião dos homens que viviam independentes e isolados sobre a superfície da terra. Sustenta que *"só a necessidade constrange os homens a ceder uma parte de sua liberdade; daí resulta que cada um só consente em pôr no depósito comum a menor porção possível dela, isto é, precisamente o que era necessário para empenhar os outros em mantê-lo na posse do resto. O conjunto de todas essas pequenas porções de liberdade é o fundamento do direito de punir. Todo o exercício do poder que se afastar dessa base é abuso e não justiça."*[1]

---

1 BECCARIA, *Dos Delitos e das Penas*, p. 35.

03. Ciências Criminais e Razão

A formação do Estado Moderno carrega consigo princípios de organização e racionalização da administração pública (formação burocrática) que definem o perfil do direito penal. Aliadas à separação e delimitação dos poderes legislativo, executivo e judiciário, são projetadas inúmeras expectativas decorrentes do ideal de segurança como, p. ex., o da felicidade e o da autonomia individual.

Assim, se as agências de controle social são inseridas na burocracia com os objetivos de prevenção dos desvios e punição dos delitos, o direito (penal), ao pretender-se científico, recepciona o estatuto e a programação do racionalismo. Nos passos das demais áreas das ciências naturais, é lançado na grande aventura da Modernidade: elaborar tecnologia (racionalidade instrumental) direcionada ao progresso e ao avanço social, de forma a conquistar condições de felicidade individual e bem-estar comunitário.

A expectativa das comunidades científica e política em relação à ciência jurídico-penal não é outra, portanto, que a de desenvolver instrumentos capazes de erradicação do resto bárbaro que insistentemente emerge na cultura. Associada com a noção de crime, a violência impede a constituição da civilização, motivo pelo qual este último obstáculo deveria ser extirpado.

Todavia, na atualidade, é cada vez mais possível perceber que "(...) *sob uma camada hegemônica e colorida de frenetismo e desespero não suficientemente conscientizados, repousa uma infinita multiplicidade de fragmentos culturais, fragmentos que são sobras ou ruínas vítimas da violência e das promessas não cumpridas de um modelo civilizatório e, especialmente, de uma modernidade ingenuamente otimista e intrinsecamente violenta. Nunca como agora foi tão visível incisiva verdade do famoso dito de Walter Benjamin: 'nunca houve um monumento de cultura que não fosse também um monumento de barbárie'.*"[2]

---

2 TIMM DE SOUZA, *Em Torno à Diferença*, p. 129.

04. *Antimanual de Criminologia*: Temas e Perspectivas

A presente investigação tem como temática geral os inúmeros desdobramentos e as distintas variáveis de punitividade derivados do violento projeto civilizatório ocidental.

A premissa básica que orientou o estudo é a de que as ciências criminais – concebidas como integração entre as técnicas dogmáticas do direito penal e processual penal, da criminologia e da política criminal –, direcionadas a anular a violência do bárbaro e a afirmar os ideais civilizados, ao longo do processo de constituição (e de crise) da Modernidade, produziram seu oposto: colocaram em marcha uma tecnologia que habilita o uso desmedido da força, uma programação caracterizada pelo alto poder destrutivo e que tem gerado inominável custo de vidas humanas. O motivo deste aparente paradoxo é apresentado por Morin: *"la barbarie no es sólo un elemento que acompaña a la civilización, sino que la integra. La civilización produce barbarie (...)."*[3]

Possível, portanto, neste quadro, concordar com Luigi Ferrajoli no sentido de que *"a história das penas é seguramente mais horrenda e infame para a humanidade que a própria história dos delitos."*[4]

O intuito da pesquisa é, para além de apresentar descritivamente o diagnóstico das violências produzidas pela configuração inquisitiva das ciências criminais – tarefa amplamente realizada pelo discurso crítico derivado das teorias sociológicas norte-americanas das décadas de quarenta e cinquenta do século passado –, realizar aberturas, cisões, ranhuras no espesso pensamento autoritário que rege o agir genocida dos sistemas punitivos para, quem sabe, propor alternativas à *praxis* criminológica contemporânea.

---

3 MORIN, *Breve Historia de la Barbarie en Occidente*, p. 19.
4 FERRAJOLI, *Diritto e Ragione*, p. 382.

A partir de uma abordagem transdisciplinar, a investigação aponta algumas direções e sugere possibilidades para construção de um modelo integrado crítico de ciências criminais. Procura encontrar algumas saídas visando redirecionar o agir dos atores da dogmática jurídico-penal (direito penal e processual penal), da criminologia e da política criminal, objetivando a redução dos imensos danos produzidos pelas agências de punitividade, sobretudo nos países latino-americanos.

O *Antimanual,* avesso à simplificação da linguagem e dos problemas tratados nos manuais de direito penal, de direito processual penal e de criminologia, assume a complexidade das relações sociais na atualidade e a aporia que alguns problemas impõem de forma radical.

A hipótese que orienta a investigação é a de que problemas complexos não podem ser tratados de outra forma senão complexamente. A pasteurização realizada pelos manuais, ao invés de auxiliar a compreensão dos principais fenômenos sociais, sobretudo das violências e do papel das ciências criminais frente a esta realidade, potencializa a crise, pois envolve o pesquisador (docente e discente) na *trampa* de acreditar ser possível encontrar saídas e soluções pelos caminhos mais fáceis. Não por outra razão a dogmática do direito penal e do direito processual penal e o pensamento criminológico e político-criminal contemporâneos não conseguem sair da crise que se instalou na década de oitenta, momento no qual culminou o processo de exposição das reais funções desenvolvidas pelos sistemas punitivos.

05. Por que *Antimanual de Criminologia*?

Antimanual de Criminologia é a compilação de inúmeros textos independentes escritos nas últimas décadas. Mas, apesar da relativa autonomia, ao longo do processo de organização do material notou-se a existência de um importante fio condutor. As análises, estão marcadas pela denúncia do narcisismo das ciências criminais em sua volúpia de oferecer respostas totalizadoras aos problemas sociais.

Se nasceu substancialmente como provocação, o texto adquiriu, durante o trabalho de reescrita, uma unidade que permite apontar algumas possibilidades e alternativas à crise das ciências criminais, hoje densificada pelo incremento da cultura punitiva.

Reflete o resultado de diferentes leituras realizadas nos últimos anos e que possibilitaram algumas aberturas no hermético pensamento dogmático. Por fim, procura ensaiar a constituição do pensamento criminológico como campo de saber crítico e transdisciplinar, como espaço de fala e de escuta no qual deságuam inúmeros discursos que denunciam a inadequada interferência das agências de punitividade no controle dos desvios, cujo resultado é a reprodução aguda das violências.

Primeira Parte
FUNDAÇÕES

I – ENSINO E APRENDIZADO DAS CIÊNCIAS CRIMINAIS NO SÉCULO XXI

O Direito Penal é o primeiro amor dos grandes estudantes, fascinados pelo conteúdo humano, pela palpitação social, pela intensidade dos dramas, pela glória das legendas. O Direito Penal fornece a emulsão vivificante ao berçário das vocações jurídicas. (Roberto Lyra)

01. As Expectativas e os Ruídos no Ensino das Ciências Criminais

A paixão pelas ciências criminais, que pode ser identificada nos olhos dos alunos nos primeiros dias de aula na Faculdade de Direito, invariavelmente é explicada, na esteira da epígrafe de Roberto Lyra, pelo pulsante conteúdo das investigações, pelo envolvimento da matéria com o trágico do humano.

Durante o longo período do aluno na graduação, além do direito penal, talvez apenas o direito de família apresente problemas tão fortes desde o ponto de vista dos afetos, problemas que envolvem enormes cargas de emotividade e que ultrapassam a discussão entre as partes em conflito, transferindo-se aos operadores do direito.

O interesse pelas ciências criminais surge na maioria das vezes em decorrência destas situações-limite trazidas à discussão no palco processual e acadêmico. Não invariavelmente os casos penais dão visibilidade às violências que negam a ideia moderna de civilização, defrontando o homem com o bárbaro que nele habita em silêncio, pronto para, a qualquer momento, irromper. São situações caracterizadas pela violência, pelo abuso da força e pelos excessos de poder que geram fascínio nos jovens estudantes de direito.

No entanto a experiência docente tem demonstrado que no decorrer da Faculdade os alunos vão abandonando o entusiasmo pelas ciências criminais – quando não abandonam o próprio curso de direito – e, em casos específicos e traumáticos, nada de paixão resta, apenas mágoa e decepção.

Muitos autores referiram, e atualmente é consenso no meio acadêmico, a necessidade de o ensino e a pesquisa jurídica se adequarem ao novo milênio. Novas pedagogias e novas metodologias de ensino surgem a todo o momento, no ritmo acelerado característico da era da informática e da comunicação em tempo real.

No entanto, para além do debate sobre as técnicas pedagógicas e disciplinares, entende-se fundamental investigar o ruído existente na comunicação entre os corpos docente e discente, ou seja, tentar compreender qual a dificuldade (ou inabilidade) do professor contemporâneo em se fazer entender, em demonstrar interesse, em entusiasmar seu aluno. A questão torna-se importante no campo das ciências criminais em face de a matéria ser, por si só, apaixonante. Assim, a interrogação que persiste é sobre o motivo pelo qual a estrutura de ensino, ao invés de acolher, repele o aluno.

Inúmeros pontos de reflexão podem ser apontados, desde a questão epistemológica ao conteúdo programático das matérias. Alguns serão debatidos com objetivo de apontar saídas ou caminhos alternativos à crise do ensino das ciências criminais, pensando, acima de tudo, em facilitar a comunicação entre professor e aluno no alvorecer do século XXI.

02. A Fragmentação do Ensino das Ciências Criminais: Direito Penal e Criminologia

O marco referencial das ciências criminais da Modernidade é, inegavelmente, a obra *Dos Delitos e das Penas*, de Beccaria, que não apenas delineia a principiologia humanista do direito penal e processual penal, mas realiza sua adequação com a filosofia política do contratualismo. Legalidade dos delitos, proporcionalidade das penas, jurisdicionalização dos conflitos a partir do devido processo legal e da presunção de inocência são temas reiterados na tentativa de aniquilar a base inquisitória do direito penal e processual penal pouco harmônica com os ideais das luzes.

Após o desenvolvimento das disciplinas penal e processual no século XVIII, com o fomento da técnica realizado pela Escola da Exegese francesa à formulação de Ihering no *Espírito do Direito Romano*, nasce, no plano geral do direito, a ciência dogmática, identificada como modelo cognitivo cuja tarefa seria sistematizar conceitualmente a interpretação das normas estatais (objeto de pesquisa e trabalho). Todavia, diferentemente dos demais ramos do direito que se desenvolveram sob a perspectiva dogmática, as ciências criminais, no final do século XIX, foram colonizadas pela nascente criminologia, a qual, desde o marco do positivismo etiológico, reivindicou para si o estatuto científico do estudo do crime e da criminalidade.

Na disputa pelo estatuto teórico das ciências criminais, direito penal e criminologia provocaram a primeira ruptura do projeto integrado proposto pelos penalistas do Iluminismo. Com a entrada em cena do *homo criminalis* e o decorrente deslocamento do estudo abstrato das leis penais para os processos causais que determinaram o delito, a criminologia é autonomizada. Assim como o direito, no âmbito das humanidades, a partir da construção dogmática, a criminologia, com a proposição lombrosiana adequada ao empirismo das ciências naturais, reivindicava o *status* de ciência.

O confronto no âmbito das epistemologias induziu à readequação do quadro geral das ciências criminais. Todavia a euforia dos resultados e a expectativa decorrente da criação da ciência criminológica não foram compatíveis com o local que lhe foi reservado no rol das enciclopédias penais. A (re)organização disciplinar das ciências criminais encontrou em dois modelos estrutura adequada que permitiu ao direito penal atingir o grau de cientificidade alcançado pelos demais ramos do direito, notadamente o direito civil. Franz Von Liszt e Arturo Rocco serão os responsáveis pela sistematização e integração das matérias penal, criminológica e político-criminal. A prolusão de Sássari (Rocco) e a proposição da ciência penal conjunta (Liszt) apontam para sistematização eminentemente jurídica das matérias através do pensamento de Ihering, com algumas concessões ao pensamento criminológico.

Com o objetivo explícito de estabelecer as condições de aplicabilidade judicial do direito, a dogmática penal – organizada a partir da tripartição teoria da lei, teoria do delito e teoria da pena –, elaborada e conduzida por intérpretes privilegiados (dogmática superior), harmonizaria o material legislativo de forma a propiciar ao operador do direito (dogmática inferior[1]) critérios seguros de aplicabilidade. Desta forma, caberia à doutrina penal, através dos instrumentos interpretativos fornecidos pelas teorias das fontes, (a) diagnosticar lacunas e antinomias e (b) proporcionar critérios de integração, assegurando estabilidade ao cotidiano forense (segurança jurídica). Apontadas as falhas do sistema jurídico-penal pela dogmática (crítica de *lege lata*), a política criminal estaria responsável pelo aprimoramento do material legislativo, projetando o novo direito penal (crítica de *lege ferenda*).

---

1 Os termos *dogmática superior* e *dogmática inferior* são apropriações livres dos conceitos de Ihering e correspondem, na tradição europeia, à ideia de *jurisprudência maior* e *jurisprudência menor*.

A investigação criminológica neste modelo foi reduzida à intervenção punitiva. Localizado nos cárceres, o laboratório criminológico sustentado pela matriz determinista forneceria elementos acerca do grau de periculosidade dos réus e dos condenados, elaborando a pedagogia de reforma e adaptação do *homo criminalis* à sociedade.

A ciência penal integrada, portanto, na versão de Liszt ou de Rocco, privilegiou o saber dogmático e formal, relegando ao posto de ciência auxiliar qualquer saber diverso que ousasse investigar o fenômeno crime.

03. O Local do Saber Criminológico Oficial

O saber criminológico, derivado do positivismo naturalista e etiológico da escola italiana de Lombroso, Ferri e Garófalo, será recepcionado pelos modelos integrais na qualidade de ciência coadjuvante. Assim, o local de fala da criminologia é o de auxiliar a ciência principal (direito penal), fornecendo elementos de sustentação e legitimação.

Não por outro motivo esta criminologia oficial será fixada no âmbito da atuação dos órgãos de administração do sistema punitivo, ganhando, neste espaço, alta funcionalidade e redimensionando seu poder. Neste aspecto, a tese de Foucault, no sentido de que o perito criminólogo substitui a atuação do magistrado, condicionando a decisão judicial aos seus postulados, é absolutamente pertinente.[2] As premissas da criminologia etiológica atuarão, nos sistemas de interpretação e valoração das provas nos processos de execução – e em determinados casos nos processos de cognição (*v.g.* exames de periculosidade nos incidentes de insanidade men-

---

2 Neste sentido, conferir FOUCAULT, *Vigiar e Punir*, pp. 164-172; e FOUCAULT, *Os Anormais*, pp. 03-68; 137-210.

tal) –, como valorações hierarquicamente superiores, vivificando os sistemas inquisitórios das provas legais tarifadas.

O laboratório criminológico, portanto, definirá as regras e os critérios que conduzirão o processo pedagógico de regeneração do criminoso submetido às penas prisionais (imputável), às medidas de segurança (inimputável psíquico) ou às medidas educativas (inimputável etário).

Em termos teóricos, esta criminologia administrativa altamente comprometida com os fins estabelecidos pelas agências de punitividade (instrumentalidade institucional) será fortalecida pelas teorias de Defesa Social (Filippo Gramatica) e de Nova Defesa Social (Marc Ancel). Paradoxalmente, apesar de sustentarem o positivismo criminológico, as teorias defensivistas são apresentadas ao público consumidor do sistema penal como teorias humanizadoras, de oposição aos modelos ilustrados retributivistas. Nesta condição, configurarão as reformas dos principais ordenamentos jurídico-penais e das agências punitivas ocidentais do pós-Guerra.

04. A "Outra" Criminologia

Paralelo ao desenvolvimento da criminologia institucional fortemente marcada pelo processo de colonização das ciências criminais pelos saberes psiquiátrico e psicológico comportamental, o discurso sobre o crime e a criminalidade realiza percursos alternativos. Nota-se, assim, que a unidade do pensamento criminológico nunca existiu, pois logo depois de seu surgimento inúmeras e diferenciadas correntes foram desenvolvidas.

Desta forma, importante pontuar que, diferentemente das disciplinas dogmáticas atreladas ao formalismo (dogmatismo), não houve (sequer há) padronização, ou seja, inexiste 'a' criminologia. Há criminologias, entendidas como pluralidade de discursos sobre o crime, o criminoso, a vítima, a criminalidade, os processos de criminalização e as violências institucionais produzidas pelo sistema penal. A premissa permite, inclusive, sustentar a fragilidade epistemológica de qualquer discurso criminológico que se pretenda científico, visto não ser factível a visualização dos pressupostos mínimos que possam fornecer esta qualificação – *v.g.* unidade e coerência metodológica, definição de objeto, delimitação de horizontes de pesquisa, direcionamento teleológico das investigações.

A conclusão é possível, pois, se as primeiras décadas do século XX assistem à redefinição do determinismo etiológico e à (re) colocação da criminologia no patamar da auxiliaridade, fenômeno eminentemente europeu, ao mesmo tempo, nos Estados Unidos, este período é surpreendido pelo que se convencionou denominar *ruptura criminológica* (Rosa del Olmo), fenômeno que evidencia as *feridas narcísicas do direito penal.*

A partir da enunciação de Durkheim (*As Regras do Método Sociológico*, 1895) de ser o crime experiência normal no convívio social – "*el crimen es normal porque una sociedad sin el es completamente imposible*"[3] –, são criadas condições de possibilidade ao giro criminológico (*criminological turn*).

Baratta sustenta com precisão que, com a teoria estrutural-funcionalista de Durkheim, e, a partir dele, Merton, ocorre a virada sociológica da criminologia contemporânea, constituindo "(...) *a primeira alternativa clássica à concepção dos caracteres diferenciais biopsicológicos do delinquente e, por consequência, à variante positivista do bem e do mal.*"[4]

Ao considerarem o crime e o desvio condutas normais em qualquer estrutura social, inexistindo organização isenta de tais fenômenos ("*o delito faz parte, enquanto elemento funcional, da fisiologia e não da patologia da vida social*", sendo negativo apenas quando

---

3 DURKHEIM, *Las Reglas del Método Sociológico*, p. 86.
4 BARATTA, *Criminologia Crítica e Crítica do Direito Penal*, p. 59.

ultrapassados determinados limites[5]), Durkheim e Merton possibilitam radical crítica ao modelo etiológico. A negação da pesquisa das causas do desvio nos fatores bioantropológicos e naturais (clima, raça), ou em determinadas situações patológicas da estrutura social, abre espaço para o nascimento de novos discursos, desvinculados das concepções causal-deterministas e, naturalmente, dos seus efeitos deletérios aos sujeitos criminalizados.

Ocorre que se é possível criticar a criminologia positivista-etiológica por (a) estar demarcada pelos saberes sanitaristas psiquiátricos e psicológicos, (b) ter adquirido feição essencialmente institucional, (c) reproduzir concepção patológica do crime e do criminoso e, em decorrência, (d) operar sua demonização; parte do discurso crítico derivado do giro criminológico padecerá por (a) estar colonizado pela sociologia, (b) não ter rompido com a institucionalização do saber, visto que seu local acadêmico é igualmente institucional, (c) reproduzir igualmente perspectivas causal-deterministas – não individuais como o modelo etiológico (microcriminologia) mas estruturais como os econômicos – e, em consequência, (d) realizar a romantização do criminoso.[6]

Ademais, importante perceber que a ruptura criminológica proporcionada pela teoria do etiquetamento não produziu, como desejado, a superação do positivismo etiológico. Possível sustentar, inclusive, como ingênua a crença de serem irreversíveis e indiscutíveis as conclusões advindas do novo paradigma. Tais assertivas são funcionais apenas para a legitimação do saber-fazer da criminologia crítica. Contudo não possibilitam verificar que o espaço criminológico crítico restou limitado à academia, e a criminologia

---

5 BARATTA, *Criminologia...*, p. 60.

6 Sobre o tema do idealismo e do romantismo, bem como em relação à crítica à inversão dos postulados positivistas, conferir LARRAURI, *La Herencia de la Criminología Crítica*, pp. 156-191.

tradicional, ao ser relocada ao interior das instituições operacionais do sistema punitivo (instituições policiais, prisionais e manicomiais), apesar de implicar perda de *status*, conquistou privilegiados espaços de poder. Poder que produz e reproduz efeitos na vida forense.

05. A Fragmentação da Criminologia e o Ensino Formal

A inexistência de um único saber criminológico, desde sua origem desenvolvido, estabilizado, criticado, superado e novamente compartilhado pelos membros da comunidade científica (de criminólogos) – hipótese das revoluções científicas modernas trabalhada por Thomas Khun[7] – gerou, no ensino acadêmico (formal) da criminologia, problemas de difícil superação.

Os primeiros problemas derivam do percurso apresentado como história oficial da criminologia. Ao pressupor o avanço linear da técnica criminológica, concebido a partir da ideia de que novas teorias sucedem padrões de investigação defasados e que os novos modelos são necessariamente mais avançados em termos científicos, restou esquecido o fato de que as teorias e os inúmeros processos de conhecimento (inclusive não científicos) acerca de determinados temas coabitam, coexistem simultaneamente e são compartilhados no fluxo histórico. Ademais, mesmo quando há efetivamente superação de sistemas e de estruturas de pensamento, as novas "*estruturas emergem lentamente*", para utilizar a terminologia de Cordero, ao referir o processo de edificação do sistema inquisitório medieval a partir do Concílio de Verona, em 1184.[8]

Nítida, pois, a impossibilidade de sustentar, visto não ser factível, a superação e a substituição dos modelos deterministas de

---

7 KHUN, *A Estrutura das Revoluções Científicas*, pp. 219-224.
8 CORDERO, *Guida alla Procedura Penale*, p. 46.

análise do indivíduo que cometeu o delito (paradigma etiológico) pelas concepções críticas de avaliação dos processos de criminalização (paradigma da reação social). E isto inclusive no âmbito acadêmico.

Na atualidade se constata a coexistência de inúmeras tendências derivadas do pensamento crítico, que intentam superar a crise deflagrada na década de 90 com o advento das neurocriminologias, concepções etiológicas derivadas das neurociências que adquirem cada vez mais espaço e força nas instituições.

Contudo a história oficial do pensamento criminológico reproduzida nos manuais e nos programas de ensino acaba por limitar o avanço das investigações à superação da etiologia.

O segundo problema é relativo à limitação do ensino da criminologia a este percurso, ou seja, invariavelmente o conteúdo transmitido é o da gradual superação de modelos por escolas e teorias criminológicas. Em outros termos, o ensino da criminologia é restringido à cansativa descrição da história da criminologia ou das teorias criminológicas, não conquistando espaço como recurso interpretativo dos sintomas (individuais, sociais, institucionais) contemporâneos.

A consequência, para além da manutenção das ideias deterministas, é a debilidade das instituições de ensino em formar e desenvolver pensamento criminológico com capacidade de crítica nos seguintes planos: (a) *crítica interna ao modelo integrado*, voltada aos saberes dogmáticos que sustentam o direito penal e o direito processual penal; (b) *crítica externa do modelo integrado*, direcionada à atuação das instituições punitivas (agências policiais, judiciais e carcerárias) e à política criminal que legitima este agir; (c) *crítica externa ao modelo integrado*, apontada aos saberes não criminais que legitimam os saberes criminais (discursos político-econômicos, agenda dos meios de comunicação, manifestações literárias e expressões artísticas em geral, eruditas e populares); (d) *autocrítica*, dirigida aos próprios saberes que se desenvolvem no âmbito das inúmeras criminologias.

Não obstante qualquer pretensão cartesiana de propor métodos de ensino das ciências criminais, importante assinalar a necessidade de suscitar o pensamento criminológico na condição de ferramenta de leitura da realidade. A criminologia, portanto, enunciada como recurso interpretativo dos sintomas contemporâneos e não como método ou técnica para estudo dos seus objetos referenciais (crime, criminoso, vítima, sistema criminalizador) ou como objeto mesmo de estudo, confundindo-se a história da criminologia com a criminologia mesma. Necessário, pois, avançar no sentido de pensar *com* a criminologia e não restar limitado à sua descrição histórica e/ou ao desenvolvimento de suas principais teorias.

06. A Fragmentação do Ensino das Ciências Criminais

Se for possível direcionar a lente investigativa à invenção do discurso criminal da Modernidade, procurando não incorrer no tradicional apego romântico ao projeto liberal, será constatado que mesmo projetos com distintas bases políticas e filosóficas de sustentação apresentam, em suas propostas originárias, concepção conjugada de ciências criminais. Direito penal e direito processual penal, em aperfeiçoamento, e criminologia e política criminal, de forma prototípica, encontraram-se no mesmo espaço de saber, possibilitando sofisticada interlocução e crítica recíproca.

Note-se, de forma exemplificativa, que os diversos projetos político-criminais expostos na Ilustração – Beccaria (*Dos Delitos e das Penas*, Itália, 1765), Marat (*Plano de Legislação Criminal*, França, 1780) e Feuerbach (*Tratado de Direito Penal Comum Vigente na Alemanha*, Alemanha, 1801) – integravam a concepção sobre o agir delitivo com modelos de resposta penal e de instrumentalização processual. Assim, antes de Liszt ou de Rocco, privilegiando as disciplinas dogmáticas, ou de Gramatica e de Ancel, privilegiando a criminologia, a integração harmônica dos saberes está proposta na constituição da Modernidade penal.

A (re)construção da criminologia a partir do método causal-explicativo com a transposição das premissas das ciências naturais para o estudo atomizado do *homo criminalis* (objeto), aliada à pretensão científica do direito e do processo penal com os avanços da dogmática desde Ihering, produziu, no final do oitocentos, fissura no projeto Ilustrado. Criminologia e dogmática penal são autonomizadas e os caminhos das disciplinas seguem trajetos distintos.

Contudo o discurso dogmático-penal, desde o local privilegiado de fala sobre o fenômeno crime entendido como ente jurídico, captura a matriz criminológica de orientação etiológica e, na composição dos novos modelos integrados, impõe-lhes o signo da auxiliaridade. Não por outro motivo Liszt e Rocco propõem prontamente plano reativo – *v.g.* que em Rocco o projeto é denominado *reação tecnicista* – para a (re)unificação das matérias. Cabe, portanto, a este saber criminológico a atuação institucional no âmbito dos cárceres e manicômios para o estabelecimento de diagnósticos e prognósticos sobre a delinquência individual. Na condição de ciência menor (auxiliar), é definida a meta de, ao individualizar penas e medidas de segurança, justificar a estrutura do direito penal, sobretudo dos fins estabelecidos às penas. No caso, fornecer elementos concretos para a profilaxia criminal proposta pelas teorias de prevenção geral positiva.

Por outro lado, distante da lógica psiquiatrizante da criminologia institucional e da descaracterizadora subordinação ao direito penal, os demais discursos criminológicos encontrarão nas ciências sociais importantes instrumentos de análise do fenômeno crime. Alheio aos limites impostos pela dogmática penal, o próprio objeto de investigação será ampliado, englobando não apenas o delito enquanto ente jurídico subordinado à legalidade (*nullum crimen, nulla poena sine legem*), mas as condutas desviantes em geral e, posteriormente, com a consolidação do saber criminológico crítico, os processos de criminalização e a atuação das agências de punitividade.

O cenário das disciplinas criminais a partir das primeiras décadas do século XX apresenta, portanto, distinta configuração daquela originalmente elaborada pelos pensadores da Ilustração penal. Não por outro motivo lembra Munõz Conde que "*desde que, hace casí un siglo, Franz Von Liszt propugnara lo que él llamó gesamte Strafrechtswissenschaft que abarcara todos los aspectos científicos relativos al delito y sus consecuencias, poco se ha avanzado realmente en la construcción de este modelo concebido más como aspiración ideal que como algo realizable en la práxis.*"[9]

Perceptível, portanto, que o *direito penal*, fortalecido pela matriz epistemológica dogmática das ciências jurídicas em geral, desenvolve saber autônomo e próprio, altamente sofisticado, sobretudo na teoria do delito. Desde a teoria do crime serão estabelecidos os critérios e os pressupostos da responsabilidade penal, a partir da tipicidade, categoria predeterminada pela legalidade. As teorias da pena, por sua vez, fornecem legitimidade ao justificar a intervenção penal, sendo a execução o ponto de convergência e abertura à auxiliaridade criminológica. Nota-se, pois, o isolamento da dogmática das demais ciências, gerando saber autorreferencial, circunscrito a si mesmo – "*todo lo que está más allá de las previsiones jurídicas, es soslayado, cuando no olímpicamente despreciado, como irrelevante o carente de interés.*"[10]

A *criminologia*, fragmentada em criminologia institucional e criminologia da reação social (*labelling theory*), desenvolve duas linguagens distintas, adequadas ao estudo de fenômenos diferenciados. A *criminologia positivista*, vinculada ao direito penal dogmá-

---

9 MUÑOZ CONDE, *Prólogo*, p. XVI.
10 MUÑOZ CONDE, *Prólogo*, p. XVI.

tico, estabelecerá critérios de classificação tipológica e de definição dos meios adequados para correção do criminoso; a *criminologia da reação social* (anticorrecionalista), em harmonia com as teorias sociológicas – fundamentalmente a partir das teorias sociológicas do desvio norte-americanas –, desenvolverá investigações que fornecerão condições de possibilidade à criminologia crítica, entendida como discurso macrocriminológico de análise do funcionamento (seletivo e estigmatizante) das agências de punibilidade.

O desenvolvimento de distintos discursos criminológicos, com diversa adequação disciplinar e diferentes finalidades, gerou perspectivas díspares na área da *política criminal*. A dependência da política criminal à instrumentalidade criminológica e/ou jurídico--penal produziu movimentos conflitantes que são refletidos nos discursos cotidianos relativos à aderência ou ao desprendimento dos processos de criminalização. Logicamente esta dependência acaba sendo reivindicada pelos discursos criminológicos e penais, visto que na realidade concreta das tendências (des)criminalizadoras contemporâneas, sobretudo em países periféricos como o Brasil, a política criminal, face ao filtro realizado pelo processo político, é autônoma e guarda pouca coerência com as pautas elaboradas pelas disciplinas científicas.

Outrossim, o *processo penal*, em decorrência do desenvolvimento da teoria geral do processo, foi integrado e remetido a outra esfera de saber, alheia à discussão penal, criminológica ou político-criminal. Desgarrado do seu campo de origem, foi reformatado no que tange aos seus fins e aos seus limites, perdendo a dimensão epistemológica das ciências criminais. Não por outro motivo o discurso totalizante da teoria geral do processo, assim como procedeu a dogmática penal em relação à criminologia institucional, reduziu o processo penal a um saber menor, desqualificado, dependente da matriz e das bases fornecidas pelo direito processual civil.

07. As Possibilidades de Reconstrução das Ciências Criminais

A desagregação das disciplinas que compõem as ciências criminais gerou incapacidade de diálogo e de desenvolvimento simétrico de institutos. Ademais, inviabilizou a diluição da crítica criminológica no interior das disciplinas dogmáticas, reforçando na criminologia institucional e no direito penal a perspectiva correcionalista.

Portanto, para além das disciplinas dogmáticas (direito penal e direito processual penal), o processo de fragmentação impossibilitou a consolidação da criminologia enquanto ciência face à pluralidade de discursos que sustenta (dos discursos criminológicos de ruptura aos discursos de legitimação do sistema penal). Motivo pelo qual, na atualidade, constitui campo de pesquisa interdisciplinar no qual deságuam os mais diversos saberes, científicos ou não.

Natural, neste quadro, os efeitos deletérios produzidos no ensino e no aprendizado das ciências criminais. A fragmentação das disciplinas obstaculizou a compreensão global dos saberes criminais, fato que gera, no atuar cotidiano dos operadores do direito – e dos demais atores que participam da investigação do fenômeno criminal –, incapacidade de compreensão das violências inerentes ao sistema penal e de criação de instrumentos para minimizá-las.

Contudo na atualidade é possível perceber, de forma embrionária, projetos que procuram reconstruir as ciências criminais, conferindo-lhes mínimo de unidade e de coerência capaz de harmonizar, desde concepções criminológicas e político-criminais problematizadoras, o direito e o processo penal. Três obras, a partir de perspectivas críticas distintas, são exemplares nesta (re)construção: *Fundamentos do Direito Penal* (Hassemer), *Direito e Razão* (Ferrajoli) e *Direito Penal Brasileiro* (Zaffaroni, Batista, Alagia e Slokar).

Hassemer, em *Fundamentos do Direito Penal*, inicia a investigação a partir de exposição de caso concreto e sua conexão com a lei penal, produzindo interpretações criminológicas dos protagonistas da cena criminal (autor do delito e vítima), com o objetivo de situar os sujeitos implicados no conflito. Somente depois desta análise passa à produção do caso desde os elementos fornecidos pela teoria do direito penal e processual, de forma a criar condições sustentáveis à decisão judicial condenatória (sentença criminal), cuja conclusão subsiste pelo gradual cumprimento dos requisitos impostos pela teoria do delito. Por fim, apresenta as hipóteses de solução do caso fornecidas pelo direito penal, avaliando os efeitos das teorias da pena na estrutura da execução penitenciária.[11]

Direito e Razão, de Luigi Ferrajoli, ancorado na tradição filosófica Iluminista, estabelece como fio condutor da análise criminológica e político-criminal, penal e processual penal o princípio da secularização. Assim, a radical separação entre direito e moral estabeleceria limites à criminalização das condutas, à valoração judicial do réu e às formas de execução penal delineadas pelas teorias da pena. O ponto de partida que dá sustentação às teorias da lei penal, do delito e da pena, no âmbito da dogmática penal, e às teorias da ação, da jurisdição e do processo, no campo processual penal, é o utilitarismo reformado, teoria da pena que agrega à máxima utilitarista clássica (*maior felicidade*) elemento de constrição da punibilidade (*mínimo sofrimento*), conformando o aforisma "*máxima felicidade possível para a maioria não desviante e mínimo sofrimento necessário para a minoria desviante*". Este pressuposto político-criminal minimalista de redução do sofrimento imposto pelos

---

11 Conforme verifica Muñoz Conde, a obra de Hassemer "*expone los fundamentos no solo de la Dogmática jurídicopenal, sino también de la Criminología, de la Política Criminal, del Derecho Procesal penal y del Derecho penitenciario, en una feliz síntesis premonitória de lo que puede ser en el futuro un modelo de Ciencia integral del Derecho penal*" (MUÑOZ CONDE, *Prólogo*, p. XIX).

castigos fornece a resposta à questão *por que punir?* é a chave de interpretação que delineia a elaboração prático-teórica do *quando?* e *como?* proibir, julgar e punir.

Em *Direito Penal Brasileiro*, Nilo Batista traduz e introduz na problemática nacional a obra porteña de Zaffaroni, Alagia e Slokar. A densa avaliação do sistema punitivo e das agências de punitividade é realizada desde o local específico: a circunscrição latino-americana. E, desta forma, permite compreender as distintas formas de manifestações do *potestas puniendi*, sobretudo nos eixos centro-periferia ou norte-sul, e o equívoco das ciências criminais da América Latina em consumir e validar modelos repressivos alienígenas. No texto, os autores analisam a incidência e a projeção do direito penal, descrevendo de forma crítica os métodos, as características, as fontes e os limites impostos pela política criminal, sem olvidar as relações interdisciplinares do direito penal com as disciplinas criminais que conformam os modelos integrados de atuação (saberes secantes) e destas com os demais saberes jurídicos (tangentes). Contudo, apesar de em primeira análise a obra abordar de forma sutil a questão processual penal, na elaboração da dinâmica histórica da legislação e na genealogia do pensamento penal, os autores recuperam a análise dos instrumentos de persecução que movimentam o direito penal e apontam a *inquisitio* como tipo ideal de repressão pela coação direta. Não por outro motivo nominam o *Malleus Maleficarum* como obra teórica fundacional do discurso legitimador do poder punitivo, consolidando, de forma inédita, o primeiro sistema integrado de criminologia e criminalística com direito penal e processual penal.[12]

As três obras permitem pensar a (re)construção, desde perspectiva problematizadora, do modelo integrado de ciências criminais. Suas estruturas trazem, inclusive, elementos que podem servir

---

12 Importante síntese da construção deste modelo em ZAFFARONI, *Origen y Evolución del Discurso Crítico en el Derecho Penal*, pp. 25-45.

de base e de inspiração para as necessárias alterações curriculares dos programas de criminologia, direito penal e direito processual penal, os quais ainda sofrem os efeitos da desagregação que dominou o século XX.

08. O Equívoco entre Interdisciplinaridade e Auxiliaridade nas Ciências Criminais

A condição mínima para que se possam realizar investigações interdisciplinares é dotar os sujeitos interlocutores de condições similares de fala, ou seja, abdicar da ideia de estar um saber a serviço de outro. Significa, sobretudo, respeito às diferenças inerentes aos saberes.

A especialização do conhecimento, projeto da ciência Moderna instigado pelo cartesianismo, pressupõe que o estudo infinitesimal dos objetos de pesquisa possibilitaria, na sua recomposição, a captura da sua totalidade, o atingimento pleno da sua verdade. Não por outro motivo a busca cartesiana do verdadeiro método para a conquista do conhecimento sobre todas as coisas é fundado em quatro preceitos: (1º) nunca aceitar algo como verdadeiro se o conhecimento não for claro; (2º) repartir cada uma das dificuldades em tantas parcelas possíveis e necessárias a fim de melhor solucioná-las; (3º) iniciar a análise dos objetos pelos mais simples e mais fáceis para, galgando degraus, alcançar o conhecimento pleno (verdadeiro); e (4º) realizar enumerações e revisões dos procedimentos para ter certeza de nada omitir.[13]

Ocorre que a necessidade de especialização infinitesimal do conhecimento fomentou a hierarquização entre os saberes e, em consequência, a pressuposição de que determinadas áreas são ferramentas de auxílio aos saberes mais sofisticados, superiores.

---

13 DESCARTES, *O Discurso do Método*, pp. 49-50.

Nas ciências criminais, torna-se evidente a sujeição ao direito penal de todas as disciplinas alienígenas que investigam o crime, a vítima, o criminoso, a criminalidade, os processos de criminalização e a atuação das agências de controle social formal. Todavia este modelo arquitetônico de saber, no qual o direito penal encontra-se em posição privilegiada, impossibilita a interdisciplinaridade, pois para que esta possa ser atingida prescinde que todas as disciplinas estejam abertas para críticas advindas do exterior. A incorporação das críticas exógenas oxigena a área de conhecimento, permite autocrítica e fomenta seu desenvolvimento.

No entanto o modelo oficial das ciências criminais vislumbra os demais saberes como servis, permitindo apenas que forneçam subsídios para a disciplina mestra do direito penal. A arrogância do direito penal, aliada à subserviência das áreas de conhecimento que são submetidas e se submetem a este modelo, obtém como resultados o reforço do dogmatismo, o isolamento científico e o natural distanciamento dos reais problemas da vida.

É interessante perceber, ainda, no caso brasileiro contemporâneo, que a demanda/imposição de interdisciplinaridade pelos órgãos oficiais de fomento produziu, em inúmeros casos, a disciplinarização da interdisciplinaridade. Para além da tensão entre direito penal e criminologia exposta ao longo do texto, alguns exemplos da área do direito podem elucidar a confusão entre interdisciplinaridade e auxiliaridade nas ciências.

As disciplinas propedêuticas de economia, sociologia, filosofia e, mais recentemente, psicologia, tornadas obrigatórias por força de lei, inegavelmente em muito podem contribuir ao estudo do direito. A questão é que estas matérias constituem campos científicos que não podem ser apreendidos na qualidade de disciplinas unitárias, isto é, na pretensão de realizar interdisciplinaridade forja-se estrutura curricular na qual são reduzidas, quando não anuladas, as possibilidades de interdisciplinaridade. Lédio Andrade, analisando as condições de possibilidade do estudo da psicologia no direito brasileiro, lembra que o enfoque restrito aos laudos periciais, que se incluiu quando da alteração das estruturas curriculares, *"tolhe o alcance da interdisciplinaridade"*. Sustenta, em sentido similar ao proposto, que *"o potencial de análise psicológica jurídica* [deve ocorrer] *não só nas perícias (quando a autonomia do Direito se mantém e o conhecimento psicológico é apenas auxiliar), mas, acima de tudo, na compreensão do próprio fenômeno jurídico."*[14]

O problema é idêntico quando, em cursos não jurídicos, se pretende realizar diálogo com o direito criando a matéria de *instituições de direito público e privado*. Se na atualidade sequer na área específica das ciências criminais é possível encontrar unidade mínima para elaboração de modelo integrado, menor ainda a possibilidade de reduzir à unidade as inúmeras especificidades do universo jurídico, visto impossível comparar, p. ex., as estruturas do direito civil, do direito penal, do direito do trabalho ou do direito tributário.

A dogmatização disciplinar da interdisciplinaridade acaba por anular o diálogo entre as ciências e fomentar, nos casulos autônomos dos saberes burocráticos, a hierarquização do conhecimento com o desenvolvimento da auxiliaridade das matérias científicas.

Se é necessário que a formação discente seja interdisciplinar – e na atualidade esta premissa parece ser evidente –, é fundamental se pensar na abertura da Universidade, com o fomento da livre circulação dos saberes. A estrutura (mínima) curricular dos cursos seria integrada pela possibilidade da livre escolha das áreas de interesse para formação pessoal. Do contrário, a riqueza da interdisciplinaridade redunda na pobreza e na mediocrização do conhecimento através da auxiliaridade, produzindo-se as patologias que

---

14 ANDRADE, *Aproximando a Psicologia do Direito*, p. 173.

atualmente são verificadas nos cursos de graduação e o gradual desestímulo dos corpos docentes e discentes para proceder investigações inovadoras.

09. O Obsoleto Ensino do Direito Penal

Os estudos realizados sobre o ensino do direito têm demonstrado, à exaustão, a inominável defasagem em termos pedagógicos e a profunda distância entre o saber jurídico e a realidade social. No entanto, se é dado irrefutável que a formação do jurista está dissociada das demandas sociais contemporâneas, é fundamental dizer que este mesmo modelo está desconectado da própria realidade legislativa, que lhe é referente e lhe dá sustentação.

O direito, em geral, e o direito penal, em particular, padecem do que Ferrajoli denominou como *paleopositivismo* (positivismo dogmático), orientação teórica que ignora o conceito de validade constitucional das leis, atribuindo legitimidade ao ordenamento jurídico pelo simples preenchimento dos requisitos formais de elaboração legislativa. Ao contrário, a perspectiva crítica refletiria sobre o modo de conceber o trabalho do jurista, colocando em questionamento dois dogmas positivistas: a fidelidade do juiz à lei e a função meramente descritiva e não valorativa do jurista na tutela do direito positivo vigente. Caberia ao jurista crítico, portanto, desde o *locus* constitucional, não apenas sistematizar e reelaborar as normas do ordenamento vigente, dando-lhes a completude e a coerência que efetivamente não possuem, mas "(...) *esplicarne l'incoerenza e l'incompletezza mediante giudizi d'invalidità su quelle inferiori e correlativamente d'ineffettività su quelle superiori.*"[15]

---

15 FERRAJOLI, *Diritto e Ragione*, p. 921.

Assumir postura semelhante implicaria profunda revisão da programação do ensino do direito, exposta nos currículos acadêmicos e praticamente na totalidade dos compêndios doutrinários. Análise superficial de quase a totalidade dos currículos e dos livros didáticos de direito penal utilizados no Brasil revela situação absolutamente preocupante. Os programas de ensino, e em decorrência a doutrina que lhes dá sustentação, estão pensados e estruturados a partir da disposição dos temas e dos institutos apresentados pelo Código Penal. A codificação penal, portanto, determina, inclusive de forma sequencial e estabelecendo pré-requisitos, o conteúdo programático do direito penal. No ensino do direito penal, portanto, o Código Penal atua como programa didático.

A primeira questão a ser colocada é a da ausência de elaboração do pensamento jurídico-penal a partir da Constituição. Diferentemente da sequência dada pelo Código, a exploração do direito penal inegavelmente deveria ocorrer através da garimpagem dos dispositivos constitucionais diretamente implicados na matéria penal e daqueles que, de alguma forma, lhe são influentes.

À guisa de exemplificação, impossível não se iniciar o estudo dogmático do direito penal pela radical alteração que a Constituição produziu na classificação das condutas ilícitas. Se antes da Constituição de 1988 era possível trabalhar com duas classes de condutas penalmente relevantes (crime e contravenção), atualmente a matéria foi complexificada, não apenas pela criação de novas categorias, como a de infrações de menor potencial ofensivo, mas também pela adjetivação de determinados delitos (*v.g.* crimes hediondos). E para cada novo qualificativo foram determinados efeitos penais, processuais penais e executórios distintos. Ademais, com a criação das infrações de menor potencial ofensivo caberia inclusive o questionamento da recepção da Lei de Contravenções Penais pela Constituição. Perceba-se que os efeitos de discussão aparentemente simples são desencadeados para toda a estrutura do direito penal e do direito processual penal.

O segundo problema que o modelo em vigência apresenta é o de não distinguir o papel do legislador e o do professor de direito penal, pressupondo que o produto do trabalho daquele é pensado para a atuação deste. Não há, nem poderia haver, exigência ao legislador no sentido de que as leis apresentassem coerente orientação pedagógica, harmonia didática e lógica expositiva. Aos doutrinadores e aos professores é que cabe a tarefa de sistematizar o material legislativo de forma a apresentar aos acadêmicos a relação e o desenvolvimento dos institutos penais.

Todavia o modelo exegético de interpretação das leis, em grande parte das academias de direito de tradição romano-germânica, é apegado ao fetichismo legalista que pressupõe ser o Código estrutura curricular. Os problemas derivados deste vício dogmático são indescritíveis, não apenas no que tange ao encobrimento do texto Constitucional (problema principal), mas no aprendizado da mecânica do próprio Código Penal.

Para problematização elege-se o estudo da teoria da pena.

Os dispositivos do Código Penal relativos às consequências jurídicas do crime, reproduzidos nos currículos das Faculdades de Direito e nos livros didáticos, são estruturados a partir da enunciação dos fundamentos do *ius puniendi*, procurando estabelecer a opção normativa estatal ao interrogante *por que punir?*. No entanto, diferentemente da eleição legislativa da Reforma Penal de 1984, com a elaboração do Código Penal e da Lei de Execução Penal, a Constituição não projeta nenhuma finalidade à pena, somente enuncia sanções em espécie, vedando expressamente qualquer tipo de penas desumanas ou cruéis. Em termos de teoria da pena, portanto, nota-se o não reconhecimento constitucional das tradicionais respostas ao *ius puniendi* (teorias retributivas e preventivas, em especial o modelo ideal da prevenção especial positiva assumido por grande parte das legislações penais e penitenciárias do século XX). É possível dizer, inclusive, que a Constituição de 1988 assumiu teoria agnóstica da pena, direcionada à redução dos danos produzidos pelo *potestas puniendi*. Perceptível, assim, nas fundações da penalogia contemporânea, a dissociação do modelo oficial com a formatação constitucional.

Outrossim, se for verificada a estrutura das penas no Código Penal, indiscutível haver descompasso com o que se poderia esperar de programas didático-pedagógicos dotados de lógica mínima. Após o Código Penal enunciar, nos incisos do art. 32, as espécies de pena cabíveis, passa a regrar as formas de execução das penas privativas de liberdade – reclusão e detenção, regimes prisionais e suas regras, progressão de regime, regime especial para mulheres, direitos do preso, trabalho prisional, superveniência de doença mental e detração (art. 33 ao art. 42) –, das penas restritivas de direito – espécies de restrição, requisitos e cabimento, regras da prestação de serviços à comunidade, interdição temporária de direitos e limitação de final de semana (art. 43 ao art. 48) – e da pena de multa – pagamento, suspensão, conversão e revogação (art. 49 ao art. 52). Somente a partir do art. 53 define os critérios de cominação e de aplicação quantitativa das penas – critérios judiciais de quantificação, atenuantes e agravantes, causas especiais de aumento e diminuição de penas, concurso de crimes e limite das penas –, definição de regime inicial e substituição da privação de liberdade (art. 53 ao art. 76).

A ordem exposta, por si só, demonstra a inadequação de utilizar o Código Penal como fonte inspiradora dos programas das disciplinas. Torna-se evidente que o ensino da aplicação da pena deve preceder o da sua execução. No entanto o fetichismo legalista atingiu níveis patológicos nos quais questões simples como estas não são percebidas.

O apego irrestrito à codificação penal gera, ainda, terceiro problema. Desde a década de 70 do século passado, percebe-se a gradual descodificação do Direito Penal brasileiro. O marco neste processo foi a Lei 6.368/76, que definiu os crimes de tráfico e porte de entorpecentes para consumo. Todavia, a partir de 1988, quantidade inominável de leis foi criada, fruto do dirigismo constitucional, notadamente em matéria penal. Assim, na atualidade, o cotidiano forense em matéria penal é em grande parte regrado por leis especiais e extraordinárias, especialmente no que tange às hipóteses criminalizadoras de bens jurídicos coletivos e transindividuais. De forma exemplificativa, apenas durante a década de 90, com conteúdo total ou parcialmente penal, destacam-se: Lei 8.069/90 (Estatuto da Criança e do Adolescente), Lei 8.072/90 (Lei dos Crimes Hediondos), Lei 8.078/90 (Código de Defesa do Consumidor), Lei 8.137/90 (Crimes contra a Ordem Tributária), Lei 8.176/91 (Crimes contra a Ordem Econômica), Lei 8.666/93 (Lei de Licitações), Lei 9.034/95 (Lei do Crime Organizado), Lei 9.099/95 (Lei dos Juizados Especiais), Lei 9.279/96 (Lei de Propriedade Industrial), Lei 9.296/96 (Lei de Interceptações Telefônicas), Lei 9.455/97 (Lei de Tortura), Lei 9.503/97 (Código Brasileiro de Trânsito), Lei 9.605/98 (Lei dos Crimes Ambientais), Lei 9.609/98 (Lei de Propriedade Intelectual de Programas de Computador), Lei 9.613/98 (Lei da Lavagem de Capitais).

Todavia os currículos ainda preveem disciplinas semestrais ou anuais exclusivas sobre a parte especial do Código Penal, ignorando totalmente a nova realidade jurídica. Em determinados casos, a parte especial redigida na década de 40 tornou-se absolutamente obsoleta face ao processo de descriminalização judicial e/ou de fato. A questão, porém, parece desconhecida, e o direito penal é ministrado como se inexistisse descodificação, fenômeno que vem modificando o perfil do direito penal no século XXI.

10. O Obsoleto Ensino do Direito Processual Penal: a Captura pelo Direito Penal e a Persistência da Teoria Geral do Processo

A primeira grande batalha enfrentada pelo direito processual penal foi a de desvincular-se do direito penal. A própria ideia de direito penal substantivo e adjetivo (processual penal), presente no pensamento penal do início do século passado, revelava a dependência deste em relação àquele.

Carnelutti, em 1946, apontava com satisfação a separação de ambas as disciplinas no ensino acadêmico. Contudo chamava atenção para o fato de que, em relação ao direito penal, "(...) *ciertamente hay una inferioridad cuyos signos o símbolos, podríamos decir, son variados y manifiestos.*"[16] A inferioridade era diagnosticada desde a quantidade de tempo de ensino universitário dedicado às disciplinas (carga horária) ao esquecimento da estrutura processual na execução da pena.

Acontece que, se o processo penal logrou conquistar sua independência junto ao direito penal, constituindo-se como ciência autônoma, por força do ingresso e da universalização do discurso da teoria geral do processo nas ciências jurídicas, retomou a posição de inferioridade e de dependência. Carnelutti advoga que "*contra esta situación infeliz llegará, antes o después, el momento de reaccionar*".[17]

A pretensão científica totalizadora da teoria geral do processo capacita seu conteúdo desde o processo civil, inferiorizando as diversidades das esferas processuais. O direito processual penal, portanto, passa a ser interpretado a partir das categorias do processo civil. Assim, conforme leciona Jacinto Coutinho, a teoria geral do processo civil, encoberta pela nominada teoria geral do processo, "*penetra no nosso processo penal e, ao invés de dar-lhe uma teoria geral, o reduz a um primo pobre, uma parcela, uma fatia da teoria geral.*"[18]

Os resultados do processo científico totalizador são perceptíveis no irrepreensível alerta de Adauto Suannes: "*a unificação do*

---

16 CARNELUTTI, *La Cenicienta*, p. 16.
17 CARNELUTTI, *La Cenicienta*, p. 18.
18 COUTINHO, *A Lide e o Conteúdo do Processo Penal*, p. 118/19.

processo, defendida por tantos autores, pode levar, porém, a um tipo de raciocínio equivocado, de consequências desastrosas."[19-20]

É que apesar de a natureza pública ser comum às distintas áreas processuais – notadamente pela disciplina constitucional da garantia do juiz natural (art. 5º, LIII), do devido processo (art. 5º, LIV), do contraditório, da ampla defesa e do duplo grau de jurisdição (art. 5º, LV), da inadmissibilidade da prova ilícita (art. 5º, LVI), da publicidade dos atos processuais (art. 5º, LX) e da fundamentação das decisões (art. 93, IX) –, a instrumentalidade é definida pela estrutura do direito material que lhe dá subsistência. O processo civil instrumentaliza, fundamentalmente, interesses privados (patrimoniais), das partes envolvidas no conflito. Difere, portanto, substancialmente do processo penal, cujo objeto é *limitar o poder punitivo do Estado* e garantir os direitos do polo débil da situação processual penal, que são o réu (processo de cognição) e o condenado (processo de execução).

---

19 SUANNES, *Os Fundamentos Éticos do Devido Processo Penal*, p. 136. Sobre o tema, conferir BAETHGEN, *Contra a Idéia de uma Teoria Geral do Processo*, pp. 35-70 e TUCCI, *Considerações Acerca da Inadmissibilidade de uma Teoria Geral do Processo*, p. 85-127.

20 Ao partilhar da crítica, Aury Lopes Jr. enumera inúmeras circunstâncias que, dado ao aprisionamento do processo penal pelo processo civil, os direitos e garantias individuais são lesados: "*o problema é grave, mais grave ainda quando assistimos a imensa parte da doutrina (e, por consequência do ciclo vicioso (senão incestuoso), também da jurisprudência) falando em 'fumus boni iuris' e 'periculum in mora' para as prisões cautelares; defendendo que o objeto do processo penal é a pretensão punitiva (erro histórico de Binding); invocando o pomposo (mas absolutamente inadequado para o processo penal) pás nullité sans grief para tratar das nulidades, bem como fazer inadequadas relativizações; negando 'efeito suspensivo' ao Recurso Especial e Extraordinário (por culpa de uma famigerada Lei 8.038 pensada para o processo civil); relativizando a competência (esquecendo que no processo penal o juiz natural é garantia fundante); atribuindo poderes instrutórios ao juiz (ativismo judicial); lecionando que as condições da ação processual penal são as mesmas do processo civil (...)*" (LOPES Jr., *Direito Processual Penal e sua Conformação Constitucional*, p. 34).

Em decorrência da diferença dos interesses em jogo, Bettiol demonstra que *"el conflicto entre el ius puniendi y el ius libertatis no puede ser concebido del mismo modo que un litigio privado donde se discute sobre un bien económico."*[21] Em síntese, conforme Jacinto Coutinho, *"(...) teoria geral do processo é engodo; teoria geral é a do processo civil e, a partir dela, as demais (...). Inadmissível, isso sim, é usar no processo penal o mesmo discurso, como se o referencial semântico fosse igual (e, portanto, desprezando-o), tudo em nome de uma pseudocoerência sistêmica que, no final das contas, é sintática e acaba legitimando o status quo, nem que seja fruto da mais terrível das ditaduras."*[22]

11. A Construção Artificial do Caso Penal

Os estudos advindos da sociologia jurídica e da área sociológica da criminologia apontam que a dogmática jurídica, particularmente a penal e a processual penal, não fornece instrumentos suficientes para minimizar a lacuna existente entre normatividade e realidade social.

O hiato existente entre o universo jurídico e as expectativas da sociedade, sobretudo das pessoas envolvidas nos conflitos judicializados, é potencializado pela construção despótica, fragmentária e fictícia do processo. O caso em julgamento, portanto, muitas vezes é totalmente outro daquele que foi experimentado/vivenciado pelos sujeitos concretos – *"o Direito trata não com o fato acontecido, mas com uma hipótese de como ele aconteceu. Esta hipótese é repleta de subjetividade, de valores, todos construídos a partir dos envolvidos no processo judicial (...)"*, portanto *"seu início sempre é uma hipótese já construída a partir da interferência (objetiva ou subjetiva) de pessoas não*

---

21 BETTIOL, *Instituciones de Derecho Penal y Procesal*, p. 207.
22 COUTINHO, *A Lide...*, p. 119.

envolvidas no fato em si."[23] Assim, é perceptível que "(...) *la distancia entre conflicto real y conflicto procesal, es notoriamente aumentada en el procedimiento penal* (...)."[24]

Lembra Baratta[25] que, no laboratório do direito, o comportamento individual se apresenta como variável independente, limitando-se o processo penal à construção abstrata que separa o conflito do contexto, empobrecendo-o, pois sua fragmentação ocorre pelo recorte arbitrário da realidade.

No entanto este efeito perverso da dogmática, revelador de parte de sua extensa crise, não pode legitimar atitude cética que levaria inexoravelmente a abdicar do direito. Neste sentido, o estudo do direito penal, do processo penal e da criminologia, a partir de casos específicos, com possibilidade de experimentação – por mais infiel que possa ser o relato –, permitiria a aproximação dos operadores com a vida concreta e a compreensão dos ricos e plurais elementos de sua cultura.

12. O Fetiche pela Jurisprudência

Se desde o ponto de vista externo (social e político) a descontextualização do direito com a realidade social é diagnóstico consensual, do ponto de vista interno à dogmática jurídica a desconstitucionalização das normas penais e processuais penais e a jurisprudencialização da Constituição potencializam sobremaneira a crise.

A estrutura do saber jurídico-penal, segundo Luís Roberto Barroso, padece de patologia denominada interpretação retrospec-

---

23 ANDRADE, *Aproximando...*, p. 173.
24 BARATTA, *La Vida y el Laboratório del Derecho*, p. 278.
25 BARATTA, *La Vida...*, p. 279.

tiva. Segundo o autor, "(...) *as normas legais têm de ser reinterpretadas em face da nova Constituição, não se lhes aplicando automática e acriticamente, a jurisprudência forjada no regime anterior. Deve-se rejeitar uma das patologias crônicas da hermenêutica constitucional brasileira, que é a interpretação retrospectiva, pela qual se procura interpretar o texto novo de maneira a que ele não inove nada, mas, ao revés, fique tão parecido quanto possível com o antigo."*[26] Neste sentido, lembra Lenio Streck que *"há certo fascínio pelo Direito infraconstitucional, a ponto de se 'adaptar' a Constituição às leis ordinárias."*[27]

O trabalho da crítica jurídica, portanto, será o de desconstruir este modelo de interpretação que a doutrina e a jurisprudência têm cotidianamente aplicado, negando, por consequência, a efetividade da Constituição. Assim, o direito (penal e processual penal), capacitado desde o *locus* constitucional, otimizaria mecanismos de frenagem ao excesso punitivo do Estado, à coação direta própria da gestão dos aparatos penais, reduzindo os danos produzidos aos direitos e garantias fundamentais.

A postura comprometida com os direitos e as garantias das pessoas pressupõe, inexoravelmente, a desconfiança do agir dos aparatos punitivos, vista a tendência, sempre presente e real, do abuso do poder pelos atores que o detêm. Significa ter presente que a constituição do poder repressivo penal é fundada no inquisitorialismo, de maior ou menor intensidade conforme a maior ou menor adequação constitucional da estrutura do processo penal, e que *"inquisição é a conversão de todo o poder punitivo em coerção direta."*[28]

A ruptura com o fetichismo aos julgados e a crítica à sua retroalimentação pela doutrina parecem ser importantes fatores

---

26 BARROSO, *Interpretação e Aplicação da Constituição*, pp. 70-71.
27 STRECK, *Jurisdição Constitucional e Hermenêutica*, pp. 30-31.
28 ZAFFARONI, BATISTA, ALAGIA, SLOKAR, *Direito Penal Brasileiro I*, p. 105.

para que se possam projetar mudanças na forma de ensino/aprendizado das ciências criminais e de atuação transformadora dos operadores do direito, reduzindo os níveis de inquisitorialidade sempre presentes.

13. A Vocação das Ciências e das Políticas Criminais

Em *Ciência e Política: duas vocações*, Max Weber converge sua teoria das ciências às doutrinas positivistas ao adotar o postulado da neutralidade axiológica das ciências sociais.

Ao indagar sobre a contribuição positiva da ciência para a vida prática, sustenta que os métodos de pensamento fornecidos colocariam "(...) *à disposição certo número de conhecimentos que nos permitem dominar tecnicamente a vida por meio da previsão, tanto no que se refere à esfera das coisas exteriores como ao campo da atividade dos homens.*"[29] Neste sentido, os cientistas deveriam, a partir da especialização disciplinar, expor objetivamente o conhecimento alcançado sobre as coisas. A decorrência da concepção científica axiologicamente neutra, ou seja, livre de juízos de valor, é a de que o investigador deve estar orientado pela ética de responsabilidade, diferente do político que operaria desde a ética da convicção.[30]

As tentativas epistemológicas de purificar o pensamento científico dos juízos de valor – e não por outro motivo a base do pensamento jurídico do século XX é construída por Hans Kelsen em *Teoria Pura do Direito* – foram fortemente atacadas, sobretudo a partir da década de sessenta, constituindo-se, na contemporaneidade, axioma insustentável. A metáfora utilizada por Michel Löwy

---

29 WEBER, *Ciência e Política*, p. 45.

30 Sobre as distintas consequências do agir sob as éticas da convicção e da responsabilidade, conferir WEBER, *Ciência...*, pp. 113-120.

é reveladora: *"liberar-se por um 'esforço de objetividade' das pressuposições éticas, sociais ou políticas fundamentais de seu próprio pensamento é uma façanha que faz pensar irresistivelmente na célebre história do Barão de Münchhausen, este herói picaresco que consegue, através de um golpe genial, escapar do pântano onde ele e seu cavalo estavam sendo tragados, ao puxar a si próprio pelos cabelos... Os que pretendem ser sinceramente seres objetivos são simplesmente aqueles nos quais as pressuposições estão mais profundamente enraizadas."*[31]

As ciências criminais, contudo, seguindo a lógica epistemológica do positivismo, seguem cedendo à tentação da neutralidade e à ideia de ser possível produzir conhecimentos distintos a partir de duas éticas contrapostas (de responsabilidade e de convicção). Perceptível que a questão no campo criminal fica agudizada em face de fazer parte do modelo integrado de ciências a política criminal, cuja função seria a de, a partir dos diagnósticos realizados pela dogmática penal e pela criminologia, produzir discurso de inserção no âmbito da política. A política criminal, portanto, seria a produção de convicção a partir dos julgamentos objetivos das ciências criminais.

No entanto, conforme ensina Löwy, para que o investigador fique livre dos preconceitos seria necessário, antes de tudo, reconhecê-los como tais. E esta postura é adversa ao positivismo, pois os pressupostos axiológicos do pesquisador *"(...) não são considerados como tais, mas como verdades evidentes, incontestáveis, indiscutíveis. Ou melhor, em geral eles não são sequer formulados, e permanecem implícitos, subjacentes à investigação científica, às vezes ocultos ao próprio pesquisador."*[32]

Na teoria penal latino-americana contemporânea exemplo parece elucidativo: o fácil consumo da doutrina de Jakobs e a

---

31 LÖWY, *As Aventuras de Karl Marx contra o Barão de Münchhausen*, p. 32.
32 LÖWY, *As Aventuras...*, p. 32.

negativa, ao menos explícita, de sua proposição político-criminal (direito penal do inimigo). Embora alguns autores realizem aproximações entre a base humanitária do direito e do processo penal com a vertente dogmática do pensamento de Jakobs – notadamente suas proposições no campo da teoria do delito, visualizando pontos de contato entre a perspectiva garantista e esta vertente do funcionalismo penal –, visíveis as incompatibilidades (que refutam tais possibilidades). Acontece que se efetivamente inconciliáveis as projeções de criminalização no âmbito político-criminal entre minimalismo (teoria garantista) e maximalismo (direito penal do inimigo), inexoravelmente os antagonismos serão projetados na esfera científica, isto é, na estrutura da teoria geral de interpretação da lei penal, do delito e da pena, por mais que possam estar ocultados por discurso suavizador.

Se a perspectiva do direito penal do inimigo, na esfera da política criminal, forja a reconstrução teórica do discurso do direito penal do autor, demasiado ingênuo pensar que o mesmo não ocorra no nível científico (dogmática penal). Qualquer aproximação, portanto, será contaminada, visto serem os horizontes políticos de (não)intervenção absolutamente incompatíveis e influenciadores do plano teórico-dogmático. Neste aspecto Alejandro Aponte lembra importante detalhe na apresentação da primeira versão do direito penal do inimigo, apresentada por Jakobs em 1985, no Congresso de Direito Penal de Frankfurt: a construção do modelo político-criminal acontece "(...) *en el contexto de una reflexión sobre la tendencia en Alemania hacia la 'criminalización en el estadio previo a una lesión' del bien jurídico,*"[33] ou seja, a projeção política ocorre no âmbito da discussão aparentemente neutra da dogmática do delito relativa à reformulação da doutrina da tentativa e consumação.

---

33 APONTE, *Derecho Penal del Enemigo vs. Derecho Penal del Ciudadano*, pp. 12-3.

14. Teoria Criminológica Problematizadora

Os movimentos e as escolas criminológicas, desde a constituição das ciências penais na Modernidade, estiveram centrados no binômio *criminalidade* e *criminalização*. A primeira perspectiva, de tradição determinista, conglobou distintas teorias explicativas da criminalidade, modelos micro ou macrocriminológicos – centrados no *homo criminalis* ou na estrutura socioeconômica, respectivamente –, os quais, por mais dicotômicos desde a orientação ideológica, mantiveram a mesma metodologia e a mesma finalidade: realizar o diagnóstico da causa da delinquência e sugerir o prognóstico para sua contenção.

Interessante notar que este modelo de conceber a técnica criminológica abrange desde as tendências etiológicas da criminologia positivista, centradas na patologia do indivíduo delinquente, às correntes críticas, cuja explicação da criminalidade é reduzida à questão econômica. É possível afirmar, portanto, que a tendência causal, independente do motivo da justificação do crime, segue determinado padrão de procedimento, estilo científico próprio.

Neste quadro, é possível sustentar, com Elena Larrauri, que até a década de 60 a integralidade das teorias exploratórias eram causais, pois "*si analizamos la evolución teórica del concepto de causa, veremos que en un inicio todas las teorías criminológicas podían ser acusadas de deterministas. En efecto, todo análisis causal que resalta un factor puede ser acusado de 'determinista', y en este sentido también la criminología crítica.*"[34]

O câmbio paradigmático é realizado com a teoria do etiquetamento (*labelling theory*), no deslocamento da indagação causal para a avaliação dos processos de criminalização e do funcionamento das agências de punitividade.

---

34 LARRAURI, *Una Defensa de la Herencia de la Criminología Crítica*, p. 264.

A ruptura criminológica proporcionada pela teoria do etiquetamento possibilitou inclusive a qualificação de inúmeras tendências da criminologia crítica que, ao incorporarem as ferramentas de análise dos mecanismos de criminalização primária (seletividade) e de criminalização secundária (etiquetamento/estigmatização), redirecionaram suas investigações. Atualmente, porém, é possível sustentar que "(...) *el vocabulo 'causa' es excesivamente exigente, fuerte o rígido para entender los complejos factores que influyen en el comportamiento delictivo.*"[35]

A análise dos fatores de risco e da vulnerabilidade ao delito, no que tange aos autores do crime e às vítimas, redefine as pesquisas criminológicas empíricas, de forma a verificar a simplificação dos modelos etiológicos. Outrossim, problematiza de forma qualificada o estudos das distintas formas de manifestação do crime nas sociedades complexas, indicando a impossibilidade de modelo teórico universal que forneça respostas adequadas. Se a teoria do etiquetamento demonstrou inexistir 'o' crime como realidade natural, impossível conceber instrumento de análise empírico ou teórico totalizador. Assim, questionável a defesa de fórmulas unitárias para diagnóstico ou prognóstico frente à pluralidade dos eventos ilícitos.

Importante verificar, igualmente, como estas conclusões atingem não apenas a criminologia, mas o direito penal e processual penal. Se inexiste 'o' delito, inviável pensar dogmática una, alheia aos problemas concretos e aos fatores de risco que caracterizam situações distintas. Neste sentido, imprescindível a abertura da dogmática, iniciando-se pela aproximação com a realidade da vida, pois as peculiaridades das circunstâncias em casos envolvendo drogas, violência de gênero, meio ambiente, sistema financeiro, crimes patrimoniais, p. ex., exigem sofisticação das estruturas do direito e do processo penal, sem que isto represente ruptura com o sistema de garantias. Problemas de fundo como a medicalização

---

35 LARRAURI, *Una Defensa...*, p. 264.

do direito penal das drogas, o sexismo na abordagem das questões de gênero, o impacto socioeconômico nos crimes patrimoniais, a escassa vulnerabilidade nos crimes societários, a ausência de consciência ambiental nos ilícitos contra a natureza, não podem restar alheios de especificações nas teorias penais e processuais penais. Inconcebível, portanto, na complexidade da vida contemporânea, ensinar e aprender direito e processo penal sem análise dos problemas específicos que envolvem as distintas condutas que conformam o universo de ilicitude.

E se as conclusões advindas da teoria do etiquetamento produziram radical viragem no foco da criminologia, inclusive da criminologia crítica, o direito e o processo penal não podem ficar isentos desta contaminação, sob pena de a lacuna entre normatividade e realidade social atingir nível patológico.

Portanto a possibilidade de minimizar a crise das ciências criminais no século XXI, iniciando pela sua propedêutica, é o desenvolvimento do pensamento criminológico problematizador, no qual a criminologia atuaria no campo das investigações empíricas dos fatores de risco, da vulnerabilidade individual e social ao delito, e dos danos produzidos pela atuação das agências de punitividade, propiciando, por outro lado, mecanismos sofisticados, pois ancorados na realidade, de interpretação dogmática. O campo de investigação da criminologia crítica estaria voltado ao estudo do crime e do funcionamento do sistema de justiça penal, conectando-se à dogmática penal com a finalidade de possibilitar chaves de interpretação das variáveis inerentes a cada espécie de conflito.

A criminologia crítica, na configuração do novo modelo integrado de ciências criminais, atuaria como problematizadora da dogmática e facilitadora da política criminal, apontando alternativas à redução dos danos causados pelas violências privadas (delito) e públicas (abuso dos poderes penais). Alternativas que logicamente devem extrapolar o universo da exclusividade da resposta penal, visto necessário afirmar como meta a ruptura com o narcisismo penal, projetando sua abolição.

II – A ATUALIDADE DA CRIMINOLOGIA CRÍTICA: PENSAMENTO CRIMINOLÓGICO, CONTROLE SOCIAL E VIOLÊNCIA INSTITUCIONAL*

> *Retorna o velho Adorno, com mais razão do que nunca: 'temos de empreender o negativo; o positivo já nos foi dado'. É dado a cada dia que a vida é torturada e morta em nome da ardilosíssima razão da irracionalidade furiosa dos cérebros bem-lavados pelo capitalismo tardo-moderno e suas infinitas artimanhas, que se realiza como religião, como bem notaram Benjamin e Agamben, entre outros. Eis o cerne bem-cultivado (no mínimo 500 anos) do habitat dos lobisomens da história que vagam – fantasmas medrosos – entre nós. Tempos difíceis para a esperança? Crise que necessita ser transformada em crítica.* (Timm de Souza)

01. Teoria Tradicional e Teoria Crítica

Em 1937, Horkheimer publica "Teoria Tradicional e Teoria Crítica", texto que acabou sendo identificado como uma espécie de "manifesto" da Escola de Frankfurt.

O trabalho inicia procurando identificar o que seria uma *teoria*. Em princípio, segundo Horkheimer, a indagação não ofe-

---

* Trabalho apresentado no "I Congresso Internacional Theodor W. Adorno: A Atualidade da Crítica", painel "Indústria Cultural, Violência Institucional e Reificação", em 14/09/2017, na Faculdade de Filosofia da PUCRS.
Dedicado para Manu Mattos, Alexandre "Pan" Pandolfo e Marco "Quinho" de Abreu Scapini.

receria maiores dificuldades no cenário das ciências da época, pois *"teoria equivale a uma sinopse de proposições de um campo especializado, ligadas de tal modo entre si que se poderiam deduzir de algumas dessas teorias todas as demais."*[1] A validade de uma teoria (tradicional) seria aferida em razão da completude e da coerência dos seus postulados e da capacidade de análise que esse sistema possui para compreender a realidade. Inexistindo correspondência (adequação e suficiência) entre a análise teórica e a experiência empírica, compreende-se falho o sistema ou inadequado o objeto.

A teoria tradicional seria regida pelo *princípio de não contradição*: a univocidade teórica seria o valor fundante que confere *status* científico ao corpo de saberes que se pretende válido para análise de determinado objeto, motivo pelo qual seria decorrência natural desse conjunto de proposições que os seus princípios fundamentais e reitores estejam em harmonia.[2] Seria inválido cientificamente um corpo teórico que apresentasse quaisquer formas de descontinuidades (conflitos, tensões ou lacunas) entre as suas diretrizes normativas e/ou as suas metodologias de análise.

Ao dialogar com Weber e juristas como Radbruch, Von Kries, Merkel e Liefmann, Horkheimer compara o método de análise histórico, típico dessa perspectiva tradicional, aos procedimentos do direito penal: *"do mesmo modo que para o especialista em direito penal, a explicação para o historiador não consiste em uma enumeração mais completa possível de todas as circunstâncias aí presentes, mas em destacar a conexão entre certos componentes do acontecimento, importantes para a continuação do processo histórico, e, por outro lado, os processos individuais determinantes."*[3] As conexões e os processos deter-

---

1 HORKHEIMER, *Teoria Tradicional e Teoria Crítica*, p. 117.

2 Nesse sentido, conferir, ADORNO & HORKHEIMER, *Dialética do Esclarecimento*, p. 20.

3 HORKHEIMER, *Teoria Tradicional...*, pp. 120-121.

minantes indicariam a relação de causalidade própria que condiciona o fenômeno. A causa torna-se o padrão do pensamento. E, nos procedimentos vinculados à relação de causalidade, a eliminação do antecedente causal implica, objetivamente, a inexistência do fato empírico. Assim, se avaliado que uma guerra foi desencadeada pela ação de determinado agente político, *"pressupõe[-se] logicamente que, no caso de esta política não ter sido levada a cabo, não se daria o efeito explicado por ela, mas outro."*[4] Em sentido similar ao que ocorre nas ciências da natureza, a não realização de determinada conduta anula qualquer possibilidade dos seus efeitos. A condenação à morte e a execução de Hitler no caso do *putsch* da cervejaria em Munique – ao invés da sua manutenção na prisão durante o ano de 1924, quando escreveu *Mein Kampf* – teriam impedido o advento do nazismo e da Segunda Guerra Mundial, p. ex.

No modo tradicional de fazer ciência, o pensamento mecânico domina e coloniza as humanidades. O primado da previsibilidade e da calculabilidade dos resultados, dispostos através da lógica causal, impõe uma forma de compreensão que exclui do pensamento os problemas que lhes são particulares. Olgária Matos é precisa ao afirmar que o processo de matematização do homem e da natureza através do método geométrico-algébrico objetiva *"reduzir o campo do espanto, encontrar uma terra segura no pensamento na qual não haja conteúdos psicológicos e históricos."*[5]

Na experiência do *direito penal*, mais especificamente na teoria do delito, os reflexos da teoria tradicional foram identificados primeiramente nas teorias do positivismo causal. Assim, a conduta humana, isolada do seu contexto social, é compreendida como uma exclusiva movimentação corpórea (biocibernética, mecânica) que

---

4 HORKHEIMER, *Teoria Tradicional...*, p. 121.
5 MATOS, *Escola de Frankfurt*, p. 41.

resulta na alteração sensível na realidade empírica; o vínculo entre conduta (causa) e resultado (efeito) é explicado pelas teorias de relação de causalidade, que compreendem como equivalentes todos os antecedentes causais e identificam como causa aquela que, se eliminada hipoteticamente, anularia o resultado ilícito. No campo da *criminologia*, o domínio da teoria tradicional forjou o paradigma etiológico, cujo método de investigação pressupõe a identificação do criminoso em seu ambiente natural, o isolamento dos demais (não criminosos), a classificação conforme a espécie, a identificação da patologia (periculosidade), a anamnese individualizada do nível de predisposição criminal e o prognóstico de tratamento objetivando anular a periculosidade (causa) para prevenir as consequências negativas (reincidência). O efeito das distintas leituras sobre o delito — interpretação jurídica: normativa; interpretação criminológica: empírica — é o estabelecimento de um modelo de responsabilização penal atomizada, no qual o ato qualificado como ilícito é compreendido como resultado exclusivo da conduta de um sujeito que se manifesta com independência do seu contexto. A punição, portanto, recai sobre este indivíduo-átomo, isolado e autônomo; seu ato é compreendido fora da sua própria historicidade, pois independente das necessidades, das vulnerabilidades e dos processos criminalizadores.

Ao retirar o fenômeno da sua totalidade (do seu ambiente ou contexto), pressupondo que possa existir de maneira isolada e estática (fora do tempo), a ciência ortodoxa procede conforme a denúncia de Marx nos "Manuscritos de Paris": supõe como um fato dado e acabado um fenômeno que deveria ter a capacidade de explicar em sua historicidade.[6] No âmbito próprio do direito penal, da criminologia e da sociologia do desvio, a teoria tradicional opera no sentido de manter como objeto de seu saber qualquer

---

6 MARX, *Manuscritos Econômicos-Filosóficos*, p. 80.

coisa que signifique "'*o sistema positivo e a prática oficial*', *mas exclui a violência do seu pensamento da ordem de violências que deveria criticar*"[7], como leciona Pandolfo.

02. Razão Jurídica, Razão Instrumental

Em *A Dialética do Esclarecimento* (1947), Adorno e Horkheimer irão aprofundar a tensão posta anteriormente em *Teoria Tradicional e Teoria Crítica*, demonstrando como a racionalidade moderna, ao longo do século XX, se alia à lógica capitalista e transforma o saber científico não apenas em um produto consumido e consumível, mas em um discurso de legitimação e em uma prática de produção da barbárie.

O programa iluminista estava direcionado ao desencadeamento de um processo civilizatório que pressupunha a desilusão com o fantástico e a superação dos mitos (irracionalidade) pela afirmação de uma racionalidade emancipatória. Na transposição do Medievo à Modernidade, caberia à razão esclarecida extirpar os restos bárbaros que ainda permaneciam latentes. O domínio da natureza, a organização legal e burocrática, a afirmação dos direitos civis e políticos, a produção e a circulação de bens de consumo estabeleciam um corte com o passado sombrio. Assim, "*o entendimento que vence a superstição deve imperar sobre a natureza desencantada (...). A técnica e a essência desse saber, que não visa conceitos e imagens, nem o prazer do discernimento, mas o método, a utilização do trabalho de outros, o capital (...). O que os homens querem aprender da natureza e como empregá-la para dominar completamente a ela e aos homens. Nada mais importa.*"[8] Em oposição ao conhecimento místico, o esclarecimento estabelece o primado do cálculo organizacional: "*o que*

---

7 PANDOLFO, *Criminologia Traumatizada*, p. 65.
8 ADORNO & HORKHEIMER, *Dialética...*, p. 18.

não se submete ao critério da calculabilidade e da utilidade torna-se suspeito para o esclarecimento."[9]

A transformação e o domínio da natureza através do método pressupõem a autonomia do sujeito em relação aos objetos de intervenção. Para que fosse possível a manipulação e a intervenção na natureza, o homem mesmo deveria ser alheio ao mundo natural. Tornar a natureza o outro do homem, atribuir ao natural um significado irracional ou bárbaro são as possibilidades primeiras dessa forma de colonização do saber.

No entanto, uma das reflexões centrais desenvolvidas pela teoria crítica e que produzirá um profundo impacto na criminologia crítica e na crítica jurídico-penal será relativa à violência produzida pelo *excesso* (e não pela falta) de razão. Se o esclarecimento se afirma na racionalidade técnica como uma forma de ruptura com o passado místico; se a modernidade é o momento do aperfeiçoamento e do aprofundamento do cálculo, da burocracia; e se, sob o domínio da matemática e do método analítico, "*a lógica formal era a grande escola da unificação (...) [que] oferecia aos esclarecedores o esquema da calculabilidade do mundo*"[10], é exatamente o excesso de cálculo que transforma a razão libertária em uma razão instrumental, "*extremamente hábil em substituir celeremente a qualidade pela quantidade.*"[11]

Anuncia Adorno que "*a civilização produz a anticivilização e a reforça progressivamente*"; a "*pressão civilizatória*" "*multiplicou-se ao insuportável.*"[12]

Nos termos propostos por Mascaro, as contradições da sociedade no século XX agudizam a percepção de que, em paralelo

---

9 ADORNO & HORKHEIMER, *Dialética*..., p. 19.
10 ADORNO & HORKHEIMER, *Dialética*..., p. 20.
11 SOUZA, *Escola de Frankfurt e o Contexto do seu Surgimento*, p. 61.
12 ADORNO, *Educação após Auschwitz*, pp. 33-35.

à alta capacidade de reflexão teórica e filosófica e de intervenção na realidade, o capitalismo produziu a maior experiência de horror, que foi o nazismo: *"uma luta fratricida entre povos imperialistas, impondo uma lógica fascista de exclusão do judeu, do negro, do louco, do homossexual, do estrangeiro etc. A partir desse quadro, o discurso comum aponta, na estrutura da sociedade contemporânea capitalista, uma falta de razão. Mas a Escola de Frankfurt, brilhantemente, diagnostica o contrário (...). O nazismo, mesmo quando movia sentimentos irracionais e primitivos da população, assim o fazia a partir de um cálculo racional. Os resultados eram previsíveis e o entendimento do controle da sociedade torna-se então 'científico'."*[13] Sociedade administrada, primado da técnica, lógica calculadora, violência institucional: racionalidade instrumental.

É exatamente a possibilidade de eliminar o sofrimento, a doença e a miséria humanas através dos recursos desenvolvidos pela ciência e pela lógica organizacional que torna possível elevar à escala massiva o sofrimento, a doença e a miséria. Cabe lembrar que o espanto de Hannah Arendt, em seu relato em *Eichmann em Jerusalém* (1963), não foi apenas o de presenciar o julgamento de uma "pessoa normal", um funcionário medíocre da burocracia nazista quando todos esperavam um sujeito que corporificasse o mal absoluto[14], mas de perceber que os assassinatos foram minuciosamente organizados em escala industrial seguindo os princípios da racionalidade fordista – *"essa atitude 'objetiva' – falas dos campos de concentração em termos de 'administração' e dos campos de 'extermínio' em termos de 'economia' – era típica da mentalidade da SS, e algo de que Eichmann ainda muito se orgulhava no julgamento."*[15] O assombro foi notar em detalhes como a estrutura burocrática transforma um ato

---

13 MASCARO, *Filosofia do Direito*, p. 512.
14 Neste sentido, ARENDT, *Eichmann em Jerusalém*, pp. 38-67.
15 ARENDT, *Eichmann...*, p. 83.

pessoal em impessoal, eximindo, portanto, o sujeito responsável da responsabilização.[16]

Segundo Benjamin, a institucionalização do direito é a institucionalização do poder, um ato de manifestação imediata de violência.[17] Adorno conclui a conferência "Educação após Auschwitz" (1965) afirmando que "*ao se colocar o direito de Estado acima dos direitos dos membros da sociedade já está criado o potencial para o horror.*"[18]

Embora Benjamin não tenha vivido para assistir aos relatos do Holocausto, a experiência de vida sob a política do nacional-socialismo, a perseguição aos judeus, a miséria e o exílio foram suficientes para que compreendesse a profundidade da violência produzida pela razão instrumental e legitimada pela técnica jurídica. Adorno viveu durante muito tempo da sua vida madura sob o espanto e o terror da memória viva da Shoah, experiência trágica que marcou de forma radical sua obra. Para os teóricos da Escola de Frankfurt, resta bastante evidente a forma pela qual a técnica jurídica, regida pela razão ardilosa, obteve êxito em justificar o injustificável.[19]

Desde Marx o direito foi descrito como ideologia, como uma instância supraestrutural que mascara as relações de opressão, ocultando ou invertendo a realidade. A partir do seu aparato técnico (instância normativa e ciência jurídica), o direito transforma a dominação em liberdade (liberdade formal); a desigualdade material em igualdade formal; e todas as espécies de discriminações (fundamentalismo religioso, intolerância social, racismo, misoginia

---

16 Sobre a tese da engrenagem, ARENDT, *Eichmann...*, pp. 303-322.
17 BENJAMIN, *Sobre a Crítica do Poder como Violência*, p. 66.
18 ADORNO, *Educação...*, p. 45.
19 Sobre a razão instrumental e a razão ardilosa, SOUZA, *O Nervo Exposto*, pp. 351-352.

e homofobia) em uma aparente solidariedade (fraternidade formal).
A denúncia da ideologia do direito já estava presente nas obras do jovem Marx, sobretudo na *Crítica da Filosofia do Direito de Hegel* (e em sua "Introdução") e em *Sobre a Questão Judaica*.

A teoria crítica mergulha na análise das formas jurídicas como mecanismo funcional e legitimador do modo de exploração capitalista e das suas violências decorrentes. Embora o direito não configure um tema central aos pensadores do "círculo interno" da Escola de Frankfurt (Horkheimer, Adorno e Marcuse), os autores do "círculo externo", da periferia da agenda do Instituto, como Neumann, Fromm, Rusche e Kirchheimer, direcionaram esforços para compreender o direito como razão instrumental. Lembra Frankenberg, que sobretudo Neumann e Kirchheimer, em seus estudos de teoria política e do Estado, *"se separaram da indiferença da Escola de Frankfurt pelos fenômenos jurídicos e se concentraram na lei como um mecanismo de direção central."*[20]

Nas lições de Mascaro, o direito é uma das manifestações ótimas da forma de pensar a técnica e se reproduz de processo similar à lógica do sistema capitalista: *"o direito se instaura como automatismo que esconde suas razões estruturais. O juspositivismo é a filosofia do direito dessa forma tecnicista de ver o mundo e o direito. Centrado nas normas jurídicas, o juspositivismo é a filosofia analítica para dentro do direito, que se limita a uma reprodução sem fim dos seus próprios institutos."*[21]

Talvez seja exatamente por isso que, ao longo do processo de cientificização, ou seja, com a emergência e a consolidação da forma dogmática de produção do direito, tenham sido gradualmente interditadas quaisquer possibilidades de pensar as demandas por justiça (notadamente justiça social) desde o interior dos discursos e

---

20 FRANKENBERG, *Teoría Crítica*, 2011, p. 72.
21 MASCARO, *Filosofia do Direito*, p. 518.

das práticas jurídicas. Justiça e direito, a partir da racionalização dos saberes, transformaram-se em conceitos estranhos, embora a razão jurídica procure mascarar esta interdição através da formalização de princípios que seriam funcionais às pretensões de justiça.

Neste sentido, percebe Mascaro que o formalismo no direito, nas várias tendências do juspositivismo, é o exemplo acabado da razão instrumental. Não por outro motivo, "*a razão crítica do direito, que é o seu entendimento na totalidade das contradições, em relação com as estruturas sociais capitalistas, sua posição na engrenagem da exploração estrutural e sua injustiça plena travestida de igualdade e liberdade, tem sido carente, seja porque a prática do direito se funda para o contrário da emancipação, seja porque o jurista se forma para o tecnicismo e de olhos fechados à crítica, à transformação social e à plena justiça.*"[22]

03. Teoria Crítica e Questão Penal: a Crítica no Direito Penal e na Criminologia

Serão, pois, estes autores do "círculo externo" do Instituto que irão enfrentar de forma mais direta os problemas que atingem o núcleo do debate sobre o direito penal e a criminologia. As investigações de Neumann, Rusche e Kirchheimer definirão os âmbitos de incidência da teoria crítica nas ciências criminais, mais especificamente, proporcionam conceber distintos níveis de abordagem na criminologia e no direito penal: (primeiro) *criminologia crítica*: análise teórica e empírica das violências estruturais e institucionais; (segunda) *crítica ao direito penal*: abordagem teórica sobre os fundamentos e as funções instrumentais desempenhadas pela ciência do direito penal; (terceira) *dogmática crítica*: avaliação normativa das incompletudes e das incoerências do sistema jurídico-penal

---

22 MASCARO, *Filosofia...*, pp. 519-520.

desde o interior do paradigma dogmático; (quarta) *políticas criminais alternativas*: perspectivas empírica e normativa de construção de mecanismos internos e externos de resistência à instrumentalidade da razão punitiva (criminologia da práxis ou práxis jurídico-penal). As investigações de Rusche e Kirchheimer, notadamente aquelas sintetizadas em *Punição e Estrutura Social* (1939), já foram integradas à cultura crítica em criminologia e, invariavelmente, são apresentadas como a referência direta da Escola de Frankfurt nos estudos das ciências criminais. Trata-se, com todo o mérito, do trabalho inaugural da criminologia crítica.

Na atualidade, porém, são apresentados novos ingredientes históricos e/ou propostas novas interpretações de investigações de autores críticos marginalizados nas ciências criminais que permitem recontar a história do pensamento penal e criminológico crítico: (a) os trabalhos do jovem Neumann sobre as relações entre Estado e punição, seus estudos sobre a materialização do direito penal na República de Weimar e sua análise sobre a violência totalitária do nazismo[23]; (b) os ensaios do jovem Fromm sobre as disfunções do correcionalismo e a oposição entre o que, a partir de Foucault, a criminologia denomina de funções declaradas e funções reais da pena[24]. As distintas investigações, rigidamente conduzidas sob os pressupostos teóricos da Escola de Frankfurt, ao mergulhar em conteúdos nitidamente penal e criminológico, ampliam, inevitavelmente, o horizonte da crítica nas ciências criminais, permitindo não apenas rever a sua historiografia, mas, sobretudo, qualificar as suas ferramentas de análise contemporâneas.

---

23 Neste sentido, conferir: NEUMANN, *Behemoth*, 2009; NEUMANN, *O Império do Direito*, 2013; NEUMANN, *Rechtsphilosophische Einleitung zu einer Abhandlung über das Verhältnis von Staat und Strafe*, 1922;

24 Neste sentido, conferir: FROMM, *The State as Educator*, 2000; FROMM, *On the Psychology of the Criminal and the Punitive Society*, 2000; FROMM, *Psicanálise da Sociedade Contemporânea*, 1985; FROMM, *O Medo à Liberdade*, 1983.

04. Possibilidades da Crítica no Direito Penal e na Criminologia: Planos de Análise, Estratégias de Ação e Problemas de Investigação

A fundamentação da crítica jurídica na teoria crítica estabelece uma pauta negativa (desconstrutora) ao direito penal e à criminologia que pode ser exposta em distintos planos de análise teórica.

O primeiro plano é relativo aos fundamentos e aos pressupostos da teoria criminológica tradicional ou microcriminologia ortodoxa (positivismo criminológico) que projetam uma reflexão crítica direcionada (a) à negação dos modelos consensuais de sociedade; (b) à negação do postulado causal-determinista do delito e do caráter patológico do delinquente; (c) à negação do caráter científico do saber criminológico e da neutralidade do criminólogo; (d) à invalidação dos critérios metodológicos de constatação da criminalidade (estatísticas criminais e ambiente carcerário).

O segundo diz respeito aos fundamentos e aos pressupostos do direito penal dogmático (positivismo jurídico penal) que derivam uma postura crítica voltada (a) à negação dos discursos de igualdade e de imparcialidade na eleição dos bens jurídicos (criminalização primária); e (b) à negação de qualquer caráter positivo atribuído à sanção penal (pena útil). Ambos os planos (positivismo criminológico e positivismo jurídico-penal) situam o debate em uma perspectiva epistemológica.

O terceiro plano se localiza na perspectiva institucional e se refere às diretrizes operacionais (funcionamento) das agências do sistema punitivo, que conduzem (a) à demonstração do caráter seletivo de incidência do controle penal (criminalização secundária); e (b) à demonstração das contradições existentes entre as funções reais exercidas pelo sistema penal e as funções declaradas pelo direito penal e pela criminologia (discursos oficiais e científicos de legitimação).

O quarto projeta uma perspectiva estrutural de crítica do sistema político-econômico que configura o sistema punitivo e define critérios de (a) denúncia da funcionalidade do sistema penal para a manutenção do sistema capitalista; e (b) demonstração da relação de dependência existente entre o sistema político-econômico (questões de poder e relações de produção) e o sistema de controle social punitivo.

Os planos de análise e os problemas de investigação que conformam essa agenda negativa da teoria crítica no direito penal e na criminologia marcam a necessidade de projetar formas concretas de atuação, de transformação da reflexão crítica em processos de emancipação social (práxis). A perspectiva desconstrutora voltada à deslegitimação dos fundamentos e das práticas punitivas não incapacita, portanto, a proposição de agendas positivas (construtivas). Pelo contrário, a crítica (negativa) requer o desenho de uma agenda positiva.

Desde a década de 60 uma infinidade de projetos político-criminais de distintos alcances (plataformas de curto, médio e longo prazo) foi pensada e proposta pela crítica criminológica e pela crítica do direito penal, conformando aquilo que foi denominado anteriormente como práxis jurídico-penal e criminologia da práxis. A conversão da crítica criminológica e da crítica do direito penal em políticas criminais alternativas é um evidente processo de qualificação da teoria.

Neste sentido, conforme o nível de agudização da crítica, ou seja, o maior ou menor grau de deslegitimação ao sistema punitivo, as perspectivas político-criminais alternativas apresentam uma pluralidade de estratégias de resistência ao punitivismo: garantismo penal; direito penal mínimo; uso alternativo do direito; realismo de esquerda; e abolicionismo penal.

05. Coda

Em *Educação após Auschwitz*, Adorno refere o objetivo do ensino depois da experiência da Shoah: *"todo o debate sobre parâmetros educacionais é nulo e indiferente em face deste – que Auschwitz não se repita. Foi a barbárie, à qual toda educação se opõe. Fala-se da iminente recaída na barbárie. Mas ela não é iminente, Auschwitz é a própria recaída. A barbárie subsistirá enquanto as condições que produziram aquela recaída substancialmente perdurarem. Esse é que é o receio todo. A pressão da sociedade perdura, não obstante toda a invisibilidade do perigo hoje. Ela impele os homens até o indescritível, que em Auschwitz culminou em escala histórica."*[25]

A diretiva de Adorno parece que deve ser tomada e domesticada. Penso, pois, que qualquer debate sobre criminologia no Brasil carece de significado e importância perante a meta de que o Carandiru não se repita.

O massacre do Carandiru, tomado como uma espécie de imagem das violências estrutural e institucional radicais, se desdobra, necessariamente, em outras metas não menos importantes: que a chacina da Candelária não se repita com os nossos adolescentes; que a chacina do Cabula não se repita com nossos irmãos negros e negras; que o assassinato de Sétimo Garibaldi, em Querência do Norte, não se repita com as nossas camponesas e camponeses; que as mortes coletivas das índias e índios Kaiowá e Guarani não se repitam com os nossos ancestrais originários; que a violência contra Maria da Penha não se repita com as nossas mulheres; que o estupro corretivo contra Rafael Martins não se repita com as nossas irmãs e irmãos LGBTs; que o encarceramento de Bubu, em um manicômio judicial, por mais de 30 anos, em decorrência do furto tentado de uma bicicleta, não se repita com os nossos portadores de sofrimento psíquico.

---

25 ADORNO, *Educação...*, p. 33.

III - FRONTEIRAS ENTRE CIÊNCIA (CRIMINOLÓGICA) E ARTE

Esses estão longe de serem espíritos livres: eles creem ainda na verdade...
(Nietzsche)

01. O Direito Moderno e a Vontade de Sistema: Segurança e Previsibilidade como Metas

As discussões sobre as fronteiras entre arte e ciência no direito sempre foram demasiado complexas. Não apenas pelo fato de o direito apresentar-se como matéria eminentemente dogmática e formal – dado que exclui *a priori* quaisquer possibilidades de aberturas, mormente aos campos não científicos –, mas, sobretudo, pela dificuldade histórica de os juristas se firmarem perante a comunidade científica em geral. E na contemporaneidade o problema acaba superdimensionado em face de, imersa na complexidade da sociedade de risco – a sociedade do dolo eventual, diriam os penalistas –, os juristas seguirem defendendo os valores que se constituíram como ideal na construção da Modernidade jurídica: segurança e previsibilidade.

As promessas de segurança (jurídica) e previsibilidade (das decisões) advindas com a Ilustração têm nas codificações do final do século XIX a primeira possibilidade de concretização.

Se o direito (penal) necessitava definir seu objeto de investigação para se adequar ao padrão epistemológico das demais ciências e elaborar instrumento idôneo para cumprir a promessa de racionalização do velho aparelho punitivo inquisitório, fundamental a formação de sistema unitário que integrasse normas de definição dos critérios de interpretação das leis ao elenco das condutas proibidas e à previsão dos procedimentos (ritos) burocráticos. O marco inegavelmente é o Código Civil de Napoleão, seguido da Compilação Prussiana e do Código Austríaco.

Intrínsecos às codificações, as quais permitem circunscrever o objeto da ciência jurídica, os ideais de segurança e previsibilidade fomentam a definição de métodos de aplicação, ou seja, a criação de ferramentas interpretativas. Nota-se, portanto, no século XIX, a definição dos rumos do direito a partir de estética codificada que permite concentrar e sistematizar o universo das normas jurídicas, dando-lhes unidade e coerência e, ao mesmo tempo, limitando o horizonte de atuação da burocracia judicial. Unidade e coerência aplicadas como ideais definem a necessidade de dotar o sistema jurídico de princípios interpretativos que permitam solucionar eventuais contradições e suprir ocasionais lacunas.

A crença na unidade e coerência dos Códigos (vontade de sistema) aponta o diagnóstico de que as falhas no ordenamento jurídico são disfunções eventuais e eminentemente metodológicas, suprimíveis através das técnicas de interpretação. O sonho iluminista é fundado na concepção da codificação como estrutura completa e harmônica, isenta de aberturas, incoerências ou contradições, ou seja, trata-se da expressão máxima da *ratio iuris*.

Não por outro motivo se explica o desenvolvimento da primeira escola Moderna de interpretação: Escola da Exegese. Conforme leciona Bobbio, "*o caráter peculiar da Escola da Exegese é a admiração incondicional pela obra realizada pelo legislador através da codificação, uma confiança cega na suficiência das leis, a crença de que o código, uma vez promulgado, basta-se completamente a si próprio, isto é, não tem lacunas: numa palavra o dogma da completude jurídica."*[1]

Os dogmas de completude e coerência conduzem à fetichização do texto legal e à contração do horizonte de análise do direito aos parâmetros determinados pelo legislador. Warat demonstra que o pensamento exegético atua a partir de duas premissas, quais sejam, monismo metodológico e egocentrismo textual,[2] que ainda sustentam a perspectiva legalista do Poder Judiciário em grande parte dos países da América Latina. Ao basear os critérios de aplicação do direito na concepção de que as leis conformam universo autossuficiente,[3] o projeto exegeta conduz à mecanicização da atividade do juiz, sujeito apolítico e axiologicamente neutro. À ideia de segurança (jurídica) agrega-se a de previsibilidade nos julgamentos, limitando o trabalho do intérprete ao cálculo silogístico.

Laurent e Blondeau, ícones do pensamento exegético, teorizam acerca da necessidade do julgador ficar incondicionalmente adstrito ao sistema jurídico napoleônico, não restando qualquer margem de arbítrio, qualquer espaço de interpretação, em virtude de o direito se esgotar nos Códigos. No âmbito do direito penal moderno, ao investigar suas bases teóricas fundacionais, análise do opúsculo *Dos Delitos e das Penas* permite perceber a antecipação de Beccaria. Ao tratar da interpretação das leis, sustenta ser esta tarefa de exclusiva competência do legislador, porque em sendo delegada ao magistrado, imperaria a instabilidade enganosa do arbítrio.[4]

---

1 BOBBIO, *Teoria do Ordenamento Jurídico*, p. 166.
2 WARAT, *A partir de Kelsen*, p. 98.
3 WARAT, *Mitos e Teoria na Interpretação do Direito*, p. 76.
4 Nas palavras de Beccaria: *"resulta ainda, dos princípios estabelecidos precedentemente, que os juízes dos crimes não podem ter o direito de interpretar as leis penais, pela razão mesma de que não são legisladores (...). Qual será, pois, o legítimo intérprete das leis? O*

02. A Ferida Narcísica da Dogmática Jurídica: o Caráter Não Científico do Direito

O debate sobre constituir o direito ciência ou mera técnica é minimizado apenas com a elaboração kelseniana da *Teoria Pura do Direito*, que identifica matriz epistemológica e consolida o saber jurídico como científico. Contudo, apesar de sua consagração no campo das ciências sociais aplicadas – sempre orientados pelos ideais da pureza e de neutralidade axiológica –, os ecos da crítica permanecem presentes.

Embora sob a perspectiva conservadora do historicismo romântico germânico, Savigny é quem introduz no direito do século XIX as primeiras críticas à completude e à coerência das codificações Modernas. Apesar de não romper com a pretensão de unidade e de harmonia dos Códigos – ideal a ser buscado e atingido através do rigor linguístico na redação das leis e de sua compatibilização com a cultura e o *sentimento do povo* –, questiona a obra de Napoleão pela incorporação inoportuna e artificial dos institutos romanos, fato que acarretaria dubiedades e vazios interpretativos.[5]

Os elementos fornecidos por Savigny acabam por ser preciosos no sentido de apontar as falhas do monismo jurídico e da insuficiência das técnicas de aplicação judicial, limitadas à estrita legalidade objetivando uniformizar o direito. Em realidade, a crítica do

---

soberano, isto é, o depositário das vontades atuais de todos; e não o juiz, cujo dever consiste exclusivamente em examinar se tal homem praticou ou não um ato contrário às leis. O juiz deve fazer um silogismo perfeito. A [premissa] maior deve ser a lei geral; a menor, a ação conforme ou não à lei; a consequência, a liberdade ou a pena. Se o juiz for constrangido a fazer um raciocínio a mais, tudo se torna incerto e obscuro" (BECCARIA, *Dos Delitos e das Penas*, p. 38).

5 SAVIGNY, *De la Vocación de Nuestro Siglo para la Legislación y la Ciencia del Derecho*, p. 87-89.

autor acaba por redimensionar as fontes jurídicas, propugnando como forma de integração e de fechamento das lacunas o recurso ao direito preexistente (*v.g.* o direito romano e os usos e costumes) e a elaboração teórico-científica (*v.g.* doutrina), que racionalizaria valores como equidade ao definir metodologicamente princípios gerais de interpretação. Conclui, no clássico *Sistema do Direito Romano Atual*, que "(...) *o conjunto das fontes do direito forma um todo, que está destinado à solução de todas as questões surgidas no campo do direito.*"[6]

O legado romântico de Savigny é redimensionado por autores como Kirchmann, Kantorowicz, Zitelmann e Ehrlich, na formação da Escola do Direito Livre (*Fries Recht*), primeira construção teórica alternativa, de fundamento sociológico, ao modelo de ciência jurídica monista. Da centralidade e da restrição do universo jurídico às leis, o pensamento livre concebe o direito como produto criado e recriado cotidianamente pela sociedade. A complexidade da vida em sociedade indicaria a incapacidade de o sistema jurídico prever todas as hipóteses de conflitos e de demandas. Reside precisamente neste diagnóstico a evidência da incompletude dos ordenamentos.

Diferentemente de Bobbio, que sustenta ser "*a batalha da escola do Direito livre contra as várias escolas da exegese uma batalha pelas lacunas*",[7] as contribuições dos teóricos do Direito Livre, sobretudo Ehrlich (e posteriormente Gurvich), "*avançaram na construção teórica de um autêntico e original pluralismo jurídico.*"[8] Para além das digressões sobre o ideal de sistema baseado na completude e na coerência do ordenamento jurídico, a variável introduzida rompe com a tradição da racionalidade moderna fundada sob o pressuposto de ser o Estado a única fonte legítima de produção de leis.

---

6 *Apud* BOBBIO, *Teoria...*, p. 116.
7 BOBBIO, *Teoria...*, pp. 122-123.
8 WOLKMER, *Pluralismo Jurídico*, p. 177.

As conclusões de Ehrlich são relevantes: "*utilizemos agora os fatos citados como parâmetros para avaliar a concepção jurídica dominante que consiste em que uma norma só é norma jurídica quando o Estado a estabeleceu como tal. Penso que esta concepção está refutada pela exposição feita, pois se verificou que apenas uma pequena parcela do direito, o direito estatal, realmente emana do Estado.*"[9]

Percebe-se da análise do autor que o direito estatal estaria invariavelmente desconectado do direito vivo, aquele que emana naturalmente da sociedade. A defasagem é nítida em decorrência da fixidez das normas jurídicas em relação à constante redefinição das práticas sociais. À estagnação do direito estatal é contraposta a mutabilidade do direito vivo. Não obstante as falhas intrínsecas às legislações – fator que por si só impede a fetichização legalista baseada na completude e na coerência –, com o decorrer do natural processo de envelhecimento das normas são expostas lacunas extrínsecas, ou seja, hiatos entre a base conceitual da lei e o desenvolvimento dos anseios e valores sociais.

A alternância dos costumes requer, portanto, frequente atualização das normas jurídicas, sob pena de o direito estatal perder sua legitimidade pela ineficácia dos seus preceitos.

As duas conclusões acerca da incompletude do ordenamento jurídico – incompletude interna derivada das lacunas e contradições inerentes às leis; incompletude externa em face do caráter estático do direito frente à dinâmica social –, atingirão o epicentro da ciência do direito, tornando questionável sua aspiração (vontade) epistemológica.

A propósito, o marco da desconstrução das pretensões científicas do direito pode ser identificado na conferência *O Caráter a-Científico da Chamada Ciência do Direito*, realizada em 1847, na

---

9 EHRLICH, *Fundamentos da Sociologia do Direito*, p. 125.

cidade de Berlim, por Kirchmann. No sugestivo discurso o autor afirma que *"el carácter a-científico de la jurisprudencia como ciencia puede significar, por un lado, 'que la jurisprudencia, si bien constituye una ciencia, carece de aquella influencia en la realidad y la vida de los pueblos que cualquier ciencia posee y debe tener'; por el otro lado, 'que la jurisprudencia carece de valor como ciencia teórica, que no constituye una ciencia con arreglo al auténtico concepto de la misma'."*[10] O discurso, desenvolvido a partir do comparativo entre o direito e as demais áreas do conhecimento (filosofia, filologia, matemática, entre outras), demonstra as baixas constância e eficácia do material legislativo, fato que lhe propiciaria grau de instabilidade que obstruiria qualquer pretensão científica.

Kirchmann identifica duas dificuldades que inviabilizariam a consolidação de matriz científica no Direito: (1ª) a fragilidade de seu objeto de investigação (leis) e (2ª) a ausência de harmonia entre o material legislativo, as promessas do modelo normativo e sua aplicabilidade (eficácia social). E, ao contrapor o estudo do direito estatal com o direito natural, sustenta que *"por culpa de la ley positiva los juristas se han convertido en gusanos que sólo viven de madera podrida"*, e concluiu de forma arrebatadora: *"la ciencia [jurídica], al hacer del azar su objeto, se convierte ella misma en azar: tres palabras retificadoras del legislador y bibliotecas enteras se convierten en papeles inútiles."*[11]

O questionamento de a dogmática jurídica ter adquirido ou não estatuto de cientificidade é centralizado fundamentalmente pelo fato de não corresponder ao modelo geral das ciências, ou seja, de não haver pleno controle sobre o objeto e de o material doutrinário produzido voltar-se essencialmente à prática judicial, delineando perfil técnico. Essa preocupação voltada ao labor cotidiano desenvolveria no operador jurídico estranha for-

---

10 KIRCHMANN, *El Carácter a-Científico de la Llamada Ciencia del Derecho*, p. 251.
11 KIRCHMANN, *El Carácter...*, pp. 267-268.

ma de proceder e (re)produzir ciência, pois grande parte de sua teorização é direcionada à aplicação das leis e não ao seu conteúdo e/ou à sua finalidade.

A desqualificação operada por Kirchmann expõe a primeira e mais evidente ferida narcísica da ciência jurídica (dogmática). Não por outro motivo Norberto Bobbio sustenta permanecer a chaga ainda sangrando, visto ser como *"espinho no coração"*.[12] E em sendo o direito penal regido pela mesma matriz (epistemológica), as críticas direcionadas ao gênero são plenamente adequadas à espécie.

03. Criminologia e Ciências Criminais Integradas

Na área das ciências criminais, porém, a aproximação do direito penal com a criminologia permitiu algo inédito na esfera jurídica: a abertura do saber e o compartilhamento do objeto de investigação.

As ciências criminais integradas, entendidas como conjunto de disciplinas que estudam a criminalidade e a criminalização, nascem no final do século XIX como campo de estudo interdisciplinar no qual desembocam inúmeras disciplinas autônomas (direito, psiquiatria, sociologia, antropologia e psicologia). Orientados pelo paradigma positivista, os estudos causais e etiológicos da criminologia italiana determinaram o modo de proceder das ciências criminais no século XX, formatando o modo de atuar dos juristas e invadindo o senso comum do homem de rua (*every day theories*) no que tange à compreensão sobre o crime (ente natural), o criminoso (atávico) e a pena (regeneradora).

O modelo criminológico do positivismo italiano, embora ingênuo em sua base teórica e inconsistente em suas teses, definiu

---

12 *Apud* ANDRADE, *Dogmática Jurídica*, p. 97.

durante o século XX o padrão (científico) de atuação das agências penais, legitimando intervenções violentas sobre o público vulnerável. Não por outro motivo Zaffaroni, Batista, Alagia e Slokar[13] nominam este paradigma criminológico como racista e produtor de *apartheid* social a partir de estigmas sobre o crime e o criminoso, o desvio e o desviante.

Com os resultados das investigações das escolas sociológicas norte-americanas, sobretudo a partir da Escola de Chicago, a ideia de crime natural e de criminoso determinado é, no plano acadêmico, desestabilizada, abrindo-se o campo à criminologia da reação social e suas correntes sucessoras, notadamente as variadas vertentes da criminologia crítica.

04. Abertura Criminológica

A análise do estatuto científico do direito e, particularmente, das ciências criminais é interessante pois permite algumas conclusões preliminares à discussão sobre os limites entre ciência e arte, que é a própria discussão sobre as fronteiras entre as ciências: (1º) as disciplinas dogmáticas, como a ciência jurídica, não apenas são hermeticamente fechadas à arte (e a todo conhecimento considerado vulgar), como são autorreferentes, ou seja, produzem conhecimento e operam voltadas para si mesmas, dialogando com espelhos; e (2º) as poucas disciplinas dogmáticas que se abrem à interdisciplinaridade, como no caso das ciências jurídico-penais em geral e da criminologia em particular, não necessariamente rompem com o dogmatismo, prevalecendo a tendência de a interação conformar novo sistema dogmático, disciplinando aquilo que pretendeu ser interdisciplinar.

---

13 ZAFFARONI, BATISTA, ALAGIA & SLOKAR, *Direito Penal Brasileiro I*, pp. 43-78.

Nas ciências criminais, notadamente na criminologia, a superação do fechamento narcísico que (a) fomenta a criação de novas dogmatizações e especializações após a intersecção com outras disciplinas e (b) impede o diálogo com a arte e outras manifestações heréticas somente seria possível a partir do radical abandono da vontade de sistema (vontade de verdade), própria das epistemologias modernas.

Em decorrência da predisposição histórica da criminologia à abertura e ao diálogo com as demais ciências, fundamental, para superar a tendência à dogmatização, desobrigar-se do rótulo da cientificidade – sobretudo porque 'a' ciência não existe –, visualizando a investigação criminológica como construção de campos de saber(es) voltado(s) ao debate sobre as formas e os mecanismos de criminalização e de controle social.

Eximir-se da pretensão de verdades definitivas e exortar as unidades totalizantes próprias dos projetos da modernidade aparecem, pois, como pressupostos para o saber criminológico contemporâneo. Assim, se há necessidade de desenvolvimento de saber crítico que integre dogmática penal (direito penal e processual penal), criminologia e política criminal, este movimento deve, antes de tudo, pautar-se pela negativa à vontade de sistema. Não buscar modelos integrados (críticos) de ciências criminais, mas inventar espaços de integração de saberes críticos.

Desde estes pressupostos, a investigação.

05. O Despedaçamento dos Saberes Criminais

O século XX produziu dois movimentos aparentemente contraditórios nas ciências criminais. O primeiro foi o de fragmentar o estudo dos fenômenos crime e criminalização, separando em ciências dogmáticas autônomas o direito penal e o processo penal e deslocando a criminologia e a política criminal ao campo das ciências médicas (criminologia etiológica) ou sociais (criminologia crítica e política criminal).

A atomização das disciplinas levou em alguns casos ao desenvolvimento particular com alto grau de sofisticação – *v.g.*, no direito penal, a teoria dogmática do delito –, ou a colonização dos saberes por novas totalidades – *v.g.* no caso do direito processual penal sua adequação às regras da teoria geral do processo, na esfera da criminologia etiológica sua submissão à técnica psiquiátrica e no âmbito da criminologia crítica a assunção da matriz sociológica e econômica.

O ciclo separação-integração dos discursos criminais é resultado da obsoleta concepção cartesiana, que funda a ciência moderna e que compartimentaliza o conhecimento em sistemas totalizantes. No *Discurso do Método*, Descartes elabora o *verdadeiro procedimento* para a conquista do conhecimento sobre todas as coisas destacando, entre os quatro preceitos fundamentais, a máxima repartição possível das dificuldades para melhor compreendê-las e solucioná-las.[14]

A redução microscópica do conhecimento pressuporia, desta forma, que o estudo infinitesimal das partes forneceria elementos exatos para, ao reconstruir o todo, desvendar a verdade – "*'procura' que foi a coisa fácil da modernidade e que continua a ser o ideal de uma boa parte da intelligentsia contemporânea: procurar o verdadeiro, o bom, o justo para lá da humana imperfeição que se dá a ver e a viver na existência banal e quotidiana.*"[15] A classificação dos fenômenos a serem particularizados ocorreria através da identificação dos seus aspectos análogos, sendo sua organização estabelecida em compartimentos (grupos). Produziu-se, porém, segundo Scarlett Marton, o despedaçamento do mundo na tentativa de estabelecer relações causais entre os acontecimentos: "*entrincheirada em seu feudo, a ciência não leva em conta outras áreas do conhecimento, outros domínios do*

---

14 DESCARTES, *O Discurso do Método*, pp. 49-50.
15 MAFFESOLI, *O Eterno Instante*, p. 141.

saber. Além de explicação dos fenômenos, pretende ser interpretação do mundo. E mais: a única interpretação verdadeira do mundo. Diante dela tudo deve ser relegado a um segundo plano, posto que não existe nada tão necessário quanto a verdade."[16]

O método moderno do despedaçamento, ao priorizar o saber científico especializado, não apenas afastou as inúmeras perspectivas e os vários discursos possíveis sobre os fenômenos, como criou barreira intransponível entre ciência e arte, enrijecendo as formas e os procedimentos (dogmáticos) e engessando a criação.

Neste sentido, precisa a crítica de Morin: "*a especialização abstrai, extrai um objeto do seu contexto e de seu conjunto, rejeita os laços e a intercomunicação do objeto com o seu meio, insere-o no compartimento da disciplina, cujas fronteiras quebram arbitrariamente a sistematicidade (a relação de uma parte com o todo) e a multidimensionalidade dos fenômenos, e conduz à abstração matemática, a qual opera uma cisão com o concreto, privilegiando tudo aquilo que é calculável e formalizável.*"[17] Sustenta, portanto, que esta inteligência parcelar, mecânica, disjuntiva, reducionista, quebra o complexo do mundo, fraciona problemas, separa o que é ligado e unidimensionaliza o multidimensional. Não por outro motivo é míope, daltônica, zarolha. Enfim, trata-se de verdadeira imbecilidade cognitiva.[18]

06. Teorias Gerais e Vontade de Sistema

Imprescindível, portanto, para a elaboração de discurso ciente da crise, das expectativas e das necessidades do século XXI, seja negado o sequestro da realidade que as *teorias gerais* produziram.

---

16 MARTON, *Nietzsche: uma filosofia a marteladas,* pp. 48-49.

17 MORIN, *Da Necessidade de um Pensamento Complexo,* p. 24.

18 MORIN, *Da Necessidade...,* pp. 24-25.

As teorias gerais (dogmáticas) relativas às ciências criminais no século XX não apenas reduziram os diversos discursos e as inúmeras manifestações plurais que antecederam sua criação, como criaram centros gravitacionais próprios de alto empuxe que obstaculizaram o diálogo e o reconhecimento das alteridades. A ruptura, pois, deve ser radical e atingir todos os microcosmos que compõem as ciências criminais: a *teoria geral do delito*, que, embriagada pelas teorias da conduta, enclausurou-se na discussão sobre os efeitos na tipicidade, ilicitude e culpabilidade, esquecendo real atuação do sistema penal; o *processo penal*, que, dominado pela teoria geral do processo, submeteu-se a regras e categorizações totalmente estranhas às ciências criminais, potencializando punitividade; a *criminologia etiológica*, que, harmonizada ao ideal de normalidade imposto pela psiquiatria, maximizou as hipóteses de isolamento em instituições totais; a *criminologia crítica*, que, embebida pelo discurso sociológico, submeteu-se aos reducionismos economicistas produzindo novos causalismos; a *política criminal*, que, associada como instrumento de segurança pública, maximizou a incidência da criminalização.

Nota-se, portanto, que a totalização dos métodos científicos exclui qualquer hipótese de reconhecimento das diferenças e das identidades, seja dos sujeitos implicados, pois são reduzidos a objetos de investigação, ou das formas de análise, em decorrência do enclausuramento disciplinar e metodológico. O diagnóstico permite desnudar a *vontade de sistema* (vontade de verdade) inerente aos projetos políticos e científicos modernos.

No entanto, se a crítica é possível à particularidade criminal das ciências jurídicas, inevitavelmente atinge a ciência-mãe. A teoria geral do direito, pensada pelo *iuspositivismo dogmático*, impôs ao longo do século XX aos seus intérpretes e operadores posturas contemplativa e asséptica visto pressupor a plenitude e a coerência dos ordenamentos – as lacunas e as antinomias do sistema seriam aparentes, resolvidas desde sua lógica autopoiética. Assim, os valores de certeza e de segurança (jurídica) traduzidos no narcisismo dos juristas enclausuraram o direito em sua dimensão formal, impossibilitando sua oxigenação e o necessário confronto com a pulsante realidade social à qual deve(ria) estar voltado.

A dogmatização dos saberes jurídicos, a partir da enunciação da completude e coerência dos seus métodos, potencializa a vontade de verdade e o encantamento com sua autoimagem. Assim, *"(...) o narcisismo em primeiro grau visível na dogmática jurídica dá vazão às (in)completudes e (in)coerências em sentido estrito. Não por outro motivo o direito penal, envolto na circularidade do conceito de bem jurídico, ainda brada sua capacidade técnica de tutelar os maiores valores da humanidade; o processo penal, perdido na confusão entre os conceitos de verdade e realidade e de verdade e substância, concebe a possibilidade de buscar a 'verdade real'; e a criminologia, absorta nas entranhas dos aparelhos de segurança pública, visualiza (e crê) em sua aptidão de erradicação da criminalidade."*[19]

07. O Espírito Teórico e a Vontade de Verdade

A técnica jurídico-penal, na esteira dos demais métodos modernos, enfrenta profunda crise e padece de legitimidade após a constatação de que inexiste 'a' ciência. Desde a crítica à metafísica e aos seus valores (Bondade, Beleza, Justiça e Verdade), notadamente a partir de Nietzsche, tem-se a percepção de que o exercício oficial, lícito, do conhecimento não passa do incremento de projetos moralizadores sustentados pela vontade de sistema. Ocorre que o direito apresenta condições ideais para sua adequação, atingindo a potência moralizadora forma normativa, própria para o desenvolvimento de sistemas de revelação de Verdades.

---

19 CARVALHO, *Criminologia e Transdisciplinaridade*, p. 40. No mesmo sentido, CARVALHO, *A Ferida Narcísica do Direito Penal*, pp. 179-211.

No entanto, como denuncia Nietzsche, esta *vontade de verdade*, por pretender-se única e total, olvida o fato de que outras verdades existem, por mais repugnantes que possam parecer e por mais contrárias que possam se apresentar aos valores morais: "(...) *verdade chã, acre, feia, repulsiva, amoral, acristã... Porque existem tais verdades.*"[20]

Em O *Nascimento da Tragédia*, Nietzsche desenvolve a ideia do homem teórico, do homem da cultura, do homem douto a serviço da ciência. O espírito otimista que caracteriza o mundo moderno é embalado pela crença no saber e encontra em Sócrates "(....) *o protótipo do otimista teórico que, na já assinalada fé na escrutabilidade da natureza das coisas, atribui ao saber e ao conhecimento a força de uma medicina universal e percebe no erro o mal em si mesmo. Penetrar nessas razões e separar da aparência e do erro o verdadeiro conhecimento, isso pareceu ser ao homem socrático a mais nobre e mesmo a única ocupação autenticamente humana: tal como aquele mecanismo dos conceitos, juízos e deduções foi considerado, desde Sócrates, como a atividade suprema e o admirável dom da natureza, superior a todas as outras aptidões.*"[21]

Os desenvolvimentos da ciência e da técnica possibilitariam aos homens modernos – os *últimos homens*, aqueles que representam o desaguadouro evolutivo da civilização judaico-cristã ocidental –, progressiva e constante revitalização dos seus valores morais, atingindo níveis elevados de Justiça, de Bondade e de Verdade. A figura do *último homem*[22] personifica a modernidade pois representa o êxtase com o avanço do conhecimento, a embriaguez pelo saber científico e sua técnica que doma e submete as forças da natureza.

---

20 NIETZSCHE, *Genealogia da Moral*, p. 18.
21 NIETZSCHE, *O Nascimento da Tragédia*, pp. 94-95.
22 Lembra Giacóia que "*o último homem simboliza a modernidade, que considera a si mesma o ponto mais avançado do desenvolvimento histórico da humanidade, acreditando que a finalidade dessa história consistiria na chegada do homem moderno. O último homem crê na onipotência do seu saber e do seu agir*" (GIACÓIA, *Nietzsche*, p. 36).

O domínio da natureza pela racionalidade, aliado à percepção da modernidade como o ápice evolutivo da história humana, induzem a ciência a projetar inevitáveis avanços da técnica no sentido de oferecer condições de diminuir a dor (sofrimento) e aumentar o prazer (felicidade) da existência terrena.

O otimismo romântico com a técnica científica é visualizado de forma exemplar no pensador que sistematiza a racionalidade e funda filosofia da consciência. Descartes, no *Discurso do Método*, sustenta ser "(...) *possível chegar a conhecimentos que sejam muito úteis à vida, e que, em lugar dessa filosofia especulativa que se ensina nas escolas, é possível encontrar-se uma outra prática mediante a qual, conhecendo a força as ações do fogo, da água, do ar, dos astros, dos céus e de todos os outros corpos que nos cercam, tão claramente como conhecemos os vários ofícios de nossos artífices, poderíamos utilizá-los da mesma forma em todos os usos para os quais são próprios, e assim nos tornarmos senhores e possuidores da natureza. O que é de se desejar, não apenas para a invenção de uma infinidade de artifícios que permitam usufruir, sem custo algum, os frutos da terra e todas as comodidades que nela se encontram, mas também, e principalmente, para a conservação da saúde, que é sem dúvida o primeiro bem e a base de todos bens desta vida (...).*"[23]

Todavia a perspectiva apolínea[24] das ciências foi abalada pelo seu natural despreparo em tratar com os problemas da vida. Ao

---

23 DESCARTES, *Discurso...*, p. 86/7.

24 Nietzsche desenvolve, a partir d'*O Nascimento da Tragédia*, duas categorias que serão constantes em seu processo de elaboração teórica: as perspectivas apolíneas e dionisíacas de mundo. Segundo o filósofo, as duas divindades artísticas dos gregos (Apolo e Dionísio) são "(...) *os representantes vivos e evidentes de dois mundos artísticos diferentes em sua essência mais funda e em suas metas mais altas*" (NIETZSCHE, *O Nascimento...*, p. 97). As diferentes percepções helênicas sobre a arte, representadas no mundo dos deuses – "*a arte do figurador plástico, a apolínea, e a arte não figurada da música, a de Dionísio*" (NIETZSCHE, *O Nascimento...*, p. 27) – permite recursos de interpretação das formas de conhecimento e das diferentes posturas em relação à vida. Assim, se a perspectiva apolínea sustenta o modelo

hipostasiar o mundo (metafísica) e operar com valores idealizados, esqueceu o homem em sua condição humana, condição não dicotomizada em essências como bem-mal, belo-feio, justo-injusto, verdadeiro-falso. Aliás, os maniqueísmos são próprios dos pensamentos metafísicos e projetam, no plano dos discursos científicos, a insuperável dualidade entre razão e emoção.

---

metafísico socrático de reforço dos valores morais (Justiça, Beleza, Bondade e Verdade) aos quais o cotidiano deve ter como referência, a perspectiva dionisíaca reforça o espírito trágico e doloroso da vida. A metafísica apolínea, portanto, evoca sentimento hostil à vida, pois voltado à *"verdade superior, a perfeição desses estados, na sua contraposição com a realidade cotidiana tão lacunarmente inteligível (...)"* (NIETZSCHE, O Nascimento..., p. 29).

O mundo apolíneo da beleza, segundo Roberto Machado, é o mundo que reforça o *principium individuationis* (princípio de individuação) da consciência de si – do indivíduo, do Estado. As belas formas, na arte apolínea, substituem a verdade do mundo, deixando de lado algo essencial: *"virando as costas para a realidade, ela desconsidera o outro instinto estético da natureza que não pode ser esquecido – o dionisíaco"* (MACHADO, Nietzsche e a Verdade, p. 21).

Giacóia apresenta as dicotomias entre Apolo e Dionísio projetando sua conformação na arte trágica, como possibilidade de resgate estético da vida, seria a síntese destes opostos, permitindo a união entre essência e aparência: *"Apolo representa o lado luminoso da existência, o impulso para gerar as formas puras, a majestade dos traços, a precisão das linhas e limites, a nobreza das figuras. Ele é o deus do princípio da individuação, da sobriedade, da temperança, da justa medida, o deus do sonho das belas visões. Dionísio, por sua vez, simboliza o fundo tenebroso e informe, a desmedida, a destruição de toda figura determinada e a transgressão de todos os limites, o êxtase da embriaguez"* (GIACÓIA Jr., Nietzsche, p. 34).

Conclui Vattimo que *"el mundo de los dioses olímpicos es el mundo producido por el impulso apolíneo; la experiência del caos, de la perdida de tota fórma definida en el flujo incesante de la vida que es también siempre muerte, en cambio la que corresponde al impulso dionisíaco; que es también un impulso, un Trieb: así como lo apolíneo tiende a producir imágenes definidas, formas armoniosas y estables que den seguridad, el impulso dionisíaco no es solo la sencibilidad, ante el caos de la existencia, sino que también es instigación a sumergirse en dicho caos, sustrayéndose al principium individuationis"* (VATTIMO, Introducción a Nietzsche, p. 29).

Conforme ensina Scarlett Marton,[25] das reflexões nietzschianas do período de 1872 nasce a ideia do filósofo como médico da civilização. Se a imagem tradicional do filósofo está associada à busca da verdade através de (bons) métodos, e esta tarefa é obscurecida e desviada pelas paixões, a nova filosofia deveria, antes de tudo, ser *crítica* e questionar a própria oposição entre razão e paixão. Desde o ponto de vista da vida, do seu revigoramento ou de sua decadência, as ideias e os valores tidos por verdadeiros necessitam submeter-se à crítica. Apenas a crítica dos valores morais permite sua ultrapassagem, sua reviravolta, sua transvaloração.

A noção de progresso e evolução natural da espécie e da sociedade humana, revigorada pelo cartesianismo e sua postura de subjugação da natureza à razão, ofusca a percepção de ser ingênua a crença no conhecimento científico, na Verdade. A *res cogitans* (razão), ao compreender e manipular a *res extensa* (natureza), e ao separar sujeito e objeto, ao invés de criar condições ideais de felicidade, "*humanizando a natureza e racionalizando a sociedade*",[26] punibiliza a vida.

A elaboração do *cogito* cartesiano densifica o processo de cisão entre pensamento (consciência) e corpo (natureza): coisa pensante (*res cogitans*); corpo não pensante (*res extensa*).[27] Nietzsche, em seve-

---

25 MARTON, *Nietzsche...*, p. 23.
26 GIACÓIA, *Nietzsche*, p. 31.
27 "*E, ao notar que esta verdade: eu penso, logo existo, era tão sólida e tão correta que as mais extravagantes suposições dos céticos não seriam capazes de lhe causar abalo, julguei que podia considerá-la, sem escrúpulo algum, o primeiro princípio da filosofia que procurava.*" "*(...) compreendi, então, que eu era uma substância cuja essência ou natureza consiste apenas no pensar, e que, para ser, não necessita de lugar algum, nem depende de qualquer coisa material. De maneira que esse eu, ou seja, a alma, por causa da qual sou o que sou, é completamente distinta do corpo e, também, que é mais fácil de conhecer do que ele, e, mesmo que este nada fosse, ela não deixaria de ser tudo o que é*" (DESCARTES, *Discurso...*, p. 62).

ra crítica à filosofia da consciência, reaproxima, quando não funde, corpo e mente, razão e paixão – *"ele elabora assim uma inteligência que deseja submeter, exclusivamente, a critérios físicos. Não só interpreta o sofrimento como energia, como quer que assim seja: o sofrimento físico só é suportável se estiver estreitamente ligado à fruição, na medida em que desenvolve uma lucidez voluptuosa: ou ele apaga todo o pensamento possível, ou então atinge o delírio do pensamento."*[28] Conclui Klossowski que, para Nietzsche, *"a própria consciência não é outra coisa senão o código cifrado das mensagens transmitidas pelos impulsos (...)."*[29]

08. A Tetralogia dos Valores (Metafísicos) nas Ciências Criminais

Ao traçar caminhos para atingir verdades não passíveis de experimento e ao potencializar valores morais absolutos que não se concretizam, a ciência esquece as urgências da vida, motivo pelo qual qualquer otimismo com as potencialidades da razão seria ilusão, profissão de fé.

No ensaio *Sobre Verdade e Mentira no Sentido Extra-Moral*, Nietzsche aponta no sentido da inexistência do valor Verdade e da invenção do conhecimento oficial (científico),[30] elaborando a base da noção de perspectivismo. Assim, se o conhecimento e os valores morais – no caso a tetralogia dos valores que conformam o

---

28 KLOSSOWSKI, *Nietzsche e o Círculo Vicioso*, p. 45.

29 KLOSSOWSKI, *Nietzsche...*, p. 46.

30 *"Em algum remoto rincão do universo cintilante que se derrama em um sem-número de sistemas solares, havia uma vez um astro, em que muitos animais inteligentes inventaram o conhecimento. Foi o minuto mais soberbo e mais mentiroso da 'história universal': mas também foi somente um minuto. Passados poucos fôlegos da natureza congelou-se o astro, e os animais inteligentes tiveram de morrer"* (NIETZSCHE, *Sobre Verdade e Mentira no Sentido Extra-Moral*, p. 45).

ideal das ciências criminais: Justiça, Verdade, Bondade e Beleza – foram inventados através da exclusão do não igual, a ideia mesma de ciência apresenta-se como totalitária, objetivando o aniquilamento das diferenças.

O processo de individuação (definição das essências do conceituado) e de ocultamento do não igual é exposto de forma a identificar o processo apolíneo de criação do mundo das belas aparências: "*todo conceito nasce por igualação do não igual. Assim como é certo que nunca uma folha é inteiramente igual a uma outra, é certo que o conceito de folha é formado pelo arbitrário abandono dessas diferenças individuais, por um esquecer-se do que é distintivo, e desperta então a representação, como se na natureza além das folhas houvesse algo, que fosse 'folha', uma espécie de folha primordial, segundo a qual todas as folhas fossem tecidas, desenhadas, recortadas, coloridas, frisadas, pintadas, mas por mãos inábeis, de tal modo que nenhum exemplar tivesse saído correto e fidedigno como cópia fiel do primordial. Denominamos um homem 'honesto'; porque ele agiu hoje tão honestamente? – perguntamos. A honestidade! Isto quer dizer, mais uma vez: a folha é a causa das folhas. O certo é que não sabemos nada de uma qualidade essencial, que se chamasse honestidade, mas sabemos, isso sim, de numerosas ações individualizadas, portanto desiguais, que igualamos pelo abandono do desigual e designamos, agora, como ações honestas; por fim, formulamos a partir delas uma qualitas occulta com o nome: 'a honestidade'. A desconsideração do individual e efetivo nos dá o conceito, assim como também a forma, enquanto que a natureza não conhece formas nem conceitos, portanto também não conhece espécie, mas somente um X, para nós inacessível e indefinível.*"[31]

Ocorre que após a idealização dos valores pelo processo de individuação, os conceitos passam a ser parâmetros de medição da vida, como se fosse possível a folha concreta adequar-se à ideia de folha primordial. Contudo a vida resta sequestrada e culpabi-

---

31 NIETZSCHE, *A Verdade...*, p. 48.

lizada face à impossibilidade de concretização do mundo das belas aparências.

No âmbito do exercício dos poderes punitivos, esta violência é presentificada em forma de perda de vidas humanas. As ciências criminais, ao valorizarem os ideais da Bondade (direito penal) e da Beleza (criminologia), desenvolvem técnicas de correção e de transformação do não igual (teorias da pena). Assim, a partir da concepção idealizada do homem bom, não delinquente, cria os instrumentos góticos de reforma do mal que se manifesta no homem delinquente, seu não igual. Todavia a universalização do valor concretizada no mecanismo pena não garante, absolutamente nada, a reforma moral e estética do criminoso, pois como não existem homens delinquentes – apenas pessoas que cometeram, em determinado momento de suas vidas, fatos selecionados e denominados crime –, não existe instrumento aplicável idôneo a reforçar, em grupo plural, descontínuo, distinto de indivíduos, determinado valor e universalizá-lo.

Da mesma forma que é impossível apreender as causas e as origens da delinquência, pois inúmeros os fatores, as variáveis e os acasos que atuam nas e sobre as diversas pessoas que cometem os mais diferentes atos em circunstâncias absolutamente distintas de tempo, local e forma de agir – fatores que tornam inconsistente qualquer individuação –, inapropriado propor fins específicos e universais aos mecanismos da pedagogia e da moral punitiva. Se o evento delitivo é experiência única e não repetível na vida de quem o praticou e o sofreu, igualmente as técnicas punitivas, quaisquer que sejam, terão distintos impactos nas pessoas, (des)cumprindo sempre seus objetivos, por mais nobres que sejam.

Portanto o que é a Verdade (do crime, do criminoso, da pena)? Responderá Nietzsche: "*um batalhão móvel de metáforas, metonímias, antropomorfismos, enfim, uma soma de relações humanas, que foram enfatizadas poética e retoricamente, transpostas, enfeitadas, e que, após longo uso, parecem a um povo sólidas, canônicas e obrigatórias:*

as verdades são ilusões, das quais se esquece o que são, metáforas que se tornaram gastas e sem força sensível, moedas que perderam sua efígie e agora só entram em consideração como metal, não mais como moedas."[32]

09. Aberturas Transdisciplinares Possíveis

A superação do homem teórico socrático e do modelo científico dos últimos homens, notadamente no que diz respeito às ciências criminais, pode ser intentada a partir de duas distintas formas de abordagem: intrínseca, ou seja, desde o âmbito interno das ciências, através da assunção da transdisciplinaridade; extrínseca, desde a abertura das ciências ao conhecimento profano. Estes movimentos possibilitariam substituir perspectiva dramática pela trágica, potencializando nas mais distintas formas de conhecimento a vida, e não o conhecimento mesmo.

A perspectiva transdisciplinar forneceria condições de libertar os saberes disciplinares dos seus feudos, colocando-se em diálogo aberto com diferentes campos de conhecimento e possibilitando o reconhecimento de verdades distintas. Por outro lado, a crítica aos valores morais e aos limites dos saberes científicos modernos é condição de possibilidade para o olhar transdisciplinar.

A defasagem existente entre "*a nova visão do mundo que emerge do estudo dos sistemas naturais e os valores que ainda predominam na filosofia, nas ciências do homem e na vida da sociedade moderna*",[33] torna fundamental a construção de novos campos e novas redes de saber que possibilitem leitura diferenciada dos desafios da contemporaneidade, mormente os relativos ao crime, à criminalidade e ao

---

32 NIETZSCHE, *A Verdade...*, p. 48.
33 DECLARAÇÃO DE VENEZA, *A Ciência Diante das Fronteiras do Conhecimento*, art. 01.

sistema formal de controle social. Inegável, portanto, ser necessário recusar *"qualquer sistema fechado de pensamento"*, consolidando postura de tipo novo desde a *"procura verdadeiramente transdisciplinar, de uma troca dinâmica entre as ciências 'exatas', as ciências 'humanas', a arte e a tradição."*[34]

A crença na unidade do discurso e na potência dos métodos científicos forjados na modernidade tem ofuscado o olhar do pesquisador, impedindo-o de perceber a dimensão das revoluções, dos desafios e dos riscos contemporâneos. Mais grave ainda, tem ocultado os limites dos saberes científicos para enfrentar e propor alternativas aos problemas atuais.

A imprescindibilidade da abertura e do diálogo entre os saberes e a impossibilidade de os discursos disciplinares manterem sua pretensão de eficácia perante a crise contemporânea impõem novas metas e distintas atitudes aos investigadores. Ambas, porém, devem estar harmonizadas por ética transdisciplinar que reconheça a *"(...) existência de diferentes níveis de realidade, regidos por lógicas diferentes"*, e que negue *"qualquer tentativa de reduzir a realidade a um único nível regido por uma única lógica."*[35]

Embora seja esperado na atualidade o entrelaçamento dos saberes e a superação dos projetos científicos disciplinares, com a criação de novos campos e novas redes de conhecimento, no campo jurídico a dificuldade é sensível. Os conservadorismos, ocultados sob o véu da tradição, apesar dos nítidos sinais de crise do modelo integral de ciências criminais acabam sempre por ostentar desejos de pureza e de autossuficiência (completude) alheios às especulações mundanas.

Neste quadro, imprescindíveis as lições de Ruth Gauer, no sentido de *"(...) não renunciar à possibilidade de repensar a organização*

---

34 DECLARAÇÃO DE VENEZA, *A Ciência...*, art. 03.
35 CARTA DA TRANSDISCIPLINARIDADE, artigo 02.

dos saberes e de conceber formas que privilegiem as interações entre os campos científicos, já que a interdisciplinaridade é um processo: uma maneira de apreender a realidade ou uma maneira de encará-la."[36]

10. O Dramático e o Trágico nas Ciências (Criminais)

Note-se, contudo, que a dificuldade de superação do homem teórico no campo eminentemente dogmático das ciências criminais é inafastável. Não apenas por pressupor o reconhecimento da crise e a consequente *crítica interna* – evento de difícil visualização pelos motivos apresentados –, mas pelo segundo obstáculo intransponível, qual seja, o da *crítica externa* que gera a abertura das ciências ao conhecimento profano. Neste quadro, a tendência é a agudização da perspectiva dramática em detrimento da trágica.

Em *O Eterno Instante*, Maffesoli, dialogando com a filosofia nietzschiana, aponta para as possibilidades de distinção entre o dramático e o trágico na contemporaneidade em leitura adequada à avaliação do problema proposto. A questão é colocada para além das concepções artísticas entre o drama e a tragédia, representando posturas radicalmente distintas do homem com a vida, sobretudo em relação às formas de enfrentamento da dor, pois "(...) *a dor e o sofrimento são os educadores do gênero humano, pelo facto de darem um preço àquilo que é vivido.*"[37-38]

36 GAUER, *A Interdisciplinaridade e o Mundo da Inovação*, pp. 63-64.

37 MAFFESOLI, *O Eterno...*, p. 42.

38 Não por outro motivo a necessidade de crítica à patologização da dor pela psiquiatria e pelas neurociências contemporâneas que, buscando a felicidade constante e a qualquer preço, entorpecem a humanidade não permitindo sequer que as pessoas identifiquem e façam seus lutos. Birman diagnostica que "*diante de qualquer angústia, tristeza ou outro desconforto psíquico, os clínicos passaram a prescrever, sem pestanejar, os psicofármacos mágicos, isto é, os ansiolíticos e antidepressivos.*

O espírito otimista do drama, conforme sustenta Maffesoli, pode ser ilustrado pela atormentada obsessão pelo futuro e pelo domínio da vida, dado que resumiria toda a cultura judaico-cristã ocidental. Em contrapartida, "(...) *trágica é a aceitação do destino, o reconhecimento da existência por aquilo que ela é: precária, finita, sempre submetida à inexorável lei da morte de todas as coisas e de cada um.*"[39] Drama e tragédia, portanto, se opõem dicotomizando sentidos de existência: enquanto o trágico vive a vida com todas as suas contradições, virtudes e perversões, o romântico opta pela felicidade que o amanhã paradisíaco, isento de problemas e de dor, possibilita.[40] Esquece, portanto, o espírito dramático, de viver.

Liane Pessin, na interpretação das formas de pessimismo expostos em *A Gaia Ciência*, define, desde a teoria literária, a perspectiva dramática como *romântica*. Segundo Pessin, "*o romantismo corresponde, então, àquelas estratégias que produzem defesas contra o sofrimento através do empobrecimento da vida, da constrição da sua potência para se processar e se transformar. Na tentativa fantasiosa de não correr o risco de viver a vida na sua expansão o romântico vive sob a égide do*

A escuta da existência e da história dos enfermos foi sendo progressivamente descartada e até mesmo, no limite, silenciada. Enfim, por essa via tecnológica, a população passou a ser ativamente medicalizada, numa escala sem precedentes" (BIRMAN, Mal-Estar na Atualidade, p. 224).

A farmacologização do cotidiano atinge na atualidade toda e qualquer manifestação de dor psíquica. Melman lembra que com os neurolépticos simplesmente não se permite mais que as pessoas façam seus lutos, pois "*os psiquiatras tendem mais a tratar os lutos como doenças, a confundir luto e estado depressivo. Muitos não sabem mais que um luto é algo normal*" (MELMAN, O Homem sem Gravidade, p. 101).

39 MAFESSOLI, O Eterno..., pp. 58-59.

40 "*Digamo-lo, claramente, a concepção dramática do mundo que dominou os tempos modernos e que, por esse facto, está em vias de saturação, preocupava-se essencialmente com a felicidade individual da procura do paraíso celeste ou terrestre, segundo os casos, onde o indivíduo poderia usufruir à vontade dos bens que teria adquirido, ou dos méritos que poderia, de alguma forma, ter capitalizado*" (MAFFESOLI, O Eterno..., p. 165).

controle – descontrole. Com o objetivo de conter a invasão dos diferentes e inusitados atravessamentos que a vida apresenta, oscila entre estados de imobilismo patético ou de delírio arrebatado sobre um foco, frente a inúmeros possíveis."[41]

A orientação fornecida pela tetralogia dos valores morais que fundam as ciências criminais permite identificar a perspectiva dramática. Não apenas pela visualização nas práticas jurídicas da necessidade de revelação da Justiça, da Bondade, da Beleza e da Verdade, mas igualmente no plano teórico por blindar as ciências criminais da experiência da vida. A sustentação de valores metafísicos que direcionam a teoria e a prática jurídica caracteriza, portanto, o espírito dramático desta ciência.

Na genialidade de Camus a oposição é desvelada: *"em suma, a fórmula do melodrama seria: 'Um só é justo e justificável'; e a fórmula trágica por excelência: 'Todos são justificáveis, ninguém é justo'."*[42]

Veja-se, por exemplo, no local de representação dos atores que atuam na persecução criminal, a insistente busca de resposta única que dê conta da complexa realidade posta em caso (penal). Assim, dimensões distintas do conhecimento são apresentadas como categorias unas, voltadas à revelação da Verdade – *v.g.* verdade e realidade (verdade real), verdade e forma (verdade formal), verdade e processo (verdade processual), verdade e substância (verdade substancial). Não por outro motivo, em subversão à ideia de contraditório, a insistência na forma dialética do processo penal, cujo resultado, após a apresentação de tese e antítese, seria conclusão apresentada como síntese, verdade única e integradora das demais, verdade aniquiladora das diversidades, verdade dramática.

A tragédia grega, com suas máscaras e ditirambos que prenunciam a vida em forma de oráculo, é necessariamente aporética

---

41 PESSIN, *A Potência do Trágico Nietzschiano na Clínica Psicoterápica*, pp. 19-20.
42 *Apud* ALVES, *Camus: entre o Sim e o Não a Nietzsche*, p. 60.

porque, ao contrário do drama, não oferece 'A' verdade, mas verdades possíveis, plurais, chãs. Desta forma, *"enquanto o drama, no sentido etimológico, evolui para uma solução possível, como se pode ver no burguesismo moderno, o trágico é aporético, isto é, não busca nem espera soluções (...); o drama desemboca na síntese, enquanto o trágico, de acordo com o neologismo utilizado ao mesmo tempo por S. Lupasco e por G. Durand, baseia-se essencialmente no 'contraditorial', o contraditório vivido como tal."*[43]

11. Possibilidades do Trágico em Criminologia

Em *Aurora*, Nietzsche afirma que a paixão do homem moderno pelo conhecimento é tão intensa que faz com que a humanidade prefira o perecimento ao retrocesso ao estado de barbárie no qual a técnica não domina a natureza – *"mas nosso impulso ao conhecimento é demasiado forte para que ainda possamos estimar a felicidade sem conhecimento ou a felicidade de uma forte e firme ilusão; apenas imaginar esses estados é doloroso para nós!"*[44]

O otimismo científico, a fé na racionalidade e a devoção no pensamento lógico desenvolveram, no espírito dos *últimos homens*, a confiança plena na técnica e em sua capacidade de criar e realizar as condições de felicidade à humanidade. Somente a partir da razão haveria possibilidade de alcançar os valores morais da Verdade, da Beleza, da Bondade e da Justiça. No caso específico das ciências criminais, a técnica deveria oferecer à sociedade medicina eficaz para erradicar as formas de violência: ao eliminar o crime, o homem moderno refuta aquilo que mais odeia na modernidade, o seu outro, a barbárie.

---

43 MAFFESOLI, *Mediações Simbólicas*, p. 26.
44 NIETZSCHE, *Aurora*, p. 225.

Em face disso, a crítica ao espírito científico e à racionalidade moderna, em termos mais precisos, à vontade de verdade, é um dos pontos mais contundentes da filosofia nietzschiana. A obsessão da razão cartesiana em sistematizar o conhecimento, conferindo-lhe unidade e ordem, para, livrando-se da ignorância, discernir o verdadeiro do falso, é refutada desde O Nascimento da Tragédia. O processo de desconstrução da ilusão científica acompanha o autor ao longo de sua trajetória, nas mais diversas fases. Sustenta, por exemplo, em Crepúsculo dos Ídolos, a ruptura com a *vontade de sistema* – *"desconfio de todos os sistemáticos e me afasto de seus caminhos. A vontade de sistema é uma falta de retidão."*[45]

A alternativa à vontade de verdade e ao processo de moralização e normalização que a configura é a retomada da arte trágica da Grécia arcaica. Apenas no trágico haveria a possibilidade de superar a identidade entre moral e ciência. Apenas na arte, colocada em frontal oposição à ciência, haveria condições de transvaloração dos valores, ou seja, de superação dos juízos morais para além do bem e do mal. Não por outro motivo o conhecimento científico demonstrou-se excessivamente hostil à arte e ao mito, considerando-os formas de ignorância e de ilusão.

A arte trágica forneceria elementos factíveis de experimentação do mundo despidos das idealizações metafísicas e dos narcisismos científicos. Com a lente crua do trágico, as atrocidades da existência e as dores do mundo seriam vivenciadas sem a necessidade de subterfúgios moralistas, pois só a arte "(...) *tem o poder de transformar aqueles pensamentos enojados sobre o horror e o absurdo da existência em representações com as quais é possível viver: são elas o sublime, enquanto domesticação artística do horrível, e o cômico, enquanto descarga artística da náusea do absurdo.*"[46]

---

45 NIETZSCHE, Crepúsculo dos Ídolos, p. 13.
46 NIETZSCHE, O Nascimento..., p. 56.

O *homem teórico*, forjado na cultura helênica ocidental por Sócrates, narcotizado pela busca da verdade, atribuiu ao saber científico a capacidade de distinguir o erro, de separar essência e aparência. No entanto este otimismo na razão sistematizadora ofuscou a pluralidade dos fenômenos existentes na realidade e as infinitas formas de interpretá-los, impedindo perceber inúmeras formas de manifestação das verdades; verdades marginais que transpõem os horizontes da moral.

O encantamento do homem teórico com sua racionalidade, manifestação exemplar do narcisismo dos cientistas da modernidade – e dentre eles os teóricos das ciências criminais –, impediu perceber as limitações e os riscos da técnica. Ao pensar estarem domando a natureza (crime, violência) através dos instrumentos criados pela razão (direito penal, processo penal, criminologia e política criminal), foram, lentamente, capturados pelo ideal científico, o qual os impediu de notar que *"dominar a ciência é determinar seu valor no sentido de controlar a exorbitância de suas pretensões, no sentido de estabelecer até onde ela pode se desenvolver. É formular a questão dos limites."*[47]

A absoluta ausência de percepção dos limites da moderna ciência (criminal) produziu a interferência inábil de atores (juristas) em fenômenos trágicos permeados pela violência (individual e institucional). Crentes em seu potencial resolutivo, não esporadicamente a intervenção (castigo) provocou danos maiores à humanidade do que a soma dos crimes cometidos, encenando espetáculo cujo melancólico final (dramático) produz profundo mal-estar.

O encanto dos cientistas (das ciências criminais) com sua imagem refletida nos espelhos teóricos encena o triste quadro de serem eles os únicos satisfeitos com a técnica desenvolvida. A von-

---

47 MACHADO, *Nietzsche...*, p. 42.

tade de verdade (vontade de sistema), eleita como fim último da própria atividade, revela a incapacidade de diálogo; a incapacidade de escuta das angústias das partes envolvidas nos conflitos – *"por isso Lessing* – explicará Nietzsche –, *o mais honrado dos homens teóricos, atreveu-se a declarar que lhe importava mais a busca da verdade do que a verdade mesma: com o que ficou descoberto o segredo fundamental da ciência, para espanto, sim, para desgostos dos cientistas."*[48] Em Klossowski, este infantil narcisismo é exposto: *"eles não têm consciência de que falam de si mesmos – eles têm a pretensão de falar 'da verdade' – quando, no fundo, trata-se apenas deles mesmos."*[49]

A conclusão possível talvez seja a de ser necessário forjar ações redutoras dos danos causados pela inábil intervenção das ciências criminais, as quais, acreditando-se capazes de reduzir/erradicar os delitos, produziram custos incalculáveis de violências. A saída talvez seja a representação trágica da realidade, na superação dos métodos, na ruptura com os dogmatismos, em práticas despidas de verdade(s) e cientes dos seus próprios limites.

12. O Olhar Trágico sobre o Sistema Penal

Na construção nietzschiana, ciência e arte se tornam complementares na postura madura do homem perante a vida. Assim, em *Humano, Demasiado Humano*, o filósofo sustenta que *"uma cultura superior deve dar ao homem um duplo cérebro, algo como duas câmaras cerebrais, uma para sentir a ciência, outra para sentir a não ciência; uma ao lado da outra, sem se confundirem, separáveis, estanques: esta é uma exigência de saúde."*[50]

---

48 NIETZSCHE, O Nascimento..., p. 93.
49 KLOSSOWSKI, Nietzsche..., p. 22.
50 NIETZSCHE, Humano, Demasiado Humano, p. 173.

À postura trágica importa, portanto, não apenas ter presente os limites do agir (humano, científico), mas o convívio e a interlocução com a alteridade que coloca crises, com o outro que desestabiliza, com a diferença radical que gera mal-estar.

Neste quadro, a potência do trágico se justifica plenamente, pois se a ciência (dramática/romântica) impõe métodos estáveis e ascéticos voltados ao desenvolvimento e ao progresso da cultura (civilização), a arte inventa formas de manifestação contraculturais, ou seja, apresenta-se perante o saber oficial como o outro marginal, desestabilizador, detentor de verdades outras.

Posta assim a questão ciência dramática – arte trágica, caberia pensar quais as possibilidades de análise sobre as ciências criminais se fossem efetivamente superadas as armadilhas da transdisciplinaridade em suas dimensões internas e externas. Antes disso, porém, importante avaliar se seria suportável às ciências criminais o atravessamento da perspectiva trágica. É que os obstáculos e os preconceitos existentes entre as duas distintas manifestações (contra)culturais que tornam intransponíveis as fronteiras foram desenvolvidos e cultivados pelos saberes científicos da modernidade como barreiras de proteção, espécie de blindagem contra a nauseante ruptura.

O sentimento indigesto e a vertigem da ultrapassagem das fronteiras podem ser apresentados em dois questionamentos incisivos: (1º) *na literatura, no teatro, no cinema, nas artes plásticas, qual a forma de representação do controle social punitivo e dos atores que nele operam?*; (2º) *a representação artística sobre as agências de punitividade e os seus operadores corresponde à autoimagem cultivada no sistema de justiça criminal?*

Segunda Parte
Crítica criminológica às ciências criminais

IV – DESCONSTRUÇÕES E CONSTÂNCIAS DO MODELO INQUISITORIAL: CRÍTICA CRIMINOLÓGICA AO PROCESSO PENAL

Todo ataque dirigido contra o obscurantismo é impressionante por aquilo que nos mascara, e a rejeição dos medievais para fora da modernidade (do ponto de vista do discurso sobre o Poder), continua sendo uma extraordinária trapaça. Leiam, então, Kafka: o glosador reaparece nele com todas as letras e vem ordenar a fuzilaria. Vamos parar de rir da Idade Média, de suas técnicas de obscurecimento, sempre eludidas, sempre presentes. (Legendre)

01. Gestação da Estrutura Inquisitorial

O rompimento com a tradição inquisitorial de suplícios e de expiações, experiência que identifica o processo penal do Medievo, marca formalmente a vitória da racionalidade e do humanismo advogados pelos filósofos das Luzes.

Sob o signo da intolerância e mascarada pela sacralização, a fase inquisitorial, que se inicia com os Concílios de Verona (1184) e Latrão (1215) e que ganha subsistência com as Bulas Papais de Gregório IX (1232) e Inocêncio IV (1252), somente receberá incisiva crítica e reconhecida deslegitimação ao final do século XVII e início do século XVIII, quando a casta intelectual estrutura abordagem desqualificadora do aparato gótico. No entanto, embora as práticas inquisitoriais sejam formalmente erradicadas no século XIX, quando os Tribunais do Santo Ofício são definitivamente abolidos em Portugal (1821) e Espanha (1834), sua matriz material e ideológica predominará na legislação laica, orientando a tessitura dos sistemas penais da modernidade.

Se a normatização dos sistemas inquisitórios ocorre com a edição das Bulas Papais, sobretudo a Bula *Ad Extirpanda* (1252), dois manuais proporcionarão sua instrumentalidade: *Directorium Inquisitorum* (1376) e *Malleus Maleficarum* (1489). As duas principais obras de orientação das Inquisições (romano-germânica e espanhola) fornecerão as chaves de leitura que definirão procedimentos baseados em denúncias anônimas e vagas, em estruturas probatórias centradas na confissão e na busca da *verdade material*, bem como na prisão processual como regra. Lembra Novinsky que o *"suspeito podia ser preso a qualquer momento, sem saber o que se queria dele. Nunca ficava conhecendo o nome de quem o acusou, nem lhe era comunicado o motivo da prisão, nem o lugar em que havia cometido o crime de que era acusado, nem com quem havia pecado."*[1]

Nítido que, para além do jurídico, inúmeras leituras são possíveis deste rico período histórico. Sua fecundidade, advinda da riqueza do tema, propicia análises a partir de diversos campos do saber, do viés psicanalítico pelo estudo do sadismo e da repressão do corpo, fundamentalmente o feminino,[2] às essencialmente socio-

---

1 NOVINSKY, *A Inquisição*, p. 58-59

2 Pierre Legendre questiona a atribuição antifeminina do sistema punitivo inquisitorial, entendendo ser fácil simplificação do problema. Ensina que "(...) *a clivagem resultante do conjunto do dispositivo aportado pelo Direito canônico não tem verdadeiramente nada a ver com alguma idéia de antifeminismo; o ignaro distinto hoje diz de bom grado: os medievais teriam montado com todas as peças a cena de um Direito masculino, fabricado pelos homens para o trote sexual e político das mulheres. Na realidade, as coisas não passam segundo esse simplismo*". Assim, sustenta que a escolástica não separa os machos das fêmeas, "(...) *não designa a verdade da cultura segundo este recorte; ela indica duas zonas, dois espaços do refúgio diferentemente sagrados, mas no interior dos quais se acham igualmente repartidos homens e mulheres, e que, desse ponto de vista, negam realmente os dois sexos; descobre-se aí o enunciado, segundo os termos Sic e Non (famoso título abelardiano), Sim e Não, o único conflito, o qual é tratado por analogia e por referências às garantias que lhes dá a teologia*" (LEGENDRE, *O Amor do Censor*, p. 118).

lógicas e historiográficas, como a da perseguição dos judeus, cristãos novos e inúmeras culturas opositoras à tradição.

O que se pretende, porém, é verificar as técnicas do procedimento inquisitório, seus discursos (des)legitimadores, sobretudo aqueles que geraram a revolução no trabalho da magistratura francesa no século XVII, e os mecanismos que possibilitarão a constância do paradigma na atualidade.

02. A Expansão do Instrumento Inquisitório

O aparelho inquisitório, testado com eficácia no período da Roma Imperial, ressurge nas práticas judiciárias medievais, incrementando a malha repressiva. A partir do imperativo de controle conjunto da criminalidade comum e da heresia (crime de consciência), o mecanismo permite a ampliação do rol de culpáveis, englobando em sua persecução quaisquer atos de oposição aos saberes oficiais. Estabelece-se, pois, estrutura maximizada e onipresente de poder que não admite a existência da alteridade, sendo qualquer manifestação identitária diversa da suportada pelo clero adjetivada como (delito de) heresia.

O historiador Brian Levack enumera quatro circunstâncias que propiciaram a modificação no sistema (processual) punitivo, deflagrando a onda penalógica conhecida como *caça às bruxas*. Segundo o autor, o primeiro fato que instiga a mudança nas regras processuais é a superação do procedimento acusatório (*iudicium Dei*), predominante na Europa continental até o século XIII. Com a redescoberta do Direito Romano, sobretudo com a revitalização do *Corpus Iuris Civilis*, no século XII, pela Universidade de Bolonha, e a posterior inserção das glosas,[3] o clero instiga a formalização e a

---

3 Sustenta Legendre que a glosa inserida no emaranhado disperso de escritos antigos integra o *Corpus Iuris*, criando as chaves de interpretação e vivificando o

modificação nos procedimentos persecutórios – "*a Igreja se aproveita do texto do corpus iuris civilis para escorar sua própria organização e desenvolver mecanicamente sua teocracia radical.*"[4] Esclarece Cordero que "*o saber técnico imposto pelas fontes romanas exige novas máquinas instrutórias; se alguém deve ou não ser punido é assunto cientificamente regulável; em primeiro lugar, devem ser reexaminados os fatos, com métodos adequados à cultura dominante; depois conhecedores do Corpus Iuris ou dos cânones dirão quanto vale in iure o acontecido. Os antigos rituais não distinguiam as duas questões, facti e iuris.*"[5]

Dentre as principais vantagens do novo método, pode-se destacar: (a) o caráter universal das denúncias, ou seja, não mais restritas à vítima ou aos seus familiares e interessados; (b) o sigilo da identidade do delator (noticiante); (c) a inexistência de separação entre as figuras de acusador e julgador, sendo lícito ao magistrado realizar a imputação, produzir a prova e decidir o caso; (d) o sistema tarifado de provas, com a consequente graduação da culpabilidade, na qual a confissão recebe valor supremo (*regina probatio*);[6] e (e) a autorização irrestrita para o uso da tortura como mecanismo idôneo para obtenção de prova.

A importância da tortura está intimamente ligada ao obje-

---

texto – "(...) *uma massa amorfa, previamente constituída, de obras antigas, inumeráveis e isoladas umas das outras, formando um texto morto, que pedem para a vida do sistema as operações do compilador que recorta e aproxima seus fragmentos. Sobre esta base toma a consistência um corpus iuris, um corpo do Direito ao qual vem se enxertar a glosa, e que reconhece nos seus limites e seus desvios uma dialética aperfeiçoada*" (LEGENDRE, O Amor..., p. 73)

4 LEGENDRE, *O Amor...*, p. 91.

5 CORDERO, *Guida alla Procedura Penale*, pp. 43-44.

6 "*A confissão, contudo, está explicitamente relacionada pelos teólogos à doutrina das causas do Mal e dos meios para dela se desfazer, conjurar a potência sobre-humana de Satã, ou restituir ao Homem sua Salvação após a Queda*" (LEGENDRE, O Amor..., p. 136).

tivo de alcance e descoberta da verdade. Confissão (e delação), na qualidade de prova máxima, induzia o uso das técnicas de suplício.⁷

Para Levack, trata-se da segunda circunstância determinante na alteração do sistema.

Sustenta o historiador que a tortura disseminou o modelo repressivo, aumentando gradativamente as possibilidades de condenação por heresia face à facilidade na obtenção dos elementos necessários à culpabilização – "(...) *não tendo* [o Direito canônico] *determinado este ou aquele suplício em particular, os juízes podem se servir daqueles que eles acreditarão serem os mais apropriados para tirar do acusado a confissão do seu crime.*"⁸ Exemplo significativo da veemência no uso deste meio de obtenção da prova, apesar da sutileza dos limites assegurados, encontra-se na primeira edição do *Directorium Inquisitorum*, redigida por Eymerich em 1376: "*é costume louvável torturar criminosos, mas reprovo esses juízes sanguinários que inventam tormentos de tal modo cruéis que os acusados morrem ou perdem alguns membros durante a tortura.*"⁹⁻¹⁰

---

7 Cordero, ao avaliar o impacto da tortura como meio judicial de prova, constata: "*o instrumento inquisitório desenvolve um teorema óbvio: culpado ou não, o indiciado é detentor das verdades históricas; tenha cometido ou não o fato; nos dois casos, o acontecido constitui um dado indelével, com as respectivas memórias; se ele as deixasse transparecer, todas as questões seriam liquidadas com certeza; basta que o inquisidor entre na sua cabeça. Os juízos tornam-se psicoscopia*" (CORDERO, *Guida...*, p. 48).

8 LEGENDRE, *O Amor...*, p. 99.

9 EYMERICH, *Directorium Inquisitorum*, p. 47

10 Em *O Nome da Rosa*, no diálogo entre Guglielmo de Baskerville e Ubertino de Casale, Umberto Eco dimensiona com precisão os vínculos estabelecidos com a tortura: "*há uma coisa apenas que excita os animais mais do que o prazer: é a dor. Sob tortura tu vives como sob o efeito de ervas que produzem alucinações. Tudo o que ouviste contar, tudo o que leste, volta à tua mente como se fosses transportado, não ao céu mas ao inferno. Sob tortura dizes não apenas o que quer o inquisidor, mas também aquilo que imaginas que possa lhe dar prazer, porque se estabelece uma relação (esta sim, realmente*

Como terceiro fator da expansão da técnica inquisitória, Levack elenca a simbiose da estrutura confessional com o sistema judicial leigo, mormente na repressão dos crimes de natureza espiritual. Segundo o autor, *"desde o começo da grande caça às bruxas os tribunais seculares dos estados europeus ocidentais também participaram da perseguição, quer cooperando com o trabalho dos tribunais eclesiásticos, quer processando bruxas por conta própria. À medida que a caça foi evoluindo, os tribunais seculares assumiram um papel ainda maior no processo, enquanto o dos tribunais [confessionais] declinou."*[11]

Com a identificação formal entre as categorias delito e pecado, e com a recuperação do Direito Romano imperial, a nascente burocracia europeia ocidental é inserida na rede repressiva, sendo sua absorção corolário da natureza mista do crime de lesa--majestade divina. O próprio *Malleus Maleficarum*, no capítulo *"que trata das Medidas Judiciais no Tribunal Eclesiástico e no Civil a Serem Tomadas Contra Bruxas e também Contra Todos os Hereges"*, define: "[a feitiçaria] (...) *não há de ser confundida com outras heresias simples, já que é notório não se tratar de crime puro e simples, mas de crime parcialmente eclesiástico e parcialmente civil.*[12] Assim, lembra João Bernardino Gonzaga que *"passaram a coexistir três jurisidições penais: a central, exercida pelos juízes do rei; a local, de cidades ou, conforme o país, de regiões mais ou menos extensas; a eclesiástica, restrita às questões que importavam à Igreja."*[13]

Paralela à mudança nos procedimentos, à utilização da tortura e à capacitação da burocracia secular para julgamento dos crimes de lesa-majestade divina, Levack apontará quarta condição

---

diabólica) entre tu e ele... Eu sei estas coisas, Ubertino, eu também fiz parte daquele grupo de homens que acreditam poder produzir a verdade com o ferro incandescente" (ECO, *Il Nome della Rosa*, p. 67).

11 LEVACK, *A Caça às Bruxas*, p. 80.
12 KRAMER & SPRENGER, *Malleus Maleficarum*, p. 444.
13 GONZAGA, *A Inquisição em seu Mundo*, p. 26.

para a maximização do sistema inquisitório: a regionalização (interiorização) dos Tribunais. A possibilidade de julgamento das heresias nos Tribunais locais determinou avanço significativo do modelo de repressão, sobretudo porque a distância dos centros urbanos facilitava a superstição, a intolerância e o medo.

03. O Estilo Inquisitorial

Instituída burocraticamente, a máquina repressiva do sistema processual inquisitório caracterizar-se-á pela exclusão do contraditório, pela ausência de ampla defesa e pela inversão da presunção de inocência. A insuficiência de provas e/ou sua dubiedade não geravam absolvição, ao contrário, qualquer indício equivalia à semiprova, que comportava juízo de semiculpabilidade e, em consequência, semicondenação.[14]

Na trilha do processualista italiano Franco Cordero, pode-se identificar o *estilo inquisitorial* a partir de duas constatações: (a) a sobrevalorização da imputação em relação à prova, configurando o *primado das hipóteses sobre os fatos*; e (b) a *conversão do processo em psicoscopia*, ao estabelecer rito fatigante e isento de forma.[15]

O modelo estabelece, pois, no magistrado, *quadros mentais paranoicos* e *tendências policialescas*, visto que, ao invés de *"se convencer através da prova carreada para os autos, inversamente, a prova servia para demonstrar o acerto da imputação formulada pelo juiz-inquisidor."*[16] Assim, o réu, longe de ser percebido como sujeito, é tratado como objeto de investigação e de intervenção: o im-

---

14 Quanto ao regime probatório da Inquisição e a formulação de juízos de semiculpabilidade pelos indícios, verificar FOUCAULT, *Vigiar e Punir*, pp. 11-61.
15 CORDERO, *Guida...*, p. 51.
16 JARDIM, *Ação Penal Pública*, p. 24.

putado detém com exclusividade a verdade histórica (material) – "*o inquisidor investiga, procurando buscar signos do delito, e trabalha sobre os acusados, porque, culpados ou inocentes, sabem tudo o que se requer para decisões perfeitas; tudo se resume a fazê-los dizer.*"[17] E se é o único detentor de verdade não mais passível de experimentação empírica, de verdade unicamente sua, necessária sua total exposição, sem pudores, sem reservas – "*o estilo inquisitório multiplica os fluxos verbais: é preciso que o imputado fale; o processo se transforma em sonda psíquica. O inquisidor trabalha livremente, indiferente aos limites legais, mas recolhe toda sílaba: a obsessão microanalítica desenvolve um formalismo gráfico; nenhum fato é realmente um fato enquanto não figure no papel.*"[18]

04. Secularização e Secularismo

O termo secularização é utilizado para definir o processo de ruptura da cultura eclesiástica com as doutrinas filosóficas e as instituições jurídico-políticas, que ocorreu gradualmente a partir do século XV, objetivando expurgar da esfera civil o domínio da religião, sobretudo a colonização de ideias realizada pela Igreja Católica. Lembra Baubérot ser "(...) *possível afirmar que, até 1789, a Igreja Católica proporcionou, na França, os principais fundamentos da Cultura moral comum. Ela definia, no essencial, o que parecia 'bem' ou 'mal'. A ordem 'temporal' produzia principalmente relações de força – aspecto muito importante na matéria, enquanto a ordem espiritual produzia a cultura religiosa e moral. Sua aliança – e às vezes seu conflito – estabeleceu os limites da história da França.*"[19]

---

17 CORDERO, *Procedura Penale*, p. 580.
18 CORDERO, *Procedura...*, p. 329.
19 BAUBÉROT, *Laicidade*, p. 17.

Dussel, em apêndice ao segundo tomo de *Caminhos de Libertação Latino-Americana*, denominado *Da Secularização ao Secularismo da Ciência Europeia, desde o Renascimento até o Iluminismo*, delimita a gênese do processo de secularização da(s) ciência(s) no ano de 1440 com a obra *De Docta Ignorantia,* de Nicolau de Cusa. A inspiração secularizadora ganharia relevo em 1781 com a *Crítica da Razão Pura*, de Kant, atingindo o apogeu com as publicações de Feuerbach (1841) e Nietzsche (1883) – *A Essência do Cristianismo* e *Assim falou Zaratustra,* respectivamente.

O avanço das ciências causou profundo abalo no saber confessional. Quando Copérnico (1473-1543) destrona a Terra e afirma a impossibilidade de o Universo ter centro, coloca em dúvida as fundações do pensamento Ocidental desenvolvidas durante séculos. Não por outro motivo Freud identificará na doutrina de Copérnico a primeira ferida narcísica da cultura, visto o rompimento com símbolos etern(izad)os e suas formas de interpretação.[20] As consequências da exposição desta ferida são visualizadas perfeitamente no julgamento de Giordano Bruno, principal seguidor de Copérnico, queimado vivo em Roma (1600) após ser condenado pela Inquisição.

Não bastasse o descentramento no plano teorético, Colombo comprova a teoria da esfericidade e a Terra passa a ser

---

20 Freud, em ensaio publicado em 1917, na Hungria, enunciou as graves ofensas que a investigação científica produzira no *narcisismo geral* (amor próprio da humanidade). A primeira, de cunho cosmológico, decorre de o homem, seguindo suas impressões sensoriais, acreditar que a Terra, sua sede, se encontrava em repouso no centro do Universo, e o Sol, a Lua e os planetas giravam ao seu redor – "*la situación central de la Tierra le era garantía de su función predominante en el Universo, y le parecia muy de acuerdo con su tendencia a sentirse dueño y señor del Mundo.*" Com os trabalhos de Copérnico ocorre a destruição desta ilusão narcisista, e o "*amor propio humano sufrió su primera ofensa: la ofensa cosmológica*" (FREUD, *Una Dificultad del Psicoanálisis*, p. 2434).

encarada como astro qualquer. Mais: o *achamento*[21] revela a existência de mundo totalmente outro, inocente em relação às instituições e aos dogmas apostólicos. O Novo Mundo inspira, p. ex., Étienne de la Boétie a negar a sujeição do homem no *Discurso da Servidão Voluntária ou O Contra Um* (1577). Hobbes, no *Tratado sobre o Cidadão* (1642) e no *Leviatã* (1651), Locke, no *Segundo Tratado sobre o Governo* (1690), e Rousseau, no *Discurso sobre a Origem e o Fundamento da Desigualdade entre os Homens* (1755) e em *Do Contrato Social: ou princípios do Direito Político* (1757), visualizarão possibilidades de igualdade e de liberdade plenas no estado originário, na primeira natureza do homem destituída, posteriormente, pelo pacto civilizatório.

Com a crise instaurada no seio da tradição, pois durante muitos séculos houve o monopólio da produção do saber, e com os inusitados eventos, a Igreja, para manter seus dogmas, necessita negar seus frutos.[22] Demonstra Dussel que ao intelectual restavam duas soluções: o *secularismo*, opção que estabelecia a negação da teologia em prol da ciência; ou o *concordismo*, alternativa que im-

---

21 O termo é utilizado por BORNHEIM, *A Descoberta do Homem e do Mundo*, p. 18.

22 "*Com efeito, a Igreja encontrava-se numa situação difícil. Por um lado promovia todo um movimento científico a partir da própria Roma. Mas, por outro lado, não se aceitavam os frutos de suas pesquisas. Em que consistia esta aparente contradição? Trata-se de uma ambígua confusão entre as estruturas transculturais da fé e as estruturas de uma dada cultura:a latino-mediterrânica, da cristandade medieval. A cristandade, seja bizantina ou latina, surgiu no século IV, a partir do triunfo de Constantino. A cristandade aceitou de fato muitas das estruturas que tinham resistido à crítica dos Padres da Igreja, inspiradas na Bíblia e na tradição. Mas não se tinham percebido de que estas estruturas, mesmo as da Bíblia, constituíam todo um condicionamento cultural necessário, mas não o único possível: juntamente com a língua aceitaram-se hipóteses astronômicas, etnológicas, físicas, geográficas, medicinais, históricas, psicológicas, políticas. Essas estruturas, difíceis de detectar, constituíram o a priori cultural, o óbvio da cristandade*" (DUSSEL, *Da Secularização ao Secularismo da Ciência Europeia, desde o Renascimento até o Iluminismo*, pp. 212-211).

punha a busca incessante de adequação, muitas vezes forçada, das descobertas à cristandade.[23]

A negação da teologia estabelecia como hipótese a invenção de mundo essencialmente profano, dessacralizado. A oposição radical do secularismo – falsa alternativa, segundo Dussel – determinava laicização alheia do divino e em oposição frontal à tradição, voltada ao enaltecimento de ideia de ciência plenamente capaz de compreender a natureza. Em decorrência desta negativa aos dogmas de fé, os adeptos do secularismo passariam, inevitavelmente, a ser encarados como heréticos, pois, em realidade, apresentar-se-iam como *opositores de consciência*. Não menos ingênua, aponta o filósofo, a perspectiva do *concordismo*, caminho encontrado por inúmeros pensadores. Entendido como alternativa única, o secularismo passa da fase panteísta (o mundo é visto como emanação do divino), para o período deísta (admite a existência de Deus mas nega a Revelação e a Providência) para, finalmente, quedar-se no ateísmo, negando a personalidade de Deus ou afirmando-o como valor e/ou como não ser.[24]

No entanto importante perceber que a antinomia entre ciência e religião é equivocada, tendo gerado, como salienta Dussel, drásticos efeitos, sobretudo por ver a ciência como destituída de fé, herética ou errada.[25]

---

23 "(...) *os homens de ciência, que na sua origem foram quase que exclusivamente homens da Igreja, sacerdotes, viram-se obrigados a cometer um dos erros inevitáveis: ou cair no concordismo (isto é, forçar a Bíblia ou a tradição para fazê-las 'concordar' com as suas conclusões científicas), ou desviar-se claramente da secularização para o secularismo, opondo-se à Igreja ou pelo menos a muitos dos seus teólogos*" (DUSSEL, *Da Secularização...*, p. 213).

24 Neste sentido, conferir DUSSEL, *Da Secularização...*, pp. 216-218.

25 "(...) *a ciência moderna vinha a substituir muitas expressões nítidas (tais como a centralidade ou imobilidade da terra, as cronologias hebraicas ou romanas etc.). O repúdio às grandes intuições de um Galileu em astronomia; de um Simon em filologia; de um De Clave, Bitaud e Villon em geografia (condenados pela Sourbonne); da química, que desde*

05. O Declínio do Sistema Inquisitório Confessional

Embora as ciências tenham antecipado o questionamento da legitimidade dos princípios de fé, no plano jurídico só a partir do século XVII inicia-se o processo de desconstrução das verdades reveladas pelo Clero. Com a recepção do discurso médico de negativa da causalidade demoníaca em inúmeros diagnósticos de enfermidade, o saber jurídico passará a desconfiar da generalização das imputações do crime de heresia, impulsionando movimento de ruptura com o sistema penal do medievo.

Em toda Europa continental, mas sobretudo na França, a crítica (jurisprudencial) à assimilação de casos de *doenças* como *delito* passa, necessariamente, pela revisão das definições constantes no *Malleus Maleficarum*, "*verdadeira codificação de demologia*"[26] segundo Legendre. O texto redigido pelos dominicanos Kramer e Sprenger, publicado em 1484, quando de sua instauração como manual punitivo pela Bula Papal de Inocêncio VIII, instrumentalizou o primeiro modelo integrado de repressão na história do

---

Paracelso (1493-1561) sempre foi suspeita, porque era confundida com a alquimia e a magia; de Priestley (1733-1804), perseguido pelos anglicanos; dos primeiros médicos (pelas dificuldades na dissecação ou pela proibição da inoculação das vacinas no caso Boyer, condenado pela Sourbonne) e de tantos e tantos outros, esse repúdio transformou a saudável secularização num secularismo anticristão. Pelo menos, foi uma de suas causas e certamente não foi a menor. A cristandade foi protegida por algum tempo graças aos esforços de muitos cristãos, entre eles Bossuet, mas com isso alargaram ainda mais as portas da incredulidade, indiferença e secularismo europeu do século XVIII. Montesquieu (1689-1755), Voltaire (1694-1778), Rousseau (1712-1778) e a revolução francesa poderiam ter sido um movimento positivo e não um secularismo anticatólico. A Igreja não recebeu a ciência como sua filha, mas com receios e contra a sua vontade. A falsa antinomia ciência-cristandade impossibilitou a maturação. De qualquer modo, só aqueles que descobriram a transcendência supracultural da fé na própria queda do 'antigo esquema' compreenderam desapaixonadamente a positividade da secularização" (DUSSEL, *Da Secularização...*, pp. 225-226).

26 LEGENDRE, *O Amor...*, p. 138.

Ocidente a partir da conexão de categorias criminológicas, criminalísticas, penais e processuais penais.[27]

Lecionam Zaffaroni, Batista, Slokar e Alagia que, de maneira sistemática e com alto nível de racionalização teórica, o *Malleus Maleficarum* recolheu a experiência punitiva dos séculos anteriores, fundando visão policialesca do saber da qual (ainda) se nutrem constantes teorias de defesa social, inaugurando a era dos modelos penais totais. No âmbito criminológico, estabelece discurso etiológico plurifatorial baseado na potencialização da gravidade do delito, na inferioridade do *homo criminalis* (dos homens infames, dos degenerados sexualmente e das mulheres) e na predestinação ao crime. Em relação ao discurso penal, submete-o de forma extremada aos modelos de autor – inaugurando a lógica do direito penal de periculosidade –, estabelecendo amplo conjunto de signos que permitem identificar o crime no criminoso. Quanto ao processo, concentra os poderes de instrução na figura do juiz, não necessitando sequer acusador, apenas tribunal de investigação.[28]

A máquina inquisitiva de repressão penal institucionalizada, ao sintonizar o conjunto dos diversos discursos penais (criminalístico, criminológico, penal e processual penal) e direcioná-lo à punição do herege, estabelece regime extremamente rigoroso na imposição gótica de sofrimento, que tende a se transmutar, na terminologia weberiana, em tipo ideal. Não é demasiado, pois, recordar as lições de Jacinto Coutinho: *"trata-se, sem dúvida, do maior engenho jurídico que o mundo conheceu, e conhece."*[29]

---

27 "*O Malleus é a obra teórica fundacional do discurso legitimador do poder punitivo na etapa de sua consolidação definitiva, pois constitui o primeiro modelo integrado de criminologia e criminalística com direito penal e processual penal*" (ZAFFARONI, BATISTA, SLOKAR e ALAGIA, *Direito Penal Brasileiro I*, p. 511).
28 ZAFFARONI, BATISTA, SLOKAR e ALAGIA, *Direito...*, pp. 510-515.
29 COUTINHO, *O Papel do Novo Juiz no Processo Penal*, p. 36.

06. O Discurso Médico de Desconstrução e a sua Recepção pela Jurisprudência

Robert Mandrou, em *Magistrados e Feiticeiras na França do Século XVII*, afirma que as primeiras críticas públicas contra os excessos punitivos gerados pelo sistema inquisitorial foram apresentadas pelo médico Wier no livro *De Praestigiis Daemonum et Incantationibus et Veneficiis* (1563).[30] A obra do médico renano, seguidor de Cornelius Agrippa, não chega a negar a inexistência dos pactos demoníacos, muito menos questiona a legitimidade dos Tribunais da Inquisição. Contudo sua intensa prática da medicina, entre os anos de 1550 e 1578, junto ao Duque Clèves Juliers, possibilitou diagnosticar em vários pacientes doenças como *humor melancólico* e *velhice caduca*, as quais estariam sendo confundidas com bruxaria. Sua obra descreve casos e sugere terapêuticas para o tratamento e a cura dos doentes, excluindo a intervenção punitiva de *prima ratio* dos Tribunais Inquisitoriais.[31]

---

30 Zaffaroni, Batista, Slokar e Alagia igualmente sugerem esta antecipação de Wier: "*pode ser considerada decisiva a investigação de Christian Thomasius, quem desnudou publicamente a vacuidade pensante do Malleus em sua famosa tese defendida a 12 de novembro de 1701 e publicada, na tradução alemã de Johann Reichen, em Marburgo, em 1704, a partir da qual se inicia a decadência do pensamento defensor do delito de bruxaria; não obstante, Thomasius teve ilustres antecessores, entre os quais o mais profundo foi o jesuíta Friedrich von Spee von Lengenfeld (1591-1635), que antecipou seus argumentos e, inclusive, em certa medida, pode ser considerado o ascendente mais distante de Beccaria. Spee havia sido designado confessor das vítimas da Inquisição, mas sua obra não teve eco em sua época e ele deve ter sido obrigado a publicá-la anonimamente em 1631, bem como seu nome foi resgatado muito tempo depois, graças a Leibnitz. Parece que em seus argumentos, Spee seguiu a linha traçada por outro jesuíta, Paul Layman (1575-1635), em sua Teologia Moral. Costuma-se assinalar também que, em 1563, o Dr. Jophannes Wier (ou Weyer) (1516-1588), de Dusseldorf, publicou, na Basiléia, o primeiro livro contra o Malleus, que teve seis edições latinas durante a vida do autor*" (ZAFFARONI, BATISTA, SLOKAR e ALAGIA, *Direito...*, pp. 515-516).
31 MANDROU, *Magistrados e Feiticeiras na França do Século XVII*, p. 106.

A reação é imediata e contundente.

Jean Bodin, em *Démonomanie des Sorciers*, ridiculariza e desqualifica a experiência adquirida por Wier, advogando haver verdadeira *infecção satânica* na sociedade francesa, e apela veementemente aos magistrados das mais altas cortes para que fossem incansáveis na repressão aos crimes de feitiçaria. Lembra Mandrou que *"nenhuma resposta foi tão vigorosa quando a de Jean Bodin, célebre sábio e erudito angevino, que escreveu para refutar esse 'pequenino médico' renano quinhentas páginas virulentas, frequentemente sarcásticas, injuriosas às vezes, e de uma lógica imperturbável. A 'Démonomanie des Sorcies' foi escrita para denunciar o crime mais execrável que jamais existiu (...).*"[32]

Apesar da severa defesa de ações contra a heresia proferida por Bodin, pode-se dizer que, após as manifestações de Wier, aliadas aos significativos avanços das ciências médicas, inúmeros casos de intervenções diabólicas passaram a ser diagnosticados como enfermidades naturais (histerias, melancolias, epilepsias entre outras).

Mandrou narra inúmeros episódios que demonstram as hipóteses de transferência do controle punitivo-inquisitorial ao médico-sanitarista. Em 1589, p. ex., por força da interposição de recurso contra condenação por feitiçaria, o Tribunal de Paris designa quatro médicos para examinar onze presos. Ao contrário do juízo condenatório de origem, *"os quatro médicos não reconheceram senão pobres miseráveis 'depravados em sua imaginação' que nem mesmo apresentavam as 'marcas' de insensibilidade* [prova do contato demoníaco] *assinaladas pelos juízes de primeira instância, e concluem pela absolvição (com o que a corte concorda)."*[33]

No mesmo período, o Tribunal de Dijon "(...) *pronunciou duas sentenças que vão contra os procedimentos habituais, não somente*

---

32 MANDROU, *Magistrados...*, p. 107.
33 MANDROU, *Magistrados...*, p. 132.

porque não entregam os condenados à fogueira, mas porque fazem intervir as autoridades religiosas que devem velar pela melhor educação cristã de suas ovelhas: os progressos da feitiçaria são atribuídos a uma falha dos curas, como se se tratasse de uma superstição pagã."[34]

Em 1624, após inúmeras decisões reformando sentenças condenatórias pelo delito de heresia, o Tribunal de Apelação de Paris institui recurso obrigatório, impedindo que os juízes locais decidissem casos versando sobre crimes de Lesa-Majestade Divina sem controle rígido dos atos persecutórios – "*todos os processos sobre os crimes de sortilégio cujas conclusões são sentenças que impliquem a tortura, a morte e todas as outras penas corporais, são levados a ele* [Tribunal]*, mesmo se os acusados não desejaram apresentar recurso, pretexto alegado usualmente pelos juízes ordinários para executar imediatamente a sua sentença.*"[35] O descumprimento da ordem do Tribunal passa a submeter juízes faltosos a sanções.

Todavia é a partir de 1640 que a feitiçaria deixará de ser vinculada à ideia de delito, imperando "*uma nova concepção de um crime que deixa de ser crime por não depender mais senão de uma medida terapêutica (...). De fato, esses processos de grande repercussão provocaram a tomada de consciência decisiva, no mundo judiciário mais vivo, mais informado e também mais audacioso. É o prelúdio do refluxo.*"[36]

Os discursos desqualificadores da concepção de *pacto demoníaco* e das feitiçarias, advindos da medicina e gradualmente incor-

---

34 MANDROU, *Magistrados...*, p. 129.

35 MANDROU, *Magistrados...*, p. 281. Em realidade, desde a *Ordonnance Villers-Cotterêt*, editada por Francisco I, em 1539, havia previsão dos recursos de ofício – artigo 163: "*todas as sentenças e julgamentos pronunciados pelos juízes ordinários e implicando tortura, morte civil ou natural, mutilação, banimento ou galés devem competir imediatamente e sem mediação às cortes soberanas sem qualquer etapa intermediária e sem que os juízes subalternos possam apor-se a isso*". No entanto o descumprimento da regra pela magistratura provincial, sob a alegação da falta de interesse do condenado em recorrer, levou o Tribunal de Paris a modificar o procedimento.

36 MANDROU, *Magistrados...*, p. 162.

porados na jurisprudência, instigaram nova forma de gestão de problemas até então vistos exclusivamente sob o enfoque criminal. Assim, a partir do final do século XVI torna-se comum os juízes dos Tribunais de Apelação aplicarem clemências em face da não constatação dos pactos e dos atos de bruxaria, mormente o perdão vir seguido de internações compulsórias nos *hospitais para loucos*.

Como visualiza Dussel, a ciência moderna punha em questão certos princípios considerados de fé, como, entre outros, *"(...) a aceitação da causalidade demoníaca das enfermidades. (...) As grandes descobertas punham por terra estruturas inconsistentes de um antigo esquema."*[37]

Não é objetivo do trabalho analisar se estas decisões que remetiam os *doentes da alma* aos sanatórios instituem nova economia de poder e novo e sofisticado aparelho de estigmatização e controle social, hipótese desenvolvida por Foucault em *História da Loucura na Época Clássica*. Cabe afirmar que, no campo jurídico, a jurisprudência, a partir da recepção de discurso externo, rompe com a univocidade dos julgamentos, sendo tal processo fundamental para a cisão da concepção crime-pecado, proporcionando efetivo avanço no que se refere à busca da laicização do direito penal e processual penal.

07. As Alterações Legislativas

Brian Levack considera três causas fundamentais para o declínio das persecuções criminais pelo delito de heresia: *"(1º) a exigência de evidências convincentes no que tange ao 'malleficium' e ao pacto; (2º) a adoção de regras mais rigorosas para o uso da tortura; e (3º) a promulgação de decretos restringindo ou eliminando os julgamentos."*[38]

---

37 DUSSEL, *Da Secularização...*, p. 212.
38 LEVACK, *A Caça...*, p. 230.

Após a insurreição jurisprudencial dos Tribunais franceses, sobretudo em Paris, a edição das *Ordonnances Reais* de 1670 e 1680, apesar de não romper com a lógica inquisitorial do processo penal visto manter concentrada nas mãos do julgador a gestão da prova (princípio unificador do sistema), instaura procedimento de partes, opera como redutora dos processos de criminalização da heresia.

A *Ordonnance Criminelle* de 1670, não obstante ser "*monumento* [laico] *dell'ingegno inquisitoriale*",[39] contém dois dispositivos que explicam o refluxo persecutório em relação aos crimes de fé.[40] O primeiro dispositivo diz respeito à restrição do uso da tortura. Segundo o artigo 7º, Título XIX, as decisões que permitiam o uso da tortura não poderiam ser executadas a não ser quando fossem confirmadas pelo Tribunal de Paris. E, no sentido de vincular a condenação à reapreciação necessária, o artigo 6º, Título XXVI, estabelecia que em caso de sentença condenatória (pena corporal, galés, banimento perpétuo ou confissão pública) pronunciada pelos juízes das localidades, havendo ou não apelo voluntário, deveriam ser o acusado e o seu processo enviados à Corte da metrópole.

Se a importância da tortura como meio de prova foi determinante na proliferação das condenações, com sua limitação, seja pela via legislativa ou pela prudência de alguns magistrados – "*na segunda metade do século XVII, porém, os juízes tornaram-se cada vez mais criteriosos na admissão desta prova, o que dificultou muito a implementação dos julgamentos*"[41] –, foi inevitável para o declínio criminalizador. Todavia é a *Ordonnance Criminelle* de 1682, igualmente assinada por

---

39 CORDERO, *Guida...*, p. 47.

40 Importante notar que sua marca inquisitorial, por si só, estabelece modelo persecutório maximizado. O que se está a frisar é que determinados aspectos da *Ordonnance Criminelle* de 1670 restringem o direcionamento das estruturas policialescas à heresia, não significando, pelo contrário, um processo global de alteração da lógica processual.

41 LEVACK, *A Caça...*, p. 231.

Luis XIV, que marcará o esvaziamento do conceito de heresia, apontando o fim das perseguições religiosas na França. O edito real deixa de mencionar crimes de Lesa-Majestade Divina e tipifica novas formas de ilicitude. A feitiçaria passa a ser considerada superstição e, gradualmente, é substituída por outras classes de injusto (envenenamento e sedução). A magia é transformada em crime acessório. O sacrilégio, contudo, em decorrência das condutas de profanação de símbolos e divindades, prossegue penalizado com a morte.

No entanto, se desde o ponto de vista jurídico-penal as velhas tradições são objetadas, o fascínio pela caça às bruxas e pela perseguição dos hereges permanecerá vivo por décadas – "(...) *a curiosidade demoníaca dos eruditos não esmoreceu ainda, sem falar na perseverança com a qual certos meios devotos, nostálgicos das cabalas do século precedente, continuam a denunciar os feiticeiros. Até meados do século XVIII, a rubrica demonológica continua a ser afreguesada nas prateleiras das livrarias: quer reedições de 'clássicos' como a 'magia natural' de Porta ou as 'histórias' de Rosset; quer novas compilações que tendem claramente a desacreditar os antigos demonólogos.*"[42]

08. O Discurso Punitivo da Modernidade: Humanismo e Racionalismo

Se do ponto de vista procedimental as dúvidas levantadas pela medicina suscitam a alteração no enfoque jurisprudencial, desde o local da filosofia e da teoria política são os movimentos humanistas e racionalistas que fomentam a crítica aos valores inquisitoriais.

A partir do florescimento do humanismo e do racionalismo, as reformas da cultura medieval, de forma genérica, e das técnicas

---

42 MANDROU, *Magistrados...*, p. 396.

processuais, em sentido estrito, revelam a incompatibilidade de métodos probatórios de busca da verdade fundados em intervenções corporais e psicológicas rudimentares. A incisiva luta para erradicação da tortura, como meio probante, e da morte, como pena, é a expressão mais nítida da política criminal ilustrada humanitária.

Prieto Sanchís apresenta os dois pilares do pensamento ilustrado que fomentarão a ruptura com a tradição inquisitorial: *"de un lado, el racionalismo jurídico propugnaba abiertamente el monopolio exclusivo del 'ius puniendi' en manos del Estado, supriendo todo residuo señorial; pero de otra parte, el humanitarismo y la filantropia exigían limitar la desbordante y en ocasiones arbitraria facultad punitiva del poder. Era preciso, pues, fortalecer el Estado y, al mismo tiempo, limitarlo y dulcificarlo. (...) Mantener y fortalecer el monopolio estatal del uso legítimo de la fuerza, pero limitando su alcance y su rigor en nombre de los derechos individuales y de la dignidad humana, limitar el poder del Estado en un sentido plenamente moderno y liberal."*[43]

As teorias humanistas, plenamente apropriadas pelo discurso do liberalismo penal divulgado pela *Escola Clássica*, solidificarão a estrutura principiológica do direito e do processo penal, projetando (formalmente) a racionalização do poder punitivo a partir dos conceitos de igualdade e autonomia entre sujeitos, independência e imparcialidade do julgador. A instrumentalização desta estrutura ocorrerá fundamentalmente com a densificação do postulado secularizador, cindindo delito (*mala prohibita*) de pecado (*mala in se*), e sintonizando direito penal do fato e sistema processual penal acusatório em programa político-criminal de intervenção subsidiária.

Os fundamentos do direito penal da Modernidade são apresentados de forma homogênea e coerente pela Ilustração: a lei penal (geral, anterior, taxativa e abstrata) advém de contrato social

---

43 SANCHÍS, *La Filosofía Penal de la Ilustración*, p. 290.

(jusnaturalismo antropológico), livre e conscientemente aderido pelas pessoas (culpabilidade/livre-arbítrio), que se submetem à penalidade (retributiva) em decorrência da violação do pacto. A conduta punível externamente perceptível e danosa (direito penal do fato) é reconstituída e comprovada em processo contraditório e público, orientado pela presunção de inocência, com atividade imparcial de magistrado que valora livremente a prova (sistema processual acusatório). Assim, percebe-se claramente programa de intervenção penal limitada cuja centralidade é a tutela dos direitos individuais contra os poderes irracionais. Sem embargo, e ainda que implicitamente, a orientação possibilita compreensão pessimista acerca do poder estatal, pois propenso à violação dos direitos fundamentais da pessoa humana.

Thomasius, significativo pensador da ruptura com o medievo penal, defende abertamente a secularização do direito com a dessacralização do delito, a reestruturação processual, sobretudo probatória, e o fim das medidas sancionatórias de caráter redentor. Tarello, em comentários à obra do filósofo alemão, sustenta que *"la doctrina penal de Thomasius representa el puente entre la doctrina penal del absolutismo del setecientos, expresados en el sistema hobbesiano y pufendorfiano, y la doctrina penal del iluminismo del XVIII."*[44]

Na Itália, os postulados liberais da *Accademia dei Pugni*, capitaneada pelos irmãos Pietro e Alessandro Verri e por Beccaria, adquirirão contornos de universalidade, sobretudo com a excelente recepção dos escritos na França por intermédio de Voltaire. Não por outro motivo a obra de Beccaria é aclamada na academia como o ponto de partida do direito penal, da criminologia e da política criminal da Modernidade. No que tange ao processo penal, os representantes do movimento humanista di-

---

44 *Apud* SANCHÍS, *La Filosofía* ..., p. 297.

recionaram suas críticas ao uso irrestrito da tortura como mecanismo de produção probatória.[45]

Em solo francês, a teoria penal desloca o eixo do humanismo na perspectiva secularizadora de luta contra a intolerância, reivindicando a tutela dos direitos civis contra o arbítrio punitivo. Jean Paul Marat (*Plano de Legislação Criminal*, 1779) e Brissot de Warville (*Teoria das Leis Criminais*, 1777) instrumentalizarão os princípios do iluminismo penal, imprimindo ao liberalismo conteúdo do socialismo utópico e formulando importantes projetos de reforma das instituições jurídico-penais.[46]

09. A Queda do Inquisitório Confessional e o Modelo Laico

O processo de laicização do direito penal e processual penal, principalmente no direito francês, é consequência de inúmeras

---

45 Verri, no manifesto *Observações sobre a Tortura*, argumentava: "(...) *se a tortura é útil e justa, talvez eu consiga demonstrar que esta é uma opinião tão infundada quanto foi a feitiçaria*" (VERRI, *Observações...*, p. 07). Ao relatar o caso dos unguentos pestíferos de Milão (1630), expõe a tarefa político-humanitária do movimento: "*a cena é extremamente cruel, e meu punho transcreve a duras penas; mas se o calafrio que sinto servir para poupar nem que seja apenas uma vítima, se se deixar de infligir uma única tortura graças ao horror do que passo a expor, será bem empregado o doloroso sentimento que me toma, e essa esperança é minha recompensa*" (VERRI, *Observações...*, pp. 53-54).

Com o mesmo entusiasmo e horror, Becaria exorta o uso da tortura em nome da presunção de inocência: "*é uma barbárie consagrada pelo uso na maioria dos governos aplicar a tortura a um acusado enquanto se faz o processo (...). Um homem não pode ser considerado culpado antes da sentença do juiz*" (BECCARIA, *Dos Delitos e das Penas*, p. 63). Prossegue com a mesma ênfase: "*Resulta ainda do uso das torturas uma consequência bastante notável: é que o inocente se acha numa posição pior que a do culpado. Com efeito, o inocente submetido à tortura tem tudo contra si: ou será condenado, se confessar o crime que não cometeu, ou será absolvido, mas depois de sofrer tormentos que não mereceu*" (BECCARIA, *Dos Delitos...*, p. 69).

46 Sobre a contribuição de Marat e sua antecipação da Criminologia Crítica, conferir CARVALHO, *Pena...*, pp. 47-52.

variáveis. Como demonstrado, a natureza plurívoca da temática *Medievo* inviabiliza restringir inúmeras possibilidades a causas determinantes. O foco proposto foi a mudança na concepção de heresia desde o discurso médico e sua recepção pela jurisprudência e o processo de universalização das bases humanistas e racionalistas do liberalismo.

Nota-se, contudo, que o humanismo e o racionalismo estão inseridos no câmbio de concepção do próprio direito natural, ou seja, da sobreposição do jusnaturalismo antropológico ao teocêntrico. Assim, o processo que culmina com a erradicação do delito de heresia, simbolizando a ruptura secular entre delito e pecado, representa mudança nuclear no que tange à legitimidade dos sistemas jurídicos. Se os processos inquisitoriais eram justificados a partir da teoria jusnaturalista de ênfase teológica, a Ilustração igualmente utilizará fundamento advindo do direito natural, porém sua sustentação será antropocêntrica. Despreza-se o direito natural revelado em prol do direito natural conquistado pela revolução racionalista.

Contudo resta indagar, em decorrência das hipóteses pontuadas, se a teia prático-teórica de princípios, que altera o eixo do direito natural centralizando-o no homem, realmente representou ruptura com a lógica inquisitorial. E o interrogante se justifica pelo alerta realizado por Pierre Legendre: "(...) *pouco a pouco as versões do texto se enterram cada vez mais profundamente, mas nesse trabalho de esquecimento, as reclassificações intervêm para modernizar periodicamente o invólucro do sistema.*"⁴⁷

A superação da crença teológica e a tentativa de sobreposição da razão com a finalidade de impor racionalidade na atuação dos atores processuais indicam inegável tendência de secularização na esfera do direito processual penal. Na esfera do direito penal

---

47 LEGENDRE, *O Amor*..., p. 181.

material, a delimitação do delito na norma (princípio da legalidade) estabelece nítida ruptura com a antiga conjugação entre crime e pecado. Desde esta perspectiva, é preciso reconhecer que o movimento da Ilustração foi fundamental para o estabelecimento de visão completamente nova das estruturas jurídico-penais, opondo--se àquela racionalidade que sustentava o poder repressivo do Príncipe legitimado pelo Clero. Somente a partir do liberalismo penal foi possível dinamizar a teoria dos direitos humanos e destronar o discurso penal genocida sustentado pela Inquisição. Como lembra Mandrou, *"o estabelecimento desta nova jurisprudência faz parte do esforço realizado no século XVII para superar o obstáculo metafísico interposto à constituição de uma ciência e de um pensamento fundamentados na razão. Constitui uma ilustração – a mais bela talvez – de uma crise de consciência, que é também, por imagem, uma crise de crescimento."*[48]

No entanto é imprescindível perceber, para que a avaliação histórica não represente mero exercício acadêmico lúdico de descrição, que as reformas oitocentistas no discurso penal e processual penal, ponto máximo do processo que se inicia no século XVI, apesar de estabelecerem como variável fundamental a secularização, não lograram exorcizar a lógica inquisitorial da cultura penal. Lembra Legendre que se os movimentos de secularização na Europa "(...) *desfizeram progressivamente ou brutalmente, segundo os vínculos da instituição com a Igreja e seu Direito pontifício, não destruíram o edifício tradicional do qual o direito romano era, também ele, propagador.* (...) *No caso do nacionalismo francês, a fundação do Estado napoleônico, onde a referência romana devia ser tão eficaz (temas do cônsul, depois do imperador, remissão alegórica a Justiniano, codificador das leis romanas, etc.), ilustra à maravilha esse jogo de máscaras."*[49]

---

48 MANDROU, *Magistrados*...., p. 455.
49 LEGENDRE, *O Amor*..., p. 91. Prossegue, ainda, o autor: *"sabemos tão pouco*

Com o ápice do movimento ilustrado na Revolução de 1789, o constituinte francês (1791) e posteriormente os atores do Poder Legislativo (*v.g.* Lei 16/1791), importando as técnicas processuais inglesas que, desde a Magna Carta de 1215, fixavam o sistema acusatório,[50] reorganizam a estrutura do processo penal. Como leciona Jacinto Coutinho, "(...) *antes do 'terror' havia espaço para uma tentativa de reconhecimento da democracia processual, inimaginável com Napoleão, um ditador como qualquer outro que, entre outras coisas, influenciou diretamente um retorno à estrutura do ancien regime (o espírito inquisitório seduz gente de tal porte, em qualquer lugar e época).*"[51]

10. O Código de Napoleão e a Reconfiguração do Inquisitório: o Sistema Misto

Com o Código de Napoleão, fonte inspiradora de grande parte da legislação processual penal de tradição latina, nasce o *processo misto*. Cordero sintetiza o efeito desta sistematização legislativa: "*e assim, pela Lei de 17 de novembro de 1808, nasce o chamado processo misto, monstro de duas cabeças: nos labirintos escuros da* instruction *reina Luís XIV; segue uma cena disputada coram populo. Para alguns um* capolavoro (...) *Jean Constantin, Charles*

---

a esse respeito, que deveríamos ter o cuidado de não julgar demasiado sumariamente o processo de laicização do Poder e seu modo de reprodução do conflito, do qual a sexologia tradicional dava conta. Eu adianto apenas isso: não se trata de saber se o clero perdeu ou não a sua prestança, mas de identificar a categoria supletiva e o estilo mais ou menos novo para tratar o Pai imaginário" (LEGENDRE, *O Amor...*, p. 179).

50 "*O processo penal inglês, assim, dentro do Common Law, nasce como um autêntico processo de partes, diverso daquele antes existente. Na essência, o contraditório é pleno; e o juiz estatal está em posição passiva, sempre longe da colheita da prova*" (COUTINHO, *O Papel...*, p. 40).

51 COUTINHO, *O Papel...*, p. 41.

Domoulin, Pierre Ayrault, julgam-na menos bem: existe um abismo, nota o último, entre 'instrução secreta' e pública; 'é fácil a portas fechadas ajustar ou diminuir, produzir brigas ou impressões'; a audiência pública garante um trabalho limpo; 'haverá sempre alguma coisa a ser dita novamente' sobre os juízos não produzidos em público, do começo ao fim; 'esta face composta de mais olhos, mais orelhas, mais cabeças, que aquelas de todos os monstros e gigantes dos poetas têm mais força... para penetrar até as consciências e ali ler de que lado está o bom direito, que a nossa instrução tão secreta'."[52]

Parece, pois, que a conclusão possível após esta leitura da história da organização da persecução penal é a de que o processo de desconstrução do sistema processual, operado na Ilustração a partir da ideia de secularização, obteve como êxito exclusivo parcial laicização. Nas *Ordonnances* (1670 e 1682) de Luís XIV gesta--se modelo inquisitório não confessional de instrução criminal, o qual, com a recapacitação dada por Napoleão, torna-se 'o' sistema processual penal, pois "*o mito escolástico foi retrabalhado, reformado, retranscrito, mas não demolido.*"[53]

A burla de etiquetas do Código Napoleônico (Processo Misto) apenas mantém viva estrutura cuja característica primordial é a concentração dos poderes instrutórios na figura do juiz (ator): "*Napoleão recriou um Justiniano imaginário, personagem*

---

52 CORDERO, *Guida...*, pp. 73-74 [As traduções dos originais italianos das obras de Cordero (*Guida alla Procedura Penale* e *Procedura Penale*) e de Umberto Eco (*Il Nome della Rosa*), apresentadas ao longo do texto, foram realizadas livremente. A tradução do presente trecho da *Guida* (*Processo Misto*, item *Apogeo, Declinio e Metastasi dello Stile Inquisitório*, capítulo *Storia dei Sistemi*), é de Jacinto Coutinho, apresentada no painel *O Projeto de Lei 4.209 – Investigação Criminal* da IV Jornadas Brasileiras de Direito Processual Penal, realizadas pelo Instituto Brasileiro de Direito Processual, Guarujá (SP), 07.11.04. Em face do rigor do trabalho, optou-se, neste momento, por poupar o leitor da tradução livre].
53 LEGENDRE, *O Amor...*, p. 181.

*simbólico outrora venerado pelos medievais, edificadores do Direito Canônico pontifício."*⁵⁴

A institucionalização do sistema acusatório pela Revolução Francesa e a breve experiência (1789-1810) sepultada pelo poder autoritário apenas revelam que, nos países de tradição jurídica romano-germânica, das garantias processuais gozadas desde 1215, na tradição do *Common Law*, restou apenas o gosto de triunfo não gozado.

Não por outra razão Jacinto Coutinho, ao avaliar a estrutura do sistema processual penal brasileiro, realiza importante paralelo com a *Ordonnance Criminelle* de 1870: "(...) *pode-se concluir que o sistema processual penal brasileiro é, na essência,* inquisitório, *porque regido pelo* princípio inquisitivo, *já que a gestão da prova está, primordialmente, nas mãos do juiz, o que é imprescindível para a compreensão do Direito Processual Penal vigente no Brasil. No entanto, como é primário, não há mais sistema processual puro, razão pela qual tem-se, todos, como* sistemas mistos. *Não obstante, não é preciso grande esforço para entender que não há – e nem pode haver – um princípio misto, o que, por evidente, desfigura o dito sistema. Assim, para entendê-lo, faz-se mister observar o fato de que, ser misto significa ser, na essência, inquisitório ou acusatório, recebendo a referida adjetivação por conta dos elementos (todos secundários), que de um sistema são emprestados ao outro. É o caso, por exemplo, do processo comportar a existência de partes, o que para muitos, entre nós, faz o sistema tornar-se acusatório. No entanto, o argumento não é feliz, o que se percebe por uma breve avaliação histórica: quiçá o maior monumento inquisitório fora da Igreja tenha sido as* Ordonnance Crimi-

---

54 LEGENDRE, *O Amor...*, p. 175. Legendre especifica sua constatação: "(...) *de alto a baixo, e até ao mais baixo, a Administração oferece o espetáculo feudal de extratos encaixados uns nos outros, solidificados à maneira feudal, como já havia tão bem entrevisto Saint-Simon quando enunciou que Napoleão e os seus tinham refeudalizado a França*" (LEGENDRE, *O Amor...*, p. 199).

nelle *(1670)*, de Luis XIV, em França; mas mantinha um processo que comportava partes."[55]

11. Inquisitorialismo Revitalizado e Vontade de Verdade

A dogmática processual penal do século XX seguiu a programação geral das ciências modernas, adequando-se ao ideal cartesiano. Após a ruptura com o sistema confessional e o jogo de cena laico para manutenção dos princípios fundamentais do inquisitorialismo, sob renovada inspiração projetou como finalidade da nascente ciência (dogmática processual penal) a criação de mecanismos de conquista da verdade. O processo penal transformou-se, pois, no laboratório no qual a realidade histórica, através dos instrumentos da instrução probatória, se adequaria à decisão do juiz.

O método cartesiano inspira a dogmática do processo penal no sentido de pensar a possibilidade de, a partir da fragmentação e do estudo microscópico do caso penal, recriar o fato passado, não mais passível de experimentação e alcançar verdades. Assim, após decompor e estudar minuciosamente os elementos probatórios incorporados nos autos, a verdade seria atingida pelo juiz através da livre apreciação da prova.

Da mesma forma que os ideais de bondade e de beleza orientam as ciências penal e criminológica, a busca da verdade guia o trabalho dos atores processuais, alargando os horizontes de incidência das práticas persecutórias.

Não por razão diversa a dificuldade de pensar o juiz como espectador da prova produzida em contraditório pelas partes. Se

---

55 COUTINHO, *Introdução aos Princípios Gerais do Direito Processual Penal Brasileiro*, p. 29.

desde o ponto de vista da tradição inquisitiva revigorada pelo discurso científico ilustrado, ao magistrado cabe a revelação final da verdade, fundamental que o prolator exerça papel comissivo no processo, ultrapassando, se necessário, os limites formais que o diferenciam das partes e atuando exaustivamente na instrução. Neste cenário, os limites aos poderes instrutórios do juiz são obstáculos incômodos que devem ser transpostos em nome do ideal de verdade (vontade de verdade).

Após o ato de revelação (sentença), o ideal de justiça é satisfeito. Conforma-se, assim, a tetralogia dos valores morais que sustentam as ciências jurídico-criminais: a bondade (valor penal), a beleza (valor criminológico), a verdade (valor processual) e a justiça (valor jurídico).

Importante perceber, contudo, que a discussão sobre a verdade no direito processual penal não está vinculada às distintas concepções filosóficas da teoria do conhecimento; sequer os qualitativos atribuídos pela dogmática processual penal (verdade real, verdade substancial, verdade material, verdade formal, verdade processual) correspondem às suas categorias e às suas classificações. A questão da verdade no direito processual penal, cuja finalidade não é outra senão a maximização ou a minimização dos níveis de inquisitorialidade, é nitidamente instrumental. Para além do narcisismo da dogmática penal em estabelecer condições de possibilidade de conquista da verdade, parece central focalizar os efeitos decorrentes da definição deste fim.

12. A Crença na Bondade do Poder Punitivo

Segundo Ferrajoli, existe vocação natural antigarantista no exercício dos poderes, situação que caracterizaria a falácia politicista fundada *"na ideia de que basta um bom poder para satisfazer as funções de tutela estabelecidas ao direito.*"⁵⁶ Lembra o autor que apenas concepções inquisitivas *"exprimem uma confiança ilimitada na bondade do poder e em sua capacidade de atingir a verdade"*, pois o estilo acusatório é pautado pela *"desconfiança ilimitada no poder como fonte autônoma de verdade."*⁵⁷

A crença na regularidade dos atos do poder, sobretudo do poder punitivo (*potestas puniendi*), define postura disforme dos sujeitos processuais, estabelecendo situação de crise através da ampliação da distância entre as práticas penais e a expectativa democrática da atividade jurisdicional. O reflexo concreto é violação explícita ou a inversão do sentido garantista de interpretação e de aplicação das normas de direito e de processo penal, revigorando práticas autoritárias.

Como hipótese heurística de resistência à constância da *inquisitio*, o recurso à inversão dos pressupostos tradicionais fornece interessante chave de leitura e instrumento sensível de avaliação da potência punitiva. Pressupor a tendência constante das agências de punitividade em violar os direitos fundamentais talvez seja a única forma de criar blindagem prático-teórica contra as violações mesmas. Logo, em sendo o poder fundamentalmente *exercício* e as práticas penais eminentemente violentas, a perspectiva garantista seria forjada pelo *princípio da irregularidade dos atos dos poderes*, expresso no absoluto pessimismo em relação ao agir persecutório. A pré-compreensão do sentido e do direcionamento do sistema repressivo possibilita aguçar a sensibilidade e denunciar as lesões à legalidade penal e processual penal decorrentes de interpretações narcotizadas pela falácia politicista.

---

56 FERRAJOLI, *Diritto e Ragione*, p. 985.
57 FERRAJOLI, *Diritto...*, p. 619.

13. A Caracterização do Oposto: o Sistema Acusatório

Conforme desenvolve Jacinto Coutinho, a diferenciação entre os sistemas processuais penais inquisitório e acusatório é delineada a partir do princípio unificador: inquisitivo ou dispositivo. E a inquisitorialidade ou a disponibilidade caracterizadoras das estruturas referem-se, fundamentalmente, à gestão da prova, pois "(...) *se o processo tem por finalidade, entre outras, a reconstituição de um fato pretérito, o crime, mormente através da instrução probatória, a gestão da prova, na forma pela qual ela é realizada, identifica o princípio unificador."* Neste quadro, é possível perceber que o sistema inquisitório, regido pelo princípio inquisitivo, "(...) *tem como principal característica a extrema concentração de poder nas mãos do órgão julgador, o qual detém a* gestão da prova. *Aqui, o acusado é mero objeto de investigação e tido como o detentor da verdade de um crime, da qual deverá dar contas ao inquisidor."*[58]

A estrutura acusatória, fundada em procedimentos de verificação e em técnicas de refutabilidade, pressupõe a rígida separação dos sujeitos processuais em configuração triádica instrumentalizada por duas classes de garantias. Desta forma, a atividade cognoscitiva estaria assegurada por garantias primárias (formulação da imputação, carga da prova e direito de defesa) e secundárias (publicidade, oralidade, legalidade e motivação).

Se a concepção acusatória permite pensar o processo de conhecimento como espaço cênico, como campo de diálogo, de representação e de interpretação, o momento da fala judicial é o da sentença. Assim, durante os procedimentos instrutórios, o protagonismo será exercido através do concurso ativo das partes. Acusação e defesa, em paridade de armas, movimentam-se no debate do jogo processual para dar substância às (hipó)teses pro-

---

58 COUTINHO, *Introdução...*, p. 29.

batoriamente construídas. Neste momento de formação do arsenal probatório, portanto, a posição inerte do julgador (mediador, espectador) é fundamental, sob pena de influenciar sua condução e prejulgar o caso antes de encerradas todas as possibilidades de inserção de elementos de convicção. Encerrada a fase probatória, no momento da decisão, o magistrado toma para si a palavra das partes, passando a encenar o personagem principal da trama judiciária.

A sentença, na condição de interpretação da fala das partes, deve constituir-se, portanto, igualmente como fala. Neste cenário, a motivação (fundamentação da sentença) adquirirá importância suprema, pois configura mecanismo de intermediação entre o julgador e as partes, bem como instrumento de diálogo do julgador com o réu, a defesa, a vítima, a acusação e a sociedade. Não por outro motivo a estrutura do sistema acusatório requer ampla fundamentação de *todas* as decisões, ou seja, a necessidade da exposição das convicções pelo juiz é sua condição de possibilidade, diferentemente da postura adotada no modelo inquisitório no qual o magistrado fala ininterruptamente durante a instrução e, invariavelmente, na sentença, cala.

Perfecto Ibañez sustenta que o conhecimento judicial pertence à classe do conhecimento provável, pois a decisão não é derivada necessariamente de premissas lógicas, embora se expresse em termos incontestáveis e em sentença transitada em julgado. Conclui, desta forma, que *"os riscos desse tipo de conhecimento somente podem ser minimizados adotando-se determinadas precauções de método frente ao possível erro, como as que são implícitas no modelo de processo acusatório ou contraditório."*[59]

---

59 IBAÑEZ, *Sentença Penal*, p. 18.

14. A Legitimidade do Processo: o Respeito às Regras do Jogo

Na teoria processual penal, os efeitos da falácia politicista são revelados nas violações à forma processual, isto é, às regras do jogo que representam as garantias dos acusados. É o motivo pelo qual o tema das nulidades é dos mais sensíveis na discussão da efetividade dos sistemas processuais penais de garantias.

O princípio que estrutura o sistema de nulidades, herança do Código Processual Napoleônico, é o da inexistência de vícios processuais sem a demonstração do prejuízo às partes (*pas de nulitté sans grief*). Há, pois, identificação *in natura* da idoneidade dos atos da persecução penal. Neste quadro, o imputado – sujeito debilitado na situação processual em face de ser o *uno* contra a potência punitiva do *Total* – deve expor à exaustão que a flexibilização ou ruptura com as regras do jogo processual lhe foi desfavorável, sob pena de não verificação do prejuízo e, em consequência, ser validado o ato ilegal.

O pressuposto que orienta a interpretação da ofensa às formas processuais é o de que a conduta dos órgãos repressivos é tendencialmente regular, em conformidade com as normas de garantia dos direitos da pessoa humana. Inequivocamente, a tese da regularidade dos atos de poder contraria a histórica experiência dos sistemas punitivos.

Com a verificação de que o pressuposto do processo penal democrático é a sistematização desde o sistema acusatório, as regras processuais relativas à investigação, aos pressupostos e às condições da ação, à competência, à produção e à refutabilidade das provas, ao procedimento, aos requisitos e aos elementos da sentença penal, aos critérios para recorribilidade e à forma de execução constituem-se como barreiras de contenção ao transbordar punitivo. Exatamente pela tendência dos sistemas punitivos em se aproximar da estrutura inquisitória, efetivando sua forma mais pura e revelando seu desejo mais íntimo: a vontade de punição.

Neste sentido, a harmonização dos sistemas de garantias com os postulados dos direitos humanos impõe radical inversão da lógica inquisitória, qual seja, em decorrência de as regras formais serem normas de garantia, sua flexibilização ou ruptura, por si só, indicaria a nulidade, cabendo ao órgão acusador a demonstração da não causação do prejuízo e o consentimento da defesa para que haja sua convalidação.

O problema teórico apresentado relativo às formas de reconhecimento dos vícios processuais, como se pode perceber, demonstra com nitidez a tensão entre as duas diferentes leituras dos atos do poder punitivo: uma otimista (ou romântica), outra pessimista (ou trágica). Todavia a constância histórica de manutenção de práticas inquisitórias, na maioria das vezes ofuscada por discursos de inversão ideológica, mantém a visão acrítica e otimista em relação à atuação das instituições punitivas. Neste quadro, o efeito é a gradual e constante flexibilização das regras formais que regulam o jogo processual, transformando-se as nulidades absolutas em relativas, as relativas em atos meramente irregulares e estes incorporados na normalidade das práticas forenses cotidianas como ruídos de pouca expressão.

15. A Constância Inquisitiva: Inquisitorialismos de Alta e Baixa Intensidade

O modelo garantista, ao potencializar o sistema acusatório, pressupõe que o exercício do poder, mormente o punitivo, independente da boa ou má intenção dos seus titulares, é *potencialmente* atentatório aos direitos humanos. Inevitável, pois, o desenvolvimento de *concepção pessimista* (trágica) em relação aos poderes em que a violência contra os direitos das pessoas é vista como atitude inerente às instituições. Conclui-se que o *lupus artificialis* está distante de neutralizar as perversidades do *lupus naturalis*, pelo contrário, sua tendência é densificar a violência irracional, pois criado e operado por humanos, demasiado humanos.

E ao pensar a lógica inquisitória como variável constante na configuração da estrutura penal repressiva, talvez fosse mais coerente, ao invés de dicotomizar os sistemas processuais penais em acusatório e inquisitório, identificar os graus de inquisitorialismos presentes nos distintos momentos históricos, nos diversos discursos de legitimação e nas diferentes leis processuais penais.

A tradicional oposição – sistema acusatório (democrático) e sistema inquisitório (autoritário) – pode produzir, no plano discursivo e das práticas cotidianas, máscaras que ocultam e permitem a reprodução das violências, notadamente quando se realizam reversibilidades ao enunciar a compatibilidade de estruturas processuais nitidamente autoritárias com a Constituição. O resultado é vivificar, na operatividade das agências persecutórias, o inquisitorialismo.

A opção em identificar os níveis de atuação dos sistemas em inquisitorialidades de alta ou de baixa intensidade possibilitaria desnudar suas reais formas de manifestação e otimizar ações neutralizadoras de redução dos danos potenciais aos direitos fundamentais. Desde esta perspectiva, seria possível compreender o *garantismo penal como discurso e como prática voltada para a instrumentalização do controle e a limitação dos poderes punitivos*.

Se a biografia das práticas penais, apesar de sua sinuosidade, tem demonstrado que *a regra do poder penal é o inquisitorialismo*, imprescindível otimizar técnicas de blindagem dos direitos fundamentais como forma de densificar práticas garantistas. Do contrário, o discurso garantista representará variável insensata na estrutura das formas de poder, acidental cisão na história das violências, tornando o pensamento crítico herdeiro inocente, poesia diletante e romântica de projeto imaginado, mas nunca usufruído.

V – A FERIDA NARCÍSICA DO DIREITO PENAL: CRÍTICA CRIMINOLÓGICA À DOGMÁTICA JURÍDICO-PENAL

O essencial, portanto, não é ainda remontar às origens das coisas, mas, sendo o mundo o que é, saber conduzir-se nele. (Camus)

01. As Feridas Narcísicas da Civilização

A primeira utilização do termo *narcisismo* aconteceu em 1910, quando Freud publica os *Três Ensaios sobre a Teoria da Sexualidade*. Ao tratar dos *invertidos* – Freud ainda não utilizava o termo homossexual –, constata que tomariam a si mesmos como objetos sexuais: *"partindo o narcisismo, procuram rapazes semelhantes à sua própria pessoa, a quem querem amar tal como sua mãe os amou."*[1]

Rudinesco e Plon demonstram que apenas em 1914, no estudo *Sobre o Narcisismo: uma introdução*, Freud confere ao termo valor efetivamente conceitual. A partir da investigação do delírio de grandeza no psicótico, define narcisismo *"como a atitude resultante da transposição, para o eu do Sujeito, dos investimentos libidinais antes feitos nos objetos do mundo externo."*[2] Não por outro motivo

---
1 *Apud* RUDINESCO & PLON, *Dicionário de Psicanálise*, p. 530.
2 RUDINESCO & PLON, *Dicionário...*, p. 531.

sublinhará, em *O Mal-Estar da Civilização*, a importância da categoria: *"o conceito de narcisismo possibilitou a obtenção de uma compreensão analítica das neuroses traumáticas, de várias das afecções fronteiriças às psicoses, bem como destas últimas."*[3]

Todavia, para além de sua importância analítica como ferramenta de observação das neuroses e psicoses individuais, o conceito *narcisismo* possibilitará instigante análise da cultura ocidental, de suas expectativas e de suas representações sobre o processo civilizatório. Em outros termos, permite interpretação dos sintomas sociais.

Em ensaio publicado na Hungria em 1917, Freud utiliza o conceito para diagnosticar as graves feridas que a investigação científica teria produzido no *narcisismo geral*, ou seja, no amor próprio da Humanidade. Lembra que o homem, seguindo suas impressões sensoriais, acreditava que a Terra, sua sede, se encontrava em repouso no centro do Universo, e o Sol, a Lua e os planetas giravam ao seu redor – *"la situación central de la Tierra le era garantía de su función predominante en el Universo, y le parecía muy de acuerdo con su tendencia a sentirse dueño y señor del Mundo."*[4] A centralidade do *habitat* em relação aos demais astros representava, em realidade, a condição do homem perante a natureza. Com as investigações de Copérnico há a destruição desta ilusão narcisista e o *"amor propio humano sufrió su primera ofensa: la ofensa cosmológica."*[5]

No decorrer da história da Humanidade, o homem, ao se intitular soberano dos demais seres, atribuiu a si próprio alma imortal e origem divina, circunstância que lhe permitiu romper os laços com a natureza animal, sua primeira natureza. No entanto as pesquisas de Darwin puseram fim à exaltação da sua condição não

---
3 FREUD, *O Mal-Estar na Civilização*, p. 172.
4 FREUD, *Una Dificultad del Psicoanálisis*, p. 2434.
5 FREUD, *Una Dificultad...*, p. 2434.

animalesca, atingindo a essência do que caracterizaria a humanidade do homem: "*el hombre no es nada distinto del animal ni algo mejor que él; procede de la escala zoológica y está próximamente emparentado a unas especies, y más lejanamente, a otras. Sus adquisiciones posteriores no han logrado borrar los testimonios de su equiparación, dados tanto en su constitución física como en sus disposiciones anímicas. Esta es la segunda ofensa – la ofensa biológica – inferida al narcisismo humano.*"[6]

A última e mais sensível ferida narcísica da cultura seria a de natureza psicológica, exposta pela psicanálise. Com a introdução da ideia de inconsciente, o reduto da superioridade humana, a razão (consciência) – enaltecida sobretudo a partir de Descartes –, é destronada. A consciência deixa de ser soberana na estrutura psíquica do indivíduo e o eu é alijado de sua autonomia. Como consequência, o *descentramento do sujeito* implicaria pelo menos outros três descentramentos: "*o descentramento da consciência para o inconsciente; o descentramento do eu para o outro; e o descentramento da consciência, do eu e do inconsciente para as pulsões.*"[7]

O trabalho de Freud, na exposição das feridas narcísicas, notadamente no descentramento do eu, rompeu com o ideal moderno de segurança e de previsibilidade, de cálculo e controle racional dos riscos. Tudo aquilo que era relativamente estável e inquestionável é volatilizado. O homem, senhor da razão e manipulador da natureza, sofre o terrível desamparo da perda do domínio do conhecimento. Conforme diagnostica Birman, "*a proposição do descentramento do sujeito é uma 'ferida narcísica' para o eu e para o indivíduo na medida em que retira destes o suposto domínio sobre as suas operações intelectuais e sobre as suas ações.*"[8]

---

6 FREUD, *Una Dificultad*..., p. 2434.
7 BIRMAN, *Estilo e Modernidade em Psicanálise*, pp. 19-20.
8 BIRMAN, *Estilo*..., p. 19.

02. A Primeira Ferida Narcísica do Direito Penal: o Ideal do Controle do Crime Destituído pela Criminologia

O discurso criminológico fundado na sociologia norte-americana que proporcionou a emergência da criminologia crítica, a partir da cisão com os paradigmas racionalistas e etiológicos, evidenciou o que poderia ser considerada a primeira ferida narcísica do direito penal.

A primeira ofensa ao narcisismo penal seria a relativa ao ideal de eficiência no controle punitivo do delito e do desvio. A tradição do direito penal moderno foi a de conceber as agências que integram o sistema penal como idôneas e capazes de gerir o controle social através da repressão homogênea das condutas humanas criminalizadas.

No entanto os estudos da etnometodologia e do interacionismo simbólico relativos às *cifras ocultas da criminalidade* revelaram que apesar do poder criminalizador das agências penais, não há mínima correspondência, no plano da eficácia, entre o processo de criminalização primária e o de criminalização secundária. Assim, existe inevitável diferença entre a seleção das condutas criminalizadas pelo Poder Legislativo (criminalização primária) e a efetiva atuação dos aparelhos repressivos na dissuasão de delitos praticados pelas pessoas vulneráveis à incidência do mecanismo penal.

A anamnese realizada pela criminologia evidencia, portanto, ser puramente retórico o discurso da reprodução igualitária da criminalização, pois apesar de estabelecidas universalmente (igualdade formal) as normas definidoras de ilícitos, a atuação das agências ocorre, invariavelmente, de forma seletiva (desigualdade material).

A cifra oculta da criminalidade corresponderia, pois, à lacuna existente entre a totalidade dos eventos criminalizados ocorridos em determinados tempo e local (criminalidade real) e as condutas que efetivamente são tratadas como delito pelos aparelhos de persecução criminal (criminalidade registrada). E os fatores explicativos da taxa de ineficiência do sistema penal são inúmeros e dos mais distintos, incluindo desde sua incapacidade operativa ao desinteresse das pessoas em comunicar os crimes dos quais foram vítimas ou testemunhas. Como variável obtém-se o diagnóstico da baixa capacidade de o sistema penal oferecer resposta adequada aos conflitos que pretende solucionar, visto que sua atuação é subsidiária, localizada e, não esporadicamente, filtrada de forma arbitrária e seletiva pelas agências policiais (repressivas, preventivas ou investigativas).

Ao abordar o tema, Thompson sustenta que seus efeitos são significativos no processo de deslegitimação da intervenção penal em face de (a) as cifras ocultas representarem substancialmente o crime, enquanto as estatísticas oficiais são apenas sua sombra; (b) ser extremamente difícil descobrir o caminho e a composição da criminalidade; (c) ser o conhecimento sobre o crime e o criminoso distorcido e restrito; (d) serem as atitudes da sociedade em relação ao delito e à pena irreais; e (e) a sanção não produzir qualquer efeito intimidativo ou corretivo.[9]

A única conclusão possível, portanto, após as evidências apontadas pela sociologia criminal, seria a de que a *impunidade é a regra*. As pessoas criminalizadas significam, em termos quantitativos, concentrada minoria em relação ao quadro geral dos delitos, sendo a condição de criminalizado definida a partir de variáveis relativas aos fatores de risco acerca do maior ou menor grau de vulnerabilidade do sujeito em adequar-se aos estereótipos que orientam a programação do sistema penal.

As taxas de ineficiência que caracterizam a atuação das agências de punitividade permitem a Zaffaroni afirmar, voltando sua lente para a América Latina, que "*a disparidade entre o exercício de*

---

9 THOMPSON, *Quem são os Criminosos?* p. 19.

poder programado e a capacidade operativa dos órgãos é abissal, mas se por uma circunstância inconcebível este poder fosse incrementado a ponto de chegar a corresponder a todo o exercício programado legislativamente, produzir-se-ia o indesejável efeito de se criminalizar várias vezes toda a população."[10] A propósito, o conceito de cifra oculta da criminalidade não apenas desmascara retórica jurídico-penal da igualdade de tratamento aos que delinquem, como leva à *"comprovação de que o poder punitivo opera de modo exatamente inverso ao descrito pelo discurso penal tradicional"* sendo este fato *"verificável pela mera observação leiga da realidade social."*[11]

As duas constatações assinaladas pelas ciências sociais – (a) distribuição desigual de etiquetas e de incidência dos aparatos punitivos e (b) potencialização dos conflitos em detrimento do discurso resolutivo – produzem o que poderia ser identificado como a primeira lesão ao narcisismo do direito penal.

Ocorre, porém, que apesar do gradual processo de deslegitimação que atingiu o discurso eficientista, sobretudo pela densificação da crítica das escolas sociológicas norte-americanas pelas correntes da criminologia crítica (nova criminologia, criminologia radical, criminologia dialética, entre outras), o diagnóstico não logrou desconstruir projetos político-criminais que defendem o mito do controle total do delito (*v.g.* Movimentos de Lei e de Ordem e Movimentos de Tolerância Zero). Inclusive porque, apesar de a anamnese da seletividade estar presente e solidificada no senso comum teórico do homem de rua (*every day theories*), não adquire consistência para destituir a *vontade de punitividade* que alimenta os movimentos criminalizadores.

A ofensa aos mitos eficientista (repressão geral aos delitos) e intimidatório (dissuasão do crime através da coação psicológica) do

---

10 ZAFFARONI, *Em Busca das Penas Perdidas*, p. 26.
11 ZAFFARONI, BATISTA, ALAGIA & SLOKAR, *Direito Penal Brasileiro I*, p. 68.

direito penal tradicional é de tal forma indigesta que, embora seja repetidamente evidenciada pela comunidade científica, as bases do discurso dogmático se mantêm inalteradas. Zaffaroni, Batista, Alagia & Slokar, ao perceberem o processo de velamento da realidade de ineficácia extrema e de repressão seletiva, afirmam que *"esta comprovação lesiona seriamente o narcisismo teórico do direito penal, e é explicável que este optasse por ignorá-la com todo o seu arsenal metodológico disponível."*[12]

03. O Efeito da Lesão ao Narcisismo do Direito Penal na Criminologia

Se a visibilidade das cifras ocultas fragmentou o ideal de eficiência publicizado pela dogmática do direito penal, o seu desdobramento define a ruptura da criminologia com a estrutura do paradigma etiológico.

Foi exatamente a ineficiência congênita do direito penal em conter a criminalidade que fomentou a argumentação de Ferri da necessária superação do paradigma racional, estruturado no estudo das normas jurídicas, e o direcionamento das investigações ao delinquente e às causas do crime.[13] Assim, conforme o entendimento causal-determinista próprio da metodologia das ciências naturais, a verificação da origem, da criminogênese, permitiria ação profilática e preventiva do resultado delitivo. O sistema de penas estabelecido pela reprovação do sujeito culpável (livre-arbítrio) é substituído, portanto, pelo modelo de medidas de segurança fundado na ideia de periculosidade individual ou social.

---

12 ZAFFARONI, BATISTA, ALAGIA & SLOKAR, *Direito...*, p. 68.

13 Neste sentido, conferir FERRI, *Os Criminosos na Arte e na Literatura*, pp. 29-36.

Ocorre que a exposição das cifras ocultas não se limita a revelar que a regra da repressão ao crime é a impunidade e que o sistema punitivo opera nos resíduos. A criminologia demonstra que a espécie de delito que mais caracteriza as cifras ocultas é denominado *white collar crimes*, ou seja, os crimes praticados pelas pessoas que não se enquadram no biótipo ideal de *homo criminalis* construído pelas escolas etiológicas. E não apenas este tipo de ator de crime não aparece nas estatísticas em decorrência do seu baixo grau de vulnerabilidade, como não apresenta os traços de degenerescência próprios das pessoas que, por regressão atávica, revivem o selvagem da primeira natureza do homem e, por determinação causal, praticam crimes.

Sutherland, ao apresentar os objetivos da investigação que originou a obra *O Crime de Colarinho Branco*, indica duas hipóteses: (1ª) evidenciar que as pessoas de classe socioeconômica alta cometem muitos delitos e estas condutas deveriam ser incluídas no campo das teorias gerais do delito; e, face às evidências, (2ª) apresentar hipóteses que possam explicar tanto os crimes de colarinho branco como os demais ilícitos.[14] O autor realiza sua pesquisa centrado na perspectiva causal de construção de modelos explicativos que universalizem os fatores determinantes dos crimes tradicionais e empresariais.

A verificação empírica da existência de frequentes delitos corporativos, cuja criminalização secundária restara falha, comprova a primeira hipótese. Contudo a identificação da origem patológica, pessoal ou social não se aplica aos crimes de colarinho branco. Desta conclusão irrompem as condições de possibilidade de superação do paradigma etiológico: "(...) *si las patologías no explican estos delitos, no son factores esenciales en los delitos en general, y, por lo tanto, no son factores esenciales en los delitos que*

---

14 SUTHERLAND, *El Delito de Cuello Blanco*, p. 307.

ordinariamente confrontan los departamentos policiales y los tribunales penales y juveniles."[15]

Logicamente que a crítica do professor da Universidade de Illinois às explicações biológicas ou psicológicas da criminalidade, e ao erro na atribuição de vínculos entre crime e pobreza, não o exime da busca de fatores universais associados ao delito. Inclusive porque com o estudo dos crimes de colarinho branco objetiva encontrar critérios gerais de compreensão de todas as formas de manifestações delitivas – "(...) *la hipótesis de la asociación diferencial y desorganización social puede aplicarse a los delitos de 'cuello blanco', así como a los delitos de la clase económicamente más baja.*"[16] Sua intenção é conferir à teoria da associação diferencial *status* de teoria geral do comportamento criminoso. Carrega, pois, consigo, todas as críticas possíveis aos modelos totais de definição de condutas, lícitas ou ilícitas.

Não se pode esperar da construção de Sutherland viés de natureza crítica. Contudo, como sustentam Larrauri & Cid, "*la importancia de Sutherland fue, frente a los planteamientos de la escuela positiva, enfatizar la normalidad biológica y psicológica de los delincuentes al afirmar que el comportamiento delictivo es un comportamiento aprendido.*"[17] E neste aspecto reside a importante ruptura de Sutherland com o paradigma etiológico-positivista: a despatologização do criminoso.

04. A Alteração da Programação Criminalizadora: o Direito Penal no *Welfare State*

A matriz Ilustrada das ciências criminais, fundamentalmente do direito penal e processual penal, forjou estrutura arquiteto-

---

15 SUTHERLAND, *El Delito...*, p. 307.
16 SUTHERLAND, *El Delito...*, p. 307.
17 LARRAURI & CID, *Teorías Criminológicas*, p. 115.

nicamente fechada que projetou modelo político-criminal de intervenção mínima, subsidiária.

No interior deste modelo caberia ao controle penal criar eficazes mecanismos de tutela dos valores e dos interesses considerados como imprescindíveis à convivência pacífica. Vida, liberdade, honra, propriedade e integridade física passam a configurar bens jurídicos de natureza individual aos quais a tecnologia de controle penal direcionaria sua atenção, estabelecendo modelo de administração dos conflitos individuais e controle das violências públicas.

Ao consolidar política criminal absenteísta baseada no princípio da intervenção mínima cujo entendimento implicaria em vislumbrar o direito penal como *ultima ratio legis*, estariam excluídas da esfera de repressão quaisquer condutas de potencialidade lesiva ínfima ou conflitos que pudessem ser resolvidos por outras esferas do controle social informal (família, escola, grupos societários) ou formal não penal (direito civil ou administrativo). O aparato repressivo-penal, portanto, apenas seria movimentado quando ineficazes os demais instrumentos de controle, ingressando na gestão do conflito quando indispensável sua atuação para a manutenção do convívio social pacífico.

Todavia, com a alteração na estrutura do Estado liberal e sua gradual transmutação em Estado social, a perspectiva repressiva absenteísta é substituída pela intervencionista. Para instrumentalizar e garantir as promessas de segurança social do Estado-providência, novos ramos são criados no direito – *v.g.* direito do trabalho, sanitário, educacional, previdenciário, econômico, conforme se percebe das investigações de Sutherland sobre os crimes corporativo-empresariais. A autonomia dos novos campos do direito ocorre pela necessidade de tutela de valores sociais (bens jurídicos), sobretudo interesses coletivos, que se estruturam de forma diversa daquela dos direitos individuais previstos na matriz do direito da Ilustração.

François Ost percebe claramente esta transposição das funções estatais (do absenteísmo ao intervencionismo) que definirá o câmbio da estrutura penal: "*é, pois, como Estado protector que o Estado moderno se identifica. No século XIX, esta protecção assumirá a forma minimalista da garantia generalizada da sobrevivência, com o Estado liberal a deixar à esfera privada a gestão das condições materiais de existência. No século XX, em compensação, as missões do Estado alargam-se, na medida em que ele toma a seu cargo, para além da simples sobrevivência, a garantia de certa qualidade de vida: fala-se então de Estado-providência ou de Estado social.*"[18]

Inclusive no que tange aos fundamentos e fins da pena, a estrutura do direito penal é modificada. Se no liberalismo o objetivo de intimidação era privilegiado, no modelo de providência importa a reintegração do criminoso no mercado de trabalho.

Com ênfase na ocupação da população excedente – que incorpora, inclusive, o excedente criminalizado –, Zygmunt Bauman lembra que "(...) *o estado de bem-estar foi, originalmente, concebido como um instrumento manejado pelo estado a fim de reabilitar os temporariamente inaptos e estimular os que estavam aptos a se empenharem mais, protegendo-os do medo de perder a aptidão no meio do processo. Os dispositivos da previdência eram então considerados como uma rede de segurança, estendida pela comunidade como um todo, sob cada um de seus membros (...). A comunidade assumia a responsabilidade de garantir que os desempregados tivessem saúde e habilidades suficientes para se reempregar e de resguardá-los dos temporários, soluções e caprichos das vicissitudes da sorte. O estado de bem-estar não era concebido como uma caridade, mas como um direito do cidadão, não como o fornecimento de donativos individuais, mas como uma forma de seguro coletivo.*"[19]

---

18 OST, *O Tempo do Direito*, p. 336.
19 BAUMAN, *O Mal-Estar da Pós-Modernidade*, p. 51.

É, portanto, na iminência e consolidação do Estado social que se potencializa e se redimensiona a ideia liberal de segurança e nascem as contemporâneas noções de prevenção – "(...) *atitude colectiva, racional e voluntarista que se destina a reduzir a probabilidade de ocorrência e a gravidade de um risco*"[20] – que balizarão as formas jurídicas do século XX e XXI.

Notório, neste quadro, que o direito penal não passou imune às novas demandas da sociedade política e civil organizada que impunham renovadas obrigações do Estado.

Ao ser chamado para gerir políticas preventivas de controle racional dos riscos inerentes à sociedade industrial, bem como para assegurar a efetivação dos direitos dela decorrentes, o controle penal foi instigado a ampliar seu espectro de incidência, adaptando-se aos novos bens jurídicos. Tal assertiva é perceptível se verificarmos o incremento da tutela penal ao trabalho (crimes contra a organização do trabalho), à previdência social (crimes previdenciários), ao transporte público (crimes contra a segurança dos meios de transporte), à saúde (crimes contra a saúde pública e leis de entorpecentes), à economia (crimes contra a economia popular) *etc*.

O processo é nitidamente percebido no Brasil a partir da década de 30. Com a instituição do Estado Novo ocorre profunda ruptura com a perspectiva jurídica liberal e com o modelo econômico agrário-exportador. Com a finalidade de implementar modelo de Estado intervencionista e fomentar a industrialização, a Era Vargas, de perceptível vocação repressivo-autoritária, produziu, no plano jurídico-penal, política expansionista.[21]

Paralela à resposta positiva do direito penal normativo quanto às expectativas criminalizantes, ou seja, com a assunção da res-

---

20 OST, *O Tempo...*, p. 344.
21 Sobre a fundação do modelo político criminal intervencionista e seu impacto na legislação penal brasileira, verificar ZAFFARONI, BATISTA, ALAGIA & SLOKAR, *Direito...*, pp. 459-480.

ponsabilidade pela tutela dos direitos provenientes da era industrial, sua instrumentalidade começa a ser colocada à prova, visto que sua estrutura não fora concebida para funções diversas da ingerência nos direitos individuais. Assim, gradativamente, o mecanismo penal originário, de feição liberal, passou a ser alterado para assegurar proteção aos bens coletivos.

Por outro lado, em relação à criminalidade tradicional, caracterizada pela lesão aos direitos individuais, com a expansão dos modelos ideológicos de Defesa Social (Prins e Marc Ancel), solidifica-se política criminal prevencionista fundada na noção de periculosidade individual do criminoso. Caberia, portanto, às agências penais, produzir instrumentos idôneos à identificação e à gestão da periculosidade do delinquente, projetando respostas interventivas de natureza sanitarista ou educacional nos moldes das medidas de segurança – *"na linha de um Estado social preventivo, multiplicam-se as políticas sociais susceptíveis de conter o crime antes de acontecer: as questões da habitação, dos bairros difíceis, da droga, do abandono escolar são objeto de uma enorme atenção."*[22]

A função do sistema penal no Estado social é, portanto, cindida, de acordo com o tipo de ofensa perpetrada ao bem jurídico: (a) em relação à criminalidade clássica (lesão aos direitos individuais), mantém-se a estrutura normativa originária, abdicando, no entanto, dos fundamentos penalógicos racionalistas retributivos e/ou intimidatórios para adotar política de intervenção visando à recuperação moral do delinquente (paradigma periculosista e teorias da emenda);[23] e (b) quanto aos crimes contra a coletividade (lesão aos direitos sociais), opta-se por estruturar novo modelo legislativo, idôneo, desde sua autoimagem, para satisfazer as novas expectativas da sociedade industrial.

---

22 OST, *O Tempo...*, p. 381.
23 Neste sentido, conferir CARVALHO, *Pena e Garantias*, pp. 69-80 e 137-155.

Se o incremento do Estado intervencionista criminalizador produziu câmbio da estrutura normativa (planos da vigência e da validade das normas penais) a partir do espantoso processo de intensificação legislativa e de descodificação, provocou, por outro lado, sérias disfunções na área da operatividade do sistema (plano da eficácia), mormente pela incapacidade da ritualística processual tradicional identificar os sujeitos (ativos e passivos) da nova criminalidade. Do programa de intervenção mínima liberal (direito penal como *ultima ratio legis*), o Estado social projeta modelo legislativo comissivo que deflagrará estrutura legal hipertrofiada, propícia à maximização da ineficácia e solo ideal para inaugurar a crise de legitimidade do direito penal.

A mutação normativa com forte comprometimento da instrumentalidade penal ocorre em todas as esferas. Nas teorias da norma penal e do delito, ensejando lesões aos princípios da *legalidade em sentido amplo* (exaustiva utilização de leis penais em branco), *legalidade em sentido estrito* (prevalência de tipos penais abertos identificados por elementos normativos), *lesividade* (criminalização de autolesões e de delitos sem vítima) e *culpabilidade* (criação de normas de perigo abstrato), sobrepondo gradualmente à responsabilidade penal subjetiva modelos de responsabilização objetiva. No plano processual, com a relegitimação de sistemas inquisitoriais através da supressão dos direitos de *ampla defesa*, da diminuição das garantias de *presunção de inocência* e *contraditório* (gradual inversão do ônus da prova e inserção de juízos de periculosidade) e da obstaculização da *individualização* (taxação cada vez maior das penas), da *oralidade* (ampliação das formas escritas), da *imparcialidade do juiz* (gestão da prova pelo órgão julgador) e da *idoneidade das provas* (admissibilidade de provas anteriormente consideradas ilícitas).

Ensina Ferrajoli[24] que no desenvolvimento do Estado social é perceptível a produção caótica e aluvisional de leis, regulamentos,

---

24 FERRAJOLI, *Crisis del Sistema Político y Jurisdicción*, p. 124.

institutos e práticas políticas e burocráticas que foram sendo sobrepostas às velhas e elementares estruturas do Estado liberal. Seu resultado: a deformação e a perda de operacionalidade.

05. A Emergência dos Riscos

Com o desenvolvimento irrefreável da sociedade industrial, associado à crise do *Welfare State*, aqueles riscos incipientes, mensuráveis e controláveis produzidos na sociedade liberal e intervencionista sofrem profunda alteração, impondo uma variável insensata que institucionaliza a insegurança.

François Ost, ao descrever as formas dos riscos e sua interação com a *heurística do medo*, afirma que três etapas marcam seu curso. Na sociedade liberal o risco assumiria a forma de acidente, ou seja, expressar-se-ia como acontecimento exterior e imprevisto, individual e repentino. Com a edificação do Estado social e suas políticas de prevenção, os riscos assumem a figura de acontecimentos estatísticos calculáveis (probabilísticos). Assim, se o controle no século XIX ocorria *post factum*, mediante indenização, no século XX a ideia de resguardo técnico dos riscos impõe modelo de antecipação do dano via medidas preventivas. Todavia lembra Ost que *"(...) entramos numa terceira fase da história do risco – a do risco enorme ('catastrófico'), irreversível, pouco ou nada previsível, que frustra as nossas capacidades de prevenção e de domínio, trazendo desta vez a incerteza ao coração dos nossos saberes e dos nossos poderes."*[25]

Ulrich Beck constata que os riscos contemporâneos residem na esfera das fórmulas químico-físicas (elementos tóxicos nos alimentos e ameaça nuclear, p. ex.), produzindo ameaças até então inimagináveis, visto que *"ponen en peligro a la vida en esta Tierra, y en verdad en todas sus formas de manifestación."*[26]

---

25 OST, *O Tempo...*, pp. 344-345.
26 BECK, *La Sociedad del Riesgo*, p. 28.

A dinâmica política do potencial de autoameaça civilizatória poderia ser exposta em cinco teses: (1ª) os riscos que causam danos sistemáticos e frequentemente irreversíveis tendem a permanecer invisíveis; (2ª) os riscos da modernização afetam, cedo ou tarde, quem os produziu ou deles se beneficiou (efeito *bumerang*); (3ª) a expansão dos riscos não rompe com a lógica do desenvolvimento capitalista, pois configura *big business*; (4ª) o conhecimento dos riscos gera saber específico e consciência diferenciada sobre seus efeitos; (5ª) a sociedade do risco é, fundamentalmente, sociedade qualificada pela catástrofe.[27]

Fundamental diagnosticar, neste quadro, que na sociedade do risco fundada sob a égide do medo, todos os tipos de lesão, independente da qualificação do bem jurídico, e de conflitos, para além de sua dimensão pública ou privada, acabam sendo de algum modo abarcados pelo controle penal. Não apenas é fomentada a expansão do penal à *criminalidade de rua* e à *criminalidade de sangue*, em decorrência da legitimidade que os meios de comunicação de massa fornecem aos Movimentos de Lei e de Ordem e às políticas de Tolerância Zero, como ao controle repressivo é sublinhado o papel de tutela de bens transindividuais afetados pelos riscos catastróficos.

Neste quadro, o direito penal, chamado novamente para assumir a responsabilidade pelos danos aos interesses sociais e para fornecer resposta às novas demandas (aos novos riscos), produz revigorado redimensionamento da sua estrutura.

06. As Constituições Contemporâneas e a Expansão do Direito Penal

A crise no sistema de garantias individuais, agregada ao modelo de desmonte do Estado de bem-estar pelas políticas econô-

---

27 BECK, *La Sociedad...*, pp. 28-30.

micas contemporâneas, produz profunda alteração no sistema jurídico, afetando, inclusive, a estrutura do texto constitucional. A propósito, é possível perceber que a expansão do direito penal, com a inerente deformação da sua matriz de garantias, é incorporada pelas Constituições contemporâneas que positivam os direitos transindividuais e, não esporadicamente, determinam que sua tutela seja realizada através da sanção criminal.

A ampliação do rol dos bens jurídicos e, em consequência, do sistema penal como instrumento de proteção, projeta a maximização dos aparatos de controle. Contudo importante perceber que, mesmo direcionando a repressão penal à ampla gama de condutas, permanecem praticamente inalterados os quadros de seletividade operados na criminalização secundária, adquirindo a pena, na atualidade, a função real de controle das *massas inconvenientes* e a simbólica de tutela dos novos interesses sociais.

O efeito do processo expansionista é, em matéria constitucional, a normatização destes paradoxos e, em muitos casos, de aporias irresolutas. Veja-se, p. ex., o caso da Constituição brasileira de 1988. A Carta Constitucional previu, seguindo a tradição liberal do constitucionalismo ocidental, amplo rol de limites ao poder repressivo do Estado, estabelecendo rígidos princípios (negativos) em matéria penal e processual penal. Cumpriu, portanto, aquele programa político-criminal legado do projeto penal da Modernidade. Estabelece, com a cadeia principiológica, travas ao exercício desmedido e arbitrário dos poderes públicos (violências das agências repressivas).

Todavia, para além da previsão de princípios negativos (de limitação), projetou a ingerência do penal em diversas esferas do direito, a partir de (falsa) compreensão de sua capacidade de tutela de bens jurídicos e resolução de conflitos coletivos e transindividuais. Desde esta perspectiva, o texto constitucional alavancou o projeto expansionista, conformando modelo penal programático, que pode ser denominado *Constituição Penal dirigente*.[28] Tem-se, desta forma, na história recente do constitucionalismo nacional, a formação de núcleo constitucional-penal programático, cujo efeito é aliar os mais diferenciados projetos políticos que, sob o manto retórico da construção/solidificação do Estado democrático de direito, optam, em realidade, pela edificação de Estado penal como alternativa ao inexistente Estado social.[29]

Percebe-se, pois, que a Constituição de 1988, para além de reproduzir os tradicionais princípios de direito penal e processual penal, (a) aderiu ao projeto expansionista no que tange à tutela de direitos sociais e transindividuais – *v.g.* a minimização de garantias processuais em relação aos delitos de discriminação racial; a tutela penal do consumidor; a responsabilidade penal nos atos praticados contra a ordem econômica e financeira e contra a economia popular; a tutela penal do meio ambiente entre outros; e (b) recepcionou políticas de recrudescimento penal operados por movimentos autoritários, notadamente os denominados Movimentos de Lei e de Ordem – *v.g.* o dirigismo constitucional no que tange à Lei dos Crimes Hediondos.

Desde esta perspectiva punitiva, pode-se afirmar, diferentemente do que ocorre em relação aos direitos econômicos, sociais e culturais (DESCs), a plena efetivação da Constituição, instrumentalizando, em termos políticos, Estado penal.

Os paradoxos existentes entre a efetividade dos distintos níveis de normatização constitucional (normas criminalizadoras e normas de intervenção econômica, social, cultural, ambiental) revelam as múltiplas e incontáveis facetas do dirigismo constitu-

---

28 Neste sentido, conferir CARVALHO *et al.*, *Canotilho e a Constituição Dirigente*, pp. 69-74.
29 Sobre o conceito de Estado Penal, conferir WACQUANT, *As Prisões da Miséria*, pp. 77-152; WACQUANT, *Punir os Pobres*, pp. 53-98.

cional brasileiro, fornecendo recursos para que se possa afirmar a impossibilidade de entender a Constituição de 1988 como unidade harmônica e coerente.

Ocorre que existe tendência muito forte, e desde determinado ponto de vista absolutamente justificada, de crítica à ineficácia das normas constitucionais. No entanto não invariavelmente esta apreciação recai aos dispositivos relativos aos direitos sociais e transindividuais, isto é, em relação aos direitos próprios do *Welfare State*. Em decorrência do exposto, atribuir inefetividade das normas constitucionais pressupõe, no mínimo, identificar o conjunto normativo, dos inúmeros existentes na Constituição, que é objeto de investigação.

Em matéria repressiva, a efetividade das normas constitucionais não apenas foi plena, como o Legislador, aproveitando os quadros de generalização dos medos decorrentes da crise do sistema de segurança pública, excedeu os parâmetros estabelecidos pelo constituinte originário. Assim, com a proliferação do discurso punitivista nas esferas do jurídico e da política, tem-se, de forma trágica, a ineficácia da Constituição Penal de garantias em detrimento da plena efetividade da Constituição Penal criminalizadora e punitiva.

07. O Narcisismo Penal Potencializado: o Direito Penal do Risco

As Constituições contemporâneas, ao aderirem aos modelos expansivistas, produziram sérios resultados na dogmática do direito penal, sobretudo na reavaliação dos critérios metodológicos de definição da categoria bem jurídico. A proliferação de novos bens jurídicos inexoravelmente induziu processo de redefinição conceitual, mormente quando o direito penal foi historicamente entendido como *"instrumento cualificado de protección de bienes jurídicos especialmente importantes."*[30]

Figueiredo Dias, ao versar sobre a incorporação e a legitimidade da criminalização dos atos lesivos aos bens jurídicos coletivos e transindividuais, sustenta que "(...) *a criminalização é aqui legítima e pode afigurar-se necessária. Legítima, logo porque tais bens – como se torna particularmente visível numa lei fundamental como a CRP – encontram refracção legitimadora mais que bastante na ordem axiológica constitucional relativa aos direitos sociais, económicos, culturais e ecológicos.*"[31]

A primeira questão importante a ser analisada é relativa à fixação da dogmática em conferir ao direito penal a missão metafísica de proteção de bens jurídicos. Mesmo importantes autores da crítica ao direito penal não conseguem fugir da armadilha que representa atribuir ao direito penal função positiva. Neste sentido, Hassemer e Muñoz Conde afirmam que "(...) *el concepto de control social formalizado aparece íntimamente relacionado con otras misiones del Derecho penal. La Administración de Justicia penal solo puede proteger 'con efectividad' a largo plazo los bienes jurídicos cuando las personas, convencidas de la bondad de las normas, cooperan en esa función protectora. Los valores que se realizan cuando el control social está formalizado son, pues, vitales para una sociedad. El Derecho penal, al emplear sus instrumentos, respetando y afirmando en la práctica esos valores, lleva a cabo una función pedagógica social: reforzar los valores éticosociales de la acción resolviendo y elaborando los conflictos más graves que produce la conducta desviada (...). La misión del Derecho penal se extiende, pues, tanto a la protección de bienes jurídicos, como a la afirmación y aseguramiento de las normas por la formalización del control social jurídicopenal. Se pueden resumir en esta fórmula: el derecho penal debe proteger a través*

---

30 SILVA SÁNCHES, *La Expansión del Derecho Penal*, p. 25.
31 DIAS, *O Direito Penal entre a 'Sociedade Industrial' e a 'Sociedade do Risco'*, p. 58.

del control formalizado, los intereses humanos que no pueden ser defendidos de otra manera."[32]

É interessante notar, portanto, a transversalidade ideológica e a força que o positivismo jurídico adquire através dos insípidos conceitos da dogmática penal. Apesar de a criminologia, durante as últimas décadas, demonstrar empiricamente a disfunção do controle penal e a incapacidade de o sistema cumprir suas promessas oficiais, fundamentalmente em relação aos fins da pena (ressocialização, intimidação e coesão social) e aos fins do próprio direito penal (proteção de bens jurídicos), a dogmática (ciência) segue reproduzindo discurso que, ao invés de instrumentalizar o projeto político-criminal de mínima incidência, atribui fins e funções positivas à intervenção, potencializando e relegitimando a intervenção do sistema criminal.

Fundamental perceber a circularidade da lógica que sustenta o conceito bem jurídico-penal. A argumentação circular é diagnosticada por Baratta, quando verifica a tautologia dos discursos penal e extrapenal no que se refere ao fim proteção de bens jurídicos. Segundo Baratta, *"define-se o direito penal como sendo um instrumento que tutela os interesses vitais e fundamentais das pessoas e da sociedade, mas, ao mesmo tempo, definem-se como vitais e fundamentais os interesses que, tradicionalmente, são tomados em consideração pelo direito penal."*[33] Desta forma, o direito penal é quem fornece a si mesmo os critérios de validade da intervenção, pois elege arbitrariamente os bens a serem tutelados. O efeito, portanto, é a maximização da intervenção, com a elevação do grau de violência e de seletividade denunciados pela criminologia crítica.

---

32 HASSEMER & MUÑOZ CONDE, *Introducción a la Criminología y al Derecho Penal*, pp. 121-122.
33 BARATTA, *Funções Instrumentais e Simbólicas do Direito Penal*, p. 10.

No atual quadro de invenção de novos bens jurídico-penais, novo discurso legitima o controle punitivo: o direito penal do risco. À retórica fundada na ideia de risco incontrolável e catastrófico alia-se a ansiedade de poder antecipar e de obstaculizar, através do direito (penal de prevenção), os eventos trágicos inerentes às características da sociedade contemporânea.

A aporia que emerge é decorrência direta da atribuição de virtudes ao direito penal, pois, por mais contraditório que possa parecer, os discursos que potencializam a expansão do direito penal vêm agregados ao princípio de mínima intervenção.

Segundo a concepção ilustrada, o direito penal deve atuar residualmente, ou seja, apenas quando bens absolutamente importantes sofrerem lesão ou perigo concreto de dano. Desde esta perspectiva, surge indagação que dá condições de possibilidade ao nascimento do *direito penal do risco* em aparente harmonia com a política de intervenção subsidiária: *se cabe ao direito penal proteger os principais bens jurídicos da humanidade, como poderia eximir-se do enfrentamento de (possíveis) ações que colocam em risco sua própria existência, que geram perigo ao seu futuro? Como deixar de atuar em situações-limite que ameaçam as gerações vindouras?*

Desde a lógica que impera na dogmática penal, a intervenção postulada é inerente às suas funções, merecendo o interrogante resposta positiva. Todavia, imprescindível frisar vez mais, a retórica de legitimação do direito penal encobre as disfunções reveladas pela criminologia, quais sejam, a absoluta incapacidade de o arsenal punitivo prevenir condutas futuras, seja no plano da prevenção especial ou da prevenção geral, seja em suas dimensões positivas ou negativas.

A dúvida é, inclusive, apontada por Roxin, embora o resultado da análise seja diverso do proposto neste momento. Interroga o autor *"hasta que punto el Derecho Penal está en condiciones de hacer frente, con su tradicional instrumental liberal y ajustado al Estado de De-*

recho, al que también pertenece sobre todo el concepto de bien jurídico, a los modernos riesgos de la vida."³⁴

No entanto a postura prevalente é a da necessidade de ingerência penal no sentido de proteção das pessoas contra os riscos contemporâneos. O argumento de Figueiredo Dias, invocando a mínima intervenção, sintetiza a atual tendência expansionista: *"não falta quem a propósito lembre a velha crítica da 'burla de etiquetas'; com razão até a um ponto em que eu me atreveria a falar de nada menos que de um pôr o princípio jurídico-penal de subsidiariedade ou de ultima ratio 'de pernas para o ar', ao subtrair à tutela penal precisamente as condutas socialmente tão gravosas que põem simultaneamente em causa a vida planetária, a dignidade das pessoas e a solidariedade com as outras pessoas – as que existem e as que hão de vir."*³⁵

Na fala do autor conimbricence se percebem as formas de renovação da intervenção penal. O novo discurso oficial, portanto, passa a ser: "(...) *o direito penal não deve virar as costas aos novos desafios. Desde logo, seria impensável excluir o Direito Penal do catálogo dos instrumentos ao serviço da missão de controle destes novos riscos.*"³⁶

A potência narcísica do discurso é exposta quando da atribuição ao direito penal da responsabilidade de garantir a proteção dos principais interesses da Humanidade, inclusive dos interesses das gerações futuras.

Todavia a potência retórica, por mais mobilizadora, tende a cegar o orador, impedindo-o de perceber as limitações do seu agir (científico) e sua real capacidade (política) de contribuição para minimizar os problemas derivados das novas situações. O sonho narcísico de resolução das grandes questões da civilização, tutelan-

---

34 ROXIN, *Derecho Penal*, p. 62.
35 DIAS, *O Direito...*, p. 50.
36 FERNANDES, *Globalização, 'Sociedade de Risco' e o Futuro do Direito Penal*, pp. 74-75.

do a Humanidade de sua própria extinção, ao mesmo tempo em que entorpece o pensamento jurídico-penal, ofusca a realidade, fornecendo elementos irreais para o diagnóstico e, consequentemente, para o prognóstico.

Com a redefinição dos fins do direito penal decorrente da assunção das noções de risco, possível verificar dupla falência em sua sistematização dogmática. À ineficácia desnudada pelas ciências sociais do controle penal (criminologia crítica) em relação às demandas envolvendo os direitos individuais é agregada nova produção de inefetividade em relação aos direitos transindividuais. O resultado, apesar de anunciado, não logra êxito em sensibilizar o narcisismo da dogmática penal. Contudo a nervura do real irrompe demonstrando a baixíssima capacidade operacional do direito penal (e processual penal) para enfrentar novos problemas.

A narcose retórica, porém, impede o processo de descentramento do eu e inviabiliza a consciência do problema. Reproduzem-se novas crises, pois a estrutura originária do direito penal liberal, ao ser flexibilizada para alcançar os novos fins, não apenas é insuficiente para as novas demandas como acaba por aumentar a ineficácia primeiramente revelada. Neste quadro, o discurso penal fica extasiado, perdido, estagnado em crise circular.

Ademais, no plano político-criminal, o discurso abre espaços para concretização de tentações policialescas, como alertam Zaffaroni, Batista, Alagia & Slokar: *"ao enganar-se (por mera dedução) sobre a eficácia preventiva da pena, o discurso permite racionalizar a punição dos riscos muito distantes e hipotéticos (perigos abstratos, remotos etc.), bem como viabilizar intervenções bastante desproporcionais com o dano (inventa-se uma necessidade tutelar enorme, embora a afetação do bem jurídico seja insignificante), além de até mesmo criar bens jurídicos inexistentes, porque a ideia de bem jurídico tutelado tende a espiritualizá-lo para desembocar em um único bem tutelado, que é a vontade do estado (de polícia), porquanto este acaba sendo o único juiz da premência e do vigor da ilusória tutela."*[37]

---

37 ZAFARONI, BATISTA, ALAGIA & SLOKAR, *Direito...*, p. 227.

Não parece, portanto, haver outra saída senão a de abdicar dos nobres fins projetados ao direito penal. A tese permite abdicar de qualquer função positiva atribuída ao direito penal ou à pena, recapacitando exclusivamente sua dimensão negativa, qual seja, a de reduzir os danos provocados pela intervenção do sistema penal. Trata-se do único mecanismo possível de exclusão de qualquer tipo de legitimação da intervenção penal, reduzindo, efetivamente, seus espaços de ingerência.

08. O Controle Punitivo dos Excedentes: As Funções (Reais) do Direito Penal no Estado-Penitência

Importante legado da criminologia crítica não deve ser descartado na atual conjuntura criminológica: a exposição das reais funções exercidas pelo direito penal em contraposição com aquelas divulgadas pelo discurso oficial. E neste quadro de proliferação dos riscos, longe de atuar como instrumento de proteção da sociedade contra possíveis eventos catastróficos, o direito penal mantém a histórica função de gestão dos excedentes.

A crise do Estado-providência passa a ser perceptível a partir da predominância da razão mercadológica em detrimento das garantias sociais.

O discurso que justificou o perecimento do modelo intervencionista foi ancorado fundamentalmente nos problemas de financiamento (custos) dos direitos. Segundo os pensadores da crítica ao modelo político-econômico social, sobretudo os clássicos Hayek e Friedman, as possibilidades de arcar com os compromissos do Estado-providência eram irreais. Como lembra Jacinto Coutinho,[38] na visão dos gestores da política econômica interna-

---

38 COUTINHO, *O Papel do Pensamento Economicista no Direito Criminal de Hoje*, p. 300.

cional, o Estado de Bem-Estar havia se tornado verdadeiro mastodonte, incapaz de cumprir suas promessas.

A saída para a proclamada crise seria a minimização do Estado com a flexibilização dos direitos sociais e a privatização das empresas públicas prestadoras de serviços, ações direcionadas à redução do déficit fiscal.

O incremento do projeto político de enxugamento do Estado produziu, a partir da década de 80, nos países centrais de economia avançada, o desmonte do *Welfare State*. Não obstante inviabilizou, nos países periféricos nos quais o Estado social havia sido mero simulacro, a possibilidade de se atingir relativo grau de justiça social com a implementação de importantes políticas públicas baseadas na distribuição equânime de riqueza e na erradicação da miséria, otimização e acesso das populações carentes aos serviços de saúde, de educação e de previdência social. Em síntese, obstaculizou políticas incisivas contra as exorbitantes taxas de desemprego e de exclusão social.

A conjuntura político-econômica deflagrada na década de 80 produziu, nas palavras de Ralf Dahrendorf, modelo neoabsolutista com tentações autoritárias.[39] O caráter ilimitado da liberdade de mercado, as novas técnicas de produção do consenso e a afirmação do poder absoluto das maiorias podem ser considerados os principais problemas que ameaçam o Estado democrático de direito[40] e inviabilizam a construção de modelo econômico transdisciplinar — "*a elaboração de uma economia transdisciplinar é fundada sobre o postulado de que a economia deve estar a serviço do ser humano e não o inverso.*"[41]

Luigi Ferrajoli sustenta que a ausência de limites ao poder empresarial, determinada pela desregulamentação e absoluta li-

---
39 DAHRENDORF, *Quadrare il Cerchio*, pp. 45-56.
40 FERRAJOLI, *El Estado Constitucional de Derecho, Hoy*, p. 20.
41 CARTA DA TRANSDISCIPLINARIDADE, artigo 12.

berdade do mercado, substitui a *Grundnorm* jurídica pela econômica, resultando no *"desmantelamiento del Estado social y de sus sistemas de límites, garantías y controles no sólo sobre el Estado, sino también sobre el mercado."*[42]

O efeito deste processo é a descartabilidade do valor *pessoa humana*. Compreende-se, neste quadro político, a formação de condições de irrupção de políticas criminais igualmente sustentadas na exclusão, para determinadas pessoas, do *status* de cidadão – *v.g.* direito penal do inimigo.

A análise de Dahrendorf no ensaio *Economic Opportunity, Civil Society, and Political Liberty* (1995) é precisa e assustadora. Como contextualiza Jacinto Coutinho, em precioso comentário sobre a obra,[43] Dahrendorf conseguiu captar o sentimento central produzindo *best seller* que sintetiza as propostas de *enquadramento do círculo*, cujo objetivo é a consolidação das sociedades democráticas do primeiro mundo baseada nos valores bem-estar econômico, coesão social e liberdade política.

O custo do enquadramento do círculo, porém, seria o fato de que os países subdesenvolvidos (fundamentalmente os latinos e os africanos) não conseguiriam acompanhar o processo. Todavia, independente de não marcharem lado a lado com os países centrais, deveriam dividir os ônus e as dificuldades.[44]

O primeiro passo para o processo de globalização econômica seria a flexibilização, a desregulamentação e a limitação das in-

---

42 FERRAJOLI, *El Estado...*, p. 20.

43 COUTINHO, *Jurisdição, Psicanálise e o Mundo Neoliberal*, pp. 40-77. Sobre o texto de Dahrendorf e os efeitos do neoliberalismo, conferir, GRAU, *A Ordem Econômica na Constituição de 1988*, pp. 37-48.

44 Lembra Enrique Dussel que *"Friedrich von Hayek – inspirador de Milton Friedman y continuador metódico de Popper en la economía – 'habría expresado la recomendación de que en caso de una aguda crisis de recursos habría que dejar librados a la muerte por hambre a los pueblos del Tercer Mundo que no supieran autoayudarse"* (Apud COUTINHO, *Atualizando o Discurso sobre Direito e Neoliberalismo no Brasil*, p. 29).

terferências governamentais, principalmente no que diz respeito aos tributos e ao mercado de trabalho.

Dahrendorf, ao profetizar o processo como irreversível, alerta que *"a globalização econômica parece estar associada a novos tipos de exclusão social."*[45]

As renovadas formas de exclusão seriam caracterizadas pelo fato de algumas pessoas perderem o *status* de cidadão, não somente em razão das restrições econômicas, mas por qualquer característica que as possa diferenciar (raça, nacionalidade, religião *etc.*). Contudo Dahrendorf é mais drástico ainda em sua anamnese: *"certas pessoas (por mais terrível que seja colocar no papel) simplesmente não servem: a economia pode crescer sem a sua contribuição; de qualquer ponto de vista que se considere, para o resto da sociedade essas pessoas não são um benefício, mas um custo."*[46]

Ao descartar a pessoa como valor em razão de ser considerada supérflua, projeta-se a necessidade de maximização do poder policialesco de coação direta.

A alternativa ao Estado-providência, portanto, passa a ser a edificação do Estado penitência, configurando máxima que parece ser a palavra de ordem na atualidade: Estado social mínimo, Estado penal máximo. Tudo porque algum lugar deve ser reservado aos inconvenientes – *"nas atuais circunstâncias, o confinamento é antes uma alternativa ao emprego, uma maneira de utilizar ou neutralizar uma parcela considerável da população que não é necessária à produção e para a qual não há trabalho 'ao qual se reintegrar'"*.[47] Constrói-se, pois, saída plausível para aqueles que foram destituídos ou que nunca chegaram a ter cidadania: a marginalização social potencializada pelo incremento da máquina de controle penal, sobretudo carcerária.

---

45 DAHRENDORF, *Quadrare...*, p. 33.
46 DAHRENDORF, *Quadrare...*, p. 36.
47 BAUMAN, *Globalização*, pp. 119-120.

Como percebe José Eduardo Faria, com o processo de globalização e a gradual simbiose entre marginalidade social e marginalidade econômica, as instituições jurídicas dos Estados são obrigadas a concentrar sua atuação na preservação da ordem e da segurança, assumindo papéis eminentemente punitivo-repressivos. Os não cidadãos, porém, apesar de destituídos de seus direitos subjetivos públicos, não são dispensados de suas obrigações estabelecidas nas leis penais. Dessa forma, o Estado *"enquanto no âmbito dos direitos sociais e econômicos vive hoje um período de refluxo, no direito penal a situação é oposta. O que aí se tem é a definição de novos tipos penais, a criminalização de novas atividades em inúmeros setores da vida social, o enfraquecimento dos princípios da legalidade e da tipicidade por meio do recurso a regras sem conceitos precisos, o encurtamento das fases de investigação criminal e instrução processual e a inversão do ônus da prova."*[48]

Idêntica a conclusão de Bauman ao diagnosticar que *"a incriminação parece estar emergindo como o principal substituto da sociedade de consumo para o rápido desaparecimento dos dispositivos do estado de bem-estar."*[49]

09. A Segunda Ferida Narcísica do Direito Penal

A dogmática do direito penal, apesar da profunda e irreversível crítica realizada pela criminologia sociológica, constantemente procura elementos novos e renovadas perspectivas legitimadoras para que siga revigorada a (falsa) crença em sua programação e funcionalidade. Assim, ancorado na perspectiva funcionalista-sistêmica, o nominado direito penal do risco retoma o enamoramento da ciência penal por sua autoimagem, (re)afirmando seu delírio

---

48 FARIA, *Globalização e Direitos Humanos*, p. 12.
49 BAUMAN, *O Mal-Estar...*, p. 78.

de grandeza e, em consequência, expondo a segunda ferida narcísica, constituída pela perspectiva de tutela de bens jurídicos.

O projeto jurídico-penal do terceiro milênio, em processo contínuo de autoencantamento, impõe verdade de tal ordem que adquire contornos de equívoco, vista a excessiva crença na capacidade de o instrumental dogmático atingir a proteção dos interesses coletivos e transindividuais. Daí por que absolutamente narcisista a retórica do direito penal contemporâneo que realiza, com todas as forças, incisivo investimento pulsional em si mesmo.

Em tais circunstâncias, ao assumir postura autorreferencial, o discurso penal compõe integralmente os valores de Narciso: imagem exacerbada; excessiva estetização de si mesmo; autocentramento; intolerância a defeitos e incapacidades que se desviam de figuras determinadas como aceitáveis.[50]

Possível considerar, portanto, que o discurso da dogmática penal, ao manifestar o delírio de grandeza messiânico de responsabilizar-se pela proteção dos valores mais importante à Humanidade – chegando ao ponto de assumir o encargo de garantidor do futuro da civilização através da tutela penal das gerações futuras –, estabelece relação que transforma a si mesmo em objeto amoroso.

Mantém-se o discurso punitivo em uma espécie de narcisismo infantil cuja onipotência incapacita a percepção dos seus limites, inviabilizando relação madura com os outros ramos do saber.

Neste aspecto, a abertura transdisciplinar e a crítica criminológica expõem a nova ferida narcísica do saber penal, revelando a todos sua absoluta incapacidade de proteção de quaisquer valores, dos mais importantes ao de menor significância social.

---

50 Sobre os valores de Narciso, conferir HOENISCH, *Divã de Procusto*, p. 52.

10. O Saber Penal e a (Cons)Ciência dos Limites

Rouanet, ao reler a obra de Freud, e referindo-se à psicanálise como consciência infeliz do Iluminismo em decorrência de apontar toda a fragilidade do processo civilizatório, lembra que *"são as crianças que vivem de ilusões – crenças sem fundamento objetivo, influenciadas quase que exclusivamente pelo desejo."* Ao passo que *"o homem maduro enfrenta a realidade, por mais dura que seja"*. E *"o homem não pode ficar eternamente criança, precisa um dia confrontar-se com a vida hostil."*[51]

O saber penal dogmático, se realmente quer salvaguardar a sua razão de ser – e não é mero acaso o fortalecimento das correntes críticas, inclusive abolicionistas –, deve, antes de tudo, entender suas restrições, abandonando a ilusão infantil e procurando atingir grau de maturidade através do confronto dos seus limites com a realidade hostil que se lhe apresenta. Deve, ao abandonar os delírios de grandeza, *"(...) reflexionar sobre el hecho de que para el mantenimiento de la vida en nuestro planeta los 'tipos penales referidos al futuro' sólo prodrán realizar una pequeña* [provavelmente nenhuma] *aportación."*[52]

A pretensão e a soberba geradas pela crença romântica de que o direito penal pode salvaguardar a humanidade de sua destruição impede o angustiante e doloroso, porém altamente saudável, processo de reconhecimento dos limites.

Inegável, neste quadro, faltar à retórica penal doses de humildade e de modéstia, para, ao adotar *ética transdisciplinar*, estabelecer séria conversação com as demais áreas do saber, procurando, neste diálogo, apre(e)nder, e não simplesmente impor verdades absolutas com intuito de subjugar e de colonizar conhecimentos diversos. E o recurso à ética transdisciplinar decorre essencialmen-

---

51 ROUANET, *Mal-estar na Modernidade*, p. 102.
52 ROXIN, *Derecho...*, p. 62.

te do fato de esta perspectiva negar "(...) *toda atitude que recusa o diálogo e a discussão, seja qual for sua origem – de ordem ideológica, científica, religiosa, econômica, política ou filosófica.*"[53]

Todavia, para que esta percepção seja possível, fundamental que os operadores das ciências criminais tenham (cons)ciência de que os riscos da sociedade pós-industrial (riscos catastróficos e imensuráveis) estão para além da capacidade de controle penal, e que a era da segurança (jurídica) foi soterrada pelo próprio projeto que a construiu: a Modernidade.

Se as ciências sociais e a criminologia demonstraram, em dois importantes movimentos, que (a) o discurso de eficiência é irreal em decorrência de a impunidade ser a regra no (des)controle do delito e que (b) o direito penal é insuficiente e inapropriado para lograr a tutela de interesses e valores (bens jurídicos), resta à dogmática indagar-se sobre o seu papel na sociedade contemporânea. E inúmeras hipóteses são possíveis para sustentar a legitimidade do direito penal na atualidade. Dentre as mais diversas, as perspectivas garantistas aplicadas à realidade latino-americana (realismo marginal) parecem ser adequadas em face da violência e da seletividade da programação das agências de punitividade. Assim, se a regra do cotidiano do sistema penal é a impunidade e a violação aos direitos fundamentais das pessoas, talvez se possa projetar dogmática penal de redução de danos centrada na finalidade única e exclusiva de minimizar violências.

Indagação talvez possa densificar a problematização proposta: *se a regra da programação penal é a impunidade e a violação dos direitos fundamentais, o que tornaria legítima a intervenção penal punitiva?* A resposta necessariamente deve se iniciar com o reconhecimento de que o grau mínimo de legitimidade da ingerência penal é adquirido através do absoluto respeito às regras do jogo democrático, ou seja, com a radical observância das garantias penais e processuais penais.

---

53 CARTA..., artigo 13.

VI – CRIMINOLOGIA E TEORIA CRÍTICA DOS DIREITOS HUMANOS: CRÍTICA CRIMINOLÓGICA À POLÍTICA CRIMINAL

Pode-se conhecer bem a alma, os sentimentos, os princípios morais de um homem se ele não se mostrou ainda no exercício do poder, governando e ditando leis? (Sófocles)

01. Criminologia, Garantismo e Direitos Humanos

A discussão sobre criminologia, direitos humanos e garantismo penal será proposta a partir de dois vínculos que, desde a perspectiva crítica que orienta a investigação, possibilitarão compreender as virtudes e os limites do paradigma garantista na composição de modelo político-criminal de tutela dos direitos fundamentais.

O primeiro vínculo pode ser visualizado no *plano discursivo*, isto é, na elaboração teórica, na compreensão e no reconhecimento dos direitos humanos como direitos e garantias das pessoas. Neste sentido, o discurso da modernidade sobre os direitos individuais encontra guarida e correspondência no garantismo penal clássico – concepção teórica ilustrada do direito penal, do processo penal e da política criminal centrada na busca de limitação do poder estatal punitivo através da radicalização dos princípios da legalidade dos delitos, da proporcionalidade e da humanidade das penas e da jurisdicionalidade dos órgãos de decisão.

O segundo vínculo é estabelecido no *plano da instrumentalidade*, das práticas jurídicas cotidianas. Para além dos discursos de (des)legitimação das políticas públicas que afetam os direitos humanos (ferramenta proporcionada pela abordagem teórica), o paradigma garantista contemporâneo apresenta mecanismos que devem ser valorados em sua (in)idoneidade para impulsionar ações cotidianas de efetivação de direitos.

O objetivo é, portanto, o de estabelecer, desde os pontos de vista teórico (científico) e prático (político), diagnóstico sobre as potencialidades do garantismo jurídico. Ao densificar seus pontos de tensão, é possível vislumbrar quando o garantismo é capaz de fornecer respostas satisfatórias, bem como apontar suas incapacidades, de forma a encontrar alternativas viáveis à tutela dos direitos fundamentais, e, inclusive, eximir o modelo em análise de respostas às quais não possui condições de resolutividade.

02. Garantismo Clássico e Limitação das Violências

Como é notório desde a perspectiva da filosofia política, os inúmeros atos e as diversas enunciações de fundação da Modernidade estiveram associados à ideia básica da necessidade de diluição e de contenção dos poderes, sobretudo os punitivos. A experiência proporcionada pelos sistemas penais do baixo medievo colocou em marcha processos políticos emancipadores e reforçou movimentos intelectuais críticos à legitimidade e ao exercício repressivo das agências inquisitórias de punitividade.

Não por outra razão, com a invenção (em sentido genealógico) dos direitos humanos pelo liberalismo político, o papel delegado ao direito penal, ao processo penal e à política criminal foi o de construir barreiras ao poder de punir, limitando ao máximo sua intervenção. O sistema clássico de tutela de direitos e de garantias individuais através da ação inibidora dos discursos penal e processual penal harmonizou-se plenamente àquela concepção omissiva do Estado liberal.

A matriz contratual forneceu à filosofia política o discurso necessário para legitimação do poder punitivo. Se no estado de natureza o *lupus naturalis*, em razão da insaciabilidade dos seus desejos e da limitação dos objetos de satisfação (desejos ilimitados, bens limitados), impõe a lei do mais forte, ao ser negada esta primeira natureza surge como possibilidade de superação a necessidade de intervenção externa. O objetivo deste limite exterior seria cessar o estado de guerra que sucederia ao acúmulo e à reprodução infinita das violências. O Estado, como produto de pacto social livremente firmado por todos os membros da comunidade, anularia/limitaria o bárbaro no humano, traçando o rumo à conquista da civilização (processo civilizatório). A resposta pública (pena estatal) aos danos provocados às pessoas pelas agressões e perversidades remanescentes no humano (violências e restos bárbaros), afirmaria de forma categórica a opção da comunidade pela civilização. Civilização e barbárie seriam face e contraface da condição do homem no mundo Moderno.

Ao Estado liberal, portanto, é estabelecida a responsabilidade de limitar duas formas diversas de agressão, dois distintos desejos (vontades) de violência: *violência privada*, refletida no dano individual provocado pelo desejo do *lupus naturalis* de gozar de bens (materiais e imateriais) inacessíveis pela sua escassez ou decorrentes do excesso passional introduzido na reação às agressões ilegítimas (justiça privada); *violência pública*, verificável no abuso de poder (vontade de punição) das agências repressivas do *lupus artificialis* quando dos exercícios legítimos (Weber) ou ilegítimos (direito penal subterrâneo ou do terror) das violências.

03. A Expansão dos Direitos Humanos e as Consequências Político-Criminais

Com a transformação política e econômica do Estado Moderno, as perspectivas sobre a marcha do processo civilizatório foram modificadas. A necessidade de intervenção na realidade social, em detrimento da posição absenteísta adquirida pelas instituições públicas no liberalismo, amplia o papel e os interesses do Estado e fomenta o crescimento de sua burocracia. Nota-se, ademais, que a incorporação contemporânea da noção de risco pelas instituições maximizou as formas de intervenção político-criminal, produzindo, no plano dogmático, a administrativização do direito e do processo penal.

Assim, a ideia de direitos fundamentais é ampliada, sobrepondo-se à limitação original imposta pelos direitos individuais. O processo de criação, reconhecimento e efetivação de direitos coletivos (direitos sociais e transindividuais) operou profundo câmbio nas esferas de intervenção estatal. Se a reação dos movimentos ilustrados contra as práticas inquisitoriais pressupõe modelo rígido de garantias como limite ao poder punitivo arbitrário, consolidando o direito e o processo penal como mecanismos de contenção, a segunda era dos direitos (Bobbio), ao mesmo tempo em que fragmenta (descaracteriza a unidade), maximiza a principiologia originária com a inclusão de novos bens passíveis de reconhecimento e tutela.

O acréscimo de intervenção em matéria penal ocorre, como trabalhado em *A Ferida Narcísica do Direito Penal*, em dois níveis: (a) ampliação dos horizontes de criminalização (criminalização primária); e (b) alteração dos fundamentos do *ius puniendi* (direito de punir). Ambas as perspectivas operam no sentido de conferir nova legitimidade à ação das agências de punitividade (agências legislativas, judiciárias e executivas).

04. Novos Direitos e Demanda de Tutela Penal

No âmbito da *criminalização primária*, a densificação da punibilidade ocorre com a criação de novos tipos penais incriminadores com o objetivo de proteção dos novos valores e dos novos interesses alçados à categoria de bens jurídico-penais. Paralelas ao reconhecimento formal (jurídico) dos direitos sociais pelos órgãos estatais, políticas públicas são elaboradas para efetivação. Veja-se, p. ex., a consolidação legal dos direitos trabalhistas e previdenciários e a criação de agências estatais de fomento à sua efetivação. No entanto, para além desta prestação positiva fornecida pelos poderes no âmbito da administração pública, o direito penal é incumbido da tarefa de proteger estes novos bens jurídicos. Neste quadro são tipificados os crimes contra a organização do trabalho e contra a previdência social.

A legitimação do direito penal como instrumento idôneo para proteção e efetivação dos direitos sociais e transindividuais deriva da concepção romântica que lhe atribui, como missão, a tutela de bens jurídicos. Nota-se, pois, sob a justificativa da proteção dos direitos humanos, a ampliação do rol das condutas puníveis e consequentemente do horizonte de projeção da punitividade. Verifica-se, na transformação do modelo jurídico-penal liberal, o primeiro influxo de reversibilidade ideológica.

05. Periculosidade e Defesa Social

Paralelo à maximização do direito penal à esfera dos direitos sociais e transindividuais, o cenário punitivo assistiu, no período entre Guerras, à elaboração de modelos de intervenção autoritários que pautaram sérias transformações do direito penal e processual penal durante o século XX e que são reanimados na atualidade, sobretudo com as doutrinas de exceção do funcionalismo penal de inimigo. Conforme ensina Juan Ramón Capella, *"en la fase de experimentación e innovación de entreguerras se extendió una ambivalente ideología penal preventiva, paternalista en el mejor de los casos, que hacía hincapié en el concepto de 'peligrosidad social'; en ella hay fuertes elementos de una concepción penal totalitaria.*"[1]

Os modelos de periculosidade individual ou social, típicos das doutrinas de defesa social e inspirados no tipo ideal lombrosiano, criam estatutos penais de cunho behaviorista antissecularizados. Se a limitação do poder punitivo no discurso liberal-ilustrado se harmoniza com o discurso dos direitos humanos em face do respeito à diversidade do outro, resultado da radical separação entre direito e moral – o delito deixa de ser considerado *quia peccatum* para, desde o postulado da legalidade, adquirir caráter *quia prohibitum* –, as doutrinas de defesa social substancializam e ontologizam o delito. Neste quadro, para além da legalidade e da ofensa concreta aos bens jurídicos, o desvio se qualifica pelo caráter imoral e antissocial da conduta. A abertura dos tipos incriminadores produz ruptura nos mecanismos formais de limitação da punitividade, cujo efeito será a potencialização do poder de coação direta (poder de polícia), estado ótimo do direito penal de exceção.[2]

---

1 CAPELLA, *Fruta Prohibida*, p. 223.

2 Segundo Capella, "*la idea de 'peligrosidad social', esto es, de que determinadas personas son predelincuentes aunque jamás hayan delinquido, no es de todo extraña a la cultura jurídica del estado gendarme. En realidad es expresión suya fantasía lombrosiana del 'criminal nato'*" (CAPELLA, *Fruta...*p. 224). Tais mutações substancializadoras revificam modelos de exceção, na atualidade identificados no *paradigma do inimigo*: "*questa mutazione colpisce innanzitutto la configurazione della fattispecie punibile. E si esprime in un'accentuata personalizzazione del diritto penale dell'emergenza, che è assai più un diritto penale del reo che un diritto penale del reato (...). E si configura tendenzialmente come un reato di status, più che come un reato di azione e di evento, identificabile, anziché con prove, con valutazioni referite alla soggettività eversiva o sostanzialmente antigiuridica del suo autore. Ne è risultato un modello di antigiuridicità sostanziale anziché sui reati, e che corrisponde a una vecchia e mai spenta tentazione totalitaria: la concezione ontologica – etica o naturalistica – del reato come male quia peccatum e non solo quia prohibitum, e l'idea che si debba punire non per qual che si è fatto ma per quel si è*" (FERRAJOLI, *Diritto e Ragione*, pp. 858-859).

06. Nova Fundamentação às Sanções Penais

No que diz respeito aos *fundamentos do direito de punir*, o liberalismo penal havia consolidado teoria de prevenção geral negativa (Beccaria e Feuerbach), segundo a qual a pena deveria atuar como elemento de dissuasão do delito através da coação psicológica. A concretização individualizada do *ius puniendi* no infrator geraria no corpo social não apenas respeito pelas normas ditada pelo Estado como temor pela punição, elementos que desenvolvidos na cultura diminuiriam os índices de criminalidade.

Contudo o sentido positivo que as ações dos poderes públicos passam a receber não permite que o exercício do direito de punir esteja direcionado apenas aos cidadãos que não cometeram crimes, esquecendo-se da principal peça da engrenagem criminosa: o delinquente. Se o objetivo final da civilização – corporificada e instrumentalizada pelo Estado Moderno, seja em sua dimensão liberal-absenteísta ou na social-intervencionista –, é o fornecimento das condições formais e materiais que possibilitem aos membros da comunidade atingir plena realização pessoal (ideal de felicidade), fundamental, em contraponto, diminuir quaisquer óbices ao devir idealizado, aos fatores que geram sofrimento.

Neste quadro, a sanção estatal deve adquirir sentido positivo, promovendo não somente coação aos não desviantes (temor pela autoridade), mas fornecendo meios para que o criminoso não incorra novamente no delito e seja integrado na e pela comunidade. O exercício do direito de punir passa a ser norteado pela ideia de prevenção especial positiva, consolidando as teorias de ressocialização, recuperação e regeneração do criminoso elaboradas pela criminologia positivista (paradigma etiológico-causal).

07. Reversibilidade em Primeiro Grau

O paradoxo vivenciado nos discursos e nas práticas associadas ao humanismo é o de que se por um lado a alteração do papel do Estado proporciona o reconhecimento de novos valores, ultrapassando a limitada perspectiva individualista, por outro potencializa a atuação das agências punitivas, engrenagem radical no mecanismo estatal de controle social associada à violação dos direitos humanos.

Assim, se o incremento e a ampliação dos interesses e dos valores a serem protegidos pelo Estado são densificados, proporcionando espetacular giro no sentido histórico dos direitos humanos, acoplado está o efeito perverso de maximização das malhas repressivo-punitivas face à ingênua conclusão de que o direito penal seria instrumento idôneo para tutelar os novos bens jurídicos. Ou seja, o Estado Social, ao convocar as agências repressivas, lhes aufere a missão de proteção dos novos interesses, fundado na crença em sua capacidade preventiva.

Ocorre que este processo não fica limitado apenas ao impulso à criminalização primária (elaboração de tipos penais), cujo efeito será a desregulamentação da matéria codificada (descodificação). Se o Estado deve intervir de forma a proteger futuras ofensas aos bens jurídicos, tal perspectiva não se restringe apenas aos novos valores e à esfera normativa. A intervenção deve ser ampla: no aspecto legal deve atingir pela coação psicológica os não desviantes (teorias de prevenção geral negativa), inibindo o corpo social da prática delitiva através do temor da pena; e no plano executivo deve atingir o autor do crime, criando condições para atuação do corpo criminológico sobre o desviante, com objetivo de reabilitação (teorias de prevenção especial positiva), de forma que não volte a delinquir.

Nos dois âmbitos de intervenção investigados (criminalização primária e punição[3]), pode ser verificada a *inversão ideológica do discurso dos direitos humanos*, entendendo-se por reversibilidade "*a condição do direito de ser interpretado e aplicado em um ou outro sentido, inclusive contraditórios entre si.*"[4] Tal diagnóstico é possibilitado pela ampla literatura crítica em criminologia produzida no século passado, desde a crítica às funções declaradas e às realmente exercidas pelas agências penais, sobretudo as instituições totais (Melossi, Pavarini, Baratta), até a ruptura que a expansão do direito penal gerou nos sistemas de garantias penais e processuais penais (Ferrajoli, Hassemer, Zaffaroni).

08. A Reversibilidade do Direito

David Sánchez Rubio anota que a condição de reversibilidade do direito é importante aspecto a ser considerado, sobretudo quando se pretende obter (ou não obter) ações institucionais conformes (ou contrárias a) projetos de justiça. O fenômeno da reversibilidade ganha amplitude quando diagnostica o fato de as pesso-

---

3 A criminalização secundária – incidência das agências de punitividade – deixa de ser abordada neste estudo em face de a investigação não recair sobre a desigual operacionalização da repressão penal ou sobre a imunização de determinados grupos e atores sociais dos processos de criminalização. Logicamente tais fatores são extremamente ricos para a verificabilidade dos níveis de adequação das práticas punitivas com os valores humanitários – não por outro motivo é tema central na análise criminológica. Todavia este aspecto não foi privilegiado por ser este tipo de violação aos direitos humanos fruto da operacionalização do sistema, entendido, desde o discurso oficial, como disfunção. O objetivo da pesquisa, ao contrário, é demonstrar como os discursos ganham reversibilidade em sua própria lógica, isto é, como produzem violação de direitos humanos mesmo atuando de maneira ótima segundo sua programação oficial.

4 SÁNCHEZ RUBIO, *Reversibilidade do Direito*, p. 23.

as comuns, bem como os profissionais do direito (inclusive alguns setores da crítica, acrescente-se), padecerem de confiança quase ingênua no que diz respeito ao nível jurídico-positivo dos ordenamentos, esquecendo e ignorando as tramas sociais de dominação e de império que constituem o paradigma normativo.[5]

Inegavelmente tem-se como salutar o processo de positivação dos direitos humanos, o qual possibilitou o reconhecimento pelas instituições e a criação de institutos (garantias) formais para proteção e efetivação. Aliás, importante dizer que *"no se cuestiona el estado de derecho, ni la constitución ni los derechos reconocidos, sino su funcionamiento automático, su lógica de aplicación que es capaz de anular el reconocimiento de la capacidad que el ser humano posee de ser sujeto de derechos. Lo formal, absolutizado, es la fachada de una realidad que vulnera en su funcionamiento la capacidad de lucha de los sujetos."*[6]

Notadamente quando se opera com poder punitivo, ou seja, com violências organizadas dirigidas contra pessoas e coletivos vulneráveis, fundamental ter presente a alta capacidade de mutação do discurso e das práticas (reversibilidade). No âmbito de atuação das agências de punitividade, o pressuposto de respeito mínimo aos direitos humanos é a inflexível vigilância do seu cotidiano, pois, ao laborar com violência, as possibilidades de extravasamento do poder são constantes.

Se no paradigma liberal orientado pelo projeto de atuação episódica do direito penal é possível notar a frequência do transbordamento das práticas punitivas, com a expansão operada pelo Estado intervencionista a patologia ganha legitimidade.

Parece, portanto, que os pontos nodais da discussão entre direitos humanos, criminologia, política criminal e direito penal

---

5 SÁNCHEZ RUBIO, *Reversibilidade...*, pp. 23-24.
6 SÁNCHEZ RUBIO, *Filosofía, Derecho y Liberación en América Latina*, pp. 258-259, destacou-se.

estão radicados em duas concepções distintas sobre o Estado e suas instituições: *concepção otimista* (romântica) dos poderes (punitivos), que pressupõe suas ações e omissões como legítimas e tendentes à efetivação dos direitos humanos – o Estado, como entidade derivada do contrato social, criaria condições de anulação das perversidades do homem natural e alavancaria o processo civilizatório; *concepção pessimista* (trágica) dos poderes, que pressupõe violência contra os direitos humanos em seu agir (direitos individuais) ou omitir (direitos coletivos) – o *lupus artificialis*, detentor de desejos e vontades de violência, longe de anular as perversidades do *lupus naturalis*, as potencializa, pois criado e operado por ele.

09. Direitos Humanos e Direitos das Instituições

A teoria tradicional dos direitos humanos, fundada na perspectiva romântica quanto às virtudes dos poderes constituídos pelos Estados Modernos (Legislativo, Executivo e Judiciário), pressupôs a normatização dos direitos e a previsão de garantias como suficientes para frear ou anular os excessos das agências punitivas. O efeito perverso da incorporação acrítica desta concepção de filosofia política é tornar consensual a ideia de constituírem os direitos humanos *status* individuais e coletivos regalados à cidadania pelo *lupus artificialis*. Diferentemente de serem encarados como direitos submetidos à criação e ao reconhecimento no processo histórico, os direitos humanos são invariavelmente confundidos com benefícios que o poder público concede.

Desenvolve, pois, no seio das instituições (e dos seus operadores), o sentimento de que elas próprias são titulares de direitos aos quais os cidadãos devem estar submetidos, devem respeito (obrigações). E, no confronto entre ambos (direitos da cidadania e direitos das instituições), os critérios dogmáticos de interpretação e resolução dos conflitos (ponderação de valores) invariavelmente dão preponderância aos valores e aos interesses do Príncipe (interesse público ou de Estado), sacrificando os princípios.

A absolutização dos interesses das agências de punitividade (vontade de punir) em detrimento dos direitos humanos, como sucedâneo da concepção otimista em relação ao exercício dos poderes públicos, deriva igualmente dos modelos teóricos (Teoria do Estado e Teoria da Constituição) que hierarquizam e relativizam direitos. Assim, se os princípios são passíveis de relativização, podem ser sacrificados em nome da *ordem* e do *interesse público*, do *bem comum* – (meta)regras apócrifas legitimadoras das lesões aos direitos fundamentais.

David Sánchez Rubio, ao analisar as teses de hierarquização e de impossibilidade fática de plena realização dos direitos, sustenta que *"estos dos problemas obligan siempre a establecer y definir un criterio de preferencias, un orden de prelación que establezca cuáles son los derechos vigentes y qué derecho o qué conjunto de derechos tienen prioridad sobre el resto, en el caso de que se colisionen entre sí. El sistema político y jurídico establece, por tanto, un conjunto jerarquizado y organizado de derechos humanos, en donde un derecho o un grupo de derechos se consideran de manera a priori como derechos fundamentales que mediatizan y relativizan al resto. Se convierten en principio de jerarquización de todos los demás. Su superioridad impide que ese derecho o grupo de derechos fundamentales se puedan sacrificar por otros derechos. El resto, en cambio, como se relativizan si son sacrificables."*[7]

Os graus de reversibilidade do discurso e de inversão ideológica do sentido histórico dos direitos humanos no campo das práticas punitivas são perceptíveis na maior ou menor apropriação dos direitos da coletividade ou uso dos direitos das instituições como justificativa às lesões dos direitos fundamentais de indiciados, réus e condenados (pensando especificamente na questão criminal).

---

7 SÁNCHEZ RUBIO, *Filosofía...*, p. 252.

Não por outro motivo se pode notar nas motivações dos atos de coação o esforço em tornar natural a absorção dos interesses da coletividade pelo Estado (penal).

Ao valorizar e legitimar a ruptura dos direitos dos indivíduos e dos grupos sociais desde o discurso mesmo dos direitos humanos, contrapondo indivíduos, sociedade e/ou Estado, as instituições punitivas ocultam a satisfação dos seus próprios interesses, dos desejos de punição do *lupus artificialis*. Nestes casos é possível diagnosticar em nível pleno o processo de reversibilidade e inversão ideológica que substancializam os Estados contemporâneos.

López Calera, ao avaliar os aspectos negativos concretos que conformaram as filosofias substancialistas (não substancializadoras) do Estado, constata que *"nadie que ni tenga los ojos cerrados dejará de reconocer que en los últimos tiempos el Estado ha ido afirmándose sobre el individuo y, esto es lo grave, de manera injusta. La amplia y ambigua utilización de categorías como 'interés del Estado' o 'interés público' han producido graves daños a los derechos individuales. Esa expansión negativa del Estado no es ya una característica propia de las dictaduras, en las que se llega a los extremos más radicales e injustos, sino que con desgraciada frecuencia está afectando también a los Estados democráticos de Derecho."*[8]

10. As Consequências da Hierarquização dos Direitos

Não apenas no âmbito das práticas formais punitivas e de repressão ao desvio punível, mas inclusive no discurso dos agentes e dos movimentos sociais de defesa dos direitos humanos, é estranhamente natural verificar a demanda pelo direito penal e a contraposição entre os direitos. Não é difícil explicar, portanto, a convalidação e o consentimento com as lesões aos direitos individuais em nome da eficácia dos coletivos ou institucionais.

---

8 LÓPEZ CALERA, *Yo, el Estado*, pp. 64-65.

Segundo esta perspectiva, em face da inexistência de direitos absolutos – tese que invariavelmente atinge apenas os direitos de primeira geração –, quando da contraposição entre interesses individuais e coletivos e/ou institucionais, os critérios de resolução permitiriam a relativização daqueles (individuais) em nome da prevalência destes (coletivos ou institucionais). Os princípios de garantia dos direitos individuais, portanto, seriam preteridos em relação aos demais, sendo momentaneamente afastados como forma de assegurar a efetividade dos interesses sociais/públicos.

O primeiro equívoco nesta concepção é o de perceber os direitos e as garantias individuais como de natureza privada, de caráter egoístico, e de tutela e propriedade exclusiva do sujeito que postula seu reconhecimento e respeito. Dentre as inúmeras dimensões possíveis dos direitos humanos, a marca comum caracterizadora é a dimensão pública. Assim como é de interesse público a tutela dos direitos dos coletivos (*v.g.* direito ao trabalho, à educação, à saúde) e dos direitos transindividuais (*v.g.* direito ao meio ambiente equilibrado, ao patrimônio cultural e artístico), o zelo pelos princípios consagradores do devido processo (ampla defesa, paridade de armas, duplo grau de jurisdição, presunção de inocência, proibição da dupla incriminação, fundamentação das decisões, juiz natural e imparcial, proibição de provas ilícitas) e do direito penal de garantias (legalidade de delitos e penas, taxatividade e anterioridade da lei penal, proporcionalidade e humanidade das penas, responsabilidade penal pessoal e subjetiva)[9] corresponde a um dos

---

9 Ferrajoli apresenta onze categorias caracterizadoras do sistema garantista: pena, delito, lei, necessidade, ofensa, ação, culpabilidade, juízo, acusação, prova e defesa. Cada uma, excetuando a primeira, designa condição necessária para atribuição de pena.

Os axiomas não expressam proposições assertivas, mas prescritivas. Trata-se de implicações deônticas e supõe opção ético-política em favor dos valores normativamente tutelados. Cada implicação deôntica (princípios) que se compõe a

pilares de sustentação dos Estados democráticos de direito. O interesse público de resguardar os direitos das pessoas passa, inexoravelmente, pela opção de não submeter cidadãos à experiência degradante do processo ou da pena sem o rigoroso respeito das regras do jogo.

O segundo equívoco ao se hierarquizar os direitos humanos, estabelecendo-se critérios de prevalência das segunda, terceira e quarta gerações de direitos em detrimento da primeira, é o de produzir sua fragmentação metodológica, reduzindo em qualidade e quantidade os direitos individuais. Esta situação é potencializada pelos textos constitucionais contemporâneos, notadamente pela prevalência da noção geracional sugerida por Bobbio.[10] O constitucionalismo tradicional, portanto, gradua e desdobra os direitos em segmentos próprios, definindo não apenas a estética das Constituições atuais como o conteúdo da linguagem e do discurso sobre os direitos humanos.

Desde a perspectiva crítica, inexiste conclusão diversa senão a da impossibilidade de hierarquização ou confronto entre direitos

---

partir das categorias enuncia condição *sine qua non* para a aferição da responsabilidade penal e para a aplicação da pena, isto é, condição necessária na ausência da qual não está permitido, ou está proibido, castigar.

As condições têm natureza penal (delito, lei, necessidade, ofensa, ação e culpabilidade) e processual (juízo, acusação, prova e defesa).

A conformação do modelo penal de garantias resulta da adoção de dez princípios axiológicos fundamentais, não derivados entre si, que seguem a tradição ilustrada: (a) *nulla poena sine crimine*; (b) *nullum crimen sine lege*; (c) *nulla lex (poenalis) sine necessitate*; (d) *nulla necessitas sine iniuria*; (e) *nulla iniuria sine actione*; (f) *nulla actio sine culpa*; (g) *nulla culpa sine iudicio*; (h) *nullum iudicium sine accusatione*; (i) *nulla accusatio sine probatione*; (j) *nulla probatio sine defensione*. Os princípios, ordenados e conectados sistematicamente, definem as regras do jogo fundamentais no direito e no processo penal, e convertem-se nos princípios jurídicos do Estado de Direito (FERRAJOLI, *Diritto...*, pp. 68-69).

10 BOBBIO, *L'età dei Diritti*, pp. 45-65.

individuais, coletivos e/ou transindividuais, ou ainda da prevalência dos direitos das instituições sobre os demais. O vício potencializado pela perspectiva geracional, cuja virtude é meramente didático-metodológica, é compartimentalizar os direitos, fragmentando sua unidade e criando falsas dicotomias, como se fosse possível, p. ex., tutelar os direitos sociais sem estarem garantidos os individuais.

O critério de eleição dos valores que devem ser sacrificados ou preservados, "(...) *sea en términos de principios, de derecho natural o de ordenamiento jurídico estatal, acaba siendo la repetición de viejas prácticas de elección ideológica de un discurso simbólico, que se tiene como correcto, con capacidad de justificar todo el sistema cuando en realidad se basa en fórmulas vacías que cumplen la función de legitimar determinado poder instituido.*"[11]

A cisão inerente à perspectiva geracional conduz à contraposição dos titulares dos direitos, criando oposição fictícia que se perfaz em situação fática contenciosa entre indivíduos (titulares dos direitos individuais) e sociedade civil (titular dos direitos sociais e transindividuais), bem como entre estes (indivíduos e/ou sociedade civil) e Estado (instrumentalizador da efetivação dos direitos e titular dos direitos institucionais). Este *método de despedaçamento*, típico da obsoleta concepção cartesiana, que funda a ciência Moderna, e que obtém como efeito concepção beligerante entre os interesses reivindicados e entre seus legítimos titulares, obscurece o pensamento e a ação voltada à efetivação dos direitos humanos. Obtém, contudo, como produto, a legitimidade dos discursos de exceção que absolutizam o combate à criminalidade e tornam reféns os direitos e as garantias individuais.

---

11 SÁNCHEZ RUBIO, *Filosofia...*, p. 250.

11. Superação da Concepção Metafísica de Direitos Humanos

Ao confrontar a concepção tradicional de direitos humanos com a postura crítica (trágica), torna-se fundamental nova conceituação que permita avançar em direção à construção de práticas de respeito à alteridade e à dignidade da pessoa humana. A marca principal do novo modelo teórico, inegavelmente, é a superação da metafísica, que envolveu a ideia de direitos humanos tanto em 1789 como em 1948, e desdobrou as idealizações e os formalismos expostos.

Conforme ensina Herrera Flores, "*los derechos humanos no son categorías normativas que existen en un mundo ideal que espera ser puesto en práctica por la acción social. Los derechos humanos se van creando e recreando a medida que vamos actuando en el proceso de construcción social de la realidad.*"[12]

O vício metafísico que envolve a cultura judaico-cristã ocidental fomentou excessos de normativismo cujo resultado histórico foi desde o baixo grau de efetivação à inversão ideológica dos direitos humanos. Dos substanciais problemas associados aos critérios artificiais de hierarquização de direitos, os quais permitem que se opte por determinados valores e interesses em detrimento de outros, agregam-se critérios igualmente fictícios de exclusão de sujeitos da possibilidade de acesso aos direitos humanos.

No campo das punibilidades, os distintos sistemas penais da Modernidade fomentaram a objetificação dos sujeitos criminalizados, sequestrando sua capacidade discursiva e submetendo-os aos laboratórios policialescos e criminológicos. As práticas investigativas e processuais autoritárias, ofuscadas pelo discurso napoleônico de harmonização dos sistemas inquisitório e acusatório (sistemas mistos), lograram ser inseridas quase na totalidade dos códigos processuais

---

12 HERRERA FLORES, *Hacia una Visión Compleja de los Derechos Humanos*, p. 27.

penais de tradição romano-germânica. Assim, transformaram o indiciado-réu em objeto de investigação e, ao minimizar seu potencial de fala (ou silêncio), reduziram o acusado a mero meio de conquista da verdade (elemento probatório) no teatro processual.

As experiências penais e criminológicas, forjadas pelos modelos científicos integrais inspirados na ideologia de defesa social, abdicaram do projeto secularizado de responsabilização do sujeito pelos resultados externos da ação (direito penal do fato – *mala prohibita*) para submetê-lo à aplicação judicial de pena baseada em valorações da sua história e suas opções de vida, sujeitando-o, posteriormente, ao laboratório das pedagogias reformadoras (direito penal de autor – *mala in se*).

Nota-se, pois, que "*a sensibilidade inquisidora é uma constante que, de todos os tempos, se dedica a perseguir aqueles que não pensam, ou não vivem, segundo essa lógica do 'dever ser', que determina, a priori, de maneira abstracta, o conformismo ambiente.*"[13]

O processo de reconfiguração da identidade do criminalizado em criminoso em todos os níveis e etapas da persecução penal reflete o problema desta concepção metafísica dos direitos humanos. Ao totalizar o fato delituoso e negar a historicidade do criminalizado, obtém-se a *essência criminal* a ser anulada ou neutralizada em nome da tetralogia dos valores morais (metafísicos) que moldam o sistema penal da Modernidade: o Bom (valor penal), o Belo (valor criminológico), o Verdadeiro (valor processual) e o Justo (valor jurídico).

A visualização dos valores morais e do processo de objetificação do sujeito criminalizado fornece elementos de compreensão desde as práticas penais colonizadoras da América Latina, forjadas pela escola positivista criminológica, às atuais tendências reconstrutoras do periculosismo presentes no funcionalismo penal do

---

13 MAFFESOLI, *O Eterno Instante*, p. 95.

inimigo. Em todas se percebe a exclusão da humanidade do humano (criminalizado), legitimando atos radicais de violência.

Ao discorrer sobre a concepção metafísica dos direitos humanos, Helio Gallardo nota que estas argumentações restringem a noção de humanidade, permitindo que se julgue e se condene quem não se harmoniza nessa representação/valor como não humano ou anti-humano – *"implica un procedimiento de estereotipación y satanización por medio del cual se delimita lo que se considera que es la naturaleza humana, y cuáles son los derechos que se le reconocen a quienes reúnan las condiciones o cualidades previamente asignadas. Cada ejemplar humano expresa su humanidad por su adscripción a la esencia previamente concebida."*[14]

Portanto o pressuposto ético da teoria crítica dos direitos humanos, mormente no âmbito das práticas punitivas, é o reconhecimento de <u>todos</u> os seres humanos como humanos, para além dos ideais de pureza e das falsas dicotomias (bem *vs.* mal; belo *vs.* feio; verdadeiro *vs.* falso; justo *vs.* injusto).

12. A Independência dos Direitos Humanos

Os valores morais sustentados pelas correntes metafísicas que produzem falsas dualidades e que objetificam o sujeito (criminalizado) acabam por realizar, nas lições de Herrera Flores, verdadeiro *sequestro da realidade*, excluindo da cultura e da civilização tudo que possa ser impuro, contaminado, mesclado ou plural. No entanto, sendo o homem (demasiado) humano, produto e habitante da terra (húmus), a pureza não lhe é acessível, não se tratando de experiência que possa realizar neste mundo.

---

14 GALLARDO *apud* SÁNCHEZ RUBIO, *Acerca de la Democracia y los Derechos Humanos*, p. 85.

Desta forma, "*sólo lo impuro puede ser objeto de nuestro conocimiento*"; "*sólo lo impuro es cognoscible, en tanto que se halla situado en un espacio, en un contexto*".[15]

No contexto de radical ruptura com qualquer espécie de metafísica, imprescindível redefinir as teorias criminológicas e as teorias dos direitos humanos a partir da compreensão dos seus limites e de suas possibilidades. E redirecionar seus esforços para compreensão do homem concreto e das instituições construídas e geridas pelo homem.

Se metafísica e purismo demonizam o tempo, o plural e a ação, reagindo de maneira fóbica à sua presença, somente "*una filosofía de lo impuro entenderá los derechos humanos desde la realidad de lo corporal, asumiéndolo sin vergüenza; del tiempo, visto como la posibilidad de cambio y transformación; de la alteridad, o, lo que es lo mismo, de la diferencia y de la pluralidad; y del espacio, el contexto físico y simbólico al que hemos arrojados sin compasión.*"[16]

O diagnóstico dos efeitos de reversibilidade, produzidos pelas concepções metafísicas das teorias penais, criminológicas e dos direitos humanos, autoriza postular redefinições conceituais e criar condições de autocrítica. No aspecto conceitual, a percepção dos direitos humanos desde sua localização na trama de relações sociais, políticas, jurídicas, econômicas e culturais permite defini-los como processos "(...) *que abren y consolidan – desde el 'reconocimiento', la 'transferencia de poder' y la 'mediación jurídica' – espacios de lucha por la particular concepción de la dignidad humana.*"[17]

A perspectiva dos direitos humanos, portanto, desprega-se das instituições, constituindo-se patrimônio da humanidade con-

---

15 HERRERA FLORES, *Hacia...*, p. 31.
16 HERRERA FLORES, *Hacia...*, p. 34.
17 HERRERA FLORES, *Los Derechos Humanos en el contexto de la Globalización*, p. 91.

quistado no processo histórico de afirmação da dignidade de toda pessoa humana. Os direitos humanos, longe de ser visto como regalo, existem independentemente do seu reconhecimento formal, visto que, em grande medida, legitimam ações (políticas, sociais, econômicas, culturais e, inclusive, jurídicas), contra as instituições mesmas.

Lembra Hinkelammert que *"los derechos humanos tienen que ser derechos que el ser humano tiene independientemente de las instituciones dentro de las cuales vive. No formulan instituciones, sino exigencias frente a las instituciones."*[18] Assim como Sánchez Rubio e Herrera Flores reivindicam a necessidade de fortalecer a definição de direitos humanos para além do reduzido horizonte jurídico-formal,[19] torna-se necessário que as próprias instituições incorporem e pautem suas ações (político-executivas, jurídico-normativas e judiciais) desde esta perspectiva, concretizando aquilo que Hinkelammert denomina *direito ao discernimento das instituições à luz dos direitos humanos.*

Conforme postula o filósofo, *"los derechos humanos anteriores a la institucionalización no pueden ser tratados sino como criterios de discernimiento de las instituciones."* Em síntese: "(...) *el ser humano no es para el sábado sino el sábado para el ser humano. Es la condición de la*

---

18 HINKELAMMERT, *La Rebelión en la Tierra y la Rebelión en el Cielo*, p. 289.

19 Segundo Sánchez Rubio, *"los derechos humanos, entendidos como práctica social, como expresión axiológica, normativa y institucional que en cada contexto abre y consolida espacios de lucha por una vida más digna, no se deducen a un único momento histórico y a una única dimensión jurídico-procedimental y formal"* (SÁNCHEZ RUBIO, *Acerca...*, p. 92). No mesmo sentido, Herrera Flores: *"sólo desde la alegría, la felicidad y el deseo de vida que sólo se despliegan cuando lo social, lo jurídico, lo económico o lo político se dedican a fortalecer nuestra potencia ciudadana, es como podemos plantear una definición de derechos humanos que supere los intentos de reducirlos a una de sus facetas: la jurídica-formal, o de insertarlos en una trascendencia metafísica alejada de las pasiones, las necesidades y las determinaciones de nuestra existencia"* (HERRERA FLORES, *Los Derechos...*, p. 90).

posibilidad de cualquier respecto a los derechos humanos. Todas las instituciones tienen que estar bajo este criterio."[20]

13. O Reconhecimento da Reversibilidade pela Criminologia: as Funções do Discurso Penal

Para além da necessária redefinição conceitual com o natural redirecionamento das práticas, a teoria crítica dos direitos humanos, em sua dimensão trágica, é hábil em identificar os processos de inversão ideológica: a criação de justificativas e mecanismos aparentemente voltados à satisfação dos direitos humanos, mas que, em sua ação concreta, deflagram violação dos próprios direitos humanos.

O conceito de inversão ideológica dos direitos humanos é similar à análise realizada pela criminologia crítica sobre as funções declaradas (oficiais) e as funções ocultas (reais), divulgadas e exercidas pelo sistema de punitividade. Na descrição dos objetivos de *Vigiar e Punir* é possível encontrar a metodologia que entrelaça criminologia crítica e teoria crítica dos direitos humanos – *"objetivo deste livro: uma história correlativa da alma moderna e de um novo poder de julgar; uma genealogia do atual complexo científico-judiciário onde o poder de punir se apoia, recebe suas justificações e suas regras, estende seus efeitos e mascara sua exorbitante singularidade."*[21]

A singularidade exacerbada mascarada pelo processo de normatização e legitimação do sistema penal mencionada pelo autor diz respeito à reprodução das violências institucionais. Assim, se o discurso punitivo do século XX apresenta técnicas pedagógicas de ressocialização (vigilância) como advento humanizador face ao sistema de penas antecedente (suplício), Foucault demonstra

---

20 HINKELAMMERT, *La Rebelión...*, pp. 290-291.
21 FOUCAULT, *Vigiar e Punir*, p. 26.

como este novo mecanismo punitivo, próprio dos modelos de Estado intervencionista, intensifica o sofrimento e a violação aos direitos de personalidade do condenado.[22] A função real de ampliar as malhas de vigilância e de controle, sofisticando as formas de imposição de dor, é ocultada pelos discursos de humanização da pena (funções declaradas), apresentando ao público consumidor do sistema penal imbatível e sofisticado discurso de legitimação.

Todavia é na descrição do mecanismo prisional, entendido como sanção por excelência do sistema penal da Modernidade, que Foucault inserirá na criminologia o olhar da reversibilidade ideológica, diagnosticando o novo discurso humanizador. Se os objetivos oficiais dos programas ressocializadores são a correção e a reforma do *homo criminalis*, com a ruptura do ciclo delitivo e a consequente prevenção da reincidência, as funções latentes demonstram o contrário, revelando que o fracasso aparente integra o sucesso real das instituições totais.

Em forma de questionamento-resposta o autor aponta para a questão na qual a análise crítica em criminologia passa a ser irreversível, qual seja, a superação da criminologia liberal-etiológica

---

22 "*O verdadeiro objetivo da reforma, e isso desde suas formulações mais gerais, não é tanto fundar um novo direito de punir a partir de princípios mais equitativos; mas estabelecer uma nova 'economia' de poder de castigar, assegurar uma nova distribuição dele, fazer com que não fique concentrado demais em alguns pontos privilegiados, nem partilhado demais entre instâncias que se opõem; que seja partilhado demais entre instâncias que se opõem; que seja repartido em circuitos homogêneos que possam ser exercidos em toda parte, de maneira contínua e até o mais fino grão do corpo social. A reforma do direito criminal deve ser lida como uma estratégia para o remanejamento do poder de punir, de acordo com modalidades que o tornam mais regular, mais eficaz, mais constante e mais bem detalhado em seus efeitos; enfim, que aumentem os efeitos diminuindo o custo econômico (ou seja, dissociando-o do sistema da propriedade, das compras e vendas, da venalidade tanto dos ofícios quanto das próprias decisões) e seu custo político (dissociando-o do arbitrário do poder monárquico). A nova teoria jurídica da penalidade engloba na realidade uma nova 'economia política' do poder de punir*" (FOUCAULT, *Vigiar...*, p. 75).

(microcriminologia) pela perspectiva crítica (macrocriminologia): "*O sistema carcerário junta numa mesma figura discursos e arquitetos, regulamentos coercitivos e proposições científicas, efeitos sociais reais e utopias invencíveis, programas para corrigir a delinquência e mecanismos que solidificam a delinquência. O pretenso fracasso não faria então parte do funcionamento da prisão?* (...) *Se a instituição-prisão resistiu tanto tempo, e em tal imobilidade, se o princípio da detenção penal nunca foi seriamente questionado, é sem dúvida porque esse sistema carcerário se enraizava em profundidade e exercia funções precisas.*"[23]

14. Paleopositivismo e Ampliação dos Horizontes de Punitividade

A visão liberal dos direitos humanos, ao reduzir o conceito ao âmbito meramente formal (jurídico), produz fetichização das instituições, pressupondo seu conjunto normativo como instrumentos hábeis de tutela. Não por outro motivo as próprias instituições reivindicam a titularidade de direitos subjetivos (segurança pública, saúde pública, ordem pública, ordem econômica *etc.*). Ao pressupor que os direitos nascem do reconhecimento formal do Estado e de suas instituições, anulam os processos de construção histórica e soterram a memória da luta dos sujeitos (individuais ou coletivos) contra os excessos das distintas manifestações e tipos de poder.

Ocorre que não apenas "*o estado não é titular de um direito penal subjetivo* [notadamente de direito à punição (*ius puniendi*)], *porque toda a pena é uma renúncia à solução de um conflito mediante sua suspensão, levada a cabo com um alto grau de arbitrariedade*",[24] como a

---

23 FOUCAULT, *Vigiar...*, p. 239.
24 ZAFFARONI, BATISTA, ALAGIA & SLOKAR, *Direito Penal Brasileiro I*, p. 243.

tendência dos seus atos é a violação e não a satisfação dos direitos humanos, seja por ação ou omissão. A potência que se transforma em ato ou omissão é diametralmente oposta ao processo formal de reconhecimento dos direitos individuais, coletivos ou transindividuais. A máxima caracterizadora dos Estados Democráticos de Direito (*direito penal máximo, direito social mínimo*), voltada à otimização da intervenção no campo social e à redução dos processos de criminalização, acaba sendo, tanto no plano fático como na esfera jurídica, invertida.

Assim, o pressuposto da regularidade dos atos dos poderes (executivos, legislativos e judiciários) nada mais é do que decorrência da incorporação no senso comum do vício paleopositivista da romantização das instituições e dos seus gestores. A ingenuidade da crença Moderna na capacidade de o direito penal tutelar bens jurídicos, de o processo penal revelar a verdade real, de a criminologia reformar as classes perigosas e da política criminal prevenir a delinquência, reforça a concepção essencialista e metafísica que transformou a questão dos direitos humanos em cenário de ficção científica.

A propósito, David Sánchez Rubio ensina que *"en el mundo en que vivimos, en materia de derechos humanos, si comparamos lo que se hace de lo que se dice, a menudo nos moveremos en el terreno de la cienciaficción, por el abismo que existe entre ambas dimensiones (...). Tan constantes y sistemáticas son las violaciones de los derechos humanos en todas las parcelas de la vida social, que por mucho que en el plano de lo que debe ser y las buenas palabras se diga que el ser humano los posee, la realidad nos muestra su inexistencia."*[25]

E embora se perceba com nitidez a tendência de as instituições, sobretudo as punitivas, agirem no sentido inverso à tutela dos direitos humanos, as ciências penais integrais (direito penal, pro-

---

25 SÁNCHEZ RUBIO, *Ciencia-Ficción y Derechos Humanos*, pp. 111-112.

cesso penal, criminologia e política criminal) prosseguem na tarefa de racionalização do poder punitivo irracional invocando sua missão (discurso oficial) de proteção dos valores sociais mais significativos à humanidade (bens jurídicos). Inegavelmente *"esta es la inversión de los derechos humanos, en cuyo nombre se aniquila a los propios derechos humanos."*[26]

Os elementos que definem o horizonte de projeção são os mesmos que possibilitam realizar triste anamnese do estado do direito penal contemporâneo: exercício abusivo das violências das agências penais; criminalização excessiva de condutas; flexibilização de normas processuais. Das doutrinas funcionalistas do inimigo à reversibilidade do discurso garantista (*v.g.* defesa da proibição de insuficiência na esfera penal), construções teóricas fundadas em situações de exceção que se eternizam, legitimam a maximização da punibilidade.

15. Direito e Poder de Punir

O paradigma racionalista das ciências criminais forjado no alvorecer da Modernidade não esteve isento de germens autoritários típicos dos modelos de defesa social (Baratta). Embora visível esta marca defensivista, a predominância no interesse oficial de proteção do valor liberdade, associada à percepção herdada do medievo da ausência de controle quando colocada em movimento a máquina repressiva, possibilita desenvolver concepção pessimista em relação aos poderes penais.

A intervenção estatal na órbita da repressão e da punitividade, portanto, ao invés de estar associada às garantias e em respeito aos direitos das pessoas, demonstra radical potência para romper com a legalidade, produzindo ofensa aos direitos humanos de todos

---

26 HINKELAMMERT, *La Inversión de los Derechos Humanos*, p. 80.

os envolvidos: das vítimas, pela expropriação do conflito e pela revitimização operada no processo penal (vitimização secundária); e dos investigados, réus e condenados, face à inobservância das regras do jogo (penal e processual penal).

Não obstante a constatação da constância do inquisitorialismo no discurso penal da Modernidade, o modelo de intervenção forjado pelos representantes da *Academia dei Pugni* e seus seguidores – notadamente as proposições radicais de Jean Paul Marat no *Plan de Législation Criminelle* (1790) – fornece elementos para pensar importantes rupturas e formas de resistência cuja finalidade é deter o avanço do genocídio em massa realizado pelas agências de punitividade.

No plano dos saberes penais, relevante é o esforço para destituir as instituições da titularidade de direitos. Para tanto, imprescindível realizar giro copernicano nas teorias da pena, substituindo a noção de direito de punir (*ius puniendi*), legitimamente exercido pelos órgãos da burocracia repressiva pelo efetivo reconhecimento do ato de imposição de pena como *expressão do poder de polícia* do Estado (*potestas puniendi*).

16. As Virtudes do Garantismo

A teoria do garantismo penal, apesar de marcada pelo ideário iluminista e naturalmente pela pretensão universalista típica dos paradigmas científicos, apresenta no contexto global de violações aos direitos humanos interessante mecanismo de fomento à minimização dos poderes punitivos. Desta maneira, visualiza a otimização dos direitos fundamentais desde a perspectiva crítica da dogmática jurídico-penal, ou seja, percebe o sistema normativo como instrumental eminentemente prático que deve ser pensado e desenvolvido para a resistência ao inquisitorialismo nas práticas judiciais e administrativas cotidianas.

O ponto de partida do discurso garantidor é a radical distinção (não separação) entre direitos (primários) e garantias (secundárias ou metadireitos), desde a constatação de que o direito, por si só, não tutela absolutamente nada.

A crença da concepção paleopositivista nos sistemas jurídicos harmônicos e dotados de avançados mecanismos processuais, direcionados à satisfação dos direitos das pessoas, é denominada por Ferrajoli de *falácia normativista*. A falácia normativista, alinhada à *falácia politicista*[27] – pressuposição de existência empírica de *bons poderes* que independentemente do direito podem efetivar os direitos –, produz no sistema de interpretação das normas racionalidade ingênua, carente do instável e desestabilizador contato com o real.

Desde o modelo garantista, portanto, seria imprescindível não apenas a existência de sistema jurídico que enuncie direitos, dotando-os de mecanismos processuais satisfatórios direcionados à possibilidade de sua efetiva satisfação (acesso aos direitos), mas igualmente de estrutura de poder razoavelmente sensível às demandas e que reconheça e não obstrua espaços sociais de resistência.[28]

---

27 Ferrajoli denomina falácia politicista a "(...) *idea ache basti la forza di un potere buono per soddisfare le funzioni di tutela assegnate al diritto, e prima ancora che possa esistere un potere buono, cioè capace di assolvere tali funzioni senza la mediazione di complessi sistemi normativi di garanzie in grado di limitarlo, vincolarlo, funzionalizzarlo e all'occorenza di delegittimarlo e neutralizzarlo.*" Assevera, contudo, que paralelo à falácia politicista pode ser cultivada falácia garantista (ou normativista), baseada na "(...) *idea ache bastino le ragioni di un diritto buono, dotato di sistemi avanzati ed agili di garanzie costituzionali, per imbrigliare il potere e per mettere i diritti fondamentali al riparo dalle sue deviazioni.*" Sustenta o autor que se a primeira falácia representa vício ideológico induzido pelos sistemas políticos autoritários, a segunda representa tentação recorrente induzida pela estrutura garantista do estado de direito (FERRAJOLI, *Diritto...*, p. 985).

28 Em *Diritto e Ragione*, Ferrajoli advoga que "*l'esperienza insegna che nessuna garanzia giuridica può reggersi esclusivamente sulle norme; che nessun diritto fondamentale può concretamente sopravvivere se non è sorretto dalla lotta per la sua attuazione da*

A perspectiva paleopositivista, em face da fusão entre os conceitos de legalidade e de legitimidade do poder político punitivo, legou ao espaço jurídico o mito da *regularidade dos atos do poder*. Assim, parte do pressuposto de que os atos administrativos, legislativos e judiciais são legítimos e harmônicos com os direitos das pessoas. A crítica ao ato potencialmente válido somente é possível após ampla demonstração de sua ilegalidade ou ilegitimidade.

17. Garantismo: Modelo Crítico de Ciências Criminais Integradas

Imprescindível frisar, porém, que o sistema garantista, encontrado em sua caracterização ótima na obra de Luigi Ferrajoli (*Diritto e Ragione*), expõe fundamentalmente modelo direcionado ao controle e minimização dos poderes punitivos. Os contornos teóricos esboçados referentes à teoria do direito e à teoria política fornecem instrumentos interessantes de análise das democracias contemporâneas, mas não podem estar necessariamente vinculados ao plano específico da atuação jurídico-penal. Embora possam apresentar elementos acerca da configuração dos requisitos de legitimidade das normas e dos exercícios dos poderes políticos, entende-se importante potencializar a virtude do sistema garantista no local em que elaboração teórica melhor pode ser aplicada.

Assim, o aporte teórico garantista, não obstante as possibilidades de ampliação do seu horizonte à crítica do direito e da política, é concebido e visto nesta discussão essencialmente como modelo doutrinário crítico das ciências penais integrais (dogmáti-

---

parte di chi ne è titolare e dalla solidarietà con essa di forze politiche e sociali; che insomma un sistema giuridico, per quanto tecnicamente perfetto, non può da solo garantire alcunchè" (FERRAJOLI, *Diritto...*, pp. 986-987).

ca penal e processual penal, política criminal e criminologia). É que entendido desde sua limitação ao ramo das ciências criminais, o aporte garantista fornece importantes ferramentas para constrição dos poderes punitivos e abre espaço para a sofisticação das práticas forenses cotidianas voltadas à redução dos danos causados aos direitos humanos.

Nesta perspectiva, os problemas com os quais a perspectiva garantista deve confrontar-se para que possa realizar a necessária autocrítica dizem respeito a duas esferas distintas, porém derivadas da mesma opção política: (1º) no plano da teoria do Estado e da teoria geral do direito, sua *ambição de universalização como sistema unívoco de compreensão e interpretação do Direito, do Estado e da Justiça*, vício decorrente de sua identificação com o projeto da Modernidade e com as teorias do (pós)positivismo jurídico; e (2º) na esfera das ciências criminais, a pretensão de revelar novos fundamentos de legitimidade do *ius puniendi* através da reelaboração das premissas utilitaristas (utilitarismo reformado) face ao apego ao classicismo penal e sua marcada gênese iluminista.

18. Garantismo e Pretensões Universalistas

O projeto de universalização do modelo garantista, como qualquer outra matriz inserida no projeto científico da Modernidade, estabelece, em realidade, a projeção universal de particularismos.

Entretanto, conforme leciona Herrera Flores, desde a perspectiva teórica crítica dos direitos humanos, o que se pretende é "(...) *un universalismo a posteriori (Herrera Flores) o un universalismo de confluencia (Sánchez Rubio); un universalismo que hay que llegar, no desde el que debemos partir, a través de prácticas interculturales en las que los dogmas propios bajen a argumentos y faciliten así el camino hacia el acuerdo. De ahí que el único criterio de valor que asumimos sea el de riqueza humana, o lo que es lo mismo, la creación de condiciones que posi-*

biliten la apropiación por parte de todos de lo que nos es propio como seres humanos íntegros, no como ingredientes de la máquina maximizadora – 'molino satánico, la denominaba Polanyi – del mercado."[29]

Trata-se, pois, de negar o sequestro da realidade que as *teorias gerais*, típicas das teorias (jurídicas) do século XX, produziram (*v.g.* teoria geral do direito, teoria geral dos direitos humanos, teoria geral do processo). Os modelos generalistas não apenas reduzem as diversas manifestações plurais antecedentes à sua criação como criam centros gravitacionais de alto empuxe que obstaculizam novas alteridades.

A evocação realizada por Ricardo Timm de Souza é precisa para análise do fenômeno: "*temos que nos ver com as possibilidades de decaimento no lugar-comum de conceitos esvaziados ou excessivamente fragilizados pela corrosão temporal do empírico; o mundo já não suporta sistemas que desabam, expondo a ingenuidade ou a hipocrisia daqueles que, julgando-se a salvo da história como catástrofe, neles se haviam refugiado.*"[30]

O diagnóstico é importante pois possibilita desnudar a *vontade de sistema* (vontade de verdade) inerente aos projetos políticos e científicos. Na esfera jurídica, a teoria geral do direito pensada pelo *iuspositivismo dogmático* impôs aos intérpretes postura contemplativa e asséptica, visto pressupor a plenitude e a coerência dos ordenamentos jurídicos – as lacunas e as antinomias do sistema seriam aparentes, resolvidas desde sua lógica autopoiética. A necessidade de certeza e de segurança traduzida no narcisismo[31] dos

---

29 HERRERA FLORES, *Introducción*, pp. VI-VII.
30 TIMM DE SOUZA, *Humano, Hoje*, p. 20.
31 Interessante notar que "(...) *nenhum exemplo mais claro do narcisismo dos juristas que a manutenção do dogma de ser o ordenamento jurídico um todo completo e coerente, no qual as lacunas e antinomias são aparentes e de previsível resolução. O narcisismo em primeiro grau visível na dogmática jurídica dá vazão às (in)completudes e (in)coerências em sentido estrito. Não por outro motivo o direito penal, envolto na circularidade do conceito*

juristas enclausurou o direito em sua dimensão formal, impossibilitando sua oxigenação e o necessário confronto com a realidade social à qual (deveria) estar voltado. Em sentido idêntico o problema no âmbito penal, cuja edificação da *teoria geral do processo* incapacitou se pensar o direito processual penal desde sua matriz genealógica, que é o direito penal. Com a totalização dos métodos científicos, exclui-se qualquer hipótese de abertura à diversidade e ao reconhecimento das diferenças e das identidades.

Sánchez Rubio identifica este processo de aniquilamento da alteridade como derivado do apego excessivo ao formalismo: "*cuando el fenómeno jurídico se concibe como mera forma o procedimiento, sucede que se absolutiza tanto esta dimensión, que se transforma en la única realidad posible, ocultando otros elementos importantes, entre ellos, los procesos sociales y sus actores.*"[32] Herrera Flores parte da mesma conclusão e identifica a diminuição dos espaços de luta e resistência pelos direitos humanos: "*esta visión abstracta induce a reducir los derechos a su componente jurídico como base de su universalismo a priori. La práctica social por los derechos deberá pues reducirse a la lucha jurídica.*"[33]

19. A Reversibilidade do Discurso Garantista

No aspecto penal e político-criminal, embora o garantismo projete modelo minimalista de contração dos tipos incriminadores

---

de bem jurídico, ainda brada sua capacidade técnica de tutelar os maiores valores da humanidade; o processo penal, perdido na confusão entre os conceitos de verdade e realidade e de verdade e substância, concebe a possibilidade de buscar uma 'verdade real'; e a criminologia, absorta nas entranhas dos aparelhos de segurança pública, visualiza (e crê) em sua aptidão de erradicação da criminalidade" (CARVALHO, *Criminologia e Transdisciplinaridade*, p. 40). No mesmo sentido, Carvalho, *A Ferida Narcísica do Direito Penal*, pp. 179-211.

32 SÁNCHEZ RUBIO, *Filosofia...*, p. 245.
33 HERRERA FLORES, *Hacia una Visión...*, p. 73.

através dos processos legais de descriminalização ou do rigoroso controle de constitucionalidade concreto e difuso (descriminalização judicial), ao redesenhar teoria justificacionista da pena acaba por legitimar variadas formas de intervenção punitiva.

Ao tratar da tensão abolicionismo *versus* justificacionismo, discussão primeira acerca dos fundamentos do *ius puniendi*, Ferrajoli abdica das teorias negativas sobre a intervenção punitiva (teorias abolicionistas) respondendo positivamente à pergunta sobre a necessidade de punição aos desvios criminalizados. Exclui os projetos abolicionistas sustentando a possibilidade de, na ausência da resposta estatal ao crime (pena criminal), os grupos sociais retomarem práticas pré-civilizadas de retaliação como o exercício arbitrário das próprias razões ou adotarem medidas de controle tecnológico totalitárias formatando sociedades de vigilância disciplinar. Colocada desta forma a questão abolicionista, Ferrajoli afasta a possibilidade e passa a realizar profunda crítica aos modelos justificacionistas legatários do projeto penal da Ilustração. Ao negar as teorias tradicionais (teorias absolutas retributivas e teorias relativas preventivas), reconstrói, a partir do utilitarismo, a teoria da prevenção geral negativa (teoria da coação psicológica de Feuerbach) agregando à finalidade intimidatória o objetivo de a sanção penal tutelar o autor do delito das vinganças privadas (retaliações, linchamentos) que emergiriam caso inexistisse a pena. À máxima felicidade possível aos não desviantes assegurada pelo caráter intimidativo da sanção harmoniza-se o mínimo sofrimento necessário ao desviante, efetivado na razoável e proporcional resposta pública estatal, assentada nos princípios de tutela dos direitos fundamentais – pena como mecanismo de proteção do réu contra os excessos do público e do privado. Assim, o utilitarismo reformado garantiria a máxima eficácia dos direitos humanos aos sujeitos mais vulneráveis e débeis do evento violento e do teatro processual: a vítima no momento do crime, o réu durante o processo e o condenado na execução da pena.

Apesar da virtuosa e coerente construção do discurso legitimador da intervenção punitiva, o modelo garantista não consegue ultrapassar os limites do normativismo e a ilusão do *bom poder punitivo*. A própria crítica de Ferrajoli demonstra que a ação constante dos sistemas punitivos é marcada pelas violências arbitrárias, sendo possível afirmar que *"la storia delle penne è sicuramente più orrenda ed infamante per l'umanità di quanto non sai la stessa storia dei delitti: perché più spietate e forse più numerose rispetto a quelle prodotte dai delitti sono state le violenze prodotte delle penne; e perchè, mentre il delitto è di solito una violenza occasionale e talora impulsiva e necessitata, la violenza inflitta con la pena è sempre programmata, consapevole, organizzata da molti contra uno. Contrariamente alla favoleggiata funzione di difesa sociale, non è azzardato affermare che l'insieme delle pene comminate nella storia ha prodotto per il genere umano un costo di sangue, di vite e di mortificazioni incomparabilmente superiore a quello prodotto dalla soma di tutti i delitti."*[34]

A constatação é possível desde a verificação da vontade inerente e que constitui os sistemas punitivos: a *vontade de punição*.

20. Garantismo e Teoria Agnóstica: Política Criminal de Redução de Danos

Todavia, se o pressuposto da irregularidade dos atos do poder for tensionado ao seu limite, não há alternativa possível, inclusive ao garantismo penal, senão abdicar de qualquer justificativa, legitimação ou fundamento à pena, devendo ser encarada a resposta punitiva ao desvio como ato político beligerante. Neste caso, a forma de efetivação dos direitos humanos é o desenvolvimento de estratégias políticas de ação forense de redução de danos causados pelas violências dos poderes.

---

34 FERRAJOLI, *Diritto...*, p. 382.

Assim, se a resposta à pergunta *"por que punir?"*, mesmo em se tratando de sistemas garantistas, configura modelos de intervenção, fundamental abdicar da tarefa, delineando teoria agnóstica que represente política criminal de redução dos danos causados pelas agências de punitividade.

Reduzir dor, tendo o sofrimento do outro como representação,[35] seria a única alternativa ética, teórica e instrumental possível na atual condição que o direito penal é aplicado. Esta possibilidade emerge da opção de negar qualquer possibilidade de justificação do *potestas puniendi*. A crítica pressuporia, portanto, direcionar esforços para minimizar os riscos gerados pelos aparatos punitivos, desnudar a retórica penal (discursos declarados e não cumpridos) e retomar a natureza política da pena. Distante de qualquer *idealização*, seria recolocada no campo político da manifestação de poder.

Nesta circunstância, o ponto de convergência entre teoria garantista, teoria agnóstica e teoria crítica dos direitos humanos ocorre na construção de discursos sobre os limites da pena, sustentados na perspectiva política de redução dos danos causados pelas intervenções arbitrárias e desproporcionais. Estratégias de (a) diminuição de dor e de sofrimento causados pela aplicação e execução da sanção penal; (b) reconhecimento da pena na esfera da política; e (c) tutela do polo (processual) débil (réu/condenado) contra qualquer tipo de vingança emotiva e desproporcional (pública ou privada), constituem pautas de ações táticas de contração dos poderes das agências de punitividade.

A adoção da perspectiva agnóstica possibilita, igualmente, negar os universalismos próprios das teorias metafísicas dos direitos humanos, abrindo espaço para que possam ser pensadas racionalidades de resistência que conduzam ao universalismo de contraste,

---

35 TIMM DE SOUZA, *Humano...*, p. 18.

entendido como *"un universalismo impuro que pretende la interrelación más que la superposición. Un universalismo que no acepta la visión microscópica que de nosotros mismos nos impone el universalismo de partida o de rectas paralelas. Un universalismo que nos sirva de impulso para abandonar todo tipo de cierre, sea cultural o epistémico, a favor de energías nómadas, migratorias, móviles, que permitan desplazarnos por los diferentes puntos de vista sin pretensión de negarles, ni de nacernos, la posibilidad de lucha por la dignidad humana."*[36]

21. Criminologia Crítica e Reversibilidade: Autocrítica

Paralelamente à crítica que a criminologia realizou acerca do incremento da punitividade a partir da construção de direitos para além dos individuais e dos riscos gerados pela sociedade contemporânea, imprescindível desenvolver a capacidade de autocrítica das teorias críticas. A preocupação se justifica no momento em que se percebe a convergência do discurso dos movimentos de luta pelos direitos humanos com as pautas criminalizadoras.

Durante a década de 80, e com mais vigor, após a queda do muro de Berlim, o discurso criminológico crítico defrontou-se com o seguinte paradoxo: desenvolver as políticas criminais alternativas e o discurso de descriminalização ou aderir à inversão de seletividade do direito penal, estabelecendo contrapoder proletário. Se as políticas criminais alternativas ingressavam na trajetória e no legado do discurso contracultural da criminologia de ruptura, a ideia de inversão de seletividade fomentaria política criminalizadora voltada aos crimes econômicos, optando pelo sistema penal como estratégia de atingimento da justiça social. Nesta perspectiva, segundo Baratta, *"uma política criminal coerente com a própria base teórica*

---

36 HERRERA FLORES, *Hacia una Visión...*, p. 77.

não pode ser uma política de 'substitutos penais', que permaneçam limitados a uma perspectiva vagamente reformista e humanitária, mas uma política de grandes reformas sociais e institucionais para o desenvolvimento da igualdade, da democracia, de formas de vida comunitária e civil alternativas e mais humanas, e do contrapoder proletário, em vista da transformação radical e da superação das relações sociais de produção capitalistas."37

A estratégia elaborada por Baratta consistia no "*reforço da tutela penal, em áreas de interesse essencial para a vida dos indivíduos e da comunidade: a saúde, a segurança no trabalho, a integridade ecológica etc. Trata-se de dirigir os mecanismos da reação institucional para o confronto da criminalidade econômica, dos grandes desvios criminais dos órgãos e do corpo do Estado, da grande criminalidade organizada.*"38

Ocorre que as políticas criminais maximalistas, tradicionalmente identificadas com as tendências de direita, com o giro do discurso da criminologia crítica em sua adesão à resposta penal, foram amplificadas. Criam-se assim, nas últimas décadas, modelos de hipercriminalização: as políticas de lei e ordem e de tolerância zero – voltadas à máxima repressão dos delitos violentos e dos desvios de conduta, respectivamente – são potencializadas pelas versões político-criminais de esquerda em relação aos crimes econômicos e aos delitos contra os direitos humanos em geral. Neste contexto, a crítica ao sistema punitivo é abandonada, produzindo inúmeras e variadas teorias legitimadoras que ofuscam os limites entre direita e esquerda punitivas, sendo privilegiadas essencialmente pautas moralizadoras.39

---

37 BARATTA, *Criminologia Crítica e Crítica do Direito Penal*, p. 201.

38 BARATTA, *Criminologia...*, p. 202.

39 Neste sentido, interessante a análise de Baudrillard: "*revisão dolorosa: antes, a direita encarnava os valores morais, e a esquerda, ao contrário, uma certa exigência histórica e política contraditória; hoje, a esquerda despojada de toda energia política, tornou-se pura jurisdição moral, encarnação dos valores universais, campeã do reino da Virtude e defensora dos valores museais do Bem e do Verdadeiro; jurisdição que pode exigir prestação*

Elena Larrauri observa a espantosa facilidade com a qual os movimentos sociais identificados com a luta pelos direitos humanos recorrem às pautas criminalizadoras e ao exercício punitivo retribucionista: *"grupos de derechos humanos, de antirracistas, de ecologistas, de mujeres, de trabajadores, reclamaban la introducción de nuevos tipos penales: movimientos feministas exigen la introducción de nuevos delitos y mayores penas para los delitos contra las mujeres; los ecologistas reivindican la creación de nuevos tipos penales y la aplicación de los existentes para proteger el medio ambiente; los movimientos antirracistas piden que se eleve a la categoría de delito el trato discriminatorio; los sindicatos de trabajadores piden que se penalice la infracción de leyes laborales y los delitos económicos de cuello blanco; las asociaciones contra la tortura, después de criticar las condiciones existente en las cárceles, reclaman condenas de cárcel más largas para el delito de tortura."*[40]

Ao intentar realizar justiça social através do sistema penal,[41] a criminologia radical incorreu em falácia idêntica àquela que anteriormente era objeto de sua crítica, produzindo igualmente inversão ideológica do discurso dos direitos humanos. É possível perceber neste fenômeno *reversibilidade em segundo grau*, derivada da incapacidade de inúmeras vertentes da criminologia crítica realizar a devida e necessária autocrítica.

---

de contas de todo mundo, sem ter que responder diante de ninguém. A ilusão política da esquerda, congelada durante vinte anos de oposição, revelou-se, com a chegada ao poder, portadora não do sentido da História, mas de uma moral da História. Moral da Verdade, do Direito, e da boa consciência – grau zero do político e, certamente mesmo, ponto mais baixo na genealogia da moral. Essa moralização dos valores equivale a uma derrota histórica da esquerda (e do pensamento)" (BAUDRILLARD, *A Conjuração dos Imbecis*, p. 99-100).

40 LARRAURI, *La Herencia de la Criminología Crítica*, p. 218.

41 *"(...) se propugnaba el recurso al Derecho penal como mecanismo de transformación de la sociedad y de intervención contra quienes obstaculizaban el progreso de la misma hacia formas más avanzadas e igualitarias de convivencia democrática"* (SILVA SÁNCHEZ, *La Expansión del Derecho Penal*, p. 72).

As armadilhas produzidas pelo sistema penal em sua constante vontade de punição aprisionaram o discurso crítico gerando, no diagnóstico de Silva Sánchez, *"ideología de la ley y el orden en versión de izquierda."*[42]

Os riscos de conformação de modelos de direito penal máximo pelo recurso irrestrito ao sistema penal foram claramente assinalados por Baratta: *"é preciso evitar cair em uma política reformista e ao mesmo tempo 'panpenalista', que consiste em uma simples extensão do direito penal, ou em ajustes secundários de seu alcance, uma política que poderia produzir também uma confirmação da ideologia da defesa social, e uma ulterior legitimação do sistema repressivo tradicional, tomado em sua totalidade."*[43] Entretanto seu discurso foi esquecido, e os efeitos perversos antevistos pelo criminólogo foram realizados.

22. Projeto Político: Redução do Punitivismo

Para além de tentar apresentar conclusões sobre a paradoxal relação contemporânea entre criminologia (crítica), garantismo penal e teoria (crítica) dos direitos humanos, talvez seja mais adequado elencar alguns interrogantes que projetem a continuidade da discussão proposta.

Não obstante o diagnóstico realizado requerer aprofundamento, percebe-se a necessidade de avaliar se garantismo e criminologia crítica encontram efetivamente na teoria agnóstica da pena condições de possibilidade de elaboração de pensamento criminológico latino-americano atento às especificidades da margem.

Por outro lado, fundamental indagar à teoria crítica quais as virtudes, os limites e as armadilhas da utilização do sistema penal

---

42 SILVA SÁNCHEZ, *La Expansión...*, p. 70.
43 BARATTA, *Criminologia...*, p. 202.

para tutela e para a luta pela efetivação dos direitos humanos. Do esboço apresentado, cabe aos movimentos sociais e coletivos organizados estar atentos às armadilhas decorrentes da demanda pela intervenção penal. Não obstante, o mesmo interrogante deve nortear os operadores do direito quanto à elaboração de teorias legitimadoras do sistema punitivo.

As perguntas são pertinentes tendo em vista o verdadeiro fascínio com que as pessoas (individuais ou coletivas) e as instituições recorrem ao direito penal. O desejo de punitividade, porém, ofusca os cuidados necessários quando se está a legitimar intervenções dos poderes punitivos. Neste quadro imprescindível escutar o alerta de David Sánchez Rubio: *"el ser humano tiene que poseer la capacidad de discernir sobre los excesos del poder y las instituciones que lo representan."*[44]

Conforme sustentado, a potência punitiva define como regra constante do poder dogmático penal o inquisitorialismo. Maffesoli lembra que o totalitarismo é característico desta maneira dogmática de ser e de pensar, e *"a intolerância e a inquisição não são atitudes de uma época ultrapassada, mas justamente um estado de espírito que se encontra frequentemente nas histórias humanas, aquelas, precisamente, em que se tende a considerar como frívolo o aspecto plural, matizado, mestiçado da existência global."*[45]

Em face disso, evocando paralelo com Agambem, em sua análise do Estado de exceção,[46] seria possível afirmar que as patologias do direito penal e processual penal, da criminologia e da

---

44 SÁNCHEZ RUBIO, *Acerca...*, p. 89.

45 MAFFESOLI, *O Eterno...*, p. 111.

46 *"O estado de exceção, hoje, atingiu exatamente o seu máximo desdobramento planetário. O aspecto normativo do direito pode ser, assim, impunemente eliminado e contestado por uma violência governamental que ao ignorar no âmbito externo o direito internacional e produzir no âmbito interno um estado de exceção permanente, pretende, no entanto, ainda aplicar o direito"* (AGAMBEM, *Estado de Exceção*, p. 131).

política criminal tornam-se variáveis imutáveis no reforço da tetralogia dos valores morais que sustentam as ciências criminais: o bom (valor penal), o belo (valor criminológico), o verdadeiro (valor processual) e o justo (valor jurídico).

Qualquer ser humano inadequado à moral punitiva ou à estética criminológica passa a ser percebido como objeto a ser eliminado, como inimigo. E para estes seres objetificados pelo estigma periculosista, os direitos humanos não podem e não devem ser garantidos.

O alerta aos que por ingenuidade ou má-fé criam e recriam inimigos parece pertinente: "*quienes ven como monstruo a su enemigo, está proyectando sobre él su propia monstruosidad. Las imágenes deformadas y amenazantes que reflejan los espejos no son las de los supuestos enemigos, sino la de quienes lo construyen y acaban creyéndose que lo son. Lo tienen dentro de sí y lo adjudican a los demás.*"[47]

---

47 SÁNCHEZ RUBIO, *Acerca...*, p. 97.

VII – TEORIA AGNÓSTICA DA PENA: CRÍTICA CRIMINOLÓGICA AOS FUNDAMENTOS DO *POTESTAS PUNIENDI*

(...) *ela se deitou sobre o balanço, apoiada sobre o estômago e com os pés no chão. Andava em pequenos círculos, torcendo as correntes do balanço o quanto podia. Levantava então seus pés do chão, fazendo com que as correntes do balanço se desdobrassem, numa grande velocidade, o que fazia com que ela girasse sobre si mesma* (...) *No momento em que as correntes do balanço se desdobravam, a cabeça dela passava a poucos centímetros dos pés de ferro do balanço* (...) *Eu poderia ter dito para ela parar de brincar, mas, obviamente, ela estava se divertindo muito com a brincadeira e gostando da sensação de ficar tonta (talvez próxima à de intoxicar-se?)* (...) *Assim, eu preferi dizer-lhe para dobrar bem a cabeça de modo que, quando ela rodasse, a mantivesse a uma margem segura dos pés do balanço* (...) *Havia uma clara decisão a ser tomada – proibição ou redução do dano, ou seja, proibir, o que não teria grande sucesso em se tratando de uma atividade prazerosa, ou reconhecer o valor da atividade para ela e tentar reduzir os riscos daí decorrentes e, com isso, prevenir o dano.* (Pat O'Hare)

01. A Política Abolicionista

O estudo das doutrinas da pena tradicionalmente principia com a clássica dicotomia entre as teorias absolutas (retributivas) e relativas (preventivas), caracterizando, subdividindo e conceituando modelos explicativos tidos como os únicos capazes de responder à indagação considerada como uma das mais importantes não só do direito penal mas também da teoria política: *por que punir?*

Ao debate, porém, é imprescindível consideração anterior, qual seja, da necessidade mesma da punição. É que as manifestações sobre as teorias da pena pressupõem a existência da sanção penal, excluindo do universo acadêmico respostas negativas. Parte-se da resposta positiva à pergunta *punir ou não punir o infrator*. No entanto a aceitação deste ponto de partida isola não somente a possibilidade de reflexão sobre alternativas externas ao sistema punitivo, como retira do universo de análise as teorias críticas (sociológicas, antropológicas, filosóficas, políticas) da pena.

Dessa forma, paralelamente à avaliação das teorias da pena, importante discutir a matriz teórica que nega a atividade estatal sancionadora: o *abolicionismo penal*. O movimento abolicionista, tendência atual dos movimentos de política criminal alternativa, fornece importantes elementos ao debate sobre a contração do sistema penal/carcerário, apresentando propostas concretas que visulizam desde a sua eliminação à construção de alternativas aos regimes punitivos de apartação.

Como vertente teórica direcionada à crítica do sistema penal, as correntes multiplicam-se, pois, segundo Scheerer, *"hay poco consenso entre los autores que pueden ser considerados 'abolicionistas'."*[1]

Segundo Luigi Ferrajoli, consideram-se abolicionistas *"solamente quelle dottrine assiologiche che contestano come illegittimo il diritto penale, o perché non ammettono moralmente nessun possibile scopo come giustificante delle afflizioni da esso arrecate, oppure perché reputano vantaggiosa l'abolizione della forma giuridico-penale della sanzione punitiva e la sua sostituzione con mezzi pedagogici o strumenti di controlo di tipo informale e immediatamente sociale."*[2] Diferem, portanto, das doutrinas criminológicas substitucionistas convergentes com o correcionalismo positivista que, ao pretender en-

---

1 SCHEERER, *Hacia el Abolicionismo*, p. 20.
2 FERRAJOLI, *Diritto e Ragione*, p. 234.

contrar substitutivos penais, relegitimam o discurso da ressocialização (*v.g.* Nova Defesa Social).

O abolicionismo congrega autores que, partilhando da crítica sociológica às agências penais, comungam de inúmeras e diversificadas propostas para a radical contração/substituição do sistema penal por instâncias não punitivas de resolução dos conflitos. Nasce deste pluralismo sua dificuldade conceitual, fato que levou Scheerer a referir o abolicionismo como *teoria sensibilizadora*, ou seja, *"una 'teoría' que tenga la posibilidad y el objetivo de trascender los modelos, clasificaciones y presunciones tradicionales, pero sin presentar pruebas acabadas de estas nuevas ideas ni el inventario de sus propias herramientas conceptuales y metodológicas."*[3]

Não obstante a característica plural e polissêmica das manifestações teóricas abolicionistas, Zaffaroni[4] propõe tipologia classificatória distinguindo quatro variantes não conflitantes, representadas por Michel Foucault, Thomas Mathiesen, Nils Christie e Louk Hulsman.

02. Foucault e o Abolicionismo

Michel Foucault, *"embora não possa ser considerado um abolicionista no sentido dos demais autores"*,[5] é a primeira referência teórica contemporânea deste saber contracultural. Sua análise das estruturas de poder, principalmente a relativa aos estabelecimentos carcerários, conferiu importantes subsídios ao movimento.

A problematização realizada em *Vigiar e Punir* possibilitou visualizar dois níveis de intervenção crítica: ao saber emanado pela criminologia tradicional e às estruturas capilares de poder.

---

3 SCHEERER, *Hacia...*, p. 21.
4 ZAFFARONI, *Em Busca das Penas Perdidas*, p. 98.
5 ZAFFARONI, *Em Busca...*, p. 101.

O primeiro interrogante, extremamente útil para se entender o discurso da criminologia oficial, forneceu elementos para constatação de que o sistema punitivo ocidental se legitimou a partir do discurso científico da criminologia. O papel da criminologia tradicional, ao longo da história do direito penal Moderno, foi justificar as práticas punitivas sob a perspectiva do falso humanismo representado pelo discurso ressocializador. A criminologia etiológica incorporou-se, subliminar e invisivelmente, como discurso orientador das fases legislativa, judicial e executiva, fixando a noção da pena clínica e correcional.

A segunda consequência do discurso foucaultiano é a de romper com a ideia de *sistema* punitivo. Se as relações de poder não podem ser visualizadas em estrutura macroscópica, pois ocorrem complexamente em níveis quase imperceptíveis e de forma assistemática através de manobras, táticas, técnicas e funcionamentos invisíveis, impossível ao investigador a apropriação do objeto. Não existe, portanto, sujeito ou instituição possuidora do poder, pois *"onde há poder ele se exerce. Ninguém é, propriamente falando, seu titular; e, no entanto, ele sempre se exerce em determinada direção, com uns de um lado e outros do outro; não se sabe ao certo quem o detém; mas se sabe quem não o possui."*[6] A constatação da passagem da punição à vigilância disciplinar realizada em *Vigiar e Punir* conduz à diferenciação entre os níveis de exercício de poder e suas formas de atuação, constante e imperceptível, sobre o corpo social.[7]

O enfoque foucaultiano gera radical mudança no discurso da criminologia crítica, legando fundamentos importantes ao desenvolvimento das demais políticas abolicionistas.

---

6 FOUCAULT, *Os Intelectuais e o Poder*, p. 75.
7 FOUCAULT, *Vigiar e Punir*, pp. 125-172.

03. Abolicionismo como Revolução Permanente

A publicação de *The Politics of Abolition* (Oslo, 1974), de Thomas Mathiesen, sugeria que, naquele momento, a abolição ou a drástica redução do tamanho e da quantidade das instituições carcerárias norueguesas, holandesas e belgas, eram relativamente possíveis.

A política abolicionista de Mathiesen fomentou a criação da *Organização Norueguesa Anti-Carcerária* (KROM), cujo escopo foi centralizado na abolição do cárcere, negando, inclusive, quaisquer propostas substitutivas (penas alternativas) dado o temor de que estas "*se podrían transformar fácilmente en nuevas estructuras carcelárias con funciones similares a las de las propias cárceles.*"[8]

A proposta de criar condições para revolução permanente e sem limite, fomentando profundas reformas de curto prazo nas instituições punitivas que não obstaculizassem o abolicionismo, procurava não remodelar o sistema de penas, mas mantê-lo progressivamente aberto (*v.g.* melhoramento de condições de vida, ampliação do regime de visitas, aumento da constância e do período de saídas temporárias *etc.*).

Aliado à ideia de reforma permanente e gradual, Mathiesen reivindica processo de moratória na construção de novas instituições prisionais a partir de oito premissas: (1ª) a criminologia e a sociologia demonstraram que o objetivo de melhora do detento (prevenção especial) é irreal, sendo constatável efeito contrário de destruição da personalidade e a incitação da reincidência; (2ª) o efeito da prisão no que diz respeito à prevenção geral é absolutamente incerto, sendo possível apenas estabelecer alguma relação do impacto de políticas econômicas e sociais na dissuasão do delito; (3ª) grande parte da população carcerária é formada por pessoas que praticaram

---

8 MATHIESEN, *La Política del Abolicionismo*, p. 110.

delitos contra a propriedade, ou seja, contra bens jurídicos disponíveis; (4ª) a construção de novos presídios é irreversível; (5ª) o sistema carcerário, na qualidade de instituição total, tem caráter expansionista, ou seja, suscita novas construções; (6ª) as prisões funcionam como formas institucionais e sociais desumanas; (7ª) o sistema carcerário produz violência e degradação nos valores culturais; e (8ª) o custo econômico do modelo carcerário é inaceitável. Assim, *"los argumentos de prevención individual, disuación general, posibilidades de prohibición, irreversibilidad de la construcción, del carácter expansionista del sistema carcelario, humanitarismo, valores culturales e economía, todos apuntan contra la construcción de más cárceles. Los argumentos funcionan conjuntamente. Aunque algunos por separado no sean suficientes, juntos respaldan firmemente una moratoria por mucho tiempo."*[9]

Ao avaliar na atualidade a tendência mundial de maxiencarceramento, Mathiesen desvenda os *escudos protetores da prisão*, isto é, os discursos que têm por função ocultar a irracionalidade da instituição. Os portadores da fala que erguem os escudos de tutela do cárcere são agentes da administração carcerária, os cientistas sociais (intelectuais e pesquisadores da criminologia oficial) e os meios de comunicação. Segundo o autor, os administradores conformam a mais central instância de tutela da instituição. Ao seu silêncio, derivado da cooptação, lealdade ou disciplina, agregam-se os cientistas sociais (criminólogos) que, quando muito, murmuram protestos. Entretanto aponta como grande problema, em face do poder de ocultação e distorção da realidade prisional, os meios de comunicação.

A convergência desses fatores de fala impediria a visibilidade do barbarismo da instituição, pois *"as pessoas não sabem quão irracionais são nossas prisões. As pessoas são levadas a acreditar que as prisões funcionam. A irracionalidade verdadeira da prisão é um dos segre-*

---

[9] MATHIESEN, *La Política...*, p. 124.

dos melhor guardados em nossa sociedade. Se o segredo fosse revelado, destruiria as raízes do sistema atual e implicaria o começo de sua ruína."[10]

Admitindo algumas possibilidades de encarceramento, Mathiesen sustenta duas teses que reduziriam drasticamente a necessidade do sistema penal: o direcionamento de políticas sociais aos sujeitos vulneráveis e a descriminalização das drogas. Se é fato notório que grande parte da população carcerária é composta por pessoas que praticaram crimes contra o patrimônio, ação social nesta área reduziria sobremaneira os problemas derivados da pobreza e do desemprego – *"a guerra contra o crime deveria tornar-se uma guerra contra a pobreza."*[11] No que tange à descriminalização das drogas, o autor sustenta que esta política atingiria o epicentro do crime organizado, *"neutralizando o mercado ilegal e reduzindo drasticamente a quantidade de crimes."*[12]

Todavia a proposta mais interessante e inovadora é referente às (novas) formas de proteção às vítimas. Compensação financeira pelo Estado, sistema de seguro simplificado, apoio econômico em casos de luto, abrigos protetivos e centros de apoios seriam fundamentais para modificar a lógica do atual sistema punitivo. Sustenta Mathiesen que as vítimas estão totalmente desamparadas no sistema atual e propõe guinada radical: *"ao invés de aumentar a punição do transgressor de acordo com a gravidade da transgressão, o que é básico no sistema atual, eu proporia o aumento do apoio à vítima de acordo com a gravidade da transgressão."*[13] Ao contrário da escala de punições, escala de apoios.

Diferentemente de Foucault que trabalha com a invisibilidade do poder, Mathiesen concentra sua crítica e suas propostas

---

10 MATHIESEN, *A Caminho do Século XXI*, p. 277.
11 MATHIESEN, *A Caminho...*, p. 276.
12 MATHIESEN, *A Caminho...*, p. 276.
13 MATHIESEN, *A Caminho...*, p. 276.

nas estruturas repressivas. Para Zaffaroni, o autor poderia ser considerado o estrategista do abolicionismo, fundamentalmente pela perspectiva de revolução permanente das esferas de punitividade.

04. Os Limites da Dor: Opções aos Castigos

O abolicionismo de Nils Christie parte do pressuposto de que o sistema penal, em especial a pena, é encarregado exclusivamente de produzir sofrimento e impor dor. Ao contrário, deveriam *"construirse de manera que redujeran al mínimo la necesidad percibida de imponer dolor para lograr el control social."*[14]

A estratégia do autor é baseada em formas de redução ou de imposição mínima de sofrimento, buscando opções aos castigos e não castigos opcionais como são as sanções alternativas e/ou substitutivas.

Com denúncias explícitas ao sistema do tratamento e ao modelo etiológico, Christie aborda temas como instituições, métodos e periculosidade. Desde o paradigma da reação social, fundamenta a desconstrução das políticas da criminologia tradicional em três premissas: (1ª) os centros de tratamento do delinquente são similares, quando não idênticos, aos cárceres comuns; (2ª) os métodos científicos são inexitosos, pois nunca impediram a reincidência; e (3ª) conceitos clínicos como periculosidade são absolutamente isentos de predicação. Logo, *"la ideología del tratamiento nos llevó al castigo escondido, a la imposición secreta de dolor, al hacer creer que ofrecía una cura o terapia."*[15]

Para o autor, os modelos punitivos se sustentam sobre falsas imagens do homem, da sociedade e das formas de controle da

---

14 CHRISTIE, *Los Límites del Dolor*, p. 15.
15 CHRISTIE, *Los Límites...*, p. 63.

violência. Como derivativo, um dos grandes problemas do sistema penal seria a aplicação de modelos classificatórios binários nos quais a oposição entre atos corretos ou incorretos, pessoas culpadas ou inocentes, produziria a destruição de laços societários horizontais.

Alternativa viável ao sistema penal seria a construção de formas de justiça participativa e comunitária, mais próximas das relações privadas e distantes do modelo processual sancionatório. Neste novo processo de composição do conflito, fundamental abdicar da privação e/ou restrição da liberdade, ganhando espaço, como forma de resposta, a reparação ou a indenização pelo dano causado – *"en los últimos anõs hemos observado un mayor interés por la aplicación de medidas no penales, como una alternativa al castigo, la mayoría de las cuales se basa en discusiones directas entre las partes, que con frecuencia terminan en acuerdos de reparación del daño causado. Este cambio va desde el uso monopólico de la pena por parte del estado hacia los intentos por permitir que las partes tengan oportunidad de encontrarse y buscar por sí mismos formas de reparar el daño. Estas ideas en conjunto se llaman 'ideas abolicionistas', aunque algunas veces se la encuentra bajo denominaciones como 'descarcelación o descriminalización'."*[16]

Ao negar as falsas imagens fornecidas pelo direito penal, direciona sua perspectiva à construção de espaços informais de *manejo do conflito*.

Assume a informalização baseado na afirmativa de que a estatização do conflito revitimiza o sujeito passivo ao impedir sua participação na resolução do caso. Como saída, propõe a (re)incorporação da vítima, colocando-a em igualdade de posição com o autor do fato para buscar condições de negociar a compensação pelo dano sofrido – *"la compensación de la víctima es una solución sumamente obvia que ha usado la mayoría de la gente del mundo en la mayoría de las situaciones."*[17]

---

16 CHRISTIE, *Las Imagenes del Hombre en el Derecho Penal Moderno*, p. 139.
17 CHRISTIE, *Los Limites...*, p. 128.

05. As Condições de Resolução das Situações Problemáticas

Louk Hulsman, um dos principais pensadores da teoria abolicionista, entende ser originário o problema do sistema criminal, havendo necessidade, portanto, de radical câmbio nas estruturas do controle social formal com o seu integral abandono, para otimização de formas societárias de resolução de conflitos.

Segundo o autor, a justiça penal é incontrolável, distribuidora de sofrimento desnecessário, materialmente desigual e expropriadora dos direitos dos envolvidos no conflito, principalmente das vítimas. Assim, "*o sistema penal é especificamente concebido para fazer mal.*"[18]

Ao avaliar as cifras ocultas da criminalidade, constata que "*a criminalização efetiva é um evento raro e excepcional*",[19] ou seja, os conflitos efetivamente existem mas, ao contrário do que se pensa, são resolvidos em esferas alternativas e informais, distantes da justiça criminal: "*a grande maioria de eventos criminalizáveis ('sérios' e 'menores') pertence, assim, à cifra negra. Todos esses eventos são, portanto, lidados fora da justiça criminal. Digo 'lidados' de propósito, porque não devemos cometer o erro de pensar que o que não é in acto não está in mundo. O fato de não sabermos que se 'lidou' com alguma coisa não significa que não se 'lidou' com ela... Quase todos os eventos problemáticos para alguém (uma pessoa, uma organização, um movimento) podem ser abordados num processo legal de uma forma ou de outra (justiça criminal, civil ou administrativa), mas muito pouco deles são realmente abordados desta forma, como mostram a cifra negra e outras formas de justiça.*"[20]

---

18 HULSMAN, *Penas Perdidas*, p. 88.
19 HULSMAN, *Temas e Conceitos numa Abordagem Abolicionista da Justiça Criminal*, p. 203.
20 HULSMAN, *Temas...*, pp. 203-204.

A limitação das respostas das *situações problemáticas* à justiça penal excluiria modelos alternativos de compreensão dos fatos e de providenciar resoluções. Existiriam, constata, inúmeras possibilidades de acertamento e de reações possíveis além da punição como, p. ex., a compensação, a mediação, a conciliação, a arbitragem, a terapia, a educação *etc*. A concentração do problema na coerção punitiva traduz falsas soluções, pois unilaterais e arbitrárias.

A primeira orientação do autor seria a modificação da própria linguagem penal (abolicionismo acadêmico), pois *"chamar um fato de 'crime' significa excluir de antemão todas estas outras linhas; significa se limitar ao estilo punitivo – ao estilo punitivo da linha sócio-estatal, ou seja, um estilo punitivo dominado pelo pensamento jurídico, exercido com uma distância enorme da realidade por uma rígida estrutura burocrática. Chamar um fato de 'crime' significa se fechar de antemão nesta opção infecunda. Para mim não existem nem crimes nem delitos, mas apenas situações problemáticas."*[21] Segundo Hulsman, o câmbio na linguagem permitiria maior tolerância com modelos culturais diferenciados e a construção da *situação problemática* como acidente, caso fortuito, fato trágico da vida, não segregando de forma maniqueísta a sociedade entre vítimas e criminosos.

Com a mudança conceitual haveria possibilidade de melhorar as condições de substituição da lógica punitiva, inclusive no que diz respeito à ampla descriminalização e descarcerização. No plano processual, modelos informais e flexíveis, similares aos da justiça civil e administrativa, ofereceriam condições para melhor manejo do conflito.

Ao entender imprescindível *"devolver às pessoas envolvidas o domínio de seus conflitos"*,[22] Hulsman vê na estrutura das justiças civil e administrativa condições de aproximação entre os sujeitos

---

21 HULSMAN, *Penas...*, pp. 100-101.
22 HULSMAN, *Penas...*, p. 102.

que possibilitariam à vítima e ao imputado diálogo *face to face* na busca de resolução do problema – *"esta flexibilidad tiene muchas ventajas. Aumenta mediante negociaciones, las posibilidades de dar un significado común a las situaciones problemáticas."*[23] Negar-se-iam, assim, a expropriação – roubo, nas palavras de Christie[24] – do direito da vítima e a estigmatização dos réus.

A estratégia não seria, portanto, centrada apenas na gradual abolição da coerção criminal, mas do próprio sistema de justiça penal, substituindo-o pelo mecanismo informal e flexível das justiças civil e administrativa.

Quanto à fundamentação da política abolicionista, Folter[25] e Zaffaroni[26] entendem que Hulsman não oferece completa e explícita estrutura metodológica. Contudo, pelo fato de construir suas críticas na realidade do sistema, tornando sua disfuncionabilidade visível ao leigo e sensível ao leitor quando busca a revitalização da estrutura social, seria possível afirmar indicação ao enfoque fenomenológico – *fenomenologia mundana*, não idealista, que faz o ouvinte sensível à interpretação das experiências vividas e ao fato de ser a criminalização apenas uma entre as inúmeras formas de resolução de conflitos.

06. Substitutivos Penais e Ampliação da Rede de Punitividade

Para Foucault, o objetivo de reforma nasce com a própria prisão, pois se *"em pouco mais de um século o clima de obviedade se*

---

23 HULSMAN, *Criminología Crítica y Concepto del Delito*, p. 103.

24 CHRISTIE, *Los Límites…*, p. 126.

25 FOLTER, *Sobre la Fundamentación Metodológica del Enfoque Abolicionista del Sistema de Justicia Penal*, pp. 66-68.

26 ZAFFARONi, *Em Busca…*, p. 99.

transformou, não desapareceu. Conhecem-se todos os inconvenientes da prisão, e sabe-se que é perigosa quando não inútil. E, entretanto, não 'vemos' o que pôr em seu lugar. Ela é a detestável solução, de que não se pode abrir mão."[27]

Passados dois séculos de afirmação da prisão como a sanção por excelência, a após o desnudamento fornecido pela criminologia crítica, o discurso penal passa a entender que o seu uso deve ficar restrito aos casos-limite. Como alternativa, vislumbra-se a aplicação de medidas restritivas de direitos aos casos de delitos de pequena e/ou média reprovabilidade.

Soluções alternativas ao encarceramento foram propostas e aperfeiçoadas no decorrer do século passado, com a criação de inúmeros institutos, como a pena pecuniária, as penas restritivas de direito e a suspensão condicional da pena. A própria ideia de sistema progressivo e do livramento condicional são reflexos da constatação do processo dessocializador operado na prisão.

A ênfase em estabelecer programa eficaz de alternativas ao cárcere teve seu ápice no 8º Congresso da ONU (1990), com a elaboração das Regras de Tóquio.

Apesar de ser absolutamente salutar qualquer medida que minimize o sofrimento das pessoas encarceradas (política de redução de danos), tornando menos aflitiva a sanção penal, importante diagnosticar o grau de relegitimação que as medidas substitutivas podem realizar no sistema punitivo. A questão que se coloca é se com a adoção dos substitutivos penais a própria prisão, como sanção por excelência, não restará fortificada.

Stanley Cohen chama atenção para os efeitos maximalistas dos modelos de *diversificação* e *descarcerização*. Segundo o autor, "*los distintos estudios de Estados Unidos, Canadá y Inglaterra demuestran que las alternativas a las cárceles no son válidas. Por el contrario, se convierten*

---

27 FOUCAULT, *Vigiar...*, p. 209.

en 'adicionales/sumatórios' de las mismas, ya sea por el simple hecho de aumentar el número de personas bajo control social formal, o por sumar más que restar a todo el sistema de control formal. Las 'alternativas' planificadas tienden claramente a 'extender la red'."[28] Idênticas são as constatações de Nils Christie[29] e Andrew Coyle,[30] ao verificarem que não invariavelmente as alternativas à prisão representam sistemas adicionais e relegitimantes.

Desde a perspectiva crítica, as alternativas devem ser possibilidades de minimização de dor e sofrimento que imponham rupturas ao modelo carcerário, diminuindo-o gradualmente. Não podem representar, portanto, adicional ao sistema penalógico tradicional, transformando-se em apêndice ou válvula de escape do insolvente sistema punitivo.

Juarez Cirino dos Santos, ao comentar a Reforma de 1984, sob o título *A Ampliação do Controle Social*, chamava atenção para a armadilha dos substitutivos penais e processuais penais: "*os substitutos penais não enfraquecem a prisão, mas a revigoram; não diminuem sua necessidade, mas a reforçam; não anulam sua legitimidade, mas a ratificam: são instituições tentaculares cuja eficácia depende da existência revigorada da prisão, o centro nevrálgico que*

---

28 *Apud* MATHIESEN, *La Política...*, p. 115.

29 "*Las experiencias recientes con "opciones al encarcelamiento" indican que éstas fácilmente se vuelven en "prolongaciones del encarcelamiento", y que las sentencias condicionales en realidad se convierten en más tiempo pasado en la cárcel*" (CHRISTIE, *Los Límites...*, p. 151).

30 "*There is another human rights aspect in respect of non-custodial sanctions. This has to do with the liberty of the individual. It is important that when alternative sanctions are set up they act as real alternatives to imprisonment and are not used by courts merely as additional sanctions. There is a very real danger that this might happen. For many years in England we have had a large number of alternatives. But this has not reduced the number of people in prison. What has happened is that the number of people being punished has increased because more people are being sent to prison and in addition more people are receiving the alternative punishments*" (COYLE, *Alternatives to Imprisonment*, p. 04).

estende o poder de controle, com a possibilidade do reencarceramento se a expectativa comportamental dos controlados não confirmar o prognóstico dos controladores."[31]

07. Os Limites Constitucionais do Abolicionismo

Fundamental alertar, desde o princípio, a discordância radical àquilo que se pode denominar como tendências de demonização do abolicionismo. Os vários matizes do abolicionismo expostos são extremamente úteis para a avaliação fenomenológica da ineficácia, dos custos e da violência que o sistema penal reproduz.

Os fundamentos doutrinários, o diagnóstico e as alternativas trazidas pelos teóricos do abolicionismo, sobretudo aqueles ancorados no paradigma da reação social, são irreversíveis desde o ponto de vista da superação de velhos esquemas criminológicos, fundamentalmente do causalismo etiológico.

Propostas como a flexibilização da pena privativa de liberdade, a descriminalização de condutas e a superação da ideologia do tratamento são variáveis imprescindíveis para a construção de novo projeto político-criminal. Mais: os efeitos concretos produzidos pela crítica abolicionista, mormente em sua versão no campo psiquiátrico com a antipsiquiatria, cujo efeito concreto foi a extinção dos manicômios judiciais em inúmeros países, sobretudo Itália, revela a propriedade dos argumentos.[32]

Assim, na perspectiva de Alessandro Baratta, o abolicionismo orienta as investigações como *utopia orientadora* de extre-

---

31 SANTOS, *Direito Penal*, p. 299.
32 Sobre o tema da antipsiquiatria e da reforma psiquiátrica, conferir BASAGLIA, *Escritos Selecionados* e COOPER, *Psiquiatria e Antipsiquiatria*.

ma importância heurística. A orientação estratégica e projetiva fornecida pelo abolicionismo é vislumbrada por Alexandre Wunderlich e Rodrigo Moraes de Oliveira: "(...) *todos esses movimentos ou técnicas de transformação e regulação social trazem alguns pontos positivos que podem servir efetivamente na práxis social ou, se não houver possibilidade de aplicação imediata, podem servir, ao menos, como uma 'utopia orientadora', como no caso da proposta de adoção do modelo abolicionista.*"[33]

Pretende-se chamar atenção, porém, que, para além das críticas realizadas ao modelo abolicionista – algumas delas sérias e que devem ser avaliadas inclusive para o aperfeiçoamento dos projetos políticos (*v.g.* a crítica garantista relativa à conversão do controle social em sistemas desregulamentados de tendência disciplinar ou a proliferação da violência privada decorrente da ausência do direito penal) –, a proposta, desde o ponto de vista de sua efetividade, esbarra em limites constitucionais.

Na esteira dos sistemas constitucionais da tradição jurídica ocidental romano-germânica, a Constituição de 1988 define, ao estatuir os direitos e as garantias fundamentais, modelo de persecução criminal dos fatos puníveis. Inclusive prevê, na enumeração das sanções, a pena privativa de liberdade em regime fechado.

Contudo, apesar dos limites intransponíveis, a própria Constituição abre espaço para, no campo da política criminal e da atuação cotidiana dos atores do direito penal, elaboração de práticas voltadas à redução dos danos causados pelas violências do sistema penal. Neste quadro, a utopia orientadora vislumbrada por Baratta adquire importância ímpar.

---

33 WUNDERLICH & OLIVEIRA, *Resistência, Prática de Transformação Social e Limitação do Poder Punitivo a partir do Sistema de Garantias*, p. 64.

08. Supérfluos Fins: Fundamentos Constitucionais da Teoria Agnóstica da Pena

As teorias tradicionais da dogmática jurídico-penal, ao afastarem do debate sobre a punibilidade as vertentes abolicionistas, obtiveram como efeito não apenas a exclusão do enfoque sociológico no diálogo sobre a pena, mas, sobretudo, condicionaram as ciências criminais a operar a partir da fundamentação positiva dos castigos. Não por outro motivo a resposta ao interrogante *por que punir?* fixa os horizontes de intervenção das mais distintas teorias do direito penal.

No Brasil, o advento da Lei de Execução Penal em 1984, inspirada no programa político-criminal do movimento da nova defesa social, tematiza o projeto punitivo moldando-o a partir da noção de *ressocialização* (prevenção especial positiva). Aliás, diferente perspectiva não poderia ser esperada dos redatores da reforma, visto o processo de transnacionalização realizado pelos defensores da nova política penalógia, desde a década de 60, o qual pautou as principais reformas penais nos países Ocidentais.

Independente da discussão sobre a (i)legitimidade das técnicas de individualização da pena moldadas a partir da ideia de ressocialização, bem como da inversão ideológica que este modelo punitivo realiza com a contrainstrumentalização dos direitos dos condenados, importante notar que com o advento da Constituição de 1988 o projeto sancionatório é alterado. Sobretudo porque a Constituição traz explicitamente princípios relativos à sanção penal diversos daquela configuração presente na reforma penal de 1984.

A primeira alteração na concepção punitiva defensivista é a *ausência de qualquer discurso legitimador da pena*. Diferentemente da principiologia encontrada nas Constituições espanhola e italiana, p. ex., não há previsão na Carta da República de fundamentação (*por quê?*) da pena. Na Espanha, a Constituição pauta como função da pena a reeducação e a reinserção social, condicionando a limitação dos direitos fundamentais do condenado àquela finalidade.[34] A Constituição republicana da Itália, seguindo a mesma lógica, igualmente determina como função da punição a reeducação do condenado.[35]

No ordenamento constitucional brasileiro, porém, os princípios relativos à punição referem exclusivamente formas de sanção e limites punitivos, ou seja, o constituinte, abdicando da resposta ao *por que punir?*, direciona os esforços para delimitar o *como punir?*. Reside neste ponto a segunda relevante alteração em nosso cenário punitivo: *a perspectiva absenteísta sobre os discursos de justificação impõe critérios limitativos à interpretação, aplicação e execução das penas.*

A consequência do entrelaçamento entre a ausência do discurso legitimador e a determinação de critérios limitativos à interpretação, aplicação e execução é a projeção de *política punitiva de redução de danos.*

O delineamento das penas na Constituição em momento algum flerta com *fins, funções* ou *justificativas*, indicando apenas *meios* para minimizar o sofrimento imposto pelo Estado ao condenado. Nos incisos XLV, XLVI, XLVII, XLVIII e XLIX do art. 5º está traçada a forma constitucionalizada de imposição de penas, balizada pelas ideias de pessoalidade, individualização, humanidade e respeito à integridade física e moral. Mas o dispositivo mais exemplar da configuração constitucional da política penalógica de redução dos danos é encontrado na alínea 'e' do inciso XLVII. Ao

---

34 *"Las penas privativas de libertad y las medidas de seguridad estarán orientadas hacia la reeducación y reinserción social y no podrán consistir en trabajos forzados. El condenado a pena de prisión que estuviere cumpliendo la misma gozará de los derechos fundamentales de este Capítulo a excepción de los que se vean expresamente limitados por el contenido del fallo, el sentido de la pena y la ley penitenciaria"* (art. 25, § 2º, Constituição espanhola).

35 *"Le pene non possono consistere in trattamenti contrari al senso di umanità e devono tendere alla rieducazione del condannato"* (art. 27, Constituição italiana).

determinar vedações a algumas espécies de pena (morte, prisão perpétua, trabalhos forçados e banimento – alíneas '*a*', '*b*', '*c*' e '*d*', respectivamente), a Constituição estabelece, na referida alínea ('*e*'), o princípio da proibição do excesso punitivo, ao negar, em qualquer hipótese, a aplicação e execução de penas cruéis.

Percebe-se, pois, a negativa à universalização de qualquer tipo de *crença punitiva*.

A cadeia principiológica definida pela Constituição, ao optar pela exclusiva fixação de limites à forma (meios), supera as finalidades históricas das penas, concebendo política criminal ciente dos danos causados. Outrossim, reconhece a tendência natural do poder punitivo em extravasar os limites da legalidade, preocupando-se, essencialmente, em reduzir ao máximo as hipóteses de transbordamento punitivo. Não por outro motivo se pode verificar na Constituição perspectiva agnóstica.

09. Supérfluos Fins: Fundamentos Doutrinários da Teoria Agnóstica da Pena

Apresentada a posição sobre a prescindibilidade de teorias justificacionistas da pena, entendidas como sistemas de sustentação teórica da sanção penal, importante demarcar os limites da teoria agnóstica no plano jurídico.

Zaffaroni, nos comentários à obra *Diritto e Ragione*, questiona a necessidade teórica e prática de modelos explicativos para a sanção penal. Indaga, em primeiro momento, se é possível o operador do direito, principalmente o juiz, tomar decisões sem modelo penalógico referencial. Em momento posterior reloca o problema à academia, ou seja, questiona se poderia o professor lecionar sem as *teorias da pena*, sem estruturas doutrinárias que justifiquem racionalmente a imposição das penas.

Resgatando a práxis jurisprudencial de Magnaud,[36] Zaffaroni afirma que o juiz, frente ao caso concreto, pode prescindir de teorias justificacionistas, visto sua possibilidade de atuar de maneira *razoavelmente intuitiva* no controle das violências e na limitação da coação direta imposta pelas agências de punitividade, respaldando-se, sobretudo, nos princípios penais liberais e constitucionais republicanos.[37] O trabalho mais complexo, porém, seria o do professor ou do jurista teórico. Indaga *"como lecionar sem uma 'teoria da pena', sem reconhecer o 'direito de punir', sem admitir o 'direito penal subjetivo do Estado'?"* No entanto este interrogante é condicionado por outro de maior complexidade e que tende a neutralizá-lo: *"como seria possível ao investigador do direito racionalizar uma teoria dos exercícios irracionais do poder após o processo de desvelamento operado pela crítica criminológica?"*[38]

As teorias (justificacionistas) da pena, ao tentarem justificar o poder de punir realizariam, na opinião do autor, tarefa estéril, porque a legitimação produzida pela dogmática é direcionada ao poder do juiz e não ao poder de punir. O poder punitivo, assim, não é exercido no interior do judiciário, mas pelos aparatos da burocracia administrativa que condicionam a criminalização e a punição (agências de punitividade).

Ao comungar dos princípios básicos da criminologia da reação social em sua profunda denúncia sobre a seletividade, a

---

36 Sobre a atuação de Magnaud, conferir CARVALHO, *Em Nome do Pai*, pp. XIII-XXI.

37 ZAFFARONI, *La Rinascita del Diritto Penale Liberale o la 'Croce Rossa' Giudiziaria*, p. 391.

38 *"Ma c'è un altro lavoro piú complesso: quello del professore, o del giurista teorico. Come fare il professore senza una 'teoria della pena', senza riconoscere un 'diritto di punire', senza ammettere un 'diritto penale soggetivo' dello Stato?... Le penne di oggi non hanno legittimità, almeno nel maggior numero dei casi. Come fare una 'teoria' ragionevole in relazione all'esercizio di un potere che non ha ragioni?"* (ZAFFARONI, *La Rinascita...*, p. 392).

desigualdade e a barbárie produzidas pelos aparelhos burocráticos da repressão penal, Zaffaroni entende ser absolutamente dispensável qualquer teoria da pena, visualizando a possibilidade de (re)construir o direito penal com a precípua finalidade de redução da violência do exercício do poder.

Reduzir dor e sofrimento (danos) seria o único motivo de justificação da pena nas atuais condições em que é exercida, principalmente nos países periféricos: *"la dottrina penalistica può ricostruire il suo discorso su questa base, e non ha alcun bisogno di una 'teoria della pena'; può riprendere il pensiero liberale, e buttare 'i semi del male' che il pensiero dei nostri ingenui 'padri liberali' conteneva... La strategia è chiara: salvare la vita, diminuire la disuguaglianza, evitare la sofferenza (...); Per riuscire a ridurre il potere punitivo deve essere progressivamente liberale, e per essere 'progressivamente liberale' deve prescindere da qualsiasi 'teoria della pena'."*[39] Assim, na concepção de Zaffaroni, retornar aos princípios de limitação do *lupus artificialis* forjados no Iluminismo, sacando das teorias eventuais germens antiliberais, seria o dever primordial das doutrinas garantidoras.

Negar as teorias da pena possibilitaria não apenas concentrar os esforços para minimizar os efeitos danosos produzidos pelos aparatos punitivos, mas igualmente eliminar do discurso penal seu viés declarado (e não cumprido), retomando sua natureza política. A pena, alheia a qualquer fundamentação jurídica e desapegada de qualquer fim nobre, retornaria ao campo da política, representando manifestação concreta de poder. Tal como a guerra (modelo sancionatório nas relações internacionais), a pena representaria resposta sancionatória extrema e cruel, isenta de quaisquer justificativas.

Ferrajoli, ao avaliar as formulações teóricas sobre o castigo, igualmente percebe sementes defensivistas em todos os modelos

---

39 ZAFFARONI, *La Rinascita...*, pp. 393-394.

justificacionistas. Por mais diversas, as teorias da pena na modernidade invariavelmente assumem, como escopo último, a defesa social. Desta forma, "*tutte queste teorie della pena sono in definitiva dottrine del diritto penale massimo, essendo informate unicamente alla massima utilità dei non desvianti ed ignorando quella dei desvianti, riguardati al massimo come oggetto di pratiche correzionali o di integrazione coatta.*"⁴⁰ Aos fins defensivistas correspondem falhas ideológicas e metaéticas, próprias das doutrinas de justificação; vícios dogmáticos que produzem discursos centrados na cisão irreal entre o modelo teórico-normativo (científico) e a efetividade (política) da sanção.⁴¹

Possível perceber, portanto, conforme destacado anteriormente, a relativa harmonia da crítica marginal (Zaffaroni) com o modelo garantista (Ferrajoli). A convergência é possível com a elaboração de teoria normativa limitadora informada por política de redução de danos, a qual compreenderia estratégias de contração da dor decorrente da imposição da pena com a instrumentalização de mecanismos processuais de proteção do mais débil (réu/condenado) contra sanções vingativas e desproporcionais, a partir do reconhecimento da natureza política da resposta estatal ao desvio punível.

Não mais teorias justificativas do poder de punir, mas planos estratégicos de contração das violências das agências de punitividade.

---

40 FERRAJOLI, *Note Critiche ed Autocritiche intorno alla Discussione su 'Diritto e Ragione'*, p. 498.

41 "*Questo vizio consiste nell'identificare sul piano filosofico un determinato scopo giustificante del diritto penale in astratto, e poi nell'assumerlo soddisfato da qualunque diritto penale concreto solo perchè tale: in altre parole nello scambio del 'essere' effettivo del diritto penale – nei paesi dell'America Latina ma anche negli ordinamenti europei – con il suo 'dover essere' normativo, quale viene enunciato dalla dottrina di giustificazione proposta*" (FERRAJOLI, *Note...*, p. 499).

10. Tobias Barreto e a Teoria Agnóstica

O projeto de minimização do sofrimento imposto pela pena, agregado à negação das violências pública e privada ilegítimas, possibilita a negativa explícita de qualquer modelo justificacionista, relocando o problema da sanção penal da esfera jurídica à política. Neste quadro, a estratégia de redução de danos capacita o direito no seu papel de limite à política, atuando como barreira de contenção da ação punitiva, judicial ou administriva.

Fundamental retomar, portanto, para que se possa conferir sustentáculo jurídico às teses de negação do justificacionismo, a formulação de Tobias Barreto, no mais clássico e inovador texto da literatura penal brasileira, pois, segundo Nilo Batista, o autor *"se antecipava extraordinariamente às concepções jurídicas no Brasil de sua época."*[42] Em *Fundamentos do Direito de Punir*, sugere: *"quem procura o fundamento jurídico da pena deve também procurar, se é que já não encontrou, o fundamento jurídico da guerra."*[43]

Afirma Tobias Barreto que existem certos homens que possuem o dom especial de tornar incompreensíveis as coisas mais simples do mundo. Entre as questões sem saída estaria a célebre indagação *"quais os fundamentos do direito de punir?"*, tornada *espécie de adivinha* proposta pelos mestres aos seus discípulos.[44]

Na problematização da aporia, Tobias Barreto, de forma original e antecipando a crítica criminológica da década de setenta do século passado,[45] redireciona o problema da pena, retirando

---

42 BATISTA, *Introdução Crítica ao Direito Penal Brasileiro*, p. 19.
43 BARRETO, *Fundamentos do Direito de Punir*, p. 650.
44 BARRETO, *Fundamentos...*, p. 647.
45 Sobre a antecipação da crítica criminológica por Tobias Barreto, conferir ZAFFARONI, *Elementos para uma Leitura de Tobias Barreto*, p. 185; e CARVALHO, *Pena e Garantias*, pp. 64-70.

a questão do plano jurídico e remetendo-a à esfera política. Sustenta que *"o conceito de pena não é um conceito jurídico, mas um conceito político. Este ponto é capital. O defeito das teorias correntes em tal matéria consiste justamente no erro de considerar a pena como uma consequência do direito, logicamente fundada (...). Que a pena, considerada em si mesma, nada tem que ver com a ideia do direito, prova-o de sobra o fato de que ela tem sido muitas vezes aplicada e executada em nome da religião, isto é, em nome do que há de mais alheio à vida jurídica."*[46]

A deslegitimação proposta por Tobias Barreto pode inclusive superar a atual crítica fornecida pelo movimento abolicionista pois, contrariamente à perspectiva negativa de exclusão da punitividade e criação de mecanismos não formais de resposta sancionatória, fornece parâmetros jurídicos de contenção (limitação) da atuação política da pena. Cria, em última análise, condições estratégicas de limitação formal (redução de danos) e de deslegitimação material (crítica acadêmica) da atividade político-punitiva, antecipando notavelmente as formulações garantistas de contração do poder punitivo.[47]

11. Teoria Agnóstica e Redução de Danos

A guerra, nas lições de Zaffaroni, *"es un ejercicio de poder que está deslegitimado incluso normativamente a nivel internacional. Sin embargo, existe. Existe como dato de la realidad, como un hecho político, como un hecho de poder."*[48]

---

46 BARRETO, *Fundamentos...*, pp. 649-650.

47 A política criminal garantista, ao negar os modelos abolicionistas, defende *"la forma giuridica della pena, siccome tecnica istituzionale di minimizzazione della reazione violenta alla desvianza socialmente non tollerata e di garanzia dell'incolpato contro gli arbitri, gli eccessi e gli errori connessi a sistemi a-giuridici di controllo sociale"* (FERRAJOLI, *Diritto...*, p. 235).

48 ZAFFARONI, *Sentido y Justificación de la Pena*, p. 38.

A identificação das políticas punitivas com as estratégias de guerra, deslegitimadas mas existentes, possibilita nova orientação ao direito e ao processo penal contemporâneo, para além de qualquer forma de justificação e sem recair em romantismos iluministas.

A legitimação (racionalização) da pena, assim como a da guerra, serve atualmente como mecanismo de potencialização de sua aplicabilidade, de maximização dos seus efeitos. A pena, no entanto, é *"fenómeno político, no tiene absolutamente ninguna finalidad de carácter racional. La hemos inventado nosotros como necesidad para legitimar el ejercicio de poder político verticalizador y corporativizador de la sociedad (...). Creo que a partir de considerar a la pena como un hecho de poder, como un hecho político, es que podemos reducir el ámbito del poder punitivo, postular la reducción del ámbito de poder punitivo como un objetivo político sumamente claro."*[49]

Entendida como realidade política, a pena não encontra sustentação no direito, pelo contrário, simboliza a própria negação do jurídico. Pena e guerra se sustentam, portanto, pela distribuição de violência e imposição incontrolada de dor. Não obstante seu caráter incontrolável, desmesurado, desproporcional e desregulado reivindica, no âmbito das sociedades democráticas, limite.

Assim, o direito penal e processual penal resultam ainda necessários como alternativas à política, apresentando-se como tecnologia de minimização da violência e do arbítrio punitivo.

Pautar visão realista sobre o fenômeno pena, alijando-se da busca metafísica de legitimação do ilegítimo (*esquizofrenia secular*), permite realizar diagnóstico menos equivocado do problema da sanção penal na atualidade e, em consequência, reelaborar os discursos no sentido de obstacularizar ao máximo as estruturas do poder punitivo.

---

49 ZAFFARONI, *Sentido...*, pp. 40-41.

Lembra Zaffaroni ser fundamental tomar consciência de que os fenômenos *guerra* e *pena* são ilícitos e impossíveis de ser cancelados. Todavia este fato não impossibilita direcionar esforços para limitar seus aspectos mais violentos, mais inumanos e mais terroríficos. A tarefa, pois, seria *"redefinir el derecho penal de la misma forma que el derecho internacional humanitário; y concebirlo como un discurso para limitar, para reducir, para acotar y eventualmente, si se puede, para cancelar el poder punitivo."*[50] Nessa perspectiva capacitam-se o direito e o processo penal como instrumentos da estratégia de redução de danos, sem incorrer no falso dilema justificacionismo *versus* abolicionismo.

12. Realismo Marginal e Redução de Danos

A perspectiva idealista atingiu seu ponto de convergência nas teorias ressocializantes da década de oitenta. A gênese deste modelo encontra-se na criminologia positivista etiológica, mas é recapacitada pelo falso humanismo do movimento da Nova Defesa Social, o qual orientou as principais modificações legislativas ocidentais a partir da década de setenta.

As teorias sobre a(s) finalidade(s) das penas invariavelmente operaram como anestesiadores *"para que los operadores de la ejecución no tengan mala conciencia."*[51] Neste sentido, o modelo penalógico ocidental do final do século passado, estruturado na ideologia do tratamento (discursos ressocializadores), ao invés de capacitar prática direcionada à tutela dos direitos da clientela do sistema punitivo (condenados), conferiu legitimidade aos *melhoradores da humanidade* para intervirem violentamente

---

50 ZAFFARONI, *Qué Hacer con la Pena?*, p. 03.
51 ZAFFARONI, *Sentido...*, p. 40.

contra estes direitos fundamentais, violando sobretudo os direitos da personalidade.

Abandonar quaisquer teorias justificacionistas, sobretudo os modelos ressocializadores, é efeito primeiro da adoção da perspectiva agnóstica de redução dos danos penais.

Ao assumir a pena como realidade (fenômeno) da política, a minimização dos poderes arbitrários exsurge como reação igualmente política. O projeto de redução dos danos decorrentes da punitividade atinge todas as fases de sua individualização, no esforço de redefinir critérios de sua cominação, aplicação e execução, a partir da observância dos postulados constitucionais de proporcionalidade, razoabilidade e proibição do excesso. Especificamente na aplicação da pena, direciona na objetivação dos fundamentos e requisitos judiciais; na execução penal, postulando a jurisdicionalização absoluta, capacita o direito e o processo penal para controlar práticas desregulamentadas do direito penitenciário e criminologia administrativa.

Permite, finalmente, ao operador preocupado em minimizar os danos do sistema punitivo, atuar ciente da institucionalização deteriorante do cárcere, voltando sua ação a neutralizar ao máximo o efeito da prisionalização e a vulnerabilidade do indivíduo submetido ao sistema executivo. Tais premissas, como pondera Zaffaroni,[52] seriam orientadoras de práticas sem pretensões impossíveis e/ou utópicas.

---

52 ZAFFARONI, *Sentido*.., p. 41.

VIII – REPROVABILIDADE E SEGREGAÇÃO: AS RUPTURAS PROVOCADAS PELA ANTIPSIQUIATRIA NAS CIÊNCIAS CRIMINAIS

É preciso dar condições para a construção de um delírio que seja benéfico. Não são todos que trazem problemas. Não queria parar de ver as luzes que me aparecem. Elas são muito bonitas. A loucura é uma condição humana que deve ser respeitada. (Sílvia Maria Soares Ferreira)

01. Prisões e Manicômios

O presente estudo procura avaliar a fragmentação que houve no sistema punitivo para sancionar distintamente imputáveis (penas) e inimputáveis (medidas de segurança), e as possibilidades desinstitucionalizadoras que surgiram a partir do advento da criminologia crítica.

A projeção da crítica criminológica atinge, com idêntica intensidade, os processos de definição de crime e loucura, seu caráter seletivo e estigmatizante e, sobretudo, a inadequação das instituições de sequestro asilar (cárceres e manicômios) para atingir os objetivos oficiais que justificam sua existência.

No entanto, se no final do século passado o problema teórico foi resolvido de forma similar no que diz respeitos às teorias criminológicas do crime e da loucura, sua superação e sua incorporação em ações políticas obtiveram distintos resultados. Se da crítica às práticas asilares em saúde mental alcançou-se, em termos político-legislativos, a inserção do debate sobre a desinstitucionalização, a reforma do sistema psiquiátrico e a incorporação de inúmeras práticas defendidas pelos movimentos antimanicomiais, no campo prisional o cenário é absolutamente distinto, estando, cada vez mais, reforçada a ideia da necessidade de encarceramento.

O objetivo do estudo, portanto, é o de apresentar as rupturas realizadas pela antipsiquiatria em relação às formas de tratamento asilar manicomiais, de forma que se possa avaliar possibilidades de incorporação na esfera prisional.

02. O Sistema Punitivo entre a Culpabilidade e a Periculosidade

Com a consolidação da dogmática penal – como reação às pretensões epistemológicas do positivismo criminológico e, ao mesmo tempo, como harmonização e incorporação de suas premissas no discurso jurídico – há definição dos campos de saber idôneos para o domínio, a intervenção e o controle formal dos criminosos. Edificam-se dois sistemas formais de controle ancorados, respectivamente, nos discursos jurídico-penal e médico-psiquiátrico. Embora seus fundamentos, suas técnicas e seus procedimentos sejam distintos, o direito penal e a psiquiatria forense estabelecerão importantes vínculos de dependência, sobretudo em razão de produzirem discursos funcionais à mútua legitimação das técnicas de controle.

Se a ilustração penal, desde a *Accademia dei Pugni*, havia desenvolvido sistema de intervenção penal fundamentado no livre-arbítrio, com o advento do positivismo criminológico há, nos planos epistemológicos e políticos, desenvolvimento de projetos de substituição da noção de culpabilidade pelo ato pela de periculosidade do autor. No modelo liberal contratualista, a responsabilidade penal do autor de fato previsto como delitivo é graduada pelas suas capacidades de cognição e volição. Da mesma forma que o contrato (civil) somente é válido se firmado por sujeitos capazes de compreender suas cláusulas e aceitar os termos nele dispostos, sujeitando as partes aos ônus e bônus da relação bilateral, o pressuposto da punição é a possibilidade de conhecimento da norma incriminadora e sua violação voluntária. Assim, a culpabilidade, estruturada no conceito de *livre-arbítrio*, fundamenta e legitima a aplicação da pena, sobretudo porque ao violar voluntariamente o pacto social e provocar a supressão de bens de terceiros, o autor do delito adere às penas previstas na lei penal.

No entanto, com o impulso da criminologia positivista e a entrada em cena da categoria *periculosidade*, a ideia de reprovabilidade penal pela culpabilidade é colocada em dúvida, sobretudo porque a concepção liberal-individualista estruturada na razão não correspondia às expectativas empírico-organicistas deflagradas por Darwin e Spencer.

Segundo os autores deste modelo criminológico embriagado pelo evolucionismo, a centralidade do estudo do fenômeno criminal deveria migrar do estudo do crime como entidade normativa abstrata para a análise do homem natural, em concreto. À ciência criminológica, portanto, caberia estabelecer métodos e critérios de observação científica do *homo criminalis*, de forma a identificá-lo, classificá-lo e diferenciá-lo dos demais seres humanos.

Ao contrário do postulado liberal-contratualista, o positivismo criminológico nega a culpabilidade ao sustentar como evidência empírica demonstrável não ser o crime ato humano resultado de vontade livre do sujeito, mas derivado de causas alheias, de fatores endógenos ou exógenos que anulam qualquer vontade, pois determinantes.

Na hipótese etiológico-evolucionista, o *homo criminalis* pode ser representado como sujeito caracterizado por déficits de desenvolvimento (cognitivos e volitivos) que não lhe permitem superar a natureza bárbara e atingir, como os demais seres humanos, o estado de civilização. O homem delinquente é mera aparência de humano, pois oculta essência irracional em máscara civilizada. É inerente à sua constituição orgânica e/ou psíquica a existência de potência criminosa que, cedo ou tarde, quer queira ou não, será transformada em ato, revelando sua natureza ostil, bestial, pré-civilizada, animalesca. A potência que indicará a maior ou a menor probabilidade individual de cometimento de delitos que passa a ser designada periculosidade.

Segundo Ferri, Lombroso, Garófalo e Fioretti, "(...) *a escola* [criminológica positivista] *pode ser resumida na seguinte proposição: as causas do delito são de uma tríplice ordem: individuais, físicas e sociais.*"[1] O projeto científico, portanto, é inegociável: realizar análise empírica individual (microscópica) entre os indivíduos integrantes dos grupos que apresentam características delituais, com o intuito de identificar (diagnóstico) a origem causal da patologia (etiologia), de forma a projetar tratamento (prognóstico) para anular ou reprimir o impulso criminal (periculosidade).

03. Periculosidade e Crise da Culpabilidade

Neste cenário, frente ao agir condicionado, o princípio da culpabilidade centrado na responsabilidade moral torna-se inadmissível, sendo gradualmente substituído pela noção de periculosidade.

Desde o final dos dezoito, portanto, se desenvolve "(...) *crise regressiva na categoria culpabilidade, ofuscada ou renegada em diferentes formas, em sede teórica ou normativa, por obra de doutrinas ou de ordenamentos autoritários, que tendem a alinhá-la, integrá-la ou substituí-la pela noção de 'periculosidade' do réu ou com outras figuras de qualifi-*

---

1 FERRI, LOMBROSO, GAROFALO & FIORETTI, *Polemica in Difesa della Scoula Criminale Positiva*, p. 288.

cação global da sua personalidade, como a capacidade de delinquir, a culpabilidade de autor e semelhantes."[2]

Ao abandonar a noção de sujeito responsável, com capacidade de compreensão e de opção entre condutas distintas (lícitas ou ilícitas), o sistema penal volta-se à essência do autor, avaliando sua propensão ao crime, estabelecendo juízos substancialistas relativos ao processo causal que determinou seu agir.

A ciência penal envolve-se na anamnese reconstrutiva da personalidade do indivíduo, julgando e punindo sua história pessoal, familiar, afetiva e, inclusive, orgânica. A estrutura punitiva de justificação da sanção como retribuição pelo ato é substituída pela ideia de pena-tratamento voltada à tarefa de modificar o sujeito a partir da correção dos déficits que potencializam o crime.

A crise regressiva operada no conceito de culpabilidade referida por Ferrajoli pode ser vista como irreversível nas ciências criminais, embora a retomada da categoria e a tentativa de reconstrução e de revitalização pela dogmática penal através do desenvolvimento da teoria do delito ao longo do século passado.

Do ponto de vista formal, a periculosidade – amparada no discurso médico-psiquiátrico – restará adstrita à identificação do inimputável psicológico, sujeito incapaz de compreensão da ilicitude do fato e de determinação conforme as expectativas do direito e, portanto, irresponsável criminalmente.

A ausência de responsabilidade criminal, porém, não impede a edificação de sistema de sequestro asilar aos inimputáveis. Declarada a inimputabilidade, entra em cena – em sua integralidade – o corpo criminológico para aplicação de medida curativa com a finalidade de cessar ou diminuir a índices aceitáveis a periculosidade do sujeito. Em sentido oposto, em relação aos imputáveis, ao direito penal compete estabelecer as condições de responsabilização e as formas de aplicação e de execução das penas.

---

2 FERRAJOLI, *Diritto e Ragione*, p. 492.

04. Periculosidade, Correcionalismo e Welfarismo Penal

Embora tenham sido delimitadas epistemologicamente as fronteiras para a atuação do direito penal (dogmático e normativo) e da criminologia (empírica), a partir da ruptura dogmática e da construção de sistemas de pena para imputáveis e de medidas para inimputáveis, o advento do *welfarismo penal* (Garland) e das ideias da Nova Defesa Social (Marc Ancel) altera o cenário. A mudança principal diz respeito às concepções sobre os fundamentos e as finalidades da pena (teoria das penas).

Aos discursos de justificação é incorporada a finalidade preventiva especial positiva, que direciona a sanção à recuperação (ressocialização, reinserção social) do condenado e, por conseguinte, permite maior flexibilidade da punição conforme a adequação do apenado ao tratamento penal. E a análise do grau de comprometimento do condenado com o programa ressocializador e dos resultados do tratamento será realizada pelo corpo criminológico.

Conforme se pode perceber, independentemente da cisão dos campos de saber, os níveis de atuação dos discursos penal e criminológico são sobrepostos ao longo do processo criminal (instrução e julgamento de imputáveis e inimputáveis), havendo, ao final, na execução das sanções, ampla convergência, pois a definição do conteúdo e da forma das penas e das medidas de segurança será competência do corpo clínico.

A estrutura *penal-welfare* passa a ser o resultado híbrido que combina o legalismo liberal do processo e seu castigo proporcional com compromissos correcionalistas baseados na reabilitação, no bem-estar e no conhecimento criminológico.[3] O *welfarismo* penal, portanto, na perspectiva de Garland, para além de constituir teoria criminológica, moldou a maneira de pensar os hábitos dos opera-

---

3 GARLAND, *The Culture of Control*, p. 27.

dores e das autoridades encarregadas de desenhar as políticas públicas, produzindo a *gramática* orientadora das diretrizes operacionais, ou seja, a série de regras implícitas que estruturou a linguagem, o pensamento e as ações *standards* dos atores e das agências que atuam no campo punitivo.[4]

Assim, se o conceito de periculosidade é extirpado formalmente do sistema de responsabilização penal do imputável, materialmente segue produzindo efeitos criminalizadores a partir do seu uso na gramática judicial como metarregra de interpretação (*standard*) nas decisões dos casos penais.

05. "Menores e Loucos": Tobias Barreto e a Teoria Agnóstica da Culpabilidade

O Código Criminal do Império do Brasil (1830) previa, em seu art. 10, que não seriam julgados criminosos "*1º os menores de quatorze annos; 2º os loucos de todo o genero, salvo se tiverem lucidos intervallos, e nelles commetterem o crime* (...)". No art. 12, o Código previa que "*os loucos que tiverem committido crimes, serão recolhidos ás casas para elles destinadas, ou entregues ás suas familias, como ao Juiz parecer mais conveniente.*" (sic)

Tobias Barreto, em *Menores e Loucos* (1884), problematiza a estrutura normativa do Código do Império sobre o juízo de imputabilidade e, principalmente, seus fundamentos, notadamente o problema do determinismo e do indeterminismo e a vinculação do discurso jurídico-penal com o saber médico-psiquiátrico.

O autor principia o ensaio questionando o sistema de inclusão e de exclusão consagrado pelo Código para imputação de responsabilidade ou definir a não responsabilização daqueles que

---

4 GARLAND, *The Culture*..., p. 38.

possuem falta em termos psicológicos. A questão é relevante para Tobias Barreto em face de a teoria psicológica utilizada pelo legislador estar resumida em três ou quatro noções tradicionais: vontade (*"pressuposto indispensável do crime nas expressões ação ou omissão voluntária"*), má-fé (*"aliança binária de conhecimento do mal e intenção de o praticar"*) e discernimento.[5]

Todavia a crítica à carência da legislação em utilizar elementos mais sofisticados da psicologia para compreensão da loucura ganha espaço para a própria crítica dos fundamentos dos conceitos de culpabilidade e de periculosidade. Em relação ao problema da liberdade e da determinação, Tobias Barreto direciona importante crítica às bases filosófica e científica metafísicas que fundam ambas as perspectivas, ressaltando a complexidade do agir humano.

As discussões sobre as condições do ato livre, segundo o pensador, são várias e complicadas, podendo sofrer influências por perturbações das mais distintas, das angústias espirituais aos fatores orgânicos, internos ou externos. O *problema dificílimo* de perquirir o efeito de influências endógenas ou exógenas sobre a liberdade do indivíduo pertenceria ao domínio da antropologia judiciária, sendo *"o caráter e a altura individual do livre-arbítrio produtos da organização cerebral originária e das influências exteriores, antagônicas ou sinérgicas, que afetaram esta organização."* Desta forma, *"as condições da possibilidade de obrar livremente podem, pois, ser alteradas ou extintas."*[6]

Interessante perceber, contudo, que ao apontar o problema da liberdade de vontade e dos fatores que influenciam o agir humano, Tobias Barreto não segue o tradicional (e natural) caminho da filiação à tradição jurídica (metafísica dogmática) ou da ruptura

---

5 BARRETO, *Menores e Loucos*, p. 44.
6 BARRETO, *Menores...*, pp. 60-61.

com o jurídico e assunção da nova ciência (criminologia etiológica). Sustenta que "*a teoria da imputação, ou psicologia criminal, como a denominam os juristas alemães, apoia-se no fato empírico, indiscutível, de que o homem normal, chegando a uma certa idade, legalmente estabelecida, tem adquirido a madureza e capacidade precisas, para conhecer o valor jurídico de seus atos, e determinar-se livremente a praticá-los.*"⁷ De maneira inovadora, opta por abdicar do debate sobre os *fundamentos* da responsabilidade penal, voltando sua preocupação para o impacto da legislação na vida cotidiana.

Salienta que "*no terreno empírico do direito, pouco importa que o homem seja livre, ou deixe de sê-lo, segundo fabulam, de um lado, os metafísicos do espírito, e, de outro, os metafísicos da matéria. Para firmar a doutrina da imputação, o direito aceita a liberdade como um postulado de ordem social; e isto lhe é bastante.*"⁸

A crítica à metafísica e à opção por não ingressar sua construção teórica no terreno das *adivinhas jurídicas*, apresentadas na primeira edição de *Menores e Loucos*, possibilitará aprofundar o enfoque na questão sobre a origem e os fundamentos da pena. A opção por rejeitar os fundamentos da culpabilidade é seguida pelo abandono do debate sobre os fundamentos da pena, cuja apresentação ocorre no ensaio Fundamentos do Direito de Punir,⁹

---

7 BARRETO, *Menores...*, p. 44.
8 BARRETO, *Menores...*, p. 44.

9 "*Há homens que têm o dom especial de tornar incompreensíveis as coisas mais simples deste mundo, e que ao conceito mais claro que se possa forar sôbre esta ou aquela ordem de fatos, sabem dar sempre uma feição pela qual o axioma se converte de repente n'um enigma d'esfinge. A esta classe pertencem os metafísicos do direito, que ainda nesta hora presente encontram não sei que delícia na discussão de problemas insolúveis, cujo manejo nem sequer tem a vantagem comum a todos os exercícios de equilibrística, isto é, a vantagem de aprender a cair com certa graça. No meio de tais questões sem saída, parvamente resolvidas, ocupa lugar saliente a célebre questão da origem e dos fundamentos do direito de punir. É uma espécie de adivinha, que os mestres crêm-se*

publicado como apêndice da segunda edição de *Menores e Loucos* em 1889, e no manuscrito *Prolegômenos do Estudo do Direito Criminal*,[10] inserido por Silvio Romero na obra póstuma *Estudos de Direito* (1892).

Possível sustentar, portanto, que se a negação da investigação metafísica sobre os problemas do fundamento do direito de punir gera, na obra de Tobias Barreto, *teoria agnóstica da pena* (Zaffaroni[11]), negativa de similar intensidade produz, em relação aos pressupostos de responsabilização penal, *teoria agnóstica da culpabilidade*. Se a pena é desvinculada de qualquer teoria de legitimação – sendo visualizada na esfera jurídica como fenômeno externo de origem política –, a culpabilidade, desprendida de sua fundamentação metafísica espiritual (livre-arbítrio) ou da metafísica da matéria (determinismo), surge como atributo do sujeito concreto, como fato empírico que possibilita atribuir responsabilidade ao homem que violou as regras do direito e produziu ofensa aos valores e aos interesses considerados juridicamente relevantes.

---

obrigados a propor aos discípulos, acabando por ficarem uns e outros no mesmo estado de perfeita ignorância (...). Eu não sou um daqueles, é bom notar, não sou um daqueles, que julgam fazer ato de adiantada cultura científica, elidindo e pondo de parte todas as questões de caráter másculo e sério, sob pretexto de serem outras tantas bolhas de sabão teoréticas, outros tantos quadros de fantasmagoria metafísica" (BARRETO, Fundamentos do Direito de Punir, p. 640).

10 *"O centro de gravidade do direito criminal está na* pena, *como o do direito civil está na* execução. *Ora, ainda não se buscou saber qual a razão filosófica do direito de exequir; para que buscá-la para o direito de punir? De todas as bolhas de sabão metafísicas é talvez essa a mais fútil, a que mais facilmente dissolve ao sopro da crítica"* (BARRETO, Prolegômenos do Estudo do Direito Criminal, p. 110).

11 ZAFFARONI, *Tobias Barreto y la Crítica de Nina Rodrigues*, pp. 285-308; ZAFFARONI, *Elementos para uma Leitura de Tobias Barreto*, pp. 175-186; ZAFFARONI, *Sentido y Justificación de la Pena*, pp. 35-46; ZAFFARONI, *La Rinascita del Diritto Penale Liberale o la 'Croce Rossa' Giudiziaria*, pp. 385-395.

06. "Menores e Loucos": Tobias Barreto e a Crítica aos Fundamentos da Inimputabilidade

Estabelecido o pressuposto metodológico para leitura do fenômeno da imputação e da responsabilização penal (e após análise da questão dos inimputáveis em razão da menoridade), Tobias Barreto inicia seu estudo sobre a loucura. Dentre os inúmeros problemas suscitados, entende equivocada a definição *loucos de todo o gênero* – reproduzida no Código Civil de 1916 ao estabelecer a incapacidade para os atos da vida civil.[12]

Conforme sustenta, a esfera de interpretação traçada pelo legislador *"conquanto simples e clara, larga e fecunda em sua simplicidade, não é todavia bastante compreensiva para abranger a totalidade não só dos que padecem de qualquer desarranjo no mecanismo da consciência, como também dos que deixaram de atingir, por algum vício orgânico, o desenvolvimento normal das funções, ditas espirituais, sendo uns e outros isentos de imputação jurídica."*[13]

A expressão legal, por mais que se estendesse o conceito ou por mais que se diminuísse ou que se simplificasse sua compreensão, não seria idônea para inscrever as diferentes incapacidades psíquicas (perturbação de espírito, anomalia mental, desvarios e psicoses), as quais, necessariamente, deveriam excluir a responsabilidade criminal. Assim, apesar de simples, inadequada a definição legal *loucos de todo o gênero*.

Outrossim, pontua Tobias Barreto que o espaço de compreensão do conceito de loucura restou reduzido *"a uma quantidade negativa, à mera ausência do seu contrário"*,[14] ou seja, à ausência de razão. Ao citar Regnault – *"la folie n'est que l'absence de la raison"* – nota a

---

12 *"São absolutamente incapazes de exercer pessoalmente os atos da vida civil: I – os menores de 16 (dezesseis) anos; II – os loucos de todo o gênero (...)"* (Código Civil, art. 5º).
13 BARRETO, *Menores...*, p. 59.
14 BARRETO, *Menores...*, p. 59.

extensão do paradoxo conceitual, o qual poderia ser comparado a definir velhice como ausência de juventude ou atribuir à própria razão nada além do que a ausência de loucura. A propósito, ao expor os modelos nosológicos de Valenzi e Ploucquet e ao comentar na legislação comparada o conceito legal de loucura (Códigos Penais francês, italiano e alemão), ressalta o fato de os alienistas e psiquiatras estarem longe de acordar sobre o modo de denominar as moléstias mentais, determinar seu conceito e sujeitá-las à classificação.

Não obstante apontar as falhas legislativas a partir da pluralidade de concepções psiquiátricas e entender que o juízo de imputabilidade cabe exclusivamente aos médicos,[15] Barreto demonstra ser contrário à posição que "(...) *visasse a colocar o legislador criminal na contingência de estar sempre à escuta dos oráculos da medicina, nas questões de imputabilidade, para ir, de acordo com eles, alterando as disposições legais. E há médicos* – reforça o autor – *que não se acham a muita distância de uma tal pretensão.*"[16]

Assim, desde esta posição ambígua em relação às intersecções entre direito penal e medicina psiquiátrica, Tobias Barreto reforça sua crítica à tese do determinismo e à pretensão de substituição da prisão pelo manicômio criminal, em profícuo diálogo com a obra máxima de Lombroso.

07. "Menores e Loucos": Tobias Barreto e a Crítica à Cisão do *Homo Criminalis*

Segundo o pensador pernambucano, o efeito do hiperbolismo científico dos médicos ao invadir ciência alheia (jurídica)

---

15 "*A minha opinião está assentada: aos médicos, e só aos médicos, é que compete apreciar definitivamente o estado normal ou anormal da constituição psicofísica dos criminosos. Eles não devem limitar-se a atestar este estado, mas antes devem julgá-lo magistrática e autoritariamente. Isto, porém, não quer dizer que eu subscreva, como razoáveis, suas teorias em matéria de psicologia criminal.*" (BARRETO, Menores..., p. 70)

16 BARRETO, Menores..., pp. 67-68.

estaria refletido na obra do sábio italiano, na qual "(...) *se nota que o psiquiatra quer destronar a justiça, a psiquiatria quer tornar dispensável o direito penal* (...). *Nem se concebe que L'Uomo Delinquente visasse outro fim senão modificar completamente as ideias tradicionais sobre o crime e o criminoso, derrogar de todo a instituição corrente do instituto da penal.*" Em relação à estrutura da punição, sustenta que "*Lombroso propõe a substituição da cadeia pelo manicômio criminale.*"[17]

A substituição do direito penal pela psiquiatria seria legatária deste novo processo antisecular que atingiu o direito penal. Contudo, ao contrário da redução da dimensão do direito à moral, com Lombroso há sua integração com a natureza, tornando a experiência delitiva qualidade inerente ao indivíduo que se identifica com a tipologia criminal. Sem alternativas possíveis, e desprovido da possibilidade de não realização da conduta, o criminoso (nato) transformaria esta potência (periculosidade) em ato (crime).

Segundo Tobias Barreto, "(...) *a ideia capital de Lombroso não é de todo isenta de um certo sabor de paradoxia. Reduzindo o crime às proporções de um fato natural, incorrigível, inevitável, tão natural e incorrigível como a doença. Ele parece julgar inútil a função da justiça pública.*"[18]

Embora as tentativas, no século passado, de absolutizar as medidas de segurança em detrimento das penas e os esforços teóricos para transformar as instituições prisionais em centros de reabilitação do delinquente, a estrutura formal de resposta ao crime foi fragmentada. O criminoso é *partido* entre o direito penal e a psiquiatria, conforme o diagnóstico de sua patologia (criminoso ou doente).

Inegável, porém, que, se no plano epistemológico a matriz criminológico-psiquiátrica foi reduzida ao local da auxiliaridade (saber menor e servil à dogmática penal), sua instrumentalização política lhe

---

17 BARRETO, *Menores...*, pp. 73-74.
18 BARRETO, *Menores...*, p. 72.

possibilitou definir as regras de ambas as instituições totais (cárceres e manicômios), estruturando materialmente as penas e as medidas de segurança como mecanismos de reforma moral dos *outsiders*.

08. Edificação e Crise das Prisões e dos Manicômios

A fragmentação da resposta punitiva para imputáveis (pena) e inimputáveis (medida de segurança) e a definição do papel a ser desempenhado pelos discursos jurídico-penal e médico-psiquiátrico possibilitaram que o século XX assistisse aos processos de edificação e de crise das instituições totais punitivas (cárceres e manicômios).

Embora consolidados institucionalmente na estrutura punitiva ocidental – com ampla aceitação das esferas informais de controle social –, cárceres e manicômios passarão a receber incisivos questionamentos a partir de meados do século XX.

As instituições correcionalistas revelaram no século passado sua total incapacidade de preservar minimamente os direitos das pessoas nelas mantidas, sendo igualmente questionadas em sua capacidade de cumprir os objetivos ressocializadores projetados no modelo do *welfarismo* penal correcionalista. E note-se que apesar de as críticas mais agudas serem dirigidas pelas inúmeras correntes de pensamento abarcadas pelo rótulo *criminologia crítica*, o diagnóstico sobre as disfunções das instituições totais, mormente a partir dos anos 70, é compartilhado inclusive pelos responsáveis pelas agências de controle e pelos técnicos que nelas atuam.

Na tradição criminológica, o texto de referência na análise das instituições prisionais é *Punishment and Social Structure* (1939), de Georg Rusche e Otto Kirchheimer. Os autores, após identificar no sistema mercantilista produzido e elaborado pelo Iluminismo a funcionalidade do carcerário para afastar os considerados indesejáveis, apontam sua virtude na regulação do mercado de trabalho nas sociedades capitalistas e na contenção dos dissidentes políticos.[19] O trabalho de Rusche e Kirchheimer sustentará a perspectiva de Foucault[20] em *Surveiller et Punir: Naissance de la Prision* (1975), criando condições de possibilidade ao desenvolvimento da criminologia crítica.

Em paralelo à discussão inaugurada por Rusche e Kirchheimer em relação à instituição carcerária, Erving Goffman publica *Asylums: Essays on the Social Situation of Mental Patients and Other Inmates* (1961). A obra de Goffman agrega ao cárcere o asilo manicomial, possibilitando, de forma plena, a compreensão do funcionamento deteriorante das instituições totais correcionalistas, do cerimonial e do rito ao discurso normalizador e moralizador que atinge não apenas os internos como todos os demais membros do corpo de atores que habitam o local de internação (*staff*). No ano da publicação de *Asylums*, a discussão proposta por Goffman é densificada por Thomas Szasz (*The Myth of Mental Illness: Foundations of a Theory of Personal Conduct*), em texto que inaugura a série de obras do antipsiquiatra sobre os processos de construção artificial do conceito de doença/saúde mental e os efeitos perversos da psiquiatrização do desvio.[21] Em interessante coincidência temporal,

---

19 RUSCHE & KIRCHHEIMER, *Punição e Estrutura Social*, p. 100. Não obstante a relação entre a prisão e o sistema econômico, Rusche & Kirchheimer analisam o caráter dissuasivo e os usos políticos das sanções carcerárias, sobretudo sua integração com os regimes fascistas (RUSCHE & KIRCHHEIMER, *Punição...*, pp. 182-272).

20 FOUCAULT, *Vigiar e Punir*, pp. 50-52.

21 A extensão e o conteúdo da obra de Szasz são impressionantes. A obra versa, sobretudo, sobre os temas relativos à saúde mental, à relação do sistema de justiça (criminal) com o saber psiquiátrico, ao uso de drogas e, mais recentemente, às neurociências. Dentre os principais, exemplificativamente, é possível citar: *Law, Liberty, and Psychiatry: An Inquiry into the Social Uses of Mental Health Practices* (1963); *Psychiatric Justice* (1965); *Ideology and Insanity: Essays on the Psychiatric Dehumanization of Man* (1970); *The Manufacture of Madness: A Comparative Study of*

a tese *Histoire de la Folie à l'Âge Classique* é defendida em 1961 por Michel Foucault, cujo conteúdo passa a ser considerado por Henri Ey como *psiquiatricida*.[22]

A partir destes importantes marcos doutrinários que estruturaram os discursos criminológicos críticos nos âmbitos jurídico, filosófico, sociológico, psicológico, psicanalítico e psiquiátrico, o modelo correcionalista-disciplinar-moralizador passa a ser desconstruído. Em perspectiva acadêmica, a densificação da crítica aos fundamentos teóricos que sustentam o correcionalismo corporificado nas instituições totais (cárceres e manicômios) potencializa a criação de modelos alternativos e de redução dos danos ocasionados pelas agências do controle social burocratizado. No campo das práticas profissionais e da política, a desconstrução teórica fomenta inúmeros movimentos sociais de ruptura direcionados à mudança do sistema de sequestro asilar, notadamente os movimentos anticarcerário e antimanicomial.

09. Os Caminhos da Crítica Criminológica e Psiquiátrica

Desde a perspectiva *jus* (jurídica) do discurso criminológico, a teoria crítica derivou modelos político-criminais alternativos

---

the Inquisition and the Mental Health Movement (1970); *Schizophrenia: The Sacred Symbol of Psychiatry* (1976); *Psychiatric Slavery: When Confinement and Coercion Masquerade as Cure* (1977); *The Myth of Psychotherapy: Mental Healing as Religion, Rhetoric, and Repression* (1978); *Cruel Compassion: Psychiatric Control of Society's Unwanted* (1994); *The Meaning of Mind: Language, Morality, and Neuroscience* (1996); *Liberation By Oppression: A Comparative Study of Slavery and Psychiatry* (2002); *Faith in Freedom: Libertarian Principles and Psychiatric Practices* (2004); *Szasz Under Fire: The Psychiatric Abolitionist Faces His Critics* (2004); *Coercion as Cure: A Critical History of Psychiatry* (2007); *The Medicalization of Everyday Life: Selected Essays* (2007).

22 RODINESCO, *Filósofos da Tormenta*, p. 109.

centrados na ideia de minimização do sistema penal e gradual abolição das agências de punitividade, sobretudo o cárcere (v.g. garantismo penal, direito penal mínimo, realismo de esquerda, realismo marginal e abolicionismo). No âmbito das ciências *psi* (psicologia, psicanálise e psiquiatria), a ruptura com o ideal correcionalista fomentou o pensamento antipsiquiátrico e o movimento político antimanicomial.

No entanto, apesar de os direcionamentos nos campos *jus* e *psi* serem harmônicos no que diz respeito às políticas de desinstitucionalização e à base teórica anticorrecionalista, os resultados foram substancialmente distintos.

Na área jurídica, a reação teórica contra o sistema de violência punitiva institucionalizada advinda das propostas minimalistas, garantistas e abolicionistas não atingiu o impacto alcançado na área *psi*. As rupturas operadas por processos de descriminalização em temas específicos (v.g. porte para consumo de entorpecentes e aborto) ou a incorporação de mecanismos de diversificação, despenalização e/ou descarcerização (substitutivos penais), acabaram ofuscadas pelo incremento do punitivismo e a consequente ampliação do arquipélago carcerário, com a sobreposição das teorias neorretributivistas da pena ao correcionalismo do *welfare*.

Todavia, se no plano das políticas jurídico-criminais a crítica foi atropelada pela reinvenção e relegitimação do cárcere, na esfera da saúde mental foi possível experimentar importantes avanços.

Não se olvida, logicamente, os problemas decorrentes da institucionalização normatizadora/normalizadora dos processos de reforma psiquiátrica e, nos países periféricos, a falta de investimento/financiamento público para instrumentalização e efetivação das alternativas. Mas para além dos problemas operacionais, a concretude empírica do êxito da área *psi* permite importante recurso heurístico à criminologia contemporânea, inclusive para que se possam reinventar os discursos e as práticas humanistas na era do punitivismo e do encarceramento em massa.

10. O Saber Antipsiquiátrico

Conforme Lola Aniyar de Castro, *"a antipsiquiatria estuda fundamentalmente as doenças que não têm substrato biológico, que se constituem em atitudes do indivíduo julgadas sobre critérios éticos e culturais e que são vividas por ele com uma linguagem própria."*[23]

O principal ponto de convergência entre a criminologia crítica e a antipsiquiatria está no processo cultural de classificação de determinados tipos de comportamentos não usuais e as reações formais e informais produzidas contra seu autor. Desta forma, crime e loucura, como expressões de condutas desviantes, passam por idênticos processos de definição – produção da linguagem e dos conceitos jurídicos e médicos – e de resposta institucional. E se na esfera jurídica os critérios de definição de crime e atribuição de responsabilidade serão operacionalizados pela dogmática penal, no campo médico a conceituação e a classificação das doenças mentais estarão centralizadas no saber psiquiátrico. Não por outro motivo há incidência da crítica criminológica em ambos os discursos.

Franco Basaglia, líder do movimento italiano denominado *Psiquiatria Democrática*, centraliza sua crítica no papel histórico desenvolvido pela técnica psiquiátrica. Conforme aponta, a antipsiquiatria enfrenta este saber, esta *"(...) ciencia que ha pasado a ser metafísica, dogmática, y que no responde a nivel práctico al enfermo y su enfermedad, sino que se limita a la separación del sano y del enfermo y, por consiguiente, a la codificación de la enfermedad siguiendo unos esquemas establecidos como inmutables."*[24]

Se, na história ocidental, a experiência da loucura ocupou regiões indecisas, difíceis de precisar, *"entre lo prohibido de la acción*

---

23 ANIYAR DE CASTRO, *Criminologia da Reação Social*, p. 166.
24 BASAGLIA, *La Antipsiquiatria y las 'Nuevas Tecnicas'*, p. 01.

y lo del idioma",²⁵ sendo marcada pela relação com os demais atos moralmente ilícitos (libertinagem, blasfêmia, bruxaria) e pertencente a regiões do silêncio, a partir do desenvolvimento da psiquiatria ingressará no rol dos comportamentos degradantes que necessitam de controle e segregação. Segundo Foucault, a prática asilar transforma-se em instrumento de uniformização moral, é o espaço no qual *"se trata de lograr síntesis morales, de asegurar una continuidad ética entre el mundo de la locura y el de la razón, pero practicando una segregación social que garantice a la moral burguesa una universalidad de hecho y le permita imponerse como derecho sobre las formas de la alienación."*²⁶ Relacionada com a decadência social, passa a ser sua causa, seu modelo e seu limite, justificando o castigo.

A cisão artificial entre normais e loucos, entre pessoas sadias e enfermas — traduzida no direito pela reprodução discursiva dos estereótipos que opõem criminosos e não criminosos —, é sustentada pelo espaço institucional dos manicômios (e dos cárceres). Do ponto de vista da fundamentação teórica e da produção da linguagem técnica de controle, a imagem do *anormal*, bem como o local de isolamento a ele destinado, assegura a construção e a manutenção de estigmas justificadores da intervenção correcionalista.

Ao olhar a criminologia como espaço de convergência de disciplinas, de técnicas e de práticas que estudam os fenômenos da violência e os seus mecanismos de controle,²⁷ percebe-se que a antipsiquiatria reforça o discurso crítico de ruptura com a imagem do desviante e do criminoso na cultura moderna e pós-moderna. Ambos os discursos realizam importantes cisões nos processos formais e informais de estigmatização²⁸ da diferença.

---

25 FOUCAULT, *Historia de la Locura en la Época Clásica*, p. 334.
26 FOUCAULT, *Historia...*, pp. 238-239.
27 CARVALHO, *Antimanual de Criminologia*, p. 40.
28 SZASZ, *A Fabricação da Loucura*, p. 244.

Szasz, ao resenhar trabalhos jornalísticos, jurídicos e psiquiátricos representativos da natureza da doença mental, do tratamento e dos serviços de saúde mental, aponta as maneiras pelas quais a psiquiatria serve à função de rotulação de indivíduos como doentes e, em consequência, à criação de bodes expiatórios psiquiátricos.[29] Assinala que as práticas institucionais em saúde mental são, em grande parte, cerimônia e magia médicas, na qual o ritual psiquiátrico justificaria o sacrifício e a expulsão do doente mental. Segundo o autor, "isso explica *porque a rotulação de pessoas – como mentalmente sadias ou doentes – é uma parte tão decisiva da prática psiquiátrica. Constitui o ato inicial de invalidação e validação social, pronunciado pelo sacerdote de religião científica e moderna, o psiquiatra; justifica que o bode expiatório do sacrifício, o doente mental, seja expulso da comunidade (...). O ritual é o produto da repressão moral.*"[30]

David Cooper, no referencial *Psiquiatria e Antipsiquiatria* (1967), sustenta que o problema não reside na pessoa doente, mas na rede de interações de pessoas na qual o paciente é admitido, ou seja, "*a loucura não se encontra 'numa pessoa', porém num sistema de relacionamentos em que o 'paciente' rotulado participa.*"[31] Assim, da mesma forma que 'o' criminoso não existe como fenômeno natural, não se tratando o crime de qualidade intrínseca à pessoa que o pratica mas do nível de resposta formal ou informal, 'o' doente mental e 'a' loucura são produtos de interpretação, juízos éticos e morais, vinculados ao contexto cultural. Aliás, ideia de a loucura não ser fato natural, mas produto da cultura vinculado à linguagem, às formas de compreensão e ao controle dos comportamentos desviantes, será a hipótese central de Foucault, conforme assinala Roudinesco: "(...) *a loucura não é um fato da*

---

29 SZASZ, *A Fabricação...*, p. 244.
30 SZASZ, *A Fabricação...*, pp. 304-305.
31 COOPER, *Psiquiatria e Antipsiquiatria*, p. 47.

natureza, mas de cultura, e sua história é das culturas que a classificam como tal e a perseguem."³²

Lembra Aniyar de Castro que Szasz analisa a "*doença mental como fenômeno que se origina em razões e interações sociais*", a partir da explícita negação da ontologia da loucura. O conceito de doença mental funcionaria, pois, como mito, visto inexistir 'a' doença mental senão desde sua própria elaboração conceitual como juízo de valor. Distingue, portanto, as *doenças orgânicas do cérebro* que produzem déficits neurológicos inquestionáveis, das *doenças da mente*, as quais não se pode explicar como defeito ou alteração do sistema nervoso, mas como *problemas do viver*.³³⁻³⁴

---

32 ROUDINESCO, *Os Filósofos...*, p. 114.

33 ANIYAR DE CASTRO, *Criminologia...*, pp. 168-169.

34 A propósito, a tendência contemporânea de vincular como doenças, como patologias individuais, os 'problemas do viver', produz novo sintoma social associado ao uso indiscriminado de fármacos. O resultado, em grande parte consequência da popularização das neurociências no final do século XX é a ausência de critérios para distinguir os sofrimentos psíquicos das doenças orgânicas do cérebro. Segundo Birman, "*o recente desenvolvimento das neurociências possibilitou a reconstrução da medicina mental, aproximando esta, finalmente, da medicina somática. Completou-se, com isso, o sonho do saber psiquiátrico de se transformar não apenas em ciência, mas em especialidade médica*" (BIRMAN, *Mal-Estar na Atualidade*, p. 181). Percebe, ainda, Joel Birman que "*diante de qualquer angústia, tristeza ou outro desconforto psíquico* [ou desvio, acrescente-se], *os clínicos passaram a prescrever, sem pestanejar, os psicofármacos mágicos, isto é, os ansiolíticos e antidepressivos. A escuta da existência e da história dos enfermos foi sendo progressivamente descartada e até mesmo, no limite, silenciada. Enfim, por essa via tecnológica, a população passou a ser ativamente medicalizada, numa escala sem precedentes.*" (BIRMAN, *Mal-Estar...*, p. 214).

Charles Melman, ao analisar o que diagnostica como nova economia psíquica – "(...) *mutação que nos faz passar de uma economia organizada pelo recalque* [caráter excessivo das restrições morais, repressão excessiva das pulsões sexuais] *a uma economia organizada pela exibição do gozo* [suspensão do recalque com expressão crua dos desejos]" (MELMAN, *O Homem sem Gravidade*, p. 16) – lembra que com o advento da nova geração de neurolépticos e com a compreensão de que as dores

11. A Crítica Antimanicomial

Estabelecidos epistemologicamente na área das ciências criminais e da psiquiatria os critérios para definição do sujeito como doente mental, ao autor do comportamento desviante – sobretudo se desse comportamento decorrer delito –, é designada a forma de tratamento asilar em instituição total própria, qual seja, os manicômios.

Conforme trabalhado, a partir dos estudos de Goffman e de Foucault, percebe-se que prisão e manicômio são fenômenos institucionais idênticos, cujas funções declaradas não correspondem às efetivamente exercidas. Se o discurso oficial legitimou as prisões e os manicômios a partir das premissas correcionalistas do tratamento ressocializador e curativo – inclusive sob argumentos humanitários conforme os postulados do movimento da Nova Defesa Social –, a crítica criminológica desnuda os vários níveis da violência institucional que recai sobre os internos.

Aponta Basaglia que "(...) *em todos os países do mundo* [a prisão] *tem como finalidade a reabilitação do preso, como, por outro lado, o manicômio tem como finalidade a cura do doente mental.*" Todavia, aderindo às conclusões da criminologia crítica, constata que "(...) *tanto o manicômio quanto a prisão são instituições de Estado que servem para manter limites aos desvios humanos, para marginalizar o que está excluído da sociedade. É muito difícil dizer com precisão o que é a marginalidade ou o que é a doença mental, como é muito difícil compreender a presença dessas pessoas nestas instituições, porque manicômio ou prisão são situações intercambiáveis: podemos tomar um preso e colocá-lo no manicômio ou tomar um louco e metê-lo na prisão.*"[35]

---

provocadas pela existência seriam doenças no sentido médico do termo, simplesmente não se permite mais que as pessoas façam seus lutos, pois "*os psiquiatras tendem mais a tratar os lutos como doenças, a confundir luto e estado depressivo. Muitos não sabem mais que um luto é algo normal.*" (MELMAN, O Homem..., p. 101).

35 BASAGLIA, *A Psiquiatria Alternativa*, p. 45.

A abertura e a visibilidade das relações que se estabelecem nas instituições totais realizadas pela criminologia crítica (cárcere) e pela antipsiquiatria (manicômios), possibilitam perceber as formas físicas e simbólicas de violência exercidas nos espaços institucionais de controle social. No primeiro aspecto (violências físicas), a forma asilar de tratamento revela-se absolutamente ofensiva aos direitos fundamentais mínimos, seja decorrente da estrutura física dos manicômios ou das práticas terapêuticas reconhecidamente contrárias à dignidade da pessoa internada. Neste aspecto ressaltam-se não apenas as violências típicas que caracterizam as instituições totais – *v.g.* tortura de internos, isolamentos injustificados, limitação dos espaços de liberdade, restrição de contatos com o mundo exterior, privação de recursos materiais – como as derivadas de técnicas de tratamento propriamente violentas – *v.g.* uso de eletrochoque e de camisa de força, aplicação excessiva de fármacos ou de medicamentos inapropriados, avaliações psiquiátricas e psicológicas eminentemente moralizadoras.

No segundo aspecto (simbólico), o efeito estigmatizador da internação manicomial revela a impossibilidade do tratamento, ou seja, demonstra ser a prática isolacionista antagônica à própria ideia de recuperação e de reinserção do paciente na comunidade. Aniyar de Castro, ao comparar as distintas formas de internação de pacientes constata que *"enquanto o paciente de um hospital geral é tratado como qualquer outra pessoa da sociedade, ao doente mental hospitalizado trata-se como um portador de um* status, *não como pessoa."*[36] Lembra a autora que o modelo de isolamento propugnado pela psiquiatria tradicional cria distância entre o psiquiatra e o doente, a qual pode ser denominada *círculo coisificante*, que impede relação autêntica entre ambos.[37]

---

36 ANIYAR DE CASTRO, *Criminologia...*, p. 176.
37 ANIYAR DE CASTRO, *Criminologia...*, p. 176. No mesmo sentido, em relação à definição do manicômio como espaço de 'reserva psiquiátrica' e ao processo de objetificação do 'doente mental', conferir Basaglia, *Escritos Selecionados*, pp. 35-59.

Em paralelo à demonstração dos equívocos da forma asilar de tratamento manicomial, mormente os de longa duração, se insere no discurso antipsiquiátrico importante crítica epistemológica à pretensão de neutralidade da psiquiatria, aos processos discursivos de construção artificial do conceito de loucura e aos critérios morais de classificação tipológica das enfermidades mentais. Basaglia, no referencial *Che Cos'è la Psichiatria* (1967), ao procurar responder o questionamento sugerido pelo título do livro, demonstra que esta questão nasce do desconforto real daqueles que se encontram oprimidos "(...) *por uma ideologia psiquiátrica fechada e definida em seu papel de ciência dogmática que, diante do próprio objeto de pesquisa, limitou-se a definir sua diversidade e incompreensibilidade, traduzindo-as concretamente numa estigmatização social.*"[38]

As práticas desta psiquiatria asilar, para a crítica antipsiquiátrica, são identificadas como *flichiatrie* (psiquiatria repressiva ou psiquiatria policialesca), categoria que engloba a tradição punitivo-moralizadora do sanitarismo médico-psiquiátrico mascarada pelos discursos terapêuticos. Ao negar esta forma de atuação eminentemente repressiva, o movimento crítico assume seu papel de *politichatrie*.[39] A partir da politização do espaço institucional e da discussão sobre os critérios de definição das doenças mentais, adota postura de denúncia, opondo-se às funções ocultas reproduzidas pela psiquiatria policialesca (*flichiatrie*).

Outrossim, para além dos efeitos estigmatizantes que as internações manicomial e carcerária produzem nos seus hóspedes,

---

38 BASAGLIA, *Escritos...*, pp. 61-62.

39 Os termos *flichiatrie* e *politichatrie* são usados por Basaglia em referência aos conceitos produzidos pela prática antipisiquiátrica francesa, de forte inspiração foucaultiana (BASAGLIA, *La Antipisiquiatria...*, p. 02). Lola Aniyar de Castro, ao comentar o uso da terminologia, lembra que "(...) *os internos dos manicômios franceses chamam seus médicos de* flicpsiquiatras *ou* flicquiatras *(*flic, *na gíria, é polícia)*" (ANIYAR DE CASTRO, *Criminologia...*, p. 178).

a teoria crítica denuncia as formas de reprodução desta lógica de segregação do desvio e do desviante nas relações sociais extramuros, das quais são conformados signos de interpretação e de reprodução de preconceitos contra pessoas e grupos sociais vulneráveis. Conforme verifica Bleger, *"a sociedade tende a manter uma clivagem entre aquilo que é considerado normal e patológico, colocando à margem loucos, delinquentes, prostitutas, desviantes em geral das condutas socialmente aceitas. O estigma recai sobre essas figuras portadoras da desrazão, da criminalidade e de uma sexualidade descontrolada."*[40] Não por outro motivo, na percepção de Arrigo e Bernard, são conceitos como os de crime e de loucura que permitem a criação de gramática estigmatizadora e fetichizante, a qual, apesar de não apresentar definição precisa do fenômeno que pretende abordar, atua como (meta)regra universal para interpretar, explicar e valorar fenômenos múltiplos, distintos, plurais, de forma unívoca.[41]

---

40 *Apud* KODA & ASSUMPÇÃO FERNANDES, *A Reforma Psiquiátrica e a Constituição de Práticas Substitutivas em Saúde Mental*, p. 1455.

41 "(...) *The phrase 'mentally ill' is an ambiguous metaphorical phrase rather than a precise literal description of a phenomenon. Everyone has a general idea of what the phrase means, but there can be many disagreements over whether and how to apply it to specific people. The term itself tends to be fetishized because people come to believe it is literally true in some sense, but other metaphors can describe the same phenomenon, such as 'touched by God, 'mental health consumer,' 'crazy/nuts/loony/wacko,' 'differently abled,' 'out of his/her mind,' or 'possessed by the devil.' Each of these metaphorical phrases conveys meanings and values that go far beyond simple description. The dominant discourse in both civil and criminal statutory and case law is the medical language of 'mental illness' – i.e., these people are described as 'diseased,' 'sick,' and 'in need of treatment'. When used by persons with official standing in the legal system, the selection of this discourse rather than an alternative discourse has profound and concrete consequences for the people to whom the metaphorical phrases are applied"* (ARRIGO & BERNARDT, *Postmodern Criminology in Relation to Radical and Conflict Criminology*, p. 46).

12. Abertura dos Manicômios

O movimento de despsiquiatrização da loucura – *"tentativa de anular o poder do médico e deslocá-lo de um saber mais exato para outras práticas e medidas"*⁴² – direciona-se nuclearmente à desestabilização e à superação da instituição manicomial e dos saberes correlatos que a reforçam e a mantêm. Conforme ensinam Guareschi, Reis, Oliven & Hüning, *"no cerne da luta da antipsiquiatria está um combate contra a instituição, mas que também vem de dentro dela. A antipsiquiatria pretende dar ao indivíduo a tarefa e o direito de realizar a sua loucura, levando-a até o fim em uma experiência para a qual a psiquiatria pode contribuir, porém jamais em nome de um poder que lhe for conferido pela capacidade de buscar a razão ou normalidade"*.⁴³

Neste sentido, Koda & Assumpção Fernandes demonstram que *"o Movimento de Luta Antimanicomial instaura um processo de transformação não só nas práticas ligadas à saúde mental, como também carrega em si um potencial disruptivo dentro de nossa própria sociedade ao colocar em questão a divisão entre loucos e normais, entre sãos e doentes mentais."*⁴⁴

O primeiro movimento para superar a lógica do hospital psiquiátrico seria o de implementação de sistema *open door*, no qual o espaço fechado de mortificação é oxigenado pela liberdade. A abertura do manicônio, segundo Basaglia, *"(...) produz no doente uma transformação gradativa do seu espaço, das suas perspectivas das coisas, restringida e diminuída não só pela sua condição mórbida, mas também pela longa hospitalização."*⁴⁵

A partir da ideia de visibilidade do *locus* institucional, a alteração de sua gestão é fomentada, substituindo-se o modelo do

---

42 GUARESCHI *et al.*, *Usuários do Hospital-Dia*, p. 124.
43 GUARESCHI *et al.*, *Usuários...*, p. 124.
44 KODA & ASSUMPÇÃO FERNANDES, *A Reforma...*, p. 1457.
45 BASAGLIA, *Escritos...*, p. 24.

hospital psiquiátrico baseado na autoridade e na hierarquia pela criação de centros regidos comunitariamente. A criação de hospitais-dia e a adoção de comunidades terapêuticas representariam, pois, fase de transição entre as formas institucional e não institucional de tratamento.

Conforme assinala Basaglia, "*a 'porta aberta' (terror dos nossos legisladores), a abolição das grades, a abertura dos portões têm profundas repercussões, dando ao doente a percepção de estar vivendo num lugar de tratamento onde pode reconquistar gradativamente sua relação com os 'outros', com quem cuida dele, com seus companheiros.*"[46]

A incorporação dos princípios orientadores da instauração de hospitais-dia e de comunidades terapêuticas – espaços que negam a lógica asilar manicomial e que possibilitam ao sujeito realizar sua loucura –, permite ao doente "*viver em dois registros: o do tratamento e o da gradual conquista de uma liberdade da qual se sentirá dono e pela qual será responsável.*"[47] Nestes espaços de liberdade ampliada, o círculo coisificante é rompido pelo esforço em utilizar, na maior extensão possível, plano terapêutico que envolva a participação de todos: médicos e pacientes. A partir de relação não hierarquizada e de liberdade de comunicação entre paciente, médicos, enfermeiros e empregados, são criadas dinâmicas pessoal e interpessoal para obstrução de qualquer tipo de encontro alienante.[48]

13. As Alternativas ao Tratamento Asilar

O histórico de ruptura proporcionado pelas experiências antipsiquiátrica e antimanicomial com o saber médico-dogmático

---

46 BASAGLIA, *Escritos...*, p. 31.
47 BASAGLIA, *Escritos...*, p. 34.
48 Neste sentido, conferir ANIYAR DE CASTRO, *Criminologia...*, p. 176.

da psiquiatria seria motivo suficiente para que fosse tomado como referencial na reavaliação das práticas e das teorias jurídico-criminológicas direcionadas a minimizar os efeitos deletérios do cárcere, instituição siamesa do manicômio.

O paradoxal neste processo absolutamente similar de crítica ao controle burocrático-normalizador-moralizador do desvio, porém, é que apesar de gêmeas, as instituições carcerária e manicomial encontram-se em situações radicalmente opostas na atualidade.[49] Ao contrário da invenção de formas alternativas ao asilo da loucura, nas quais se percebe claramente possibilidades concretas de efetivação dos discursos abolicionistas, no que diz respeito ao crime, a resposta segregadora foi e é cotidianamente repotencializada.

Em princípio, importa dizer que todo processo de ruptura e/ou de reforma deriva inúmeros problemas, mormente ao se tratar de mudança de cultura em áreas de intervenção eminentemente violentas como a intervenção psiquiátrica coercitiva. Possível perceber, portanto, importantes questões práticas e teóricas derivadas da Reforma Psiquiátrica, as quais envolvem dúvidas quanto à institucionalização e à normatização do pensamento contrainstitucional – *v.g.* divergências acerca da constituição identitária do movimento antimanicomial; embates acerca da polarização entre prática institucional *versus* mobilização social; diferenças de concepção no que tange à relação do movimento com o poder institucional;[50] possibilidades de reprodução da lógica hospitalo-

---

49 Conforme destaca Scull, "(...) *initially suggested there had been a shift from custody to community prompted by fiscal considerations and the critique of 'total institutions', but later acknowledged that 'decarceration' was less evident in the penal sphere than it was in the control of treatment of the mentally ill*" (*Apud* GARLAND, *Penal Modernism and Postmodernism*, p. 53).

50 LÜCHMANN & RODRIGUES, *O Movimento Antimanicomial no Brasil*, p. 405.

cêntrica na rede alternativa[51] entre outros. Não obstante os problemas específicos de países periféricos como o Brasil no que diz respeito à falta de instrumentalização, por parte do Estado, dos meios necessários à efetivação das reformas. Assim, de forma a avaliar possibilidades de ruptura a partir de experiências vividas na realidade brasileira, evitando o equívoco sempre frequente de importar doutrinas e práticas alienígenas pouco compatíveis com o cenário periférico, imprescindível à investigação visualizar o impacto da antipsiquiatria e do movimento antimanicomial no processo de reforma psiquiátrica desde análise da cultura nacional. A percepção desta trajetória permitirá traçar paralelos que auxiliem a construção de alternativas à lógica *carcerariocêntrica*, ou seja, à fixação do sistema punitivo e dos seus operadores na via prisional como única resposta possível ao desvio punível.

14. A Lei Basaglia e a Reforma Psiquiátrica

O marco divisório do movimento antimanicomial foi a promulgação da Lei italiana 180/78, conhecida como Lei Basaglia. A Lei determinou a abolição dos manicômios, instituindo formas

---

51 A partir de estudo de caso dos Hospitais-Dia, Guareschi, Reis, Oliven & Hüning chamam atenção para a dificuldade em romper com a histórica lógica moralizadora e normalizadora das instituições. Assim, descrevem que o Hospital-Dia, inserido no Sistema Único de Saúde, é uma das propostas para outro tipo de agenciamento social da loucura, distinto do modelo manicomial estigmatizador e excludente. O objetivo, portanto, seria *"a utilização desse espaço em sua efetividade na desinstitucionalização da doença mental e na desconstrução de discursos patologizantes que ainda reiteram as práticas hospitalocêntricas e medicalizantes que operam nos serviços de saúde mental"*. Todavia, constatam que *"mesmo em se tratando de um programa situado no campo da Reforma Psiquiátrica, o Hospital-Dia é atravessado pelo discurso da psiquiatria clássica e da medicina higienista sobre a loucura"* (GUARESCHI *et al.*, Usuários..., pp. 126-133).

alternativas de abordagem na área da saúde mental, sobretudo com a incorporação do conceito de comunidade terapêutica. A efetivação em Lei do projeto antimanicomial redefiniu as próprias formas de intervenção dos atores vinculados à antipsiquiatria e, no plano teórico, fomentou a reinvenção da crítica através da superação e da transposição dos postulados iniciais.

No Brasil, o fortalecimento do movimento antimanicomial ocorre a partir de 1987, com a organização da I Conferência Nacional de Saúde Mental. No evento, temas como a *"reversão da tendência hospitalocêntrica"* e o *"resgate da cidadania do doente mental"* pautam os debates e projetam a reforma psiquiátrica.

Com o processo de redemocratização e, sobretudo, com o espaço de ampliação dos direitos humanos na Constituição de 1988, inúmeros projetos de Lei, nos âmbitos municipais, estaduais e federal, são apresentados com objetivo de criar rede de assistência extra-hospitalar, com a progressiva extinção dos leitos manicomiais e com o estabelecimento da comunicação compulsória das internações involuntárias.

A concretização do projeto, no plano normativo e em âmbito nacional, ocorre com o advento da Lei 10.216/01, que *"dispõe sobre a proteção e os direitos das pessoas portadoras de transtornos mentais e redireciona o modelo assistencial em saúde mental."* Em 2001, na ocasião da III Conferência Nacional de Saúde Mental, é consolidada a reforma como política de governo, conferindo-se aos Centros de Atenção Psicossocial (CAPS) o papel estratégico de gestão do novo modelo.[52]

Na lacuna entre as Conferências Nacional de Saúde Pública I e III, o movimento antimanicomial no Rio Grande do Sul insere a reforma psiquiátrica na pauta legislativa através de projeto de

---

52 Sobre o histórico legislativo da reforma psiquiátrica no Brasil, com especial ênfase no Rio Grande do Sul, conferir GASTAL *et al.*, *Reforma Psiquiátrica no Rio Grande do Sul*, pp. 120-122.

Lei que resultará na promulgação da Lei Estadual 9.716/92, que regulamenta a reforma psiquiátrica no âmbito regional e *"determina a substituição progressiva dos leitos nos hospitais psiquiátricos por rede de atenção integral em saúde mental, determina regras de proteção aos que padecem de sofrimento psíquico, especialmente quanto às internações psiquiátricas compulsórias."*

A Lei 9.716/92, após definir o usuário dos serviços de saúde mental como sujeito de direitos e fixar o devido processo legal como pré-requisito para internações ou quaisquer outros tipos de limitação de seus direitos (art. 1º), especifica os parâmetros da reforma e enumera a rede de serviços alternativos à segregação asilar: *"a reforma psiquiátrica consistirá na gradativa substituição do sistema hospitalocêntrico de cuidados às pessoas que padecem de sofrimento psíquico por uma rede integrada de variados serviços assistencias de atenção sanitária e social, tais como ambulatórios, emergências psiquiátricas em hospitais gerais, leitos ou unidades de internação psiquiátrica em hospitais gerais, hospitais-dia, hospitais-noite, centros de convivência, centros comunitários, centros de atenção psicossocial, centros residenciais de cuidados intensivos, lares abrigados, pensões públicas comunitárias, oficinas de atividades construtivas e similares."* (art. 2º)

Não apenas apresenta os espaços de cuidado dos sujeitos com sofrimento psíquico que substituirão os manicômios, mas veda expressamente a ampliação de hospitais psiquiátricos, públicos ou privados (art. 3º). A política de moratória à construção de novos espaços asilares condiciona, inclusive, a renovação da licença dos hospitais, embora seja permitida a construção de unidades psiquiátricas em hospitais gerais de acordo com as especificidades regionais.[53]

---

53 *"Art. 4º – Será permitida a construção de unidades psiquiátricas em hospitais gerais, de acordo com as demandas loco-regionais, a partir de projeto a ser avaliado e autorizado pelas Secretarias e Conselhos Municipais de Saúde, seguido de parecer final da Secretaria e Conselho Estadual de Saúde; § 1º – Estas unidades psiquiátricas deverão contar com*

Outrossim, como estratégia de superação do modelo hospitalocêntrico é prevista a implementação e a manutenção da rede de atendimento descentralizada e municipalizada – "*observadas as particularidades sócio-culturais locais e regionais, garantida a gestão social destes meios*" (art. 9º) – e a revisão necessária da Lei no prazo de 05 anos para avaliar os rumos e o ritmo da implementação (art. 15º).

A Lei Federal 10.216/01 segue o direcionamento dado pela legislação gaúcha, declarando o direito da pessoa portadora de transtorno mental ao tratamento humanitário e, consentâneo às necessidades de ser protegida contra qualquer forma de abuso e exploração, de ter acesso e de ser mantido o sigilo das informações prestadas. No que tange especificamente ao espaço, define ambiente terapêutico preferencial em serviços comunitários de saúde mental (art. 3º), vedando "(...) *a internação de pacientes portadores de transtornos mentais em instituições com características asilares*" (art. 4º, § 3º).

15. O Impacto da Reforma Psiquiátrica

Os dados levantados sobre a reforma psiquiátrica possibilitaram compreender a complexidade dos projetos de desinstitucionalização dos usuários dos serviços de saúde mental e analisar as dificuldades de implementação legislativa e de efetivação das novas práticas no cotidiano dos atores envolvidos.

Os diagnósticos sobre a reforma psiquiátrica brasileira são múltiplos e invariavelmente apontam sentidos diversos, muitos deles em flagrante oposição. A crítica veemente advém do discurso dogmático da psiquiatria, baseado na tese de a reforma ter de-

---

áreas e equipamentos de serviços básicos comuns ao hospital geral, com estrutura física e pessoal adequado ao tratamento dos portadores de sofrimento psíquico, sendo que as instalações referidas no 'caput' não poderão ultrapassar a 10% (dez por cento) da capacidade instalada, até o limite de 30 (trinta) leitos, por unidade operacional."

sestruturado a rede hospitalar. A postura oficial da psiquiatria é a da necessidade de retomar o modelo asilar em razão dos efeitos deletérios da redução dos leitos psiquiátricos e da insuficiência de estrutura dos modelos alternativos, notadamente dos Centros de Apoio (CAPS). A hipótese defendida é a de que "*os hospitais psiquiátricos são alternativas terapêuticas eficazes e necessárias em situações de crise e devem ser remodelados, modernizados e não extintos.*"[54]

Análise distinta propõe a adequação e a revisão dos modelos alternativos implementados, mantendo-se sistema híbrido no qual, em paralelo à manutenção de espaços de internação (leitos psiquiátricos em hospitais gerais), seja reforçada a rede de apoio não institucional.

Perspectivas de maior comprometimento histórico com a luta antimanicomial entendem o processo de reforma psiquiátrica como inacabado, sobretudo pela manutenção da lógica hospitalocêntrica na rede integrada de serviços assistenciais e o escasso comprometimento das esferas públicas estatais e não estatais com a mudança de paradigma.

Do que se pode apreender na investigação, nota-se tendência de manter espécie de modelo intermediário, com redução gradual dos espaços institucionais ao mínimo necessário e a ampliação da rede alternativa.

Contudo, para além da anamnese e dos prognósticos acerca dos rumos da reforma psiquiátrica, percebe-se que a ruptura operada com a Lei, apontando para a abolição do modelo manicomial, tem alterado o foco da discussão. Apesar da resistência e da manutenção de lógicas burocrático-institucionais, o *locus* manicomial tende a deixar de ser o centro do sistema de apoio às pessoas com sofrimento psíquico, mantendo-se o espaço institucional subsidiário. Talvez naquela qualidade de intervenção

---

54 GASTAL *et al.*, *Reforma...*, p. 128.

residual, mínima, imaginada pelos criminólogos e penalistas liberais em relação ao cárcere.

Rauter chama atenção para o fato de que a reforma psiquiátrica tem importantes implicações políticas e de que o processo de desospitalização e de extinção dos manicômios pode ser perversamente adequados às políticas de intervenção mínima do Estado na área da saúde (mental). Outrossim, alerta para o fato de que *"abrem--se novos horizontes para práticas de controle social extra-muros, nem por isso mais brandas, que se ligam a novos dispositivos de controle social"*.[55]

Inegavelmente o alerta postulado por Rauter é fundamental para que não ocorra inversão ideológica no discurso de proteção aos direitos dos usuários dos serviços de saúde mental.

No entanto a formação da rede de apoio alternativa – tal como delineada pelo art. 2º, da Lei 9.716/92, do Estado do Rio Grande do Sul –, agregada à vedação expressa de construção de novos espaços manicomiais, parece definir importantes mecanismos para superação das práticas de sequestro asilar sem que haja revigoramento ou reinvenção das instituições totais ou, ainda, pulverização do controle psiquiátrico moralizador.

O mérito da reforma psiquiátrica parece ser o de assumir sem meias palavras que a lógica asilar da vida institucional *"cronifica y psicotiza cada tipo de problemas, imponiéndoles el aspecto de enfermedad-manicomio"*.[56]

A luta pela efetivação da reforma, com a criação da rede alternativa e o real deslocamento da lógica hospitalocêntrica, aparece como segundo momento no processo de cisão radical com o paradigma anterior, sem optar por mudanças ou reformas graduais, parciais e progressivas que acabam, invariavelmente, vivificando, de forma contida e silenciosa, o modelo institucional.

---

55 RAUTER, *Manicômios, Prisões, Reformas e Neoliberalismo*, p. 73.
56 BASAGLIA, *La Antipsiquiatria...*, p. 03.

16. Avanços da Antipsiquiatria e Lições à Criminologia: Direitos e Garantias dos Usuários dos Serviços de Saúde Mental

Diversos temas relativos à *loucura* e suas consequências jurídicas foram abordados nesta investigação: (a) a questão da tensão culpabilidade *versus* periculosidade na definição dos modelos de reprovação pessoal pelo ilícito; (b) a adoção do correcionalismo pelo modelo penal-welfare; (c) a crítica aos fundamentos e justificações jurídicas da imputabilidade; (d) o problema da definição jurídica da inimputabilidade; (e) a relação prático-teórica entre os movimentos da criminologia crítica e os da antipsiquiatria; (f) as críticas criminológicas e antipsiquiátricas às instituições totais; (g) a emergência do movimento antimanicomial; e (h) a positivação das demandas do movimento antimanicomial nas Leis de Reforma Psiquiátrica.

À guisa de conclusão, importante vincular o campo do direito penal e da criminologia crítica ao debate sobre inimputabilidade e avaliar quais avanços na área *psi* devem servir como referencial para mudanças nas práticas *jus*.

No entanto, antes de propor questões à reflexão, fundamental esclarecer a hipótese que permeia a pesquisa: *não se vislumbra qualquer diferença conceitual que justifique tratamento diferenciado entre os usuários dos serviços de saúde mental que praticaram e aqueles que não praticaram atos previstos em lei como delito*.

As ideias expostas ao longo do trabalho têm como pressuposto que a *"única protección para todos consiste en una regulación jurídica que garantice un tratamiento óptimo, conforme a los recursos terapéuticos, y respetuoso de la dignidad, para cualquier paciente psiquiátrico, sin distinguir entre los pacientes psiquiátricos absueltos por inimputables por la justicia y quienes nunca se hubiesen hallado en ese trance."*[57]

---

57 ZAFFARONI (coord.), *Sistemas Penales y Derechos Humanos en América Latina*, p. 51.

O debate sobre culpabilidade e periculosidade e as formas de análise da inimputabilidade que iniciam a exposição são justificados, conforme conclui Zaffaroni, apenas conjunturalmente, "*como medio de evitar que el paciente psiquiátrico absuelto por inimputable reciba un tratamiento diferencial y lesivo para su salud, como resultado del prejuicio de la 'peligrosidad'.*"[58] Significa que a atribuição do juízo de inimputabilidade, a partir da avaliação técnica da periculosidade do sujeito processado criminalmente pela prática de fato definido em lei como delito, não pode justificar qualquer forma diferenciada de tratamento. Não justifica, inclusive, intervenções invasivas que provoquem danos no usuário do serviço de saúde mental desde a justificativa de que o objetivo do tratamento é cessar sua periculosidade.

Assim, em primeiro lugar, a premissa que sustenta as conclusões é a de que, independentemente da via de acesso aos serviços públicos de saúde mental (encaminhamento familiar, médico ou judicial), o tratamento prestado deve ser equânime.

Importa dizer, em segundo lugar, que se houve significativo avanço no sentido desinstitucionalizador a partir da Lei da Reforma Psiquiátrica, torna-se injustificável a segregação em instituições autônomas (manicômios judiciais) das pessoas encaminhadas pelo Poder Judiciário. Neste aspecto, cabe referir que a reforma psiquiátrica não atingiu os manicômios judiciais e, em consequência, há continuidade na forma de intervenção asilar e institucional no tratamento das pessoas consideradas inimputáveis pela Justiça.

Se a reivindicação do movimento antimanicomial é a de que os usuários dos serviços de saúde mental não sejam estigmatizados nos manicômios e em caso de necessidade de intervenção médica mais aguda recebam tratamento nos hospitais gerais, injustificável que idêntica proposição não atinja as pessoas encarceradas nos

---

58 ZAFFARONI (coord.), *Sistemas...*, p. 51.

manicômios judiciais. Fundamentalmente porque inexiste justificativa possível para que os avanços da reforma psiquiátrica não sejam incorporados no âmbito das medidas de segurança.

Em termos mais específicos, conforme se projeta no informe final da investigação desenvolvida pelo Instituto Interamericano de Direitos Humanos, é recomendável fomentar a tendência de eliminar as denominadas medidas para inimputáveis da legislação penal, em prol de legislação psiquiátrica que contenha garantias materiais e judiciais às pessoas que necessitam dos serviços de saúde mental. Em caso de manutenção das medidas para inimputáveis, sejam limitadas para pessoas que tenham protagonizado casos graves. Independentemente, porém, do critério, fundamental estabelecer limites materiais e formais à intervenção – *v.g.* limitação do tempo de tratamento, possibilidades de tratamentos ambulatoriais e previsão de altas progressivas (esfera penal material) e controle judicial dos procedimentos (esfera processual penal).[59]

17. Avanços da Antipsiquiatria e Lições à Criminologia: Limites à Intervenção Psiquiátrica

Não obstante o debate no âmbito da responsabilidade penal sobre a aplicação de medidas de segurança aos inimputáveis, resta a definição de critérios e de requisitos para a intervenção médico-psiquiátrica em sentido amplo.

O problema é extremamente sensível, pois trata da aplicação de terapêuticas invasivas que limitam direitos, a partir de decisões de médicos não escolhidos pelos pacientes, ou seja, em casos agudos inexiste consentimento livre e esclarecido da pessoa que será submetida ao tratamento.

---

59 ZAFFARONI (coord.), *Sistemas...*, pp. 51-52.

Sustenta Zaffaroni que este tipo de situação não se pode deixar à discricionariedade dos médicos "(...) *decisiones fundamentales que afectan derechos de los pacientes psiquiátricos, porque dependerá exclusivamente del critério personal de cada médico el acierto o desacierto de la institucionalización y del tratamiento.*"[60] Por isso o instrumental jurídico deve estar capacitado a atuar como limite da intervenção médico-psiquiátrica excessiva e desproporcional (*flicquiátrica*), de forma a garantir os Direitos Humanos dos usuários do sistema de saúde mental.

Imprescindível, portanto, efetivar os dispositivos da Lei de Reforma Psiquiátrica (Lei 10.216/01) no que tange à necessidade de laudo médico expositivo prévio e a obrigatoriedade da comunicação da internação à família e às autoridades competentes, sendo de competência exclusiva do juiz a autorização em sua forma compulsória.[61]

De igual forma, o arsenal jurídico deve propiciar formas de participação efetiva do paciente no seu tratamento. Conforme ensina Mariana Weigert, "(...) *nenhum tratamento pode ser imposto,*

---

60 ZAFFARONI (coord.), *Sistemas*..., p. 255.

61 "*Art. 6º A internação psiquiátrica somente será realizada mediante laudo médico circunstanciado que caracterize os seus motivos.*"

"*Art. 8º A internação voluntária ou involuntária somente será autorizada por médico devidamente registrado no Conselho Regional de Medicina – CRM do Estado onde se localize o estabelecimento. § 1º A internação psiquiátrica involuntária deverá, no prazo de setenta e duas horas, ser comunicada ao Ministério Público Estadual pelo responsável técnico do estabelecimento no qual tenha ocorrido, devendo esse mesmo procedimento ser adotado quando da respectiva alta. § 2º O término da internação involuntária dar-se-á por solicitação escrita do familiar, ou responsável legal, ou quando estabelecido pelo especialista responsável pelo tratamento.*"

"*Art. 9º A internação compulsória é determinada, de acordo com a legislação vigente, pelo juiz competente, que levará em conta as condições de segurança do estabelecimento, quanto à salvaguarda do paciente, dos demais internados e funcionários.*"

devendo haver a possibilidade de o indivíduo participar dos rumos que serão dados à sua saúde (mental)."[62]

Guareschi, Reis, Oliven & Hüning partilham deste entendimento sustentando que "(...) *a desinstitucionalização toma o usuário como um cidadão com ação e poder de participação. Ele pode verbalizar seus sentimentos e tentar entendê-los a partir da sua própria abstração, possibilitando, assim, a desconstrução da instituição doença mental.*"[63]

A inversão que se pode projetar nas práticas jurídicas, sobretudo nas jurídico-penais punitivas, é a da substituição do modelo centrado no monólogo judiciário, no qual o inquisidor toma para si a capacidade de fala dos demais atores e impõe sua verdade, por modelo que reconhece a diferença e que possibilite ao paciente sentir-se sujeito, e não apenas objeto, do tratamento. Aliás, os critérios estabelecidos na Reforma Psiquiátrica parecem indicar claramente o direito de intervenção (positivo e negativo) do paciente no tratamento.[64]

A participação ativa (positiva) do usuário do serviço de saúde mental implica a possibilidade de sugerir e de criticar as formas

---

62 WEIGERT, O *Discurso Psiquiátrico na Imposição das Medidas de Segurança*, p. 608-609.

63 GUARESCHI *et al.*, *Usuários...*, p. 125.

64 "*Art. 2º Nos atendimentos em saúde mental, de qualquer natureza, a pessoa e seus familiares ou responsáveis serão formalmente cientificados dos direitos enumerados no parágrafo único deste artigo. Parágrafo único. São direitos da pessoa portadora de transtorno mental: I – ter acesso ao melhor tratamento do sistema de saúde, consentâneo às suas necessidades; II – ser tratada com humanidade e respeito e no interesse exclusivo de beneficiar sua saúde, visando alcançar sua recuperação pela inserção na família, no trabalho e na comunidade; III – ser protegida contra qualquer forma de abuso e exploração; IV – ter garantia de sigilo nas informações prestadas; V – ter direito à presença médica, em qualquer tempo, para esclarecer a necessidade ou não de sua hospitalização involuntária; VI – ter livre acesso aos meios de comunicação disponíveis; VII – receber o maior número de informações a respeito de sua doença e de seu tratamento; VIII – ser tratada em ambiente terapêutico pelos meios menos invasivos possíveis; IX – ser tratada, preferencialmente, em serviços comunitários de saúde mental.*"

de tratamento previamente comunicadas pelo médico. De igual modo, em caso de discordância, adquire o paciente o direito à recusa (participação negativa) ao tratamento. Conforme assinala Mariana Weigert, embora não explicitados, *"os dispositivos constitucionais e os relativos à prática médica asseguram ao paciente o direito de recusar o tratamento. Em sendo dever do médico obter o consentimento informado prévio à realização de qualquer procedimento, deve-se respeitar a recusa do paciente."*[65]

18. Avanços da Antipsiquiatria e Lições à Criminologia: Práticas Disruptivas

Por fim, importante perceber que a trajetória da antipsiquiatria e do movimento antimanicomial pode servir como horizonte prático-teórico, como referência às tendências críticas em criminologia e em dogmática penal.

No espaço de controle social formal destinado ao tratamento da loucura substantivas alternativas desinstitucionalizadoras foram atingidas. A partir da negativa explícita das práticas psiquiátricas clássicas (inquisitivas), questionaram-se as práticas nas quais o médico examinava os sintomas da doença abstraindo o doente, com objetivo exclusivo de catalogá-lo, caracterizá-lo, normatizá-lo e normalizá-lo. No campo jurídico, estratégias similares devem ser experimentadas.

Se na esfera *psi* o giro conceitual ocorreu quando o louco passou a ser visto como sujeito, e não coadjuvante, em sua própria história, no espaço *jus* as premissas constitucionais de tutela dos direitos individuais não permitem mais sejam os criminalizados objetificados e lhes seja negado direito de intervir nos rumos da pena que constitui seu futuro imediato.

---

65 WEIGERT, *O Discurso...*, p. 609.

Outrossim, a Reforma Psiquiátrica demonstrou a necessidade de inovação e de criatividade como requisito à desestabilização das instituições asilares. A propositura do tratamento em ambulatórios, leitos de hospitais gerais, hospitais-dia, hospitais-noite, centros de convivência, centros comunitários, centros de atenção psicossocial, centros residenciais de cuidados intensivos, lares abrigados, pensões públicas comunitárias, oficinas de atividades construtivas entre outros, demonstra ser derivada de obsessão a permanência da centralidade hospitalocêntrica nas práticas *psi*.

Em termos punitivos, as possibilidades de inovação e a descentralização do cárcere são apresentadas pela Constituição. No entanto, conforme demonstrado em investigações específicas, as redes alternativas não podem ser estruturadas como periféricas à prisão, sob pena de não romperem com a lógica carcerária e, além de não diminuir o impacto do carcerário na sociedade, ampliar a rede formal de controle social.[66]

Na atual situação político-criminal de ampliação das penas carcerárias e das penas e medidas alternativas, parece não haver possibilidade outra senão radicalizar o discurso na defesa de significativa mudança do cenário de hipercarcerização, apropriando-se das lições da antipsiquiatria e dos movimentos antimanicomiais. E a experiência indica que para frear a tendência sempre constante de ampliação do controle punitivo é necessária elaboração de ferramentas específicas de contenção, no caso de regras jurídicas expressas que vedem o uso do cárcere, assim com as previstas na Lei de Reforma Psiquiátrica em relação aos manicômios.[67]

---

66 Neste aspecto, conferir CARVALHO, *Substitutivos Penais na Era do Grande Encarceramento*, prelo.

67 *"Art. 3º, § 3º É vedada a internação de pacientes portadores de transtornos mentais em instituições com características asilares, ou seja, aquelas desprovidas dos recursos mencionados no § 2º e que não assegurem aos pacientes os direitos enumerados no parágrafo único do art. 2º."*

Notório que discursos e ações descarcerizantes não podem prescindir de verdadeira alteração na cultura punitivista na qual as sociedades de controle contemporâneas estão submersas. Todavia deve estar presente no horizonte de atuação da crítica criminológica que ranhuras no punitivismo são sempre possíveis e que destas ranhuras podem emergir novas práticas disruptivas.

IX – CRIMINOLOGIA E TRANSDISCIPLINARIDADE: AUTOCRÍTICA

Saquear o outro, naquilo que ele tem de essencial e inalienável, se transforma quase no credo nosso de cada dia. A eliminação do outro, se este resiste e faz obstáculo ao gozo do sujeito, nos dias atuais se impõe como uma banalidade. (Birman)

01. A Busca das Origens (Criminológicas)

Marcar o nascimento da criminologia, neste primeiro momento entendida como ciência das ciências criminais ou nomeação de modelo integrado de ciências penais, que congloba direito penal, processo penal, política criminal e a própria criminologia, é, tradicionalmente, postulado necessário a todo pensador da área que pretenda definir o terreno de incidência de suas investigações.

Embora sempre tenha existido, nos mais diferentes momentos da história da humanidade, determinado saber sobre as questões penais, ou seja, em relação às condutas desviantes, suas formas de controle e as respostas dadas pelos detentores das violências (i)legítimas, apontar a gênese da criminologia moderna indicaria não apenas a delimitação do horizonte de investigação, mas a eleição de projeto político(criminal).

Nota-se, ao analisar esta tarefa, dicotomia constante entre os autores: (a) definir como ponto de partida o pensamento liberal, advindo com a Ilustração, calcado na racionalidade cartesiana e tendo como pressuposto político-filosófico a metáfora do contrato social em suas mais diversas vertentes (Hobbes, Locke ou Rousseau), focalizando o delito em sua esfera normativa; ou (b) apresentar sua origem no interior do marco científico positivista, cuja proposta instiga superação das limitações do direito a partir da proposição do diálogo entre as disciplinas voltadas ao estudo do crime como fenômeno da natureza.

A dualidade exposta tradicionalmente opõe o projeto liberal ao positivista desde a definição do objeto (lei penal ou homem delinquente), do método (silogístico-aristotélico ou empirista) e das funções (retribuir o delito com uma sanção proporcional ou criar mecanismos de prevenção de novas condutas ofensivas), definindo as bordas das ciências criminais.

Apresentar previamente a opção pela gênese da criminologia não apenas imporia ao leitor a forma de abordagem de fenômeno previamente selecionado, mas projetaria seus efeitos a partir das experiências históricas das práticas penais da Modernidade. Se no projeto da Ilustração foi possível visualizar a circunscrição do terreno de incidência do controle penal, estabelecendo, pois, importantes limites formais às violências dos aparelhos repressivos do Estado, a construção criminológico-positivista fomentaria a expansão ilimitada destes mecanismos punitivos, pulverizando o controle com o objetivo de reforçá-lo.

Não se trataria, portanto, apenas de opção ou requinte metodológico, como constantemente defendem os seguidores de modelos científicos puros e verdadeiros, mas da assunção ideológica de projetos com finalidades díspares, as quais redundam invariavelmente na minimização ou potencialização da(s) violência(s) programada(s).

Logicamente, desde o ponto de vista da identificação da postura político-ideológica relativa ao controle penal, é absolutamente salutar a apresentação preliminar daquilo que o pensador vê como história da criminologia. Todavia, visualizando o problema desde fora, isto é, sem a preocupação meramente academicista de definir os contornos metodológicos de seu estudo, pode-se abdicar do dualismo, entendendo-o como falsa questão, cujo efeito é encobrir os problemas derivados desta cisão histórica. O que realmente preocupa, filiando-se a Rauter, não é "(...) *o estabelecimento de um método ou o grau de coerência interna do discurso, mas os efeitos que estes produzirão no campo das práticas.*"[1]

02. A Gênese Criminológica e as Armadilhas da Interdisciplinaridade

Imperativo reforçar a necessidade de estar atento para que as experiências transdisciplinares não fiquem enclausuradas em si mesmas, sob pena de configurarem nova dogmática ou religião a serem apresentadas como o novo paradigma que dará conta dos problemas contemporâneos. O fechamento imporia a negação do espírito crítico e constantemente inquieto que está na base da perspectiva da transdisciplinaridade.

A partir da constatação de que "*toda e qualquer forma de crime pode ser considerado um fenômeno complexo, e portanto, impossível de ser explicado sob o olhar de uma só ciência*",[2] fundamental às pessoas que pensam as violências nas suas mais variadas formas de expressão – aos pensadores do crime e da criminalidade –, produzirem fissuras nas cerradas amarras de suas ciências-mães.

A questão a ser colocada, e de fundamental importância para que se perceba os riscos da *dogmatização da transdisciplinaridade*, é a de que na esfera das ciências criminais uma das suas

---

1 RAUTER, *Clínica do Esquecimento*, p. 05.
2 GAUER, *Interdisciplinaridade e Ciências Criminais*, p. 683.

gêneses possíveis é construída eminentemente como projeto multidisciplinar.³

A produção teórica sobre o crime chega à saturação no final do século XIX. O pensamento liberal contratualista apresentara durante o século XVIII projeto de racionalização do poder punitivo, baseado na ponderação de penas e no controle das atividades judiciais e executivas, com a finalidade de contração das violências públicas. Se desde um ponto de vista o projeto ilustrado provocou fissuras na ordem repressiva do medievo, sobretudo no sistema processual penal inquisitório, por outro lado não logrou êxito na redução da criminalidade violenta.

Outrossim, o panorama do final dos oitocentos é de profundo entusiasmo com o avanço da racionalidade técnico-científica. A crença no espírito da ciência, sobretudo das ciências naturais, é reforçada por inúmeras conquistas e descobertas. No entanto, se a sociedade industrial vê com admiração o gradual aumento no nível de qualidade de vida daqueles que têm acesso aos bens de consumo produzidos, assiste, no reverso, ao processo de pauperização e exclusão de grande número de pessoas. A concentração populacional nos centros urbanos, fomentada pela busca de em-

---

3 Distingue-se, neste momento, de forma fragmentária, multidisciplinaridade de transdisciplinaridade no sentido de que, no primeiro caso existe, *a partir das disciplinas*, uma coordenação de conhecimentos aparentemente diferenciados sobre um mesmo objeto que, ao "(...) *apenas estender pontes de contato entre as disciplinas*" (PAVIANI, *Disciplinaridade e Interdisciplinaridade*, p. 65), procuram domá-lo (o objeto). Diferentemente, a transdisciplinaridade implica superação, por isso, os prefixos "cis" ou "preter" poderiam expressar melhor a ideia de *além das disciplinas*: "*a transdiciplinaridade é uma ação de abertura e de 'fusão' de ciências e disciplinas, que envolvem pesquisadores e comunidades científicas, com objetivos de produzir conhecimentos novos e de integrar teorias e métodos para buscar novas soluções de problemas complexos (...). A transdisciplinaridade procura pontos comuns entre a ciência e a cultura, entre a ciência e a tradição, entre a ciência e a tecnologia e outras manifestações sociais e históricas*" (PAVIANI, *Disciplinaridade...*, p. 64).

prego e melhores condições daquela vida do campo, cria enormes bolsões de miséria na periferia das cidades. Com a incapacidade de a indústria receber a demanda, as taxas de desemprego paulatinamente sobem. Neste cenário, inexorável o aumento da criminalidade,[4] sobretudo dos crimes contra o patrimônio.

Neste quadro social que assola as principais cidades européias, e igualmente os grandes centros urbanos dos países do Novo Mundo que ingressaram na era industrial, as respostas ao controle do delito fornecidas pelas ciências criminais forjadas no liberalismo são consideradas obsoletas. Desta forma, parecem mais adequados, na análise dos fenômenos criminais, conceitos advindos da psiquiatria como o de *degeneração individual* (Morel) ou aqueles biológicos adaptados pela sociologia como os de *desorganização social* (Darwin e Spencer).

A base multidisciplinar na análise dos novos acontecimentos sociais impulsiona mudanças nas estratégias das ciências criminais. Se o objetivo do direito e do processo penal da Ilustração, centrados nos princípios de legalidade e jurisdicionalidade, era a contração das violências do poder público, a meta, ao menos normativamente, fora atingida. No entanto esta concepção monodisciplinar, centrada exclusivamente na avaliação do crime como ente jurídico, não lograra êxito na diminuição dos níveis de criminalidade, pelo contrário. O solo para o florescimento de novo paradigma de ciências criminais tornara-se, portanto, fértil.

A racionalidade científica da modernidade postulou, desde seu nascedouro, através do controle da natureza, a criação de mecanismos capazes de gerar felicidade aos homens. O projeto da modernidade é centrado nesta busca do gozo constante e na satis-

---

4 Categorias de importante distinção como crime, criminalidade e violência serão utilizadas, neste momento, de forma similar, sobretudo porque na história do pensamento criminológico a diferenciação dos conceitos ocorrerá em momento posterior, fundamentalmente com o advento do paradigma da reação social.

fação ilimitada dos desejos, como se a possibilidade de supressão da falta gerasse (ou fosse sinônimo de) felicidade.

No que diz respeito à administração da justiça criminal, os grandes problemas a serem enfrentados pelos movimentos humanistas para superação dos modelos inquisitivo-medievais podem ser expressos em três distintas ordens: a supressão do suplício gótico, baseado na rudeza da resposta penal, na esfera das penas; o controle prévio do conteúdo das condutas puníveis, no que tange à definição dos crimes; e a criação de instrumentos que superem os métodos pouco científicos de obtenção da verdade, na órbita do processo penal.

O projeto de racionalização da justiça penal advém, portanto, da enunciação do princípio da legalidade (*nullum crimen, nulla poena, sine lege praevia, stricta et scripta*), do estabelecimento de critérios de razoabilidade e proporcionalidade às penas, e, sobretudo, da visualização de aparelho processual baseado em estrutura acusatória na qual as figuras de juiz e acusador sejam distanciadas, ao réu seja garantida ampla defesa, e mecanismos de controle da valoração da prova e do raciocínio do juiz sejam ativados para resguardar as partes.

Nota-se, neste primeiro movimento da justiça criminal da modernidade, o processo de burocratização dos aparatos de forma a lhes proporcionar a impessoalidade necessária para o adequado funcionamento. Todavia a modernização do sistema punitivo operou-se, quase estritamente, na adequação da administração pública aos ideais liberais. Neste plano de reforma da justiça punitiva, os objetivos fundamentais eram os de criação de cargos e divisão das tarefas de investigar, defender, acusar, julgar e punir, de forma a racionalizar a resposta estatal ao ilícito. Minimizada a violência pública (das penas), a nova fase postula minimizar as violências privadas (dos delitos).

Na transposição entre os distintos projetos, pode-se perceber que não há, necessariamente, ruptura. Embora o paradigma vindouro corrompa as conquistas (garantias) do direito penal liberal, desde a análise da construção do sistema de administração da justiça pena, a criminologia positivista aparece como continuidade e reforço daquele projeto científico da Modernidade que, a partir do domínio da natureza, levaria a sociedade ao ápice civilizatório.

No plano da repressão ao delito, portanto, a maior felicidade possível que a ciência poderia fornecer à sociedade civilizada era a erradicação de todas as formas de violência. A violência, reduzida ao enquadramento previsto pela norma jurídica, representava o legado incômodo daquela ordem primitiva e bárbara da primeira natureza do homem, cuja técnica (repressiva) deveria extinguir.

Inexorável, desde esta perspectiva, incisiva e pontual crítica aos racionalistas liberais, dos seus métodos às concepções sobre a natureza humana: "(...) *até esses últimos tempos, os criminalistas não estudaram o delinquente. Concentraram sua atenção e todo o esforço de seus silogismos sobre o estudo do crime que eles consideravam não como o episódio revelador de um modo de existência, mas simplesmente como uma infração às leis. Eles não viam, no delito, senão sua superfície jurídica e não sonhavam em procurar as raízes profundas da degenerescência individual e social.*"[5]

Perceber o delito como patologia, naturalizando-o, e, posteriormente, controlar esta natureza de forma a regulá-la, passam a ser os objetivos da segunda fase do projeto civilizatório de cientificização do delito. O método: isolamento do delinquente; classificação de suas patologias; identificação; agrupamento; tratamento curativo.

A nova tarefa a ser enfrentada pelos criminólogos requer, porém, a superação dos limites normativos do direito através do contato com outra(s) disciplina(s). Para tanto, aproximam-se –

---

5 FERRI, *Os Criminosos na Arte e na Literatura*, p. 29.

intentando, ao estudar objeto comum (o crime e o criminoso) dar melhor especificidade – antropologia, sociologia, biologia, psiquiatria e psicologia. Tais disciplinas, ao configurarem novo campo de experimentação (a criminologia), passam pelo processo de autoadjetivação criminal. Não por outro motivo, na retomada do direito penal pelo direito, a crítica à desorganização provocada pela multidisciplinaridade será feroz – "(...) *no creo, sin embargo, equivocarme al afirmar que por lo menos en el campo más restringido de las ciencias jurídicas, son pocas las que presentan hoy día un estado de desorganización similar al que se encuentra atualmente en la ciencia del derecho penal.*"[6]

Embebidas no sonho cientificista da radical resolução do problema (criminalidade), e operando no interior de modelo bio-psico-social sanitarista que identifica na diversidade estético-racial o objeto de eliminação (*homo criminalis*), as disciplinas criminológicas, longe de inaugurar novo paradigma, pautam tecnologia repressiva de raiz totalitária que revive a *inquisitio*. Assim, o horizonte investigatório é ampliado a ponto de forjar modelo de segurança pública que, aparelhado como polícia criminológica, a partir dos instrumentos fornecidos pela técnica, é capaz de identificar os inimigos públicos que devem ser controlados-eliminados-contidos.

O projeto sanitarista de erradicação da criminalidade-violência, na busca de eliminar os últimos resquícios de barbárie da civilização ocidental, transmutou-se, ele próprio, na brutalidade dos sistemas policialescos genocidas. O drama do projeto multidisciplinar é verificado pelos efeitos produzidos nas práticas criminológicas. Contudo sua carência epistemológica e sua má consciência estética não eximiram os atores da criminologia de sua responsabilidade ética pelas inomináveis violências cometidas.

---

6 ROCCO, *El Problema y el Método de la Ciencia del Derecho Penal*, p. 02.

03. A Criminologia Castigada: o Rótulo da Auxiliaridade

A experiência criminológica positivista, desde a perspectiva da construção de projeto epistemológico pioneiro para as ciências criminais, redundou fracassada. A multidisciplinaridade ínsita ao modelo positivista, ao invés de acrescentar adeptos pertencentes às mais variadas áreas do conhecimento, provocou desagregação, irrompendo cisão nas ciências criminais plenamente visível na atualidade.

Por um lado, o projeto criminológico gerou a reação dos juristas ligados ao direito e ao processo penal (reação tecnicista), cujo escopo passou a ser a retomada da discussão jurídica sobre o tema, distinguindo, ao reviver os fundamentos clássicos, crime e violência, ente jurídico e ente natural. De outra parte, a simplificação temática das questões criminais à formação biológica (biologia criminal), à anatomia (antropologia criminal), à degeneração da personalidade (psicologia e psiquiatria criminal), e ao ambiente telúrico (sociologia criminal), fomentou severas críticas advindas da sociologia, sobretudo da sociologia norte-americana, que negava a origem etiológica do crime.

No campo do direito penal, Rocco reflete com nitidez o estado da arte no início do século XX: "(...) *sometidos el derecho y la ciencia del derecho penal a la antropología, aún mas, anulados en nombre de una falsa antropología, o ahogados por otra parte en el mar inmenso de la sociología, la escuela positiva tuvo, no obstante algunos méritos innegables, el resultado de acumular a su alrededor un montón de ruinas jurídicas, sin haber hecho nada por sacar de entre ellas el nuevo edificio, no diré legislativo, sino al menos científico, de derecho penal, que había manifestado querer construír, y cuya edificación todos esperaban. Destruyendo, pues, sin reconstruír, tal escuela ha terminado por limitarse a la tarea más sencilla que es la de criticar e negar, y ha llegado en último análisis a un derecho penal...sin derecho!*"[7]

---

7 ROCCO, *El Problema...*, p. 06.

A fala de Rocco, reproduzida na maior parte dos países da Europa ocidental, determina o fim do projeto epistemológico da criminologia. A partir de então, na reconfiguração dos papéis, a dogmática – ciência da ciência do direito – será introduzida no direito penal, passando a delimitar seu horizonte de atuação, tendo como referência a teoria geral do direito (ciência-mãe). Assim, à criminologia é imposto *minus* qualificativo, pois assumirá o posto de ciência auxiliar do direito penal, cuja atuação ficará restrita à definição do tratamento penal do delinquente. Lembre-se, porém, que embora a reação tecnicista tenha destronado a criminologia positivista, colocando em seu lugar a dogmática, ainda persiste, no plano macro, a lógica do positivismo. Sua transfiguração decorre da mudança de árvore do conhecimento – das ciências naturais às sociais aplicadas. Mais: o afazer criminológico sanitarista permanece irredutível, mesmo que colocado nas bordas das ciências criminais.

No âmbito da sociologia criminal, a partir da década de 50 do século passado, com idêntica força manifesta-se o paradigma do etiquetamento (*labelling approach*), instituindo a reação social. A naturalização do delito pelo enfoque etiológico aproximou dois conceitos diferentes, com baixa assimetria: violência e delito. Somente com esta fusão na qual delito e violência são qualidades intrínsecas de determinados indivíduos, que por regressão atávica vivificam o selvagem, foi possível a indagação das causas, do porquê determinadas pessoas praticam certos atos. Com a virada imposta pela reação social, principalmente após os estudos de Sutherland sobre os crimes de colarinho branco, a indagação é substituída. Não mais por que crimes são cometidos, mas sim a avaliação sobre os motivos políticos pelos quais determinadas condutas são criminalizadas em detrimento de outras. Mais: em sendo certas condutas consideradas delito, por que os aparelhos repressivos incidem com maior eficiência em determinadas pessoas e outras ficam imunizadas.

Se com a reação tecnicista a criminologia (positivista) tornou-se ciência auxiliar, instrumentalizadora dos fins predeterminados pelo direito penal, com a reação social o discurso será totalmente desqualificado, não apenas pelos efeitos terroríficos que gerou, mas por estar, ao menos para a crítica acadêmica, superado.

04. A *Criminologia de Si* e a *Criminologia do Outro*

Fracassada no âmbito acadêmico em decorrência da irreversibilidade do paradigma da reação social[8] e subjugada nas enciclopédias penais à ciência do direito penal, a criminologia positivista apresentava, em meados do século XX, sinais evidentes de agonia.

O fenecimento do paradigma etiológico, contudo, era visível tão somente no plano das aparências. Embora desqualificado na academia e na atividade laborativa cotidiana, permaneceu vivo e fornecendo os signos de interpretação do crime e da criminalidade no senso comum,[9] potencializando a violência estatal a partir do enlace ideológico com os movimentos reformistas autoritários.

O papel de atuação na fase executiva, isto é, de aplicabilidade concreta das penas e das medidas de segurança e socioeducativas, fundamentalmente as modalidades privativas de liberdade em regime carcerário fechado, possibilitou à criminologia positivista tornar-se a criminologia oficial das agências de segurança pública. Neste desqualificado posto (do ponto de vista acadêmico, registre--se), não obstante tenha perdido o *glamour* presente na gênese, o paradigma etiológico ganhou em funcionalidade, legitimando-se pelo discurso do Estado repressivo, pelo aprisionamento dos magistrados aos seus pareceres e pelo canal de comunicação privilegiado com os formadores de opinião pública (*mass media*).

---

8 Sobre a irreversibilidade do paradigma da reação social, conferir BARATTA, *Criminologia Crítica e Crítica do Direito Penal*, pp. 112-117.

9 Sobre a permanência do paradigma etiológico no senso comum, conferir ANDRADE, *Do Paradigma Etiológico ao Paradigma da Reação Social*, pp. 276-287.

Desta forma, o modelo que parecia agonizar recapacita-se, alterando estratégias e discursos para continuar atuando na maximização da resposta punitiva. Ao negar a ruptura que o direito penal e processual penal liberais realizaram em relação ao medievo (sistema inquisitório), e retomar mecanismos de criminalização, julgamento e punição da identidade do *homo criminalis*, refunda aquela matriz orientadora, pois direcionado à eliminação-controle--contenção de qualquer outro que pareça diverso. *Alteridade é crime*, parece ser sua máxima orientadora e sua síntese ideológica.

David Garland, em importante avaliação da sociedade punitiva contemporânea, sustenta que "*a criminologia oficial é, assim, cada vez mais dualista, polarizada e ambivalente.*" Constata o autor a existência de criminologia esquizoide, fragmentada entre a *criminologia de si* e a *criminologia do outro*. A *criminologia de si* "(...) *faz do criminoso um consumidor racional, como nós* (...)", sendo invocada para "(...) *banalizar o crime, moderar os medos desproporcionais e promover a ação preventiva* (...)"; enquanto a *criminologia do outro*, "(...) *do pária ameaçador, do estrangeiro perturbador, do excluído e do desagradável*", opera na perspectiva de "(...) *diabolizar o criminoso, a estimular os medos e as hostilidades populares e a sustentar que o Estado deve punir mais* (...)."[10]

A estratégia das práticas punitivas fomentadas pelas racionalidades etiológicas, historicamente direcionadoras do senso comum sobre o crime e a criminalidade (*every day theories*) para o reforço da cisão do agrupamento social em grupos antagônicos (os fiéis cumpridores da lei contra os perversos que dela ousam zombar), é renovada no sentido de manter aquela perspectiva maniqueísta negada pela criminologia crítica. E o esforço com a ruptura do processo de fragmentação polarizada da sociedade advém da gênese da crítica no paradigma da reação social à sua reconfiguração nas políticas criminais alternativas (abolicionismo e minimalismo).

---

10 GARLAND, *As Contradições da 'Sociedade Punitiva'*, p. 86.

Com a ampliação da estrutura normativa incriminadora (direito penal máximo), a sofisticação dos aparatos de controle da criminalidade e o aparecimento de novas técnicas e justificativas da punição, fundamentalmente aquelas divulgadas pelos movimentos de lei e ordem e de tolerância zero, que compartilham, do ponto de vista ideológico, os mesmos ideais do positivismo criminológico, o trabalho crítico se esvai. Encontra-se a criminologia crítica, em meio aos mecanismos de ampliação da fragmentação social e do direcionamento da punição a qualquer tipo de alteridade, em local de difícil acesso à sociedade. Assim, o entendimento de que o crime é fenômeno normal em qualquer agrupamento social e de que a violência, manifestada das mais variadas formas, constitui a humanidade do humano, enclausura-se no âmbito acadêmico. Enquanto isso, são reforçadas as práticas violentas sustentadas pela lógica da supressão da alteridade.

A *criminologia da vida cotidiana*, na conceituação de Garland, cede espaço à *criminologia do outro*. O efeito desta agudização é a radicalização da pena nas formas mais selvagens de suplício: a neutralização, contenção ou eliminação.

05. A Negação da Razão Punitiva: Razão Ética e Ética da Alteridade

A compreensão da significação ética da alteridade, no contexto até o momento apresentado, pode representar forma de negação/contenção da(s) violência(s) e o reforço da *criminologia de si*.

O modelo criminológico do positivismo etiológico, nas suas mais variadas formas de expressão e nos seus constantes embates na tentativa de superação e sobrevivência, é caracterizado pela negação da alteridade, pela supressão do outro e pelo não reconhecimento da diversidade com a criação de mecanismos policialescos de repressão formal.

Timm de Souza, ao apresentar o pensamento levinasiano, ensina que "*o Outro é fundamentalmente um estranho, um antirreflexo do Mesmo narcísico (...)*", em cujo aparecimento rompe com a "(...) *estrutura de Totalidade na qual meu intelecto costuma autoentender-se.*"[11] E esta alteridade assume forma concreta na invocação de outrem através do *visage*. Assim, "*outrem não é primeiro objeto de compreensão e, depois, interlocutor. As duas relações confundem-se. Dito de outra forma, da compreensão de outrem é inseparável sua invocação.*"[12]

O encontro com o outro, que ocorre com a *visage* (olhar), implica ambos, pois sempre é traumático, visto ser a tendência do Um resguardar(-se em) sua finitude e totalidade. A violência se manifesta, portanto, quando o Um toma posse do outro, consumindo-o aos poucos, controlando-o em suas manifestações, contendo seus desejos e sua identidade.

Lévinas destaca, porém, que este ato de violência nunca pode ser absoluto. Se "*Outrem é o único ente cuja negação não pode anunciar-se senão como total: um homicídio*" e "*Outrem é o único ser que posso querer matar*", a violência deve ser contida, mensurada, pois única conduta agonística colocaria fim ao domínio – "*no preciso momento em que meu poder de matar se realiza, o outro se me escapou.*"[13]

O *visage* nos faz sofrer a presença da alteridade. Todavia o sentido comum que perpassa as relações sociais e constitui os mecanismos de repressão, ou seja, esta *criminologia do outro*, não concebe a recepção e o respeito por essa alteridade que me descentra, que me retira do lugar, transportando-me a outros e construindo novos lugares. A dicotomia gerada na base deste paradigma criminológico impede a relação entre o Um e o outro. Outro é alguém que deve ser apartado, contido, consumido, não olhado, calado.

---
11 TIMM DE SOUZA, *Lévinas e a Razão Ética*, pp. 168-169.
12 LÉVINAS, *Entre Nós*, p. 27.
13 LÉVINAS, *Entre Nós...*, p. 31.

O domínio da alteridade e/ou sua transformação no Um é a única forma que se tem para dormir o suave sono da segurança – *"insubstituível que sou, tenho de, enquanto mera consciência, substituir minha estrutura endógena de autocompreensão pela radical insegurança que se deriva do fato de que, além de mim, algo mais é consistente em si mesmo: o Outro."*[14]

A *criminologia de si*, na expressão garlandiana, impõe que o Um se veja como outro – no caso como igualmente criminoso, desviante, transgressor –, identificando-se com a alteridade na possibilidade de, ao entendê-la, respeitá-la em sua diversidade e, em passo adiante absolutamente fastidioso, relacionar-se. A *criminologia do outro*, ao naturalizar cartesianamente o crime e percebê--lo como qualidade intrínseca de não seres – pessoas que por regressão atávica remontam ao selvagem –, intenta o domínio/ controle da natureza, objetivando a uniformidade de comportamentos moralmente aceitos. Nega a diversidade porque *"o Outro é sempre um recém-chegado, ele não fala a língua do país, a linguagem da Totalidade, que baseia as induções e deduções que tecem a teia tradicional da justiça positiva"*.[15]

A dificuldade da compreensão do outro pelos aparelhos repressivos passa a ser, portanto, a aporia do sistema de justiça penal. Compreende-se, assim, o motivo de Derrida colocar como o problema da justiça (penal) a incapacidade de equivalências linguísticas: *"endereçar-se ao outro na língua do outro é, também, ao que parece, condição de toda justiça possível, mas tal parece não somente impossível, rigorosamente falando (pois eu não posso falar na língua do outro a não ser na medida em que me aproprio dela e a assimilo segundo a lei de um terceiro implícito), mas até mesmo excluído da justiça como direito, na medida em que ela parece implicar um elemento de*

---

14 TIMM DE SOUZA, *Lévinas...*, p. 190.
15 TIMM DE SOUZA, *Lévinas...*, p. 182.

universalidade, o recurso ao terceiro que suspende a unilateralidade e a singularidade dos idiomas (...)."[16]

06. Diagnósticos Fundamentais em Criminologia

Dois diagnósticos fundamentais, portanto, foram (e devem ser novamente) enfrentados pela criminologia. O primeiro relativo à questão de como a criminologia, entendendo ser inconcebível o estudo do crime na monodisciplinaridade, superou o discurso do direito, irrompeu as barreiras disciplinares e, na vanguarda do pensamento, criou condições de multidisciplinaridade. Como sanção por esta ousadia, o direito recuperou seu objeto saqueado e, recapacitando seu campo de saber, colocou a criminologia à margem, na qualidade de ciência subordinada, não reconhecendo seu saber como idôneo, lícito.

O segundo problema refere-se ao efeito que aquela opção multidisciplinar produziu, qual seja, ao trazer o estudo para o campo das ciências biopsicossociais, a leitura fornecida pela lente positivista naturalizou o crime e o criminoso, transformando-o em mero objeto de intervenção e de investigação, em "não ser", em alteridade que deve ser eliminada ou contida.

Em realidade, ambas as questões colocadas falam do mesmo problema: o *não reconhecimento histórico da alteridade pelas ciências criminais e sua instrumentalização para eliminá-las.*

07. Os Limites da Criminologia e a Ausência Epistemológica

A criminologia etiológica, de base organicista, através de seu projeto multidisciplinar procurou em sua gênese fornecer o

---
16 *Apud* TIMM DE SOUZA, *Derrida e a Razão Diferencial*, p. 151.

estatuto epistemológico às investigações sobre crime e criminalidade. Esta perspectiva somente foi possível porque representa continuidade, e não ruptura, com o projeto científico da Ilustração. Projeto calcado na crença de que a evolução científica empreenderia reforma de tal ordem que produziria como resultado a felicidade dos homens e sua segurança plena com a erradicação da criminalidade.

Mas o *status* científico somente foi alcançado em decorrência de agregar-se ao discurso naturalista. Quando o objeto foi reapropriado pelo direito (penal), sua condição subalterna é imediatamente anteposta ao projeto (epistemológico) de origem. E mesmo ocorrendo a ruptura criminológica com o paradigma da reação social, com sua radical transferência ao campo da sociologia, em nenhum outro momento a criminologia apresentou discurso com capacidade de refundação de sua identidade. Não por outro motivo o espólio da criminologia crítica transmuta-se em política criminal alternativa.[17]

A tentativa de recuperar a posição de destaque no campo de investigações sobre o delito, recapacitar seu discurso e, talvez, se projetar novamente como possibilidade epistemológica, parece ocorrer nas novas propostas de criminologia clínica atreladas à psiquiatria biológica, ao discurso das neurociências e às teorias do cognitivismo. Como sugere Birman, "(...) *as subjetividades demandam ainda uma cura para o desamparo e o mal-estar. A ilusão continua lá, intacta, nos corações e mentes dos indivíduos. Por isso mesmo, a psicofarmacologia, as neurociências, e o cognitivismo vêm à cena para restabelecer a mesma crença e ilusão das subjetividades de que tudo ainda seria possível. Esses saberes, com suas tecnologias espe-

---

17 Sobre o legado da criminologia crítica e a perspectivação do pensamento crítico em políticas criminais alternativas (*criminologia da práxis*), conferir LARRAURI, *La Herencia de la Criminología Crítica*, pp. 192-244 e CARVALHO, *A Política Criminal de Drogas no Brasil*, pp. 93-103.

cíficas, vêm ao mundo para fazer a mesma promessa e alimentar a mesma ilusão de harmonia possível (..).”[18]

As conclusões apresentadas apenas refletem a forma de abordagem (transdisciplinar) dos problemas e diagnósticos apontados. A perspectiva transdisciplinar, conforme ensina Cristina Rauter, permite esta utilização de fragmentos de teorias, de empréstimos e parentescos 'não autorizados' para criar ferramentas sempre provisórias e inseparáveis das práticas às quais se articulam.[19]

Desta forma a aproximação do discurso da criminologia ao da psicanálise, na leitura fornecida por Joel Birman,[20] é extremamente válida. Em razão de a criminologia ter, por inúmeras vezes, flertado com as ciências *psi*, sobretudo com a psiquiatria, quando da administrativização de suas funções na execução da pena, possível realizar não apenas a aproximação da análise, mas de sua ampla recepção, chamando atenção para determinadas bricolagens que se transformam em *monstros epistemológicos*.

As manifestações para refundação de modelo integrado de ciências criminais, a partir da ideia de interdisciplinaridade, são absolutamente válidas. Contudo incorrerão no mesmo erro do projeto inicial se forem baseadas na promessa narcísica de harmonização da sociedade com a eliminação do delito através da técnica. A ruptura com as práticas criminológicas neopositivistas parece,

---

18 BIRMAN, *Mal-Estar na Atualidade*, p. 144.
19 RAUTER, *Clínica...*, p. 05-07.
20 Birman, ao discutir o estatuto epistemológico da psicanálise, sustenta que "(...) *se até o fim dos anos 70 a psicanálise era o discurso e referência no campo dos saberes sobre o psíquico e ocupava um lugar estratégico no campo das ciências humanas, cada vez mais perde essa posição estratégica. A psicanálise perdeu não apenas a posição estratégica no campo dos saberes sobre o psíquico, mas vem sendo paulatinamente substituída pela psiquiatria biológica, pelo discurso das neurociências e pelas teorias do cognitivismo. O lugar privilegiado no campo das ciências humanas também vem sendo perdido*" (BIRMAN, *Mal-Estar...*, p. 127).

pois, essencial, juntamente com a crítica às leituras advindas de linha obsoleta da própria criminologia crítica ainda fundada em causalismos sociais ou econômicos.

O argumento que se sustenta conduz, inexoravelmente, ao abandono de qualquer projeto epistemológico, com a radical assunção desta carência, deste limite, desta falta. Talvez a renúncia ao discurso privilegiado das ciências possibilite finalmente a construção de *campo de saber* verdadeiramente interdisciplinar, tendente à transdisciplinaridade, capacitado a estabelecer filtros às tendências autoritárias sempre potencializadas quando se está a operar nas entranhas dos poderes punitivos.

08. Criminologia e Alteridade

A presença sempre marcante da questão etiológica na criminologia, inclusive em certas linhas da criminologia crítica que opera(ra)m a partir de determinismos sociais e econômicos, induz à conclusão de que os estudos sobre o crime e a criminalidade padecem historicamente de perspectiva ontologizante, ou seja, da concepção de que haveria modelos de criminosos, estruturados a partir da idealização do *criminoso fundamental* do qual seriam derivados todos os demais indivíduos que violam as normas penais. A essência delitiva seria a marca, a qualidade do sujeito que o diferenciaria dos demais integrantes do agrupamento social. Não por outro motivo em grande parte da doutrina e no senso comum existe verdadeiro fascínio em investigar e descobrir as causas (*aitiologie*) da criminalidade, em perquirir o porquê determinadas pessoas cometem certas condutas (violentas).

Todavia, apesar de se saber que o delito não constitui qualidade intrínseca de determinadas pessoas, em decorrência das condutas consideradas ilícitas serem arbitrariamente selecionadas a partir de jogos e coalizões dos poderes, a questão do crime/criminoso essencial permanece como constante na programação das violências legitimadas. Mesmo tendo sido desmascarada a falácia naturalista cuja máxima se estrutura na substancialização dos delitos e dos delinquentes, a técnica repressiva permanece inalterada pela manutenção do discurso criminológico oficial(izado).

O efeito deletério desta práxis é o aumento da vulnerabilidade de determinadas pessoas e grupos sociais à incidência das violências públicas. Outrossim, para além da atuação dos mecanismos punitivos, a recepção do discurso etiológico pelo senso comum legitima a negação da alteridade, visto serem os criminosos sempre estrangeiros, sempre outros.

O ensaio sobre verdade e mentira de Nietzsche aborda com clareza este processo de substancialização. O autor considera que *"todo conceito nasce por igualação do não igual. Assim como é certo que nunca uma folha é inteiramente igual a uma outra, e certo que o conceito de folha é formado por arbitrário abandono dessas diferenças individuais, por um esquecer-se do que é distintivo, e desperta então a representação, como se na natureza além das folhas houvesse algo, uma espécie de folha primordial, segundo a qual todas as folhas fossem tecidas, desenhadas recortadas, coloridas frisadas, pintadas, mas por mãos inábeis, de tal modo que nenhum exemplar tivesse saído correto e fidedigno como cópia fiel da folha primordial."*[21] E, ao tratar metaforicamente do tema da honestidade, fornece interessante chave de leitura ao problema da naturalização do crime, indicando caminho para a possibilidade de criminologia não essencializante: *"denominamos um homem 'honesto'; por que ele agiu hoje tão honestamente? – perguntamos. Nossa resposta costuma ser: por causa de sua honestidade. A honestidade! Isto quer dizer, mais uma vez: a folha é a causa das folhas. O certo é que não sabemos nada de uma qualidade essencial, que se chamasse 'a honestidade', mas sabemos, isso sim, de numerosas ações individualizadas, portanto desiguais,*

---

21 NIETZSCHE, *Sobre a Verdade e a Mentira no Sentido Extra-Moral*, p. 48.

que igualamos pelo abandono do desigual e designamos, agora, como ações honestas; por fim, formulamos a partir delas uma qualitas occulta com o nome: 'a honestidade'."[22]

A desconsideração do individual, de suas diferenças e das desigualdades de suas condutas e de suas reações, bem como dos motivos que as potencializam, sempre estiveram em prol de fórmulas universalizantes, características do pensamento metafísico ocidental dominante até o século passado. Após o apogeu, o esgotamento e a crítica da metafísica por Nietzsche,[23] a temporalidade, e por conseguinte a alteridade, são variáveis que ingressam de forma radical nas análises filosóficas, não podendo ser desconsideradas pelas criminologias contemporâneas.[24]

Todavia, em que pese a revolução radical no campo da filosofia, a criminologia oficial, sobretudo por sua dedicação servil ao jurídico-penal e à psiquiatria, ainda se encontra adstrita à ideia de essências (delitivas), criminalizando a alteridade em decorrência de não compreender a temporalidade do outro. A *criminologia do outro*, portanto, longe de reconhecer a diferença, elimina-a pela

---

22 NIETZSCHE, *Sobre a Verdade...*, p. 48.

23 Para Stein, Nietzsche foi o último pensador da metafísica, a decisão em que culminou a metafísica: "*na medida em que a metafísica fora sendo lentamente experimentada como a história do ser em que nada há com o ser, à medida que se tornava necessário um momento de decisão sobre toda a metafísica ocidental como o desenvolvimento da subjetividade e do niilismo, Nietzsche surgia como a suprema possibilidade da metafísica e ao mesmo tempo como seu fim*" (STEIN, *Introdução ao Pensamento de Martin Heidegger*, p. 111).

24 Segundo Timm de Souza, o trabalho de crítica da história da filosofia de Nietzsche consiste em passar ao momento vitalmente afirmativo do pensamento, com a libertação das cadeias do ressentimento, das formas de preconceito moral, ou seja, de todos os valores e postulações metafísicos debilitadores da vida (TIMM DE SOUZA, *Nietzsche e a Festa da Totalidade*, p. 67). No entanto, entende que a metamoralidade nietzschiana "(...) *não pode se construir, na prática, senão como exercício de brutalidade totalitária*" (TIMM DE SOUZA, *Nietzsche...*, p. 79).

punição. Tudo porque o requisito do respeito e reconhecimento da alteridade desviante (*criminologia de si*), no terreno da justiça penal, pressupõe a (cons)ciência de que "*todos somos criminosos*", de que o crime é *status* jurídico negativo imposto por seleção prévia e arbitrária realizada pelos poderes e de que a criminalização está intimamente vinculada à fragilidade da pessoa (e/ou do grupo) à incidências dos aparelhos repressivos do Estado.

Fundamental, pois, neste processo de encontro com a alteridade, o rompimento com a totalidade deste Um que impõe a outrem o estigma delitivo. Os tempos do Um e do outro são assimétricos, "*os tempos do Mesmo não esclarecem o tempo do Outro*", ou seja, "*o sentido do tempo do Outro consiste justamente em não pertencer ao tempo do Mesmo, em não se ordenar segundo a lógica do Mesmo.*"[25] O "*reconhecimento da cotemporalidade*", conforme ensina Rui Cunha Martins, corresponde à "*matriz articuladora por excelência das actuais formas de experiência, e, por conseguinte, das actuais formas de historicidade, de expectativa e de preenchimento.*"[26]

09. O Mal-Estar nas Ciências Criminais

A falta de compromisso com a alteridade parece ser a característica fundamental da cultura narcisista fundada na estetização do Mesmo. Assim, negar o outro constitui atividade de manutenção de si, de reforço da totalidade.

Joel Birman entende que a característica da subjetividade na cultura narcísica "(...) *é a impossibilidade de poder admirar o outro em sua diferença radical, já que não consegue descentrar de si mesmo*". Desta forma, conclui o psicanalista, "(...) *o sujeito vive permanentemente em*

---

25 TIMM DE SOUZA, *Lévinas e a Razão Ética*, p. 176.
26 CUNHA MARTINS, *Localismo Independente e Historicidade*, p. 11.

um registro espetacular, em que o que lhe interessa é o engrandecimento grotesco da própria imagem."[27]

À cultura narcisista é imprescindível o ocultamento da alteridade, de qualquer tipo de alteridade. Por isso, este sintoma ocidental pode explicar os problemas e os diagnósticos apontados, quais sejam, o processo de totalização científica, com a constante luta pelo resguardo dos pesquisadores da possibilidade de fala lícita sobre o fenômeno delinquência, e, fruto desta autonomização, a criminalização dos *estrangeiros* que tornam insegura a convivência dos Mesmos.

Assim, se a transdisciplinaridade no campo da ciência demonstraria possibilidades de convivência entre as várias formas de produção do conhecimento sobre o crime, a criminalidade e as violências, abrindo o campo de saber inclusive para a arte, a assunção da *criminologia de si* permitiria o olhar (*visage*) de diferentes formas de conduta humana.

A conclusão a que se chega, portanto, é a necessidade da (re)constituição do modelo de ciências criminais. Aberta à transdisciplinaridade, perpassada pela noção humanista de respeito à diversidade, e, sobretudo, ciente dos limites e das ações possíveis, esta fenda na tradição impossibilitaria, como condição de sobrevivência e afirmação da vida, qualquer tentativa de recapacitação dos tradicionais modelos integrados de ciências criminais.

A necessidade de práticas transdisciplinares decorre do fato de que o saber monodisciplinar está atrelado às suas origens semânticas de "(...) *norma, punição, de formação intelectual, emocional e física*", no qual o conceito de disciplina traz marcas que "(...) *contêm a ideia de ou a ação de disciplinar, isto é, sujeitar o discípulo* (...).*"*[28]

Violar o discurso narcisista que envolve a ciência criminológica advinda da modernidade, cujo efeito foi deflagrar a violên-

---

27 BIRMAN, *Mal-Estar...*, p. 25.
28 PAVIANI, *Disciplinaridade...*, p. 67.

cia dos poderes penais contra a alteridade, impõe tarefa árdua de desconstrução.

Em virtude de sua submissão ao discurso da dogmática jurídica (penal e processual penal), a ruptura talvez deva iniciar-se nos mitos fundantes da própria ciência do direito. A propósito, nenhum exemplo mais claro do narcisismo dos juristas que a manutenção do dogma de ser o ordenamento jurídico um todo *completo* e *coerente*, no qual as lacunas e antinomias são aparentes e de previsível resolução.

O narcisismo visível na dogmática jurídica geral dá vazão às (in)completudes e (in)coerências em sentido estrito. Não por outro motivo o direito penal, envolto na circularidade do conceito de bem jurídico, ainda brada sua capacidade técnica de tutelar os maiores valores da humanidade; o processo penal, perdido na confusão entre os conceitos de verdade e realidade e de verdade e substância, concebe a possibilidade de buscar a "verdade real"; e a criminologia, absorta nas entranhas dos aparelhos de segurança pública, visualiza e crê em sua aptidão de erradicação da criminalidade.

O ideal do Eu presente na matriz do conhecimento ofusca a consciência dos limites e das (im)possibilidades – "(...) *a cultura moderna sucumbe à sua catástrofe quando chega ao discernimento de suas próprias fronteiras e limites, isto é, quando re-conhece, a partir dos recursos e das exigências mais avançadas da própria ciência, que a razão técnico--científica não é onipotente.*"[29] No entanto a visualização clara das limitações, o abandono da onipotência científica e a resignação com a condição humana de humanos são as condições de possibilidade para elaboração de ferramentas e saberes (práxis) que permitam ações possíveis.

---

29 GIACÓIA, *Nietzsche...*, p. 36.

Terceira Parte
Experimentações e Aberturas

X – MEMÓRIA E ESQUECIMENTO NAS PRÁTICAS PUNITIVAS: DIÁLOGOS ENTRE CRIMINOLOGIA E FILOSOFIA

O homem é uma corda estendida entre o animal e o super-homem – uma corda sobre um abismo. É o perigo de transpô-lo, o perigo de estar a caminho, o perigo de olhar para trás, o perigo de tremer e parar. O que há de grande, no homem, é ser ponte, e não meta: o que pode amar-se, no homem, é ser uma transição e um ocaso. (Zaratustra)

01. O Espaço do Diálogo entre Criminologia e Filosofia

O objetivo deste diálogo entre criminologia e filosofia é o de discutir as práticas punitivas como instrumentos mnemônicos, ou seja, avaliar os castigos como memória/esquecimento do crime, a partir da aproximação do pensamento nietzschiano com a teoria agnóstica da pena.

A pena criminal será trabalhada como *fenômeno* de revitalização do crime.

A hipótese central é a de que a ritualização e a institucionalização dos castigos, através dos primitivos procedimentos do processo penal de matriz inquisitória, atuam como mecanismos de presentificação do delito e de manutenção da memória dos vínculos obrigacionais através da culpa moral e do sentimento de dever.

O recurso aos conceitos de *memória* e *esquecimento* e às técnicas de presentificação do crime fornece interessantes desdobramentos na área das ciências criminais. O enfoque das mnemotécnicas permite redimensionar os modelos integrados de estudo dos fenômenos *pena, crime* e *violência*, tendo como norte a transdisciplinaridade, superando os próprios limites das ciências criminais, permitindo aberto diálogo com a arte.

A aproximação da discussão das práticas penais com o pensamento de Nietzsche marca a investigação. No entanto importante se ter consciência de que *"não há um penalismo nietzschiano, porque seria impossível que existisse."*[1] O diálogo entre a filosofia de Nietzsche e o direito (penal) é incipiente,[2] sendo demasiado cedo para que se possa ter clareza da extensão dos efeitos de sua crítica filosófica neste campo extremamente fechado (dogmatizado) do conhecimento. Pode-se antecipar, porém, que a crítica nietzschiana atinge dois *nós* centrais das ciências criminais, quais sejam, a noção de *bem* e *mal* (crítica dos valores morais) e o ideal de *verdade* (crítica dos valores epistemológicos). A incorporação destes *valores superiores* pelo discurso das ciências criminais, sua ruptura e o encontro do trágico como alternativa serão desenvolvidos de forma embrionária e fragmentária.

02. Utilidade e Desvantagem da História para Análise do Sistema Criminal

As reconstruções históricas em geral, e em particular as relativas aos sistemas legais punitivos, são frequentemente difíceis de ser realizadas. Um dos fatores é o de que os sistemas punitivos, por sua tendência constante em maximizar a criminalização e a punitividade (poder punitivo), não esporadica-

---

1 ZAFFARONI, BATISTA, ALAGIA & SLOKAR, *Direito Penal Brasileiro I*, p. 559.
2 Neste sentido, conferir a importante contribuição de MELO, *Nietzsche e a Justiça*.

mente reeditam castigos para condutas que, se não fosse sua inafastável circunscrição temporal, apresentariam enorme grau de semelhanças. Desta forma, sempre é possível ao jurista encontrar um tipo penal (ideal) histórico para que se possa fazer referência à origem de determinada conduta criminalizada ou sanção criminal.

Na tradição jurídico-dogmática, porém, o importante elemento temporal é invariavelmente relegado, transformando-se a análise histórica dos textos legais e seus fundamentos jurídicos, políticos e filosóficos em reconstrução de sistemas com pretensões universalistas e atemporais, configurando o que pode ser denominado como *vontade de sistema*.

O problema é que a ancoragem na origem histórica e a universalização de fundamentos como legados irrenunciáveis fixam o homem no passado, retiram a vivacidade do presente e dissipam o futuro.

Nietzsche, ao avaliar as utilidades e desvantagens da história para a vida, na *Segunda Consideração Intempestiva*, menciona três espécies de leituras históricas possíveis: a monumental, a antiquária e a crítica.

Desde a tipologia nietzschiana, percebe-se nítida tendência antiquária na abordagem jurídica dos fundamentos dos sistemas punitivos. Boeira lembra que a atitude antiquária é característica do homem que *"vive preso ao passado, acorrentado pela tradição, em uma forma de vida que repousa inteiramente na memória, avessa ao presente."*[3] A perspectiva antiquária, que acompanha os juristas sempre apegados ao antigo e à isolada tradição, *"compreende a vida só para conservá-la, não gerá-la."*[4] A veneração român-

---

3 BOEIRA, *Nietzsche*, p. 15.
4 NIETZSCHE, *Segunda Consideração Intempestiva*, p. 29.

tica do passado, aliada à sua universalização e consequente transposição ao presente incapacitam o novo, sobretudo pela mortificação do futuro.

A superação do modelo antiquário pressupõe visualizar a complexidade e a temporalidade dos fenômenos humanos. No caso da presente investigação, dos crimes e das formas de castigo. Neste sentido, a perspectiva genealógica fornece elementos refinados para revisita às origens históricas dos castigos e dos fundamentos do poder de punir, distanciando-se da história antiquária, tentando superá-la para aproximar o olhar das histórias monumental e crítica.[5] A vontade de superar o olhar engessado da dogmática jurídico-penal sobre os fundamentos das penas instiga encontrar caminhos na problemática rede que envolve as justificações das violências legais, para reduzir ao máximo os danos (atuais e futuros) produzidos pelas agências de punitividade.

À superação da debilidade histórica, segundo Nietzsche, necessário *"confrontar a natureza herdada e hereditária com o nosso conhecimento, combater através de uma nova disciplina rigorosa o que foi trazido de muito longe e o que foi herdado, implantando um novo hábito, um novo instinto, uma segunda natureza, de modo que a primeira natureza se debilite. Esta é a tentativa de se dar, como que um* passado a posteriori, *de onde se gostaria de provir, em contraposição ao passado do qual se provém."*[6]

---

5 Explica Boeira, diferenciando as demais atitudes históricas da antiquária, que a *"atitude crítica volta-se para o presente e utiliza os conhecimentos históricos sobre o passado para avaliar o valor da experiência humana atual. A terceira postura, a da história monumental, corresponde a uma orientação humana voltada para o futuro, na qual se sublinha a biografia e a criatividade dos grandes homens, capazes de enormes esforços e sacrifícios por seus ideais, e com isso em condições de definir o 'horizonte humano' da sociedade em que vivem"* (BOEIRA, Nietzsche, p. 15).
6 NIETZSCHE, Segunda..., p. 31.

03. O Enfoque Genealógico na Investigação dos Castigos

Decorrente da ruptura com a ideia de linearidade, e ciente de que qualquer reconstrução histórica será sempre arbitrária, mesmo quando o objeto pareça relativamente estável, como no caso dos sistemas punitivos, não se pretenderá realizar historiografia dos castigos, muito menos apresentar as origens dos seus fundamentos filosóficos. Desde a perspectiva genealógica, a investigação opõe-se radicalmente à pesquisa da *origem*.[7] Em sendo o conhecimento sempre perspectivo e não existindo cena de inauguração ou de estreia, não se procura buscar a raiz do(s) valor(es) que funda(m) as punições. Com Giacóia se pode afirmar que *"a gênese histórica é tarefa preparatória para uma questão mais incisiva, mais radical: aquela que se pergunta pelo próprio valor dos valores e avaliações da moral tradicional."*[8]

Ao entender os processos de punitividade como *fenômenos* e *interpretações* eminentemente morais, próprios das formações culturais judaico-cristãs ocidentais que veem na pena formas de sancionar as identidades e proliferar as culpas, o estudo procura

---

7 *"Fazer genealogia dos valores, da moral, do asceticismo, do conhecimento, não será, portanto, partir em busca de sua 'origem', negligenciando como inacessíveis todos os episódios da história; será, ao contrário, se demorar nas meticulosidades e nos acasos dos começos; prestar atenção escrupulosa à sua derrisória maldade; esperar vê-los surgir, máscaras enfim retiradas, com o rosto do outro; não ter pudor de ir procurá-las lá onde elas estão, escavando os basfond; deixar-lhes o tempo de elevar-se do labirinto onde nenhuma verdade as manteve jamais sob sua guarda. O genealogista necessita da história para conjurar a quimera da origem, um pouco como o bom filósofo necessita do médico para conjurar a sombra da alma. É preciso saber reconhecer os acontecimentos históricos, seus abalos, suas surpresas, as vacilantes vitórias, as derrotas mal digeridas, que dão conta dos atavismos e das hereditariedades; da mesma forma que é preciso saber diagnosticar as doenças do corpo, os estados de fraqueza e de energia, suas rachaduras e suas resistências para avaliar o que é um discurso filosófico"* (FOUCAULT, Nietzsche, a Genealogia e a História, pp. 19-20).

8 GIACÓIA, *Nietzsche*, p. 63.

apontar as descontinuidades dos discursos legitimadores das políticas punitivas. O problema de pesquisa, portanto, é o sentido moral da criminalização e sua (mnemo)técnica legitimadora, visto serem importantes elementos de formação da subjetividade e de construção do ressentimento.

A opção genealógica direcionada ao universo de crimes e de castigos possibilita visualizar, de maneira sempre parcial, o mosaico dos discursos legitimantes, ou seja, o conjunto dos elementos retóricos justapostos que sustentam os processos de manutenção da memória do crime no criminoso e a formação moral da cultura punitiva.

A origem dos fundamentos ou das práticas punitivas, portanto, não pode ser encontrada, pois inexistente. Se a técnica punitiva decorre de processos moralizadores, sua origem é fluida, volátil, impossível de ser capturada e disposta como objeto de estudo controlável. Desta forma, adequado pensar em sua invenção, pois *"a invenção – Erfindung – para Nietzsche é, por um lado, uma ruptura, por outro, algo que possui um pequeno começo, baixo, mesquinho, inconfessável."*[9] Visualizar a invenção da punitividade autoriza resgatar sua proveniência para *"descobrir todas as marcas sutis, singulares, subindividuais que podem se entrecruzar e formar uma rede difícil de desembaraçar (...)"*, bem como sua emergência, a *"(...) entrada em cena das forças; (...) [o] lugar de afrontamento."*[10]

A tentativa, sempre difícil, de romper com a linearidade tradicional que se apresenta quando se propõe a tarefa de reconstrução de sistemas de punição, não abdica, porém, de forma absoluta, de apresentações epocais que permitem a visualização, em determinados momentos, dos fundamentos dos processos e das práticas punitivas. Assim, a investigação procurará encontrar alguns

---

9 FOUCAULT, *A Verdade e as Formas Jurídicas*, p. 15.
10 FOUCAULT, *Nietzsche...*, pp. 20-25.

nós que possibilitam a captação dos signos conformadores dos discursos morais, intentando esboçar a (des)continuidade da programação punitiva.

A genealogia, portanto, instrumentaliza a pesquisa como "(...) *uma forma de história que dê conta da constituição dos saberes, dos discursos, dos domínios de objeto* (...)."[11] Visualizar o problema desde este local abre espaços para reconfigurar sua própria constituição como problema, bem como apresentar formas outras para sua administração, dimensionado no passado *a posteriori*.

04. A Justificativa do Direito de Punir

Conforme descrito em *Teoria Agnóstica da Pena*, o ponto de partida na discussão sobre os fundamentos do direito penal é a indagação *por que punir?*. Os discursos justificacionistas, ao responderem o questionamento, estabelecem as estratégias de incidência e delineiam as formas de atuação dos aparatos punitivos, configurando o perfil da tecnologia penal.

A resposta ao *por que castigar?* é o ponto de partida das mais diversas teorias penais e processuais penais, pois, ao ser estabelecido conteúdo às formas de violência estatalizada, legitimam-se as mais diversas táticas de intervenção penal. Em realidade, o que se percebe na histórica e tautológica discussão sobre os fins da pena é a busca pela origem do discurso punitivo, seu fundamento primeiro. E invariavelmente as teses circulam entre as tradicionais diretrizes retributivas e preventivas (geral e especial), não logrando a teoria penalógica encontrar alternativas para além destes esgotados modelos históricos vivificados na modernidade pelas mais diversas doutrinas legadas da Ilustração. E o histórico desgaste acaba encon-

---

11 FOUCAULT, *Verdade e Poder*, p. 07.

trando refúgio na fusão dos ideais justificacionistas através do discurso da polifuncionalidade da pena.

No entanto o irrestrito e romântico apego aos fundamentos punitivos, revisitados na Ilustração, aliado à ausência de problematização do *fenômeno pena*, nas atuais sociedades complexas, impedem às doutrinas dogmáticas e críticas do direito penal qualquer tipo de ruptura e/ou refundação discursiva, visto recaírem em espécie de *história penalógica antiquária*.

05. A Continuidade da Programação Punitiva na Modernidade

Nos países ocidentais, sobretudo naqueles de tradição romano-germânica, o modelo penalógico normativo adotado oficialmente no século passado foi o de prevenção especial positiva (teorias da ressocialização). A partir da reconfiguração do sistema criminológico positivista da Escola Italiana, o movimento da Nova Defesa Social pautou a reforma das legislações penais, transnacionalizando os postulados do defensivismo e universalizando o modelo justificacionista clínico-etiológico. Em terras brasileiras, o projeto político-criminal é implementado com a elaboração da Lei de Execução Penal (1984).

Importante que se perceba a continuidade do projeto de ressocialização em relação às técnicas dissuasivas e intimidatórias (prevenção geral negativa) presentes na matriz racionalista do direito penal da Ilustração. A oposição frequentemente apresentada pela dogmática penal entre as duas finalidades da sanção criminal, e em decorrência dos diversos estilos e configurações do sistema penal (racionalismo liberal e etiologia positivista), é apenas aparente, sobretudo se a análise for direcionada à discussão do projeto científico da Modernidade.

Em Nietzsche, a Modernidade é representada pelo último homem, aquele personagem extasiado com o avanço do conhecimento, embriagado pelo saber científico cuja técnica decorrente doma as forças da natureza. Lembra Giacóia que *"o último homem simboliza a modernidade, que considera a si mesma o ponto mais avançado do desenvolvimento histórico da humanidade, acreditando que a finalidade dessa história consistiria na chegada do homem moderno. O último homem crê na onipotência do seu saber e do seu agir."*[12]

O domínio da natureza pela racionalidade, aliado à percepção da Modernidade, como o ápice evolutivo da história humana, induzem a ciência a projetar inevitáveis avanços da técnica no sentido de oferecer condições de diminuir a dor (sofrimento) e aumentar o prazer (felicidade) da existência terrena.[13] Não por outro motivo temas como felicidade, prazer e dor são recorrentes nos filósofos do Iluminismo.[14]

O pensar a Modernidade como desaguadouro da história universal e o avanço da técnica como processo natural no objetivo

---

12 GIACÓIA, *Nietzsche*, p. 36.

13 A perspectiva otimista com a ciência e a Modernidade é exemplarmente visualizada no pensador que sistematiza a racionalidade e funda a moderna filosofia da consciência: "(...) *é possível chegar a conhecimentos que sejam muito úteis à vida, e que, em lugar dessa filosofia especulativa que se ensina nas escolas, é possível encontrar-se uma outra prática mediante a qual, conhecendo a força e as ações do fogo, da água, do ar, dos astros, dos céus e de todos os outros corpos que nos cercam, tão claramente como conhecemos os vários ofícios de nossos artífices, poderíamos utilizá-los da mesma forma em todos os usos para os quais são próprios, e assim nos tornarmos senhores e possuidores da natureza. O que é de se desejar, não apenas para a invenção de uma infinidade de artifícios que permitam usufruir, sem custo algum, os frutos da terra e todas as comodidades que nela se encontram, mas também, e principalmente, para a conservação da saúde, que é sem dúvida o primeiro bem e a base de todos bens desta vida* (...)" (DESCARTES, *Discurso do Método*, pp. 86-87).

14 No campo do direito penal, por exemplo, um dos maiores expoentes do humanismo racionalista dos setecentos, Pietro Verri, terá como temas de predileção a felicidade, o prazer e a dor. Dentre seus principais escritos encontram-se *Meditazioni sulla Felicità* e *Idee sull'indole del Piacere* de 1773 e *Discorso sull'indole del Piacere e del Dolore* e *Discorso sulla Felicità* de 1781.

de trazer felicidade aos (últimos) homens produziu, na esfera penal, terroríficos efeitos. Se no humanismo racionalista dos setecentos e oitocentos o objetivo da intervenção punitiva era coagir psicologicamente o corpo social como instrumento para constranger as pessoas a não praticar crimes (Feuerbach), ou seja, não gerar dor e infelicidade aos outros, com o avanço da tecnologia punitiva incabível fundamento assaz rudimentar. No final do século XIX e início do século XX, perseguindo o projeto moderno de trazer a *"maior felicidade possível aos não delinquentes"* (Bentham), a Escola Positiva propõe precisos mecanismos de intervenção no criminoso de forma a neutralizar suas condutas. Em continuidade ao projeto penal da Modernidade instaurado pelos *clássicos*, o positivismo criminológico apresenta fórmulas de tratamento do criminoso concebendo profilaticamente o castigo como meio de extirpar o delito do convívio social.

Inexiste, como se pode perceber, projeto mais audacioso que o apresentado pelas ciências criminais: dominar a natureza humana, controlando sua agressividade e suas paixões, para conquistar condição social de convívio pacífico, sem violências, sem delitos.

No entanto a ilusão de encontrar método de melhoramento da humanidade pela ciência criminal produziu, como efeito, a moralização dos castigos – *"em todos os tempos quis-se 'melhorar' os homens: este anseio antes de tudo chamava-se moral"*[15] –, com a gradual transformação do sujeito punibilizado em *objeto* de intervenção repressiva não muito distante dos suplícios medievais. Entre os suplícios inquisitivos medievais e os castigos modernos a distinção é apenas em relação ao direcionamento da tecnologia punitiva: *res extensa* ou *res cogitans*,[16] respectivamente.

---

15 NIETZSCHE, *Crepúsculo dos Ídolos*, p. 52.
16 É com a elaboração do *cogito* cartesiano que há o processo de cisão entre o

A inquisitorialidade das técnicas de melhoramento transformou o criminólogo (pesquisador) em sujeito de observação das reações do objeto pesquisado (*homo criminalis*) aos seus procedimentos laboratoriais de domesticação. Não por outro motivo Nietzsche sustenta que "*todos os meios através dos quais até aqui a humanidade deveria se tornar moral foram fundamentalmente imorais.*"[17]

06. Supérfluos Fins: Fundamentos Filosóficos da Teoria Agnóstica

Independente da discussão sobre a legitimidade dos processos de individualização da pena moldados a partir da noção de ressocialização (*v.g.* reconstrução da identidade do condenado), bem como sobre inversão ideológica na tutela dos direitos funda-

---

pensamento (consciência) e o corpo (natureza): "coisa pensante" (*res cogitans*); corpo não pensante (*res extensa*) – "*e, ao notar que esta verdade: eu penso, logo existo, era tão sólida e tão correta que as mais extravagantes suposições dos céticos não seriam capazes de lhe causar abalo, julguei que podia considerá-la, sem escrúpulo algum, o primeiro princípio da filosofia que procurava.*" "*(...) compreendi, então, que eu era uma substância cuja essência ou natureza consiste apenas no pensar, e que, para ser, não necessita de lugar algum, nem depende de qualquer coisa material. De maneira que esse eu, ou seja, a alma, por causa da qual sou o que sou, é completamente distinta do corpo e, também, que é mais fácil de conhecer do que ele, e, mesmo que este nada fosse, ela não deixaria de ser tudo o que é*" (DESCARTES, *Discurso...*, p. 62). Nietzsche, em severa crítica à filosofia da consciência, reaproxima, quando não funde, corpo e mente – "*ele elabora assim uma inteligência que deseja submeter, exclusivamente, a critérios físicos. Não só interpreta o sofrimento como energia, como quer que assim seja: o sofrimento físico só é suportável se estiver estreitamente ligado à fruição, na medida em que desenvolve uma lucidez voluptuosa: ou ele apaga todo o pensamento possível, ou então atinge o delírio do pensamento*" (KLOSSOWSKI, *Nietzsche e o Círculo Vicioso*, p. 45). Conclui Klossowski que para Nietzsche "*a própria consciência não é outra coisa senão o código cifrado das mensagens transmitidas pelos impulsos (...).*" (KLOSSOWSKI, *Nietzsche...*, p. 46).

17 NIETZSCHE, *Crepúsculo...*, p. 55.

mentais que o modelo punitivo do século passado realiza pela contrainstrumentalização das garantias dos condenados,[18] importante discutir a necessidade mesma de *fundamentos* e *origens* do poder de punir na contemporaneidade.

O desvelamento das (in)capacidades do sistema de punitividade pelas inúmeras vertentes da crítica criminológica (contraposição entre funções reais e funções declaradas), desde a apresentação dos efeitos perversos gerados pela desigual incidência criminalizadora, deflagrou o desgaste e o esvaziamento em todos os modelos de justificação, notadamente das doutrinas ressocializadoras. Assim, em decorrência dos irreversíveis efeitos do diagnóstico realizado pela criminologia crítica, a única alternativa apresentada como possível pareceria ser a adesão ao abolicionismo, negando qualquer espécie de intervenção punitiva.

Imprescindível, pois, que a dicotomia abolicionismo *versus* justificacionismo seja transposta.

As vertentes abolicionistas, na esteira da criminologia crítica, inegavelmente apresentam a melhor anamnese das disfunções da atuação das agências de punitividade. Ocorre que o projeto de construção de condições para que se possa conviver em sociedade na qual os castigos sejam extintos, representando memórias passadas de intervenções burocráticas primitivas, figura no plano das ideias, talvez das utopias. Todavia, em sendo as penas fenômenos da realidade, expressões concretas da força cotidiana do sistema penal, operar no plano das ideias e das utopias pode representar o entorpecimento da necessária ação do investigador, quando não eximindo-o da responsabilidade de encontrar alternativas viáveis para a contenção das violências estatais programadas. Desta forma, na intermitência entre as opções justificacionistas e abolicionistas, exsurge variável que transcende esta (falsa) dicotomia, reconhecen-

---

18 Neste sentido, conferir CARVALHO, *Pena e Garantias*, pp. 153-215.

do a existência da pena como *fenômeno*, mas negando-lhe o direito a qualquer discurso de legitimação, qualquer fundamento, qualquer origem, quaisquer fins.

Na realidade das práticas penais, os princípios relativos à punição, as formas de sanção estabelecidas e os critérios de sua aplicação definem os contornos de intervenção, ou seja, os limites das punições possíveis. Necessário, portanto, abdicar da resposta ao *por que punir?*, direcionando esforços para delimitar o *como punir?*. A consequência do entrelaçamento entre a perspectiva de abstinência dos discursos legitimadores e a de determinação de critérios formais de controle da interpretação, aplicação e execução das penas conforma a projeção de *política punitiva de redução de danos*.

Advoga-se, portanto, a negativa à universalização de qualquer tipo de crença punitiva. Após o desnudamento do sistema sancionatório pela criminologia da reação social, criticável seria projetar qualquer finalidade à sanção penal. Sobretudo porque na história dos sistemas punitivos as justificativas legitimadoras da pena, por mais *nobres* e *humanas* que possam parecer, sempre potencializaram a violência das agências de punitividade, ou seja, ao fim nobre sempre houve correspondente meio espúrio. As intervenções na identidade dos punibilizados, legitimadas pelo (falso) humanismo das teorias ressocializadoras – "*a psicologia dos 'melhoradores' da humanidade*"[19] (Nietzsche) –, fornecem todos os elementos de sustentação da tese.

Por outro lado, a observação da realidade punitiva demonstrou que os ideais justificacionistas, por serem universalizantes de perspectivas unilaterais, nunca encontraram harmonização com as práticas mundanas. Os fins retributivos ou preventivos (ressocializadores ou intimidadores) invariavelmente geram aporias, questões sem saída, pois além de não serem passíveis de comprovabilidade

---

19 NIETZSCHE, *Crepúsculo*…, p. 55.

– e, portanto, de refutabilidade –, dependem, indistintamente, de como o sujeito concreto que sofre o castigo (ou sua expectativa) transfomará *sua* experiência (punitiva) em ação. Lembra Nietzsche que o *sentido* do castigo é fluido, podendo ser utilizado e interpretado para os mais diversos propósitos: *"cristaliza-se em uma espécie de unidade que dificilmente se pode dissociar, que é dificilmente analisável e, deve ser enfatizado, inteiramente* indefinível – *hoje é impossível dizer ao certo porque se castiga* (...)."[20]

Neste aspecto, nenhuma finalidade universalista e totalizante sobreviveria à crítica; nenhuma função restaria imune à constatação da produção de violência unilateral quando da imposição de estereótipos normalizadores em pessoas concretas, de 'carne e osso', caracterizadas pela alteridade. O meio, portanto, por representar incidência de violência institucional no sujeito punibilizado, deverá sempre ter mais importância que o fim ideal(izado) da pena.

Ao realizar apropriação da explicação que Klossowski procura dar ao *eterno retorno* nietzschiano, é possível argumentar que *"os meios são mais importantes que o próprio sentido dado pela consciência ao objetivo desejado, a inconsciência do objetivo o torna mais importante do que aquele que foi conscientemente fixado. Isso explica porque a consciência dos meios é mais importante que a consciência de um fim, só os meios são conscientes: o fragmento de consciência é apenas mais um meio no desenvolvimento e na extensão da vida."*[21] Desde outra paráfrase, na leitura de Camus ao niilismo nietzschiano, cabível sustentar que *"ser livre é justamente abolir os fins."*[22]

Em sendo os instrumentos punitivos (meios) em si mesmos violentos, as justificativas (fins) sancionatórias operam como narcóticos racionalizadores de sua programação. Abdicar das funções

---

20 NIETZSCHE, *Genealogia da Moral*, p. 68.
21 KLOSSOWSKI, *Nietzsche...*, p. 138.
22 CAMUS, *O Homem Revoltado*, p. 94.

e centrar a preocupação nas formas de punir, a partir do horizonte projetado pela principiologia constitucional, talvez seja uma das únicas formas de contração mínima do poder punitivo desmedido. O efeito agregado à ruptura com as projeções (teorias justificationistas) é a percepção da desnecessidade da busca das origens punitivas, pois vulneradas a coerência e a linearidade da racionalidade do cálculo sancionador.

Redução de danos nos *meios*, a partir da absoluta descrença nos *louváveis fins* e nas *românticas origens*, representa postura transvalorativa de desconstrução da lógica oposicionista que sobleva o *bem* contra o *mal* existente no humano condenado. Sobretudo porque "*a transvaloração se baseia no fato de que, quanto mais o conhecimento dispõe de meios, menos importa a preocupação com o objetivo, com a finalidade. Para tantos fins, tantos meios.*"[23]

A cadeia de princípios orientadores do direito e do processo penal contemporâneo, ao optar pela exclusiva fixação de limites às formas da pena, transvalora suas finalidades históricas e reconhece a tendência do poder punitivo em ultrapassar os limites estabelecidos pela legalidade. A exclusiva preocupação passa a ser, portanto, a redução dos níveis superlativos de punitividade.

07. Nietzsche e o Instrumental de Análise do Sistema Punitivo

A abstenção da pesquisa das origens e a ruptura com o ideal justificante da sanção, a partir da concentração de esforços na limitação das violências das práticas repressivas – tarefa dogmática a ser desenvolvida no campo do direito e do processo penal –, não eximem o investigador da verificação das importantes variáveis que configuram os castigos como fenômenos e interpretações.

---

23 KLOSSOWSKI, *Nietzsche...*, p. 168.

O recurso interpretativo para o estudo do fenômeno punição desenvolvido por Nietzsche, sobretudo aquele exposto na *Segunda Dissertação* da *Genealogia do Moral*, deve ser utilizado sob o alerta de Gerard Lebrun de que "*Nietzsche não é um sistema: é um instrumento de trabalho. Em vez de pensar o que ele disse, importa acima de tudo pensar com ele. Ler Nietzsche não é entrar num palácio de ideias, porém iniciar-se num questionário, habituar-se com uma* tópica *cuja riqueza e sutileza logo tornam irrisórias as 'convicções' que satisfazem as ideologias correntes.*"[24]

Como antecipado, a hipótese de pesquisa é a de que os castigos institucionalizados, através da ritualização operada pelos primitivos procedimentos do processo penal, mormente dos fornecidos pela matriz inquisitória, atuam na presentificação do delito e na manutenção da memória de vínculos obrigacionais fundadas nas noções de culpa moral e sentimento de dever. A pena criminal, portanto, vivificaria o crime no criminoso, mantendo acesa no corpo social a experiência de dor do delito (fato pretérito não mais passível de experimentação física). Nesta rede de imposição de sofrimento (pena) para atualizar a dor do crime, os mecanismos processuais forneceriam recursos mnemotécnicos.

08. A Memória do Delito

Na concepção de Nietzsche, o *esquecimento* é força inibidora positiva e ativa, não correspondendo à força inerte, cuja qualidade seria a de impedir que determinadas experiências penetrassem na consciência humana. O esquecimento atuaria como o *guardião da porta da consciência*, o *zelador da ordem psíquica*. A força viva produzida pelo esquecimento possibilitaria à humanidade condições de felicidade, pois bloquearia os efeitos da presentificação do passado.

---

24 *Apud* MARTON, *Nietzsche*, p. 11.

O esquecimento, lembra Maria Cristina Franco Ferraz, não apagaria marcas produzidas pela memória, mas antecederia à própria inscrição, impedindo sua fixação. Na valorização do esquecimento obtém-se "(...) *uma força plástica que é condição de toda a felicidade, identificada à possibilidade de coincidir com o presente, com o instante.*"[25] Lembra Eduardo Rezende Melo que esta força inibidora experimentada, vivenciada e acolhida mantém os homens imperturbados pelo barulho e luta presentes no submundo, com isso garantindo a possibilidade do novo – "*sem o esquecimento, não poderia haver lugar para a felicidade, a esperança, o orgulho, o* presente."[26] Segundo Klossowski, o esquecimento poderia ser conceituado como "*a ocultação dos signos, através dos quais designamos conjuntos de fatos vividos ou pensados num determinado momento, próximo ou longínquo.*"[27]

A perspectiva civilizada de responsabilidade impõe ao homem, porém, como tarefa necessária, a realização de promessas. Agregado à noção de livre-arbítrio, ao ser humano seria conferido domínio (soberania) sobre seus atos, permitindo-lhe prometer, empenhar sua palavra, adquirir dívidas, criar vínculos obrigacionais e, em consequência, produzir em si e nos demais sentimentos de dever. Como força reativa oposta ao *esquecimento*, a criação da *memória* torna o homem capaz de gravar na consciência e na ordem psíquica suas promessas (dívidas); fator fundamental para elaborar mecanismos que lhe prendam ao passado. Do contrário, na ausência de rememoração, a possibilidade de cumprimento dos deveres desapareceria, desmantelando-se os vínculos obrigacionais que tornariam possível a convivência (civilização).

Note-se que desde o ponto de vista da filosofia política moderna e da forma estatal dela decorrente (Estado soberano),

---

25 FERRAZ, *Nove Variações sobre Temas Nietzschianos*, p. 58.
26 MELO, *Nietzsche...*, p. 138.
27 KLOSSOWSKI, *Nietzsche...*, p. 58.

fundamental a manutenção constante dos vínculos obrigacionais. A propósito, desde a perspectiva da teoria do contrato social, em qualquer de suas versões originais (Hobbes, Rousseau e Locke), a memória dos direitos e, sobretudo, dos deveres decorrentes da aliança, é condição mínima de adimplemento do pacto civilizatório. Se os homens, inseguros quanto às possibilidades de gozar dos bens da vida face à sua escassez e à ausência de limites às violências individuais deflagradas pelo desejo de obtê-los (estado de natureza), *acordam*, em nome da segurança, pela cessão de parcela da liberdade individual ao ente abstrato gestor e distribuidor dos direitos e deveres (Estado moderno), imprescindível a criação de técnicas de presentificação e cotidianização do pacto. A memória atuaria, nestas condições, como possibilidade mínima de reafirmação do pacto civilizatório e negação do estado de natureza.

A questão colocada por Nietzsche é *"como fazer no bicho--homem uma memória, como gravar algo indelével nessa inteligência voltada para o instante, meio obtusa, meio leviana, nessa encarnação do esquecimento?"*[28] Este antiquíssimo problema, refere o filósofo, não foi resolvido com meios e respostas suaves, mas através da imposição de dor e sofrimento: *"gravar algo a fogo, para que fique na memória: apenas o que não cessa de causar dor fica na memória – eis um axioma da mais antiga (e infelizmente mais duradoura) psicologia da terra (...). Jamais deixou de haver sangue, martírio e sacrifício, quando o homem sentiu a necessidade de criar em si uma memória; os mais horrendos sacrifícios e penhores (entre eles o sacrifício dos primogênitos), as mais repugnantes mutilações (as castrações, por exemplo), os mais cruéis rituais de todos os cultos religiosos (todas as religiões são, no seu nível mais profundo, sistemas de crueldades) – tudo isso tem origem naquele instinto que divisou na dor o mais poderoso auxiliar da mnemônica."*[29]

---

28 NIETZSCHE, *Genealogia...*, p. 50.
29 NIETZSCHE, *Genealogia...*, pp. 50-51.

À necessidade de construir memória naquele que promete (homem moderno) agrega-se a importância da elaboração de mecanismos do seu reforço: *mnemotécnica*.

Todavia constata Giacóia que esta técnica de memorização identificada nos castigos, fundamental para a construção do marco civilizatório (pacto social),[30] deve necessariamente conter algo de bárbaro e violento: "*essa prometeica tarefa* [organizar população errante] *não pode ser levada a cabo senão por meio dos mesmos recursos bárbaros cujo emprego torna possível a criação da memória: a crueldade e a violência. E ainda uma vez a agressividade ritualizada em penas e castigos que opera a transposição do animal errante e instintivo para o homem cultural, o* zoon politikon, *conformando as regras, usos e costumes da vida em sociedade.*"[31] A pena, que mantém viva a memória do delito, pela sua crueldade presentifica a barbárie, reafirmando a cividade. Trata-se, pois, de duplo processo de memorização: da violência do delito e das misérias do estado de natureza.[32]

09. Durabilidade e Fluidez dos Castigos

Nietzsche percebe que um dos fatores de edificação dos valores morais da cultura judaico-cristã ocidental foi o processo

---

30 Segundo Giacóia, a criação no animal homem das condições de promessa "(...) *se coloca no umbral do processo civilizatório: o problema do homem identifica-se com a criação de uma memória, a contracorrente da poderosa força do esquecimento.*" A possibilidade da lembrança da palavra empenhada "(...) *arranca o homem da prisão do instante e do esquecimento, tornando possível o prever, o calcular, o antecipar uma representação que insere o agir efetivo como efeito na cadeia da vontade, como seu resultado futuro*" (GIACÓIA, *Nietzsche como Psicólogo*, p. 107).

31 GIACÓIA, *Nietzsche como...*, p. 115.

32 Refere-se, no ensaio, à hipótese hobbesiana do estado de natureza como aquele identificado com o estado de guerra suplantado pelo Estado, a partir do contrato social. Neste sentido, conferir HOBBES, *Leviatã*, pp. 74-95.

de codificação da memória, por este motivo, na *Genealogia da Moral*, realiza "(...) *o estudo de uma pedagogia da crueldade com fins éticos e políticos.*"[33]

Nas obrigações legais estariam condensados os conceitos morais de culpa, dever e sacralidade que sustentam a noção de civilização, mas, sobretudo, nelas estariam inscritos os deveres pelos quais a pessoa se mantém atrelada ao grupo social. Ao criminoso, em decorrência da violação do pacto e do rompimento com a palavra empenhada, são direcionados os cruéis efeitos dos castigos e a derradeira exclusão. Apenas nas *sociedades ricas* — aquelas que convivem e não se veem ameaçadas pelos desvios dos seus integrantes —, o crime poderia ser remido. No entanto a sacralização da vingança pelo castigo é a marca de moralização nas comunidades nas quais o valor do débito e da promessa são inegociáveis; a característica destas *sociedades pobres* é a maximização das respostas punitivas. Assim, Nietzsche é explícito ao sugerir que o pêndulo dos processos de maximização e minimização/abolição das punições variaria conforme o grau de amadurecimento (poder de esquecimento) das organizações sociais.[34]

---

33 LEITE, *Codificação, Memória, Coesão*, p. 37.

34 "*Aumentando o poder de uma comunidade, ela não mais atribui tanta importância aos desvios do indivíduo, porque eles já não mais podem ser considerados tão subversivos e perigosos para a existência do todo: o malfeitor não é mais 'privado da paz' e expulso, a ira coletiva já não pode se descarregar livremente sobre ele — pelo contrário, a partir de então ele é cuidadosamente defendido e abrigado pelo todo, protegido em especial da cólera dos que prejudicou diretamente. O acerto com as vítimas imediatas da ofensa; o esforço de circunscrever o caso e evitar maior participação e inquietação; as tentativas de achar equivalentes e acomodar a questão (compositio); sobretudo a vontade cada vez mais firme de considerar toda infração resgatável de algum modo e assim isolar, ao menos em certa medida, o criminoso de seu ato — estes são os traços que marcaram cada vez mais nitidamente a evolução do direito penal. Se crescem o poder e a consciência de si de uma comunidade, torna-se mais suave o direito penal; se há enfraquecimento dessa comunidade, e ela corre grave perigo, formas mais duras desse direito voltam a se manifestar. O 'credor' se torna sempre mais humano, na*

Os rituais punitivos, sobretudo os procedimentos criminal e religioso, adquirem papel privilegiado na mnemônica de eternização dos vínculos obrigacionais. O sistema de punitividade, neste quadro, manteria presente na humanidade a necessidade de satisfação das dívidas e da culpa moral. O castigo, instrumento de moralização e normalização, através da mnemotécnica ritualizada dos processos de culpabilização, faz presente e eterno o delito no delinquente. E se apesar de o fato-crime não existir, havendo apenas interpretações posteriores, falas possíveis a respeito do *caso penal*[35] – e esta conclusão é absolutamente possível a partir da hermenêutica nietzschiana[36] –, a concretude do delito passa a ser passível de (re)experimentação constante pela comunidade com sua fixação mnemônica através do ritual (processo penal) e do castigo (execução penal).

Assim, nítido perceber que "(...) *a dureza das leis penais nos dá uma medida do esforço que lhe custou vencer o esquecimento e manter presentes, nesses escravos momentâneos do afeto e da cobiça, algumas elementares exigências do convívio social.*"[37]

---

medida em que se torna mais rico; e o quanto de injúria ele pode suportar sem sofrer é, por fim, a própria medida de sua riqueza. Não é inconcebível uma sociedade com tal consciência de poder que se permitisse o seu mais nobre luxo: deixar impunes os seus ofensores. "Que me importam meus parasitas?", diria ela. "Eles podem viver e prosperar – sou forte o bastante para isso!"... A justiça, que iniciou com "tudo é resgatável, tudo tem que ser pago", termina por fazer vista grossa e deixa escapar os insolventes – termina como toda coisa boa sobre a terra, suprimindo a si mesma. A autossupressão da justiça: sabemos com que belo nome ela se apresenta – graça; ela permanece, como é óbvio, privilégio do poderoso, ou melhor, o seu 'além do direito'." (NIETZSCHE, *Genealogia*..., pp. 61-62).

35 Sobre o *caso penal* como o conteúdo do processo penal, conferir COUTINHO, *A Lide e o Conteúdo do Processo Penal*, pp. 134-142.

36 Neste sentido, conferir NIETZSCHE, *Aurora*, pp. 276-78; NIETZSCHE, *Sobre Verdade e Mentira no Sentido Extra-Moral*, pp. 45-54; NIETZSCHE, *Crepúsculo...*, pp. 51-55.

37 NIETZSCHE, *Genealogia*..., p. 51.

Dois aspectos, portanto, são fundamentais na análise nietzschiana do castigo: *durabilidade* (o *drama* e a sequência rigorosa dos procedimentos) e *fluidez* (as finalidades e as expectativas ligadas aos procedimentos). No que tange à durabilidade, Nietzsche irrompe a noção jurídica na qual o procedimento tenha sido *inventado* para fins de castigo. No entender do filósofo o procedimento é anterior à sua utilização no castigo, posteriormente introduzido e no castigo interpretado – *"que há muito já existia, mas empregado em outro sentido."*[38] Mas o que é fundamental para a compreensão da pena como fenômeno e interpretação é a análise de sua fluidez, visto apresentar elementos importantes de ruptura com a ideia de fins (*por que punir?*). Inexiste, nas práticas punitivas, sentido unívoco e universal, ou seja, não há na experiência humana a verificação/verificabilidade de que o castigo possa ser apreendido de forma homogênea, seja em relação aos seus destinatários (desviantes), à comunidade ou aos aplicadores (verdugos do direito).

Lembra Nietzsche que a história do castigo é a de sua utilização para os mais diversos e indefiníveis fins. Para sustentar o argumento – *"para ao menos dar uma ideia de como é incerto, suplementar e acidental o 'sentido' do castigo, de como um mesmo procedimento pode ser utilizado, interpretado, ajustado para os propósitos radicalmente diversos (...)"*[39] –, elabora extenso elenco das possibilidades de sentido do castigo: neutralização, pagamento, isolamento, inspiração de terror, compensação, segregação, festa, criação de memória, compromisso, ato de guerra. Suas características de durabilidade e fluidez desconstruiriam as utilidades fornecidas pelas teorias da pena – *espécie de adivinha* proposta pelos mestres aos discípulos (Tobias Barreto)[40] –, perspectivando sua incidência como fenômeno e

---

38 NIETZSCHE, *Genealogia...*, p. 68.
39 NIETZSCHE, *Genealogia...*, p. 69.
40 *"Os criminalistas que ainda se julgam obrigados a fazer exposições dos diversos sistemas*

interpretação; como experiência viva e vivida sobre a qual os *experts* devem encontrar elementos adequados, conforme suas opções, para densificar a fixação (memória) ou minimização/exclusão (esquecimento) do seu impacto na teia social.

Em Nietzsche, portanto, se encontra delineada interessante interpretação sobre a aplicação e execução dos castigos, seguida de radical crítica que possibilita visualizar, desde locais diversos da dogmática jurídica, a experiência da distribuição legal de sofrimento. Os mnemométodos, neste quadro, operam como técnicas de fixação da dor e não como justificadores e potencializadores das sanções, discurso típico da tradição penal e do mascaramento dogmático fornecido pelas teorias da pena.

10. Pena: Dispepsia, Doença Histórica

A virtude do esquecimento na filosofia nietzschiana está vinculada à obstrução da criação da memória. Aquilo que não ingressa na ordem psíquica não teria a capacidade de prender o sujeito ao passado, desvinculando-o das culpas derivadas das obrigações morais, possibilitando o atingimento da felicidade.

Nietzsche usa como metáfora da felicidade buscada pelo homem a figura do animal de rebanho que pasta: *"ele não sabe o que*

---

engendrados para explicar o direito de punir, o fundamento jurídico e o fim racional da pena, cometem um erro, quando na frente da série colocam a vindita. Porquanto a vindita não é um sistema; não é, como a defesa direta ou indireta, e as demais fórmulas explicativas ideadas pelas teorias absolutas, relativas e mistas, um modo de conceber e julgar de acordo com esta ou aquela doutrina abstrata, o instituto da pena: a vindita é a pena mesma, considerada em sua origem de fato, em sua gênese histórica, desde os primeiros esboços de organização social, baseada na comunhão de sangue e na comunhão de paz, que naturalmente se deram logo depois do primeiro albor da consciência humana, logo depois que o pithecanthropo falou... et homo factus est"* (BARRETO, *Fundamentos do Direito de Punir*, p. 647).

é ontem e o que é hoje, ele saltita de lá para cá, come descansa, saltita, digere, saltita de novo; e assim de manhã até a noite, dia após dia; ligado de maneira fugaz com seu prazer e desprazer à própria estaca do instante, e, por isso, nem melancólico nem enfadado."[41] A vida a-histórica do animal impede a opressão do passado concretizada na memória. O homem, na ausência desta capacidade inibidora (esquecimento), padeceria da doença histórica.

A rememoração representaria falha no aparelho digestivo, patologizado pela dispepsia. Nota Maria Cristina Franco Ferraz que *"dispéptico seria, segundo Nietzsche, quem nunca se livra de nada (...)."*[42] Esquecimento e digestão seriam processos análogos de superação do passado, os quais dariam condições de preparação do presente.

A concepção positiva do esquecimento, contraposta pela dispepsia reativa da memória, fornece elementos de leitura de determinados institutos penais que interrompem o processo punitivo. As causas de extinção de punibilidade previstas na codificação penal, sobretudo dos institutos nos quais o Estado punitivo deixa de exercer a *potestas puniendi* em face de valorações morais sobre o infrator (*v.g.* graça, indulto e perdão judicial), ao invés de operar como saneadoras da memória do delito atuam no reforço das reminiscências. A tecnologia punitiva, ao criar métodos de abdicação do castigo que pressupõem emitir juízos valorativos sobre o desviante, *dobra* a presentificacão do crime. O perdão, em sentido genérico, mantém a lembrança não apenas do crime, mas do próprio castigo não infligido, capturando a história do sujeito. Perigosa virtude, segundo Nietzsche: *"'ele nada esquece, e tudo perdoa' – então é duplamente odiado, pois envergonha duplamente, com sua memória e com sua generosidade."*[43]

---

41 NIETZSCHE, *Segunda...*, p. 07.
42 FERRAZ, *Nove...*, p. 62.
43 NIETZSCHE, *Aurora*, p. 213.

Outrossim, apesar dos reforços de memória previstos na codificação, alguns institutos aparecem com aparência de verdadeiras *fórmulas legais de esquecimento*. Casos como os de descriminalização, prescrição, decadência e renúncia, em face da inexigibilidade de quaisquer condicionantes valorativos (reforços morais), apresentam situações que podem ser lidas como superação da vingança pela ausência de necessidade da memória do crime. A transposição do tempo cronológico (prescrição e decadência) e as manifestações legislativa (descriminalização) ou dos ofendidos (renúncia) expressando desinteresse no castigo possibilitam ultrapassar a lógica punitiva e o rito mnemônico.

11. Transvaloração dos Valores Punitivos: a Dessubstancialização do Crime e do Criminoso

Não obstante a diferenciada percepção da pena como fenômeno e interpretação, dois pontos relevantes da filosofia nietzschiana atingem centros nervosos das ciências criminais: a desconstrução da verdade no processo penal e a crítica aos fenômenos ônticos e morais no direito penal e na criminologia.

Nietzsche reivindicava dos filósofos a transvaloração dos valores e a emancipação dos juízos morais.[44] Esta imposição deriva de sua formulação de que não existem *fatos morais*, apenas interpretações morais de fatos, pois "(...) *o juízo moral possui em comum com o juízo religioso a crença em realidades que não são de modo algum realidades. A moral é apenas uma exegese de certos fenômenos; falando mais determinantemente, ela é uma exegese equivocada.*"[45]

---

44 "*Conhece-se minha exigência de que os filósofos se coloquem para além do Bem e do Mal, – que eles tenham abaixo de si a ilusão do juízo moral*" (NIETZSCHE, *Crepúsculo...*, p. 51).

45 NIETZSCHE, *Crepúsculo...*, p. 51.

A sociedade moderna (niilista), dominada por valores morais decadentes, cinde a interpretação das ações a partir da dicotomia bem e mal, substancializando determinadas condutas ou pessoas. Ao estabilizar forma unívoca de valoração das ações humanas, naturaliza e hierarquiza determinada concepção moral, excluindo outras verdades ou morais possíveis, existentes. Necessária, contra este processo de normalização e moralização, a defesa de posições extramorais que transportem os valores e as interpretações para além da dicotomia *bem* e *mal*.

Os efeitos deste processo de transvaloração para a análise das práticas da justiça criminal, sobretudo para os campos da criminologia e do direito penal, são marcantes. A história das ciências criminais, a partir da universalização da ideologia da defesa social, é fundada na concepção de existência de delitos e de criminosos naturais que se contrapõem aos valores nobres cultivados pela comunidade não desviante, refletindo aquilo que Baratta curiosamente denominou *princípio do bem e do mal*.[46] O processo de substancialização do delito em um *ser criminoso*, seja nas antigas doutrinas positivistas do criminoso nato ou nas atualizações contemporâneas das criminologias clínica e neurológica, criou critérios de interpretação dos fenômenos crime e violência e aplicação dos castigos.

No entanto a crítica extramoral permite descartar esta cisão irreal, percebendo o homem apenas como *humano, demasiado humano*, sujeito de virtudes e perversões, capaz de atos nobres e cruéis, de acordo com suas circunstâncias. Tal concepção, antecipada pelo recorte criminológico crítico do paradigma da reação social, não apenas nega a naturalização do mal (*homo criminalis, homo hominis lupus*) como igualmente desterra a naturalização do bem (*bom selvagem*), permitindo novas interpretações de condutas desviantes.

---

46 *"Principio del Bien y del Mal: el delito es un daño para la sociedad. El delincuente es un elemento negativo y disfuncional del sistema social. La desviación criminal es, pues, el mal; la sociedad constituida, el bien"* (BARATTA, *Criminología Crítica y Crítica del Derecho Penal*, pp. 36-37).

12. Transvaloração dos Valores Punitivos: a Abdicação da Verdade

A segunda possibilidade decorrente da crítica nietzschiana diz respeito à ruptura com a ilusão moderna de verdade. O desvelamento da vontade de verdade das ciências acena a possibilidade de alterar o eixo central da estrutura inquisitória do processo penal.

Se o procedimento ritualizado de imposição do castigo pode ser visto, desde a perspectiva filosófica nietzschiana, como mecanismo de manutenção na memória (presentificação) da experiência do delito – a *"crueldade ritualizada nos castigos cumpre a função enigmática de satisfação substitutiva para uma humanidade pré-histórica, ela serve também como recurso mnemotécnico privilegiado para dilatar, aprofundar e vivificar as dimensões e virtualidades da memória"*[47] –, no discurso científico da modernidade o instrumento processual penal gira em torno da busca da *verdade* em múltiplas e variadas dimensões (verdade real, verdade material, verdade formal, verdade processual, verdade judicial).

A tecnologia processual penal moderna, ao adequar os mecanismos do processo inquisitório do medievo, renomina o sistema como *misto* postulando a adequação do procedimento em dois tempos (primeira fase inquisitória e segunda acusatória). Entretanto este *monstro de duas cabeças* (Cordero) universalizado pelo Código Napoleônico não apenas mantém a lógica inquisitória, como recondiciona o trabalho dos sujeitos processuais, sobretudo do juiz, na busca incessante da verdade no processo penal. Como ensina Legendre, *"o mito escolástico foi retrabalhado, reformado, retranscrito, mas não demolido."*[48]

A permanência do estilo inquisitivo calcado na investigação da verdade, suavizado pela inversão ideológica do discurso liberal

---

47 GIACÓIA, *Nietzsche como...*, p. 112.
48 LEGENDRE, *O Amor do Censor*, p. 181.

humanitário e pela racionalidade científica moderna, alimenta o sonho narcísico dos sujeitos processuais de extração, através dos mecanismos de prova, de dados que reconstruam o fato pretérito em precisa correspondência àquela realidade distante. A aspiração de encontrar adequação simétrica da realidade passada (fato-crime) nos autos, a partir dos elementos probatórios trazidos pelas partes, dá sustentação à finalidade que passará a reger a ciência processual penal: *verdade real*.

É inegável que, desde o ponto de vista interno ao direito processual penal, o objetivo de atingir a *verdade* (real) atuou como fator legitimante de práticas inquisitivas. A centralidade da instrução processual na figura do juiz e não na das partes fornece elementos suficientes para esta conclusão. O relevante, porém, para a investigação proposta, é avaliar o grau de adequação desta prática inquisitiva rudimentar no projeto científico da Modernidade (jurídico-penal), visto que a vontade de verdade (real) do processo medieval relegitima-se na Ilustração pela crença na razão calculadora. Desde o ponto de vista processual penal, a pesquisa da verdade demonstrou-se variante estável, do obscurantismo medieval à Modernidade científica.

Fundamental resgatar, assim, o alerta de Legendre: "(...) *todo ataque dirigido contra o obscurantismo é impressionante por aquilo que nos mascara, e a rejeição dos medievais para fora da modernidade (do ponto de vista do discurso sobre o Poder) continua sendo uma extraordinária trapaça. Leiam, então, Kafka: o glosador reaparece nele com todas as letras e vem ordenar a fuzilaria. Vamos parar de rir da Idade Média, de suas técnicas do obscurecimento, sempre eludidas, sempre presentes.*"[49]

Percebe-se, como derivação da crítica nietzschiana à epistemologia, que a *vontade de verdade* no processo penal é baseada na incorreta fusão entre as ideias de *verdade* e *realidade*. Não apenas as

---

49 LEGENDRE, *O Amor*..., p. 16.

categorias são distintas, como sua aproximação determina a incursão do processo penal no equívoco de crer na descoberta da verdade através da captura do real, quando verdade e realidade são *valorações* e, na qualidade de juízos interpretativos, de inexequível apreensão pelos sentidos.

Da mesma forma que não existem fatos a ser julgados, no processo penal inexiste verdade a ser atingida. A prática processual nada mais é do que a representação cênica de inúmeras interpretações possíveis do *caso penal*. Não por outro motivo é possível sustentar que o papel do magistrado não é o de decidir sobre a existência de fatos, mas sim sobre a maior ou menor adequação das falas (interpretações) no *caso penal* apresentado.

Neste aspecto, relevante a contribuição de Jacinto Coutinho ao resgatar o conceito de *caso penal*. Em substituição à noção de *fato-crime* como sendo o objeto da investigação e da fala das partes no processo, a ideia de *caso penal* pode dar conta do efeito desempenhado pela crítica filosófica na análise do direito e do processo penal. Ao abdicar do conceito de fato-crime, admitindo haver apenas discursos sobre uma experiência não mais passível de encontro, a categoria *caso penal* expressaria "(...) *uma situação de incerteza, de dúvida, quanto à aplicação da sanção penal ao agente que, com sua conduta, incidiu no tipo penal.*"[50] Manejar desde este local poderia facilitar os problemas apontados pelo autor no que tange ao ocultamento da subjetividade na análise do caso e do necessário diálogo do direito e do processo penal com a psicanálise e a filosofia.

13. Retomada do Trágico e Redução dos Danos Punitivos

O homem moderno refuta, de todas as formas possíveis, aquilo que mais odeia na Modernidade, o seu outro, a barbárie. O

---

50 COUTINHO, *A Lide...*, p. 135.

otimismo científico, a fé na racionalidade e a devoção do pensamento lógico desenvolveram, no espírito dos *últimos homens*, a confiança plena na técnica e em sua capacidade de criar condições de felicidade à humanidade, pois somente a partir da razão haveria possibilidade de descoberta da verdade. No caso específico das ciências criminais, a técnica deveria oferecer à sociedade medicina eficaz para o fim das violências e a erradicação dos crimes.

Nietzsche, em *Aurora*, afirma que a paixão do homem moderno pelo conhecimento é tão intensa que faz com que a humanidade prefira o perecimento ao retrocesso ao estado de barbárie no qual a técnica não domina a natureza – *"mas nosso impulso ao conhecimento é demasiado forte para que ainda possamos estimar a felicidade sem conhecimento ou a felicidade de uma forte e firma ilusão; apenas imaginar esses estados é doloroso para nós!"*[51]

A crítica ao espírito científico e à racionalidade moderna, em termos mais precisos, à vontade de verdade, é dos pontos mais contundentes da filosofia nietzschiana. A obsessão da razão cartesiana em sistematizar o conhecimento, conferindo-lhe unidade e ordem, para, livrando-se da ignorância, discernir o verdadeiro do falso, é refutada em absoluto por Nietzsche desde sua primeira obra de impacto, O *Nascimento da Tragédia*. O processo de desconstrução da ilusão científica acompanha o autor ao longo de sua trajetória, nas mais diversas fases. Sustenta, em *Crepúsculo dos Ídolos*, a ruptura com a *vontade de sistema* – *"desconfio de todos os sistemáticos e me afasto de seus caminhos. A vontade de sistema é uma falta de retidão."*[52]

Conforme antecipado[53], como alternativa à vontade de verdade ínsita à ciência moderna, e ao processo de moralização e normalização que a configura, Nietzsche aponta a retomada da arte

---

51 NIETZSCHE, *Aurora*, p. 225.
52 NIETZSCHE, *Crepúsculo...*, p. 13.
53 CARVALHO, *Fronteiras entre Ciência (Criminológica) e Arte*, pp. 128-131.

trágica. No trágico renasce a possibilidade de superar a identidade entre moral e ciência, bem como os juízos morais.

A arte trágica forneceria elementos de experimentação do mundo despidos das idealizações metafísicas e dos narcisismos científicos. É que o *homem teórico*, narcotizado pela busca da verdade, atribuiu ao saber científico a capacidade de distinguir o erro, de separar essência e aparência. No entanto, o otimismo na razão sistematizadora anulou a percepção de inúmeras formas de manifestação das verdades; de verdades marginais que transpõem os horizontes da moral. Não por outra razão o encantamento do homem teórico com sua racionalidade é a manifestação exemplar do narcisismo dos cientistas.

Assim, a falta percepção dos limites da moderna ciência (criminal) gerou a interferência inábil de atores (juristas) em fenômenos permeados pela violência (individual e institucional). Crentes em seu potencial resolutivo, não esporadicamente a intervenção (castigo) provocou danos maiores que os dos crimes, encenando espetáculo cujo melancólico final produz profundo mal-estar.

Em efeito, o encanto dos penalistas com sua própria imagem encena o triste quadro de serem eles os únicos satisfeitos com a técnica desenvolvida. A vontade de verdade (vontade de sistema), eleita como fim último da própria atividade, revela a incapacidade de diálogo; a incapacidade de escuta das angústias das partes envolvidas nos conflitos.

A conclusão possível talvez seja a de ser necessário forjar ações redutoras dos danos causados pela inábil intervenção das ciências criminais, as quais, acreditando capazes de reduzir/erradicar os delitos, produziram custos incalculáveis de violências. A saída talvez seja a representação trágica da realidade, na superação e ruptura com os (mnemo)métodos em práticas despidas de *verdade(s)* e cientes dos próprios limites.[54]

---

54 CARVALHO, *Fronteiras...*, p. 131.

Não se trata, porém, ao criticar os métodos de fixação de memória e invocar o esquecimento, de sugerir a supressão do passado. Conforme aponta Rauter, *"falar em esquecimento no sentido nietzcheano não significa falar em apagar o passado, como num Carnaval sem Quarta-feira de Cinzas (...). Falamos, assim, não de 'apagar o passado' (e muito menos de perdão, noção completamente avessa ao pensamento de Nietzsche), mas de algo como 'fazer um outro uso do passado'. Ou, como poderíamos dizê-lo, de construir uma outra memória que pudesse levar à ação, e não a impedi-la."*[55]

Transvalorar a racionalidade calculadora que fixa a memória do crime no criminoso implica, em oposição às técnicas punitivas que rememoram eternamente o delito e esquecem o sujeito, ação redutora de danos pautada em técnica de esquecimento do crime, objetivando salvar o sujeito criminalizado do estigma.

---

55 RAUTER, *Clínica do Esquecimento*, p. 236.

XI – A CRIMINOLOGIA NA ALCOVA: DIÁLOGOS COM A LITERATURA

> *Não existe nenhuma ação, por mais singular que se possa supor, que seja verdadeiramente criminosa, e nenhuma que possa realmente se chamar virtuosa. Tudo se dá em razão dos nossos costumes e do clima em que vivemos (...). Não há horror que não tenha sido divinizado ou virtude que não tenha sido execrada.* (Sade)

01. A Imagem do Homem Civilizado

A figura do *bourgeois* renascentista, conviva da aristocracia pré-revolucionária, evoca o homem civilizado, apreciador das artes, da gastronomia requintada, do vestuário alinhado. Elegante, culto, incentivador das ciências humanas e naturais, cultiva a arte das boas maneiras, da linguagem polida de referência cortês. Educado formalmente, poliglota, é refinado no tratamento com seus semelhantes.

A imagem do homem burguês do século XVIII representa, no imaginário Ocidental, o ápice da cultura romântica apolínea. A perspectiva apolínea sustenta o modelo metafísico socrático de reforço dos valores morais de Justiça, Beleza, Bondade e Verdade, referências do homem civilizado. A metafísica apolínea, portanto, evoca *"a verdade superior, a perfeição desses estados na sua contraposição com a realidade cotidiana tão lacu-*

narmente inteligível (...)."¹ Na lição de Giacóia, *"Apolo representa o lado luminoso da existência, o impulso para gerar as formas puras, a majestade dos traços, a precisão das linhas e limites, a nobreza das figuras. Ele é o deus do princípio da individuação, da sobriedade, da temperança, da justa medida, o deus do sonho das belas visões."*²

E neste imaginário, ao polido homem da cultura é contraposto seu outro: o bárbaro. A negação do convívio amistoso, a ruptura com as regras e os limites impostos pela civilização caracterizam os atos daquele que, por atavismo ético ou estético, não ultrapassou a infância da humanidade e, em consequência, não atingiu a segunda natureza, a natureza domada pelas disciplinas da cultura. A representação do bárbaro como esteticamente feio e moralmente corrompido, como perverso desprovido de freios inibitórios cujo *habitat* é estabelecido nas margens da cultura, solidifica a imagem do civilizado como virtuoso frequentador do cotidiano urbano, de suas instituições e dos locais de socialização.

Note-se que justamente por este motivo as teses spenceriana e darwiniana da evolução das espécies fornecerão importante chave de leitura para elaboração da dicotomia fundamental na criminologia clássica (criminoso bárbaro *versus* cidadão civilizado). O homem da Modernidade, o último homem na conceituação de Nietzsche, *"considera a si mesmo o ponto mais avançado do desenvolvimento histórico da humanidade, acreditando que a finalidade dessa história consistiria precisamente na chegada do moderno. Orgulhoso de sua cultura e formação, que o elevaria acima de todo passado, o último homem crê na onipotência do seu saber e do seu agir."*³

---

1 NIETZSCHE, *O Nascimento* da Tragédia, p. 29.
2 GIACÓIA Jr., *Nietzsche*, p. 34.
3 GIACÓIA Jr., *Nietzsche*, p. 56.

02. O "Outro" do Civilizado: o Bárbaro

Mas se o homem moderno (*bourgeois*) é alçado ao patamar supremo da cultura, colocado no ápice da evolução da espécie, o estigma do bárbaro irá identificar aquela minoria de pessoas que não ultrapassou as necessárias etapas de evolução. Sem transpor definitivamente a primeira natureza, estão condicionadas a romper, a qualquer momento, as regras do convívio pacífico, pois são estrangeiros e não fazem parte da civilização.

Na criminologia, seja do ponto de vista ético – "*há indivíduos moralmente inferiores, assim como os há e houve sempre superiores (...)*"[4] – ou desde perspectiva estética – "*se é certo que o senso moral é um produto da evolução, natural admitir que ele seja menos aperfeiçoado nas classes que representam um grau inferior de desenvolvimento físico*"[5] –, o *homo criminalis*, derivado do conflito existente entre o atraso antropopsicológico e a irrupção da civilização, estará eternamente vinculado à noção de anomalia moral e fisiológica.

Nas palavras de Ferri "*o criminoso nato pode ser um assassino tranquilamente selvagem, um depravado violentamente brutal, um refinado obsceno por conta de uma perversão sexual proveniente de uma defeituosa organização física. Ele pode também ser um ladrão ou falsário. A repugnância em apropriar-se do bem alheio, esse instinto lentamente desenvolvido pela vida social na coletividade, falta-lhe em absoluto (...). Tive ocasião de demonstrar, no estudo psicológico de um homicida nato, que a aparente regularidade de sua inteligência e de seus sentimentos pode encobrir tão completamente sua* profunda insensibilidade moral, *que seu verdadeiro caráter escapa àqueles que ignoram a psicologia experimental.*"[6]

---

4 GARÓFALO, *Criminologia*, p. 14.
5 GARÓFALO, *Criminologia*, p. 16.
6 FERRI, *Os Criminosos na Arte e na Literatura*, pp. 32-35, destacou-se.

Lombroso, ao concluir sua investigação sobre a antropometria e a fisionomia dos criminosos, observa que embora não tenham sempre aspecto assustador, têm os integrantes da oligarquia do delito particular e especial características, pois *"em formas análogas e em iguais proporções às dos selvagens, nos é dado notar outras alterações atávicas, sobretudo da face e da base do crânio: sinos frontais enormes, fronte fungidia, fosseta occipital média, soldura do atlas, aspecto viril dos crânios das mulheres, dupla face articular do côndilo occipital, achatamento do palatino, osso epactal, órbitas volumosas e oblíquas."*[7] A patologia das condições físicas e psicológicas, a degenerescência individual deste selvagem, que se mantém apesar da evolução, apontam sua distinção com o homem civilizado.

03. O *Homo Naturalis* Adormecido

Se a representação do criminoso (e do louco) no discurso civilizatório é a do fisicamente degenerado, do moralmente corrompido e do socialmente degradado, sendo, portanto, o delito atributo específico de minoria de insanos que não logrou ultrapassar as etapas do processo evolutivo, Donatien Alphonse François de Sade, o Marquês libertino, apontará uma das maiores e das mais radicais chagas da cultura ocidental. Não por outro motivo será perseguido pelo Antigo Regime e pela Revolução, por Luis XVI e Robespierre. Na Bastilha será exposto como delinquente, e em Charenton, dirigindo os pacientes do hospital psiquiátrico, será considerado demente.

O desaparecimento por mais de um século de *Os 120 Dias de Sodoma ou A Escola da Libertinagem* parece ser reflexo condicionado de período da cultura que não poderia conviver com "(...) *o*

---

7 LOMBROSO, *O Homem Delinquente*, p. 287.

relato mais impuro já feito desde que o mundo existe, pois não há livro semelhante nem entre os antigos nem entre os modernos."[8]

Mas para além dos extremos de fúria libertina expressos em Os 120 Dias de Sodoma, o conjunto da obra sadiana – ou conforme denomina Maurice Blanchot o *sistema sadiano*[9] –, produz dois efeitos terroríficos profundamente importantes para a análise dos discursos acerca do processo civilizatório e da formação da cultura como adestramento da natureza humana: a absoluta inversão do sistema de valores morais e a colocação em cena do homem da cultura como sujeito dos atos de barbárie. Sade evoca em sua literatura libertina o *homo naturalis* adormecido no cortês homem da Modernidade.

04. Sade e os Valores da Cultura

Contador Borges, nos comentários à *Filosofia da Alcova*, lembra que nos romances de Sade são contadas duas histórias paralelas e complementares que se cruzam e se entremeiam: *"a dos infortúnios da virtude e a das prosperidades do vício."*[10] Desta forma, coube à cultura edificar o sentido de humanidade pela anulação do selvagem, definindo, através do consenso e da adesão (livre-arbítrio) dos signatários do pacto social fundante, o sistema de valores morais e as regras de convívio e de etiqueta. Os vícios inexoravelmente levariam seu cultor à decadência. Somente a virtude conduz o homem à felicidade, seja esta (felicidade) desfrutada no plano terreno ou projetada para além do (meta) mundo físico. E a virtude, não invariavelmente, é representada pela castração dos desejos, pela obstrução à liberdade e ao gozo.

---

8 SADE, *Os 120 Dias de Sodoma*, p. 62.
9 *Apud* BORGES, *A Revolução da Palavra Libertina*, p. 213.
10 BORGES, *A Revolução...*, p. 213.

No entanto sustenta Nietzsche que o sistema de valores morais imposto pela cultura produz *moral de escravos* (ou de *rebanho*), visto estar sustentada na inversão de todo o sentimento e de todas as ações que poderiam tornar o homem emancipado – "*tudo o que ergue o indivíduo acima do rebanho e infunde temor ao próximo é doravante apelidado de mau; a mediocridade modesta, equânime, submissa, igualitária, a mediocridade dos desejos obtém fama e honra morais*"[11] e "*a impotência que não acerta contas é mudada em 'bondade'; a 'baixeza medrosa', em 'humildade'; a submissão àqueles que se odeia em 'obediência'.*"[12]

Apesar de não ser possível sustentar definitivamente ter Sade antecipado a proposição nietzschiana de transvaloração dos valores morais com a evocação do *Übermensch*, sua obra é preciosa no processo de desnudamento da cultura que cria os valores (Bondade, Beleza, Justiça, Verdade) e determina a arquitetura hierarquizada na qual são elevados em relação aos seus opostos (Maldade, Feiura, Injustiça, Mentira), sustentando a dicotomia *virtude* e *vício*, sendo este objeto de castigo e aquele de júbilo.

Lembre-se do magnífico terceiro diálogo de *A Filosofia na Alcova*, no qual Dolmancé, sob a supervisão de Mme. Saint-Ange, inicia Eugénie nas *delícias da crueldade*. Sustenta o preceptor imoral: "*ah, não duvideis, Eugénie. Palavras como vício e virtude só nos dão ideias puramente locais. Não existe nenhuma ação, por mais singular que se possa supor, que seja verdadeiramente criminosa, e nenhuma que possa realmente se chamar virtuosa. Tudo se dá em razão dos nossos costumes e do clima em que vivemos. O que é crime aqui, frequentemente é virtude cem léguas além. E as virtudes de um outro hemisfério poderiam muito bem, ao contrário, ser crimes para nós. Não há horror que não tenha sido divinizado ou virtude que não tenha sido execrada (...).*"

---

11 NIETZSCHE, *Além do Bem e do Mal*, p. 100.
12 NIETZSCHE, *Genealogia da Moral*, p. 38.

A aprendiz, presa aos valores corteses, resiste invocando ações perigosas, maldosas em si mesmas, naturalmente perversas, que poderiam ser universalmente criminosas. Mme. Saint-Ange, contudo, repreende: *"não há nenhuma, meu amor; nem mesmo o roubo, o assassinato ou o parricídio."* E conclui Dolmancé: *"em certas partes eles são até honrados, coroados e considerados excelentes ações, enquanto em outras a humanidade, a candura, a beneficiência, a castidade, enfim, todas as nossas virtudes são vistas como monstruosidades."*[13]

Embora o resultado (racional ou irracional) do agir ou desejo de agir corrompido seja o castigo – derivado do desenvolvimento do sentimento individual de culpa ou pela imposição da pena –, nesses vícios o homem moderno encontra o bálsamo que lhe permite seguir, que o mantém, pois *"a cultura não pode absolutamente dispensar as paixões, os vícios e as maldades."*[14]

Nesta perspectiva, a obra sadiana, especialmente *A Filosofia na Alcova ou Os Preceptores Imorais*, insere-se na crítica radical aos princípios da Ilustração, sustentando o avesso dos valores morais estabelecidos pelas instituições formais e informais de controle social (sistemas judiciário, educacional, religioso). Condição que induz o autor a normatizar as condutas e os valores libertinos nos XLV Mandamentos que instituem *A Sociedade dos Amigos do Crime*.

Em consequência, Sade não permite o soterramento da primeira natureza. O culto cartesiano à razão (*res cogitans*) e o natural esquecimento do corpo (*res extensa*) são suspensos na prática e na teoria libertina,[15] presentificando o que a Modernidade estigmatizará como primitivo.

---

13 SADE, *A Filosofia na Alcova*, p. 46.
14 NIETZSCHE, *Humano, Demasiado Humano*, p. 259.
15 Lembra Eliane Robert Moraes que para Sade tornar-se sujeito significa acatar a natureza, perseguir as paixões e o excesso: *"o homem sadiano não é cindido em corpo e alma, não luta consigo mesmo (...)"* (MORAES, *Lições de Sade*, p. 48).

Se o discurso rousseauniano evoca a bondade do selvagem e a pura natureza humana que se desvirtua pelos vícios da convivência social, o autor de *Justine* categoricamente advogará o erro da premissa, demonstrando que a civilização desumaniza o homem: "*a crueldade não é outra coisa senão a energia do homem ainda não corrompida pela civilização; é uma virtude, portanto, e não um vício.*" E densifica o argumento: "*a crueldade está na natureza. Todos nascemos com uma dose de crueldade que só a educação modifica; mas a educação não está na natureza e prejudica tanto seus efeitos sagrados quanto o cultivo prejudica as árvores (...). Suprimi vossas leis, vossas punições, vossos costumes, e a crueldade não terá mais efeitos perigosos, já que nunca agirá sem ser repelida pelos mesmos meios. É no estado de civilização que ela se torna perigosa, porque quase sempre falta ao ser lesado força ou meios de repelir a injúria; mas um estado incivilizado, se ela age sobre o forte, será repelida por ele, e se age sobre o fraco, não lesando senão um ser que cede ao mais forte pelas leis da natureza, não terá a menor inconveniência.*"[16]

A fala sadiana será fortalecida pela crítica de Nietzsche aos preceitos morais da cultura ocidental judaico-cristã, na qual "*mau é ser 'não moral' (imoral), praticar o mau costume, ofender a tradição, seja ela racional ou estúpida (...).*"[17] A harmonização entre os autores é realizada por Ansell-Pearson: "*da mesma maneira que a obra de Sade, o desafio do pensamento de Nietzsche consiste em seu solapsamento da base da moralidade.*"[18]

05. O Pensamento e os Frequentadores da Alcova

Denunciadas a construção artificial do sistema moral e a fluidez das condutas entre os valores Bem e Mal, Sade provocará

---

16 SADE, *A Filosofia...*, p. 81.
17 NIETZSCHE, *Humano...*, p. 73.
18 ANSELL-PEARSON, *Nietzsche como Pensador Político*, p. 68.

segunda importante ruptura, ao inserir os vícios e as imoralidades em cena na corte aristocrática e no interior da cultura *bourgeois*.

A compreensão do desenvolvimento da cultura ocidental e do processo civilizatório renegara os atos brutais opostos ao sistema de valores morais ao selvagem. Em razão de a civilização estar em construção – e a ideia de processo dá o sentido de gradual evolução –, restos do estado de natureza permanecem em convívio com a nova cultura. Assim, se há promoção e culto da segunda natureza, em paralelo o *homo naturalis* se apresenta como negação (e inclusive reforço, por justaposição) do ideal civilizado. Não é sem justificativa que o biótipo lombrosiano do criminoso nato – aquele indivíduo que por atavismo regride ao estágio pré-civilizado e pratica o delito – reflete com excelência a contraposição bárbaro *versus* civilizado, fornecendo ao sistema moral perspectiva estética do *homo criminalis*. Beleza e bondade encontram no delinquente nato seu oposto.

O revolucionário na obra de Sade, contudo, é antecipar de forma surpreendente conclusões que, em criminologia, apenas serão aceitas no século XX. Ao invés de expurgar o *homo naturalis* e seus atos depravados para fora do convívio aristocrático, o Marquês apresentará o pervertido como figura da corte, personagem comum na convivência do mundo das virtudes e que, ao mesmo tempo, cria espaços domésticos para cultuar imoralidades: a alcova.

Lembra Eliane Robert Moraes que a alcova contém os elementos típicos do lar, contudo, "*por meio de uma troca de sinais, o boudoir projeta a face noturna da família, dá-lhe segredos inconfessáveis, ao mesmo tempo em que descortina por completo o que há de mais oculto nela: o sexo. Neste sentido, a alcova é o lar pelo avesso.*"[19] Ocorre que os frequentadores deste local familiar, demasiado familiar, não são outros que os próprios defensores e representantes da nova moral.

---

19 MORAES, *Lições...*, p. 17.

Sade, ao trazer o bárbaro que ameaça a humanidade, que lhe causa repulsa e que requer seja suprimido, para o interior do reduto da família aristocrática e burguesa, demonstra a impossibilidade de extirpar o selvagem, denuncia que as perversões não configuram *restos* primitivos a eliminar. Evidencia que as anomalias são inerentes à condição humana independentemente dos esforços para ocultá-las. O processo civilizatório, portanto, nada mais seria do que tentativa de encobrimento.

Registre-se que os personagens das obras sadianas são os membros mais respeitáveis da aristocracia e da burguesia: altos membros da corte, nobres que ostentam seus títulos, bispos e padres admiráveis, mulheres virtuosas integrantes de sociedades filantrópicas, respeitáveis burocratas das instituições públicas, preceptores voltados à educação moral...

Sade, segundo a precisa leitura de Klossowski, "*instala su personaje en el mundo cotidiano: es decir, lo encuentra en el corazón mismo de las instituciones, en la fortunidad de la vida social*", concluindo que deste modo, "*el mundo mismo aparece como el lugar donde se verifica la ley secreta de la prostitución universal de los seres.*"[20]

06. Sade e a Erótica do Poder

Contudo é na ultrapassagem deste espaço doméstico das instituições privadas que o Marquês produzirá terceira radical ruptura, fornecendo importante chave de leitura sobre os poderes (públicos), e suas instituições instrumentalizadoras, construídos na Modernidade.

Klossowski aborda a questão dos poderes constituídos e institucionalizados argumentando que Sade pensa a contragenera-

---

20 KLOSSOWSKI, *Sade mi Prójimo*, p. 29.

lidade implícita na generalidade existente não para criticar as instituições, *"sino para demostrar que por sí mismas aseguran el triunfo de las perversiones."*[21]

Ao Estado moderno e às suas instituições é estabelecida a responsabilidade de limitar os excessos e os danos provocados pelas violências praticadas pelo *homo (lupus) naturalis*. Desta forma, delega-se ao *homo artificialis* a gestão das virtudes e a repressão das perversões, concebendo, portanto, o Estado (e em outro plano a Igreja), como reserva ética dos valores morais civilizados. No entanto esta concepção romantizada dos poderes, mormente dos poderes repressivos, é desnudada, visto que o Estado e suas instituições, longe de seguir a programação estabelecida no contrato social em criar condições de supressão das crueldades do homem natural e alavancar o processo civilizatório, serão constituídos eles próprios como agentes e instrumentos de violências. O *lupus artificialis*, detentor de desejos e vontades de violência, ao invés de anular as perversidades do *lupus naturalis*, as potencializa, pois não atua de maneira ascética. Em face de ter sido criado, e sobretudo de ser operado por homens, suas virtudes e vícios são naturalmente transpostos, (re)produzindo – quando não potencializando –, em nível institucional, o cotidiano ambíguo de virtudes e devassidões da vida privada.

Em Sade irrompe a questão central das violências modernas e contemporâneas: o erotismo do exercício do poder.

Notadamente em *Os 120 Dias de Sodoma*, o Marquês libertino expõe as medidas nas quais o exercício do poder se torna assustadoramente erótico, sexualizado. Cria, pois, condições de perceber não apenas a condição humana, mas a falibilidade de suas instituições geradas para conter seus vícios. O poder, incontrolado em seu estado bruto, circula, fascinando e

---

21 KLOSSOWSKI, *Sade...*, p. 29.

apaixonando todos aqueles que com as instituições que o corporificam têm o mínimo contato.

A compreensão de Calligaris, ao comentar esta "*peça chave do quebra-cabeça moderno*", é reveladora: "*o poder assombra a fantasia erótica moderna (...). O exercício do poder é contaminado por modalidades de prazer e de gozo aprendidas na cama, ou seja, por um erotismo violento, sombrio e, em geral, envergonhado.*"[22]

As conclusões possíveis a partir da leitura do acervo sadiano, de extrema relevância à projeção do novo na criminologia contemporânea, são indigestas, pois não apenas é desfeito o sistema maniqueísta ético e estético que sustentou desde o nascimento da modernidade os processos de criminalização e punição, como é desnudada a erótica do poder.

---

22 CALLIGARIS, *Os 120 Dias de Sodoma*, p. 12.

XII – FREUD CRIMINÓLOGO: A CONTRIBUIÇÃO DA PSICANÁLISE NA CRÍTICA AOS VALORES FUNDACIONAIS DAS CIÊNCIAS CRIMINAIS

Considere-se! – Quem é castigado já não é aquele que realizou o ato. Ele é sempre o bode expiatório. (Nietzsche)

01. Possibilidades de Aproximação entre os Discursos Criminológicos e Psicanalíticos

As investigações que realizam aproximações entre os campos do direito e da psicanálise vêm ganhando espaço na academia nacional. Nos últimos anos, inúmeras coletâneas e monografias foram publicadas – grande parte fruto de trabalhos de pós-graduação (dissertações de mestrado, teses de doutoramento e ensaios pós--doutorais) –, grupos de pesquisa foram formados e vários seminários realizados, fato que denota evidente interesse da comunidade de cientistas (Khun) pelo diálogo interdisciplinar.

A reflexão de Jacinto Coutinho parece sintetizar os motivos deste *affaire*: "*sigo com uma grande preocupação em relação à intersecção Direito-Psicanálise; e não pelo imenso prazer que as novas fronteiras abrem, passo a passo, dando sabor e cor àquilo que, desgastado, tem-se mostrado 'sem-tudo'; mas porque cada vez mais é possível afirmar que o Direito não tem salvação sem as luzes do discurso psicanalítico.*"[1]

---

1 COUTINHO, *O Estrangeiro do Juiz ou o Juiz é o Estrangeiro?*, p. 69.

Se o direito e a psicanálise possuem discursos evidentemente diversos e qualquer aproximação deve ser realizada com extremo cuidado (Coutinho), a criminologia, ao realizar este desafio, não se inscreve no universo das disciplinas propriamente jurídicas; sequer poderia ser referida desde o ponto de vista dos modelos integrados de ciências criminais tradicionais (Rocco e Liszt) ou críticos (Hassemer, Ferrajoli e Zaffaroni).

É que a criminologia, diferente da dogmática do direito (penal), possui natureza interdisciplinar, logo inegável a facilidade em promover diálogos não ortodoxos, distantes da rigidez formal do jurídico. Se no plano epistemológico, apesar das dificuldades, é possível identificar o local da ciência jurídica e estabelecer os horizontes de discussão possíveis com a psicanálise, no que diz respeito à criminologia as imprecisões são amplificadas. Sobretudo porque a criminologia, a partir de séria problematização sobre questões epistemológicas, passa a ser percebida como *locus* de fala e de escuta no qual se encontram inúmeros e distintos saberes acerca do crime, da violência, do criminoso, da vítima, da criminalidade, dos processos de criminalização e das formas de controle social. Assim, a própria identificação da criminologia como ciência resta prejudicada ou, no mínimo, seriamente questionada.

A constituição da criminologia como espaço de convergência de discursos não apenas possibilita o encontro de olhares plurais – inclusive não científicos, como o olhar artístico –, mas fomenta a abertura e a autocrítica destes saberes interseccionados. Trata-se, pois, de local de encontro e de (auto)reflexão.

A história das ideias criminológicas permite verificar empiricamente esta construção ímpar, mormente se a criminologia foi pensada como disciplina jurídico-penal. Em sua formulação primeira (criminologia etiológica), estabelecida no campo jurídico como *ciência auxiliar*, ganha autonomia e identidade própria ao se aproximar da medicina (em especial da psiquiatria), da psicologia, da antropologia e da sociologia, ciências que passam a ser adjetivadas pelo rótulo *criminal*. O processo de autonomização objetivou, inegavelmente, a identificação da criminologia como ciência.

Todavia sua consolidação restou inconclusa, face aos desdobramentos das pesquisas e à pluralidade dos discursos (criminológicos) produzidos. A explicação possível para a interrupção do primeiro projeto científico foi a sua marcante interdisciplinaridade, situação que inviabilizou qualquer amarra epistemológica, apesar de renovadas tentativas de enclausuramento através do adestramento proposto por disciplinas que reproduzem a imagem e o rótulo da auxiliaridade do discurso criminológico.

Face ao exposto, na atualidade podem ser apresentadas duas distintas versões da criminologia. A primeira, denominada *criminologia dramática*, de perspectiva idealista e metafísica, buscaria associar-se a outros saberes, na condição de saber menor, para qualificar-se como *ciência*, e, inserida no ideal cientificista moderno, fragmentar o estudo do seu objeto para melhor conhecê-lo e alcançar suas finalidades – *v.g.* erradicação da criminalidade, regeneração dos delinquentes *etc*. Esta perspectiva, contudo, acaba por reproduzir o antigo estigma da auxiliaridade, confundindo a criminologia com o próprio saber ao qual se propõe auxiliar, possibilitando seja colonizada por discursos alienígenas. Veja-se, a título de exemplificação, o que ocorre com a *neurocriminologia* – versão criminológica das neurociências voltada ao estudo da etiologia individual – e a *sociologia criminal* – saber criminológico capacitado pelas ciências sociais que direciona o estudo do delito para as técnicas de controle social (formal ou informal).

A segunda, intitulada *criminologia trágica*, intentaria romper com a tradição idealizadora das ciências e, ao abdicar de quaisquer pretensões epistemológicas, procuraria produzir discursos problematizadores dos sintomas sociais contemporâneos, com a específica perspectiva de reduzir os danos e os sofrimentos provocados pelas violências, públicas (institucionais) ou privadas (interindividuais).

Neste ponto é que se entende possível o diálogo entre *psicanálise* e *criminologia*, ou seja, na convergência dos discursos para a análise crítica do mal-estar contemporâneo que se traduz de inúmeras formas na reprodução das violências. Note-se que não se está procurando criar novo discurso, disciplinar e totalizador, a partir da compilação de categorias da criminologia e da psicanálise. O desejo é apenas possibilitar o encontro entre os saberes, porque tanto criminologia como psicanálise carecem de identidade epistemológica. E talvez esta seja a principal circunstância que lhes possibilita dialogar.

A condição de possibilidade da criminologia trágica passa, portanto, por assumir e identificar dois predicados diagnosticados por Birman que sustentam a psicanálise, neste espaço devidamente adaptado ao problema criminológico: (a) abdicar do ideal cientificista e (b) eximir-se da narcísica tarefa de reforma do *homo (criminalis)*. Birman ensina que o discurso freudiano somente conseguiu certa organicidade como discurso crítico da cultura quando primeiramente se desgarrou da pretensão científica[2] e, posteriormente, quando rejeitou projetos moralizadores de salvação ou de conversão dos sofredores.

Nesta linha de argumentação, da mesma forma que o analista não tem condições de manejar a terapêutica das enfermidades, o criminólogo não é capaz de gerir e de controlar, como se manuseasse fármacos, o comportamento delitivo. A primeira reflexão possível deste incipiente diálogo, portanto, é sobre as possibilidades de ação do criminólogo e a consciência dos seus limites frente ao fenômeno *crime*. Neste aspecto as figuras do criminólogo e do

---

2 *"Somente quando o discurso freudiano se desgarrou do ideal cientificista – promovendo o luto trágico de não pretender mais ser uma ciência – é que se constituiu a condição de possibilidade para que uma leitura crítica do mal-estar da modernidade pudesse ser realizada com radicalidade. Somente então a psicanálise pôde se apresentar como discurso crítico sistemático sobre a cultura"* (BIRMAN, Mal-Estar na Atualidade, p. 40).

analista se aproximam: "(...) *é necessário que o analista* [criminólogo] *não tenha a pretensão e a arrogância de universalizar seus ideais, mesmo suas escolhas no campo psicanalítico* [criminológico], *para empreender a conversão e a salvação das almas dos sofredores* [criminosos] *que lhe demandam cuidados por não suportar a dor de existir. A figura do analista* [criminólogo] *não é, pois, um remédio, tampouco um fármaco capaz de promover a salvação das almas sofrentes. Isto porque a psicanálise* [criminologia] *não é um saber médico* [jurídico, sociológico, psiquiátrico] *capaz de gerir a terapêutica das enfermidades.*"³

02. Mal-Estar, Culpa e Ressentimento

A crítica radical da cultura ocidental moderna, proposta por Sade na literatura libertina, como visto em *A Criminologia na Alcova*, será densificada na filosofia por Nietzsche e na psicanálise por Freud. E a referência (e a homenagem) ao Marquês parece ser importante não apenas na qualidade de nomeação histórica de discurso totalmente inédito e intempestivo, mas, sobretudo, pela aproximação do diagnóstico realizado em Nietzsche e em Freud acerca do processo civilizatório e a forma pela qual a cultura concebeu e reprimiu atitudes desviantes – objeto privilegiado de investigação da criminologia.

Portanto, através da obra sadiana, reforçada pelas leituras de Nietzsche e de Freud, seria possível inserir a criminologia no centro da discussão sobre a cultura moderna. Tal perspectiva desloca o tradicional problema criminológico, inclusive o proposto pelas criminologias críticas.

Trata-se, pois, de avaliar as teorias gerais sobre o *homo criminalis* e as formas institucionais de reação ao crime desde a consti-

---

3 BIRMAN, *Mal-Estar*..., p. 46.

tuição do processo civilizatório. Neste quadro seria possível verificar as dimensões do discurso etiológico-causal e avaliar como os modelos do positivismo criminológico reforçaram, ao longo da recente história da Modernidade, a noção científica de cultura. Permitiria abandonar o estigma de ingenuidade das concepções de Ferri, Lombroso e Garófalo, assumindo sua importância neste contexto e percebendo o motivo pelo qual, apesar de desqualificados, os modelos etiológico-causais se renovam em termos acadêmicos, são redefinidos nas práticas profissionais e, sobretudo, se relegitimam como forma válida de proceder ciência.

Nietzsche e Freud demonstrarão, na esteira do Marquês libertino, que apesar de o sonho da civilização ser o de anular todos os resquícios do bárbaro no humano, mormente daquela violência intrínseca no estado selvagem, as restrições impostas pela cultura à natureza geram a *desumanização do humano*. Nas palavras de Lyotard, seria produzido algo de *inumano*.[4]

A civilização, segundo Freud, é a expressão pela qual o homem se elevou acima de sua condição animal, diferindo sua vida daquela vivida na primeira natureza. O autor apresenta dois importantes aspectos deste processo: *"por um lado, inclui todo o conhecimento e capacidade que o homem adquiriu com o fim de controlar as forças da natureza e extrair riqueza desta para a satisfação de suas necessidades humanas; por outro, inclui todos os regulamentos necessários para*

---

4 Jean-François Lyotard, ao dialogar com as teses de Nietzsche e Freud, indagará: "*¿qué se llamará humano en el hombre, la miseria inicial de su infancia o su capacidad de adquirir una 'segunda' naturaleza que, gracias al lenguage, lo hace apto para compartir la vida común, queda para la consciencia y la razón adultas?*" Contrapondo primeira (infância) e segunda natureza (maturidade) para criar figura de linguagem que revele a dicotomia natureza *versus* civilização, expõe que a criança é eminentemente o humano, porque seu desamparo anuncia e promete possibilidades, ao passo que "*su retraso inicial con respecto a la humanidad, que hace de el rehén de la comunidad adulta, es también lo que manifesta a esta última la falta de humanidad de que padece y lo que llama a ser más humana.*" (LYOTARD, Lo Inhumano, p. 11)

ajustar as relações dos homens uns com os outros e, especialmente, a distribuição da riqueza disponível."[5]

Não obstante a capacidade de universalização destes ideais como próprios e intrínsecos à condição humana, Freud sustenta que o indivíduo é virtualmente inimigo da civilização, visto o pesado fardo dos sacrifícios impostos pelos poderes coercitivos aos impulsos e aos desejos naturais. Em O Mal-Estar na Civilização expõe que *"(...) é impossível desprezar o ponto até o qual a civilização é construída sobre a renúncia ao instinto, o quanto ela pressupõe exatamente a não satisfação (pela opressão, repressão, ou algum outro meio?) de instintos poderosos. Essa 'frustração cultural' domina o grande campo dos relacionamentos sociais entre os humanos e, como já sabemos, é a causa da hostilidade contra a qual todas as civilizações têm que lutar."*[6] E conclui em O Futuro de uma Ilusão: *"toda civilização tem de se erigir sobre a coerção e a renúncia aos instintos."*[7]

Ocorre que o avanço e as conquistas proporcionadas pelo processo civilizatório impuseram alto custo. A aquisição da *segunda natureza* e o seu confronto com a situação original do homem acaba por deixar restos, vestígios *"(...) de una infância que persiste hasta la edad adulta."*[8]

Se valores como limpeza, beleza e ordem (segurança) ocupam espaço privilegiado na cultura, permitindo inclusive serem dimensionados em termos de felicidade, o custo para garantir sua satisfação é demasiado ao humano. Tudo porque ordem e segurança dependem da renúncia, são impostas pelo abandono. Contudo renúncia não significa desaparição. A cultura estabelece, portanto, situação paradoxal: a necessidade da supressão de instin-

---

5 FREUD, *O Futuro de uma Ilusão*, p. 88.
6 FREUD, *O Mal-Estar na Civilização*, p. 157.
7 FREUD, *O Futuro...*, p. 88.
8 LYOTARD, *Lo Inhumano*, p. 11.

tos, desejos e pulsões que permanecem latentes no homem. E a ambiguidade se fortalece em razão de a civilização prometer felicidade pelo controle coercitivo dos desejos e esta restrição mesma provocar seu oposto: sofrimento.

O preço a ser pago pela permanência dos restos não usufruídos da primeira na segunda natureza é a culpa. O sentimento de culpa (ou a necessidade inconsciente de punição pela qual a culpa se expressa) provocado pela obstrução aos desejos, por remeter à natureza primeva do humano, se encontra submerso, adquire pouca aderência, se mantém inconsciente ou aparece em forma de mal-estar.

Freud aponta que é através do sentimento de culpa que a civilização impede que a potência dos instintos se transforme em ato. Com a tensão entre o severo superego e o ego *"consegue dominar o perigoso desejo de agressão do indivíduo, enfraquecendo-o, desarmando-o e estabelecendo no seu interior um agente para cuidar dele, como uma guarnição numa cidade conquistada."*[9]

No entanto, antecipando de forma assustadora os preceitos freudianos,[10] Nietzsche desenvolverá a teoria do ressentimento.

---

9 FREUD, *O Mal-Estar...*, p. 176/77.

10 Maria Rita Kehl nota que apesar de Freud ter tomado pouco conhecimento da obra de Nietzsche, *"reconheceu a potência do pensamento de seu contemporâneo, mas não se envolveu com as ideias dele, nem mesmo para contestá-las"*, tudo porque *"uma aproximidade excessiva entre o pensamento de ambos, a partir de paradigmas diversos, fosse perturbadora para Freud"* (KEHL, *Ressentimento*, p. 25). Não por outro motivo a psicanalista sustenta que a afinidade entre os pensadores é tão espantosa que seria lícito imaginar certa resistência – no sentido psicanalítico do termo – de Freud aceitar possível influência de Nietzsche.

Como ponto nevrálgico desta relação, Kehl cita carta de Freud a Flies, datada de fevereiro de 1900, na qual expõe: *"Acabo exatamente de pegar as obras de Nietzsche onde encontrarei, espero, palavras para muitas coisas que permanecem mudas em mim, mas ainda não abri o livro. No momento, estou preguiçoso demais"* (KEHL, *Ressentimento*, p. 114). Nesta *preguiça* estaria, segundo Kehl, revelada a resistência de Freud para procurar, na obra de Nietzsche, palavras que seriam para ele impossíveis de dizer.

Assim, se em Freud a restrição aos impulsos produzirá sentimento de culpa, em Nietzsche o sentimento provocado pela repressão aos desejos naturais do homem, o não gozar da liberdade experimentada no estado de natureza, gera ressentimento.

Como o registro psicanalítico expõe o sujeito do desejo, possível sustentar que se verifica, em ambos os autores, processo análogo de interpretação das restrições impostas pela cultura e das consequências advindas do recalque.

A civilização, nas proposições nietzschiana e freudiana, se constitui como cultura inumana de recalque dos desejos, sendo o mal-estar e a angústia os efeitos do excesso das restrições impostas pelas agências moralizadoras.[11] Não por outra razão Nietzsche

---

René Major e Chantal Talagrand, ao tratar dos *"duplos de Freud na literatura e na filosofia"* – Arthur Schnitzler e Nietzsche, respectivamente – sustentam que a apreensão de se aproximar com Schnitzler ocorrerá, na mesma proporção, com Nietzsche, o filósofo mais próximo do seu pensamento. Segundo os biógrafos, Freud não abordará Nietzsche "(...) *para não ser confrontado com tudo que, na obra do autor de Genealogia da Moral, diz respeito ao inconsciente, à culpa, à dívida, à responsabilidade, incluindo aí a responsabilidade do sonhador em relação ao próprio sonho*" (MAJOR & TALAGRAND, *Freud*, p. 44).

Questão que não pode passar despercebida nesta relação de influência do pensamento nietzschiano na obra de Freud é o fato de a maior conhecedora e incentivadora do filósofo do eterno retorno, Lou Andreas-Salomé, ser, a partir de 1912 quando chega em Viena, não apenas recebida por Freud mas integrada nas sessões de trabalho do *grupo das quartas-feiras*. Freud encoraja seus trabalhos em psicanálise – "(...) *la citará tres veces en sus obras, algo que no hace casi nunca*" (GIROUD, *Lou*, p. 87) –, instiga sua amizade com Anna Freud – "*mi hija, que era íntima amiga suya, lo oyó una vez lamentarse de no haber conocido el psicoanálisis en su juventud. Pero, después de todo, en aquellos días no existía tal cosa*" (FREUD, *Lou Andreas-Salome*, p. 3338) – e, em fevereiro de 1937, ao escrever o obituário da "*notable mujer ligada al psicoanálisis*", de quem "*se uniera a las filas de nuestros colaboradores y compañeros de armas*", confessa: "*ya sabíamos que siendo muchacha había establecido una intensa amistad con Friedrich Nietzsche, fundada sobre su profunda comprensión de las atrevidas ideas del filósofo*" (FREUD, *Lou...*, p. 3338).

11 Neste aspecto, Lyotard sustenta que "*toda educación es inhumana porque no funciona sin coacción y terror (...)*" (LYOTARD, *Lo Inhumano*, p. 12).

aponta ser a *moralina*[12] o combustível, a química que move este modelo de sociedade.

Nietzsche afirma que se fosse verdade o que se crê como verdadeiro, de que o sentido da civilização é o de amestrar o *animal de rapina homem*, reduzindo-o à mansa condição doméstica, seria necessário tomar os instintos de reação e de ressentimento como os autênticos instrumentos da cultura. No entanto "*esses 'instrumentos da cultura' são uma vergonha para o homem, e na verdade uma acusação, um argumento contrário à 'cultura'.*"[13]

O conceito moral de culpa, na construção nietzschiana, está intrinsecamente ligado ao de dívida. Se a civilização exige do homem a capacidade de empenhar sua palavra, de prometer e de se responsabilizar pelos valores morais criados, nasce desta imposição o binômio culpa-dívida, credor-devedor. Por isso o criminoso é em regra aquele que descumpre a promessa e realiza o ato proibido e contrário ao pactuado na invenção do estado civil.

A culpa, o ressentimento e a má-consciência serão resultados deste processo de domesticação dos instintos naturais.[14] O sentimento inconsciente de culpa, do ponto de vista individual, será exteriorizado no delito ou no masoquismo moral (Freud). Contudo, se interiorizado, produzirá ressentimento, deslocando a atribuição da culpa ao outro, ou, se elevado ao nível das instituições,

---

12 Maffesoli aproxima o conceito de ressentimento em Nietzsche com aquilo que o autor chama, de maneira irônica, moralina: "*secreção frequente naqueles que têm a certeza de denegar a verdade e que não têm qualquer escrúpulo em impô-la a todos, mesmo de maneira violenta*" (MAFFESOLI, O Eterno Instante, p. 95).

13 NIETZSCHE, *Genealogia da Moral*, p. 34.

14 "*Já terão imaginado o que realmente se passou com tudo isso, e sob tudo isso: essa vontade de se torturar, essa crueldade reprimida, do bicho-homem interiorizado, acuado dentro de si, aprisionado no 'Estado' para fins de domesticação, que inventou a má consciência para se fazer mal, depois que a saída mais natural para esse querer-fazer fora bloqueada (...)*" (NIETZSCHE, Genealogia..., p. 80/1).

definirá modelos de justiça vindicativos, raivosos, direcionados à exclusão/eliminação daqueles aos quais as culpas são direcionadas.

03. Freud, Nietzsche e a Teoria do Ressentimento

Apesar de revelarem os processos pelos quais o homem moderno reprime o *homo naturalis*, e apesar de serem próximos, os conceitos de culpa (Freud) e ressentimento (Nietzsche) são assimétricos. A culpa é da ordem da relação do sujeito consigo mesmo. Incapaz de gozar em decorrência dos freios morais civilizatórios, o indivíduo desenvolve o sentimento, martirizando sua subjetividade através do sofrimento. Conforme indica Freud, seriam duas as origens do sentimento de culpa: o medo da autoridade e o medo do superego – *"a primeira insiste numa renúncia às satisfações instintivas; a segunda, ao mesmo tempo em que faz isso, exige punição, uma vez que a continuação dos desejos proibidos não pode ser escondida pelo superego."*[15]

A partir da constatação da existência da demanda de punição advinda do medo do superego, Freud estabelecerá critérios de leitura criminológica do comportamento delitivo, fundamentalmente em *O Criminoso por Sentimento de Culpa*.

Ocorre que se a culpa em Freud impele o sujeito à punição – seja através da sanção formal proveniente do Estado em decorrência do cometimento do delito ou pela autopunição procedente do inconsciente pela via do masoquismo moral –, a formação do ressentimento em Nietzsche desdobra-se através do deslocamento da culpa do eu individual para o outro. Conforme ensina Maria Rita Kehl, *"ressentir-se significa atribuir a um outro a responsabilidade pelo que nos faz sofrer. Um outro a quem delegamos, em um*

---

15 FREUD, *Mal-Estar...*, p. 179.

momento anterior, o poder de decidir por nós, de modo a poder culpá-lo do que venha a fracassar."[16]

Note-se, desta importante diferença, que o esquema nietzschiano permite visualizar com maior perspicácia a formação das agências moralizadoras no campo das punitividades institucionais que conformam o sistema penal. Em Nietzsche, os sistemas criminais fundados na estrita atribuição de culpabilidade ao outro funda modelo de justiça baseado no ressentimento. A tese é perceptível no entrelaçamento que o autor realiza entre os conceitos de memória, dívida, responsabilidade, ressentimento e penalização na *Segunda Dissertação* da *Genealogia da Moral*.

A teoria do ressentimento de Nietzsche apontará, segundo Kehl, para o mesmo campo explorado por Freud décadas mais tarde, aproximando-se em três vetores importantes: na teoria psicológica, na teoria da cultura e na teoria da culpa (moral). No vetor da teoria psicológica, a apreciação dos instintos comporta a teoria das pulsões, na qual Nietzsche analisará o ressentimento como forma de patologia *"derivada do retorno do eu dos instintos vitais coartados na fonte, à semelhança do conceito freudiano de masoquismo secundário como reversão do sadismo."*[17]

Em *Ecce Homo*, Nietzsche nomina as três dissertações da *Genealogia da Moral* como trabalhos decisivos de psicologia, preliminares à construção da tese das transvaloração de todos os valores.[18] E é exatamente na proposição da transvaloração dos valores que sua análise da cultura será *"mais contundente que a de Freud"*, visto a retomada do trágico grego para *"curar o homem civilizado de sua debilidade moral."*[19]

---

16 KEHL, *Ressentimento*, p. 11.
17 KEHL, *Ressentimento*, p. 115.
18 NIETZSCHE, *Ecce Homo*, p. 98.
19 KEHL, *Ressentimento*, p. 115.

Por fim, no âmbito da teoria da culpa, a construção nietzschiana evidencia no ideal ascético cristão (o ideal sacerdotal) o processo de conversão do homem em ser doente, escravizado pela convicção na culpa original. O ideal ascético estabeleceria falsa interpretação do mundo, ao privilegiar o sofrimento e a enfermidade em detrimento da vida.

Assim, na qualidade de psicólogo da civilização, Nietzsche propugnará a transvaloração dos valores em todas as concepções morais. Segundo Lou Andréas-Salomé, *"esta 'transvaloración de todos los valores' comienza con la declaración de guerra a toda forma de ascetismo; se inicia con una 'canonización' del elemento 'demasiado humano' en el ser humano, algo que hasta la fecha fue denigrado y sometido porque lo natural y sensible obstruía el camino de lo suprasensible, de eso en lo que se creía como en un hecho irrefutable."*[20]

04. As Rupturas Psicanalítica e Criminológica

No interior do discurso jurídico, regulador da ordem e o garantidor da segurança, ao civilizado é concedido estatuto que lhe permite gozar licitamente dos bens da vida: o Código Civil. No entanto ao bárbaro, que usurpa o gozo alheio ou que reivindica a possibilidade de transformar em ato o desejo latente, são resguardadas as esferas de ilicitude regradas pelo Código Penal, cuja gestão das sanções será exercida pelas agências inquisitórias de punitividade. O direito penal, representado pela estrutura normalizadora e moralizadora do Código, e os aparelhos repressivos, visualizados nos sujeitos que exercem diretamente a coação repressiva (agências policiais, judiciárias e carcerárias), instrumentalizam os processos formais de culpabilização.

---

20 ANDREAS-SALOME, *Friedrich Nietzsche en sus Obras*, p. 253.

O sistema de justiça criminal, ao adquirir a qualidade de sujeito externo de exposição dos sentimentos individuais de culpa, reforça e reproduz o ressentimento, motivo pelo qual se institui como tipo ideal de justiça vindicativa. Desta forma, constata Nietzsche que não surpreende ver surgir tentativas sempre renovadas de "(...) *sacralizar a vingança sob o nome de justiça – como se no fundo a justiça fosse apenas uma evolução do sentimento de estar-ferido* (...)."[21]

Os discursos críticos ao projeto civilizatório como ápice da evolução do homem, presentes na literatura (Sade), na filosofia (Nietzsche) e na psicanálise (Freud), desnudaram não apenas a pretensão asséptica do agir humano civilizado mas a natureza ressentida do sistema de (in)justiça criminal.

Assim, se a cultura vê a violência como transgressiva aos valores morais civilizados e como conduta inerente ao ser do *homo criminalis*, os discursos de ruptura demonstrarão exatamente o oposto, ou seja, que a violência não é qualidade intrínseca de seres bárbaros, pré-civilizados, que tende a ser suprimida pelo gradual e constante desenvolvimento das ordens sociais. Ademais, evidenciarão que as agências de punitividade não se constituem como sistemas racionais e puros que, ao atuar de forma homogênea, operam na proporcional distribuição dos castigos aos sujeitos que cometeram faltas.

No âmbito da criminologia, se a hipótese do causalismo etiológico está harmonizada à perspectiva moderna e ilustrada de evolução social do humano à plenitude da espécie (criminologia positivista), apenas a partir dos resultados das investigações advindas da sociologia do desvio poderão ser recepcionadas, e posteriormente reforçadas e densificadas, as críticas contraculturais realizadas por Sade, Nietzsche e Freud.

---

21 NIETZSCHE, *Genealogia*..., p. 62.

Conforme sustenta Baratta, as teorias sociológicas interacionistas estadunidenses, a partir dos anos 30 do século passado, estabelecem série de premissas que possibilitará a ruptura com o modelo determinista da criminologia biopsicológica. Embora desenvolvido sob a orientação teórica do positivismo científico, ou seja, apesar de não ser propriamente estudos de cisão com o paradigma científico da modernidade, o resultado das teorias estrutural-funcionalista da anomia de Durkheim e de Merton, das teorias das subculturas criminais de Sutherland e de Cohen e das teorias das técnicas de neutralização de Syker e de Matza preparam de forma consistente a viragem criminológica (*criminological turn*) que ocorrerá com o *Labeling Approach*.

Ao se constatar que o delito e/ou o desvio são fenômenos normais (e inclusive necessários) em todas as estruturas sociais, e que o comportamento desviante não é expressão de conduta dirigida contra valores universalmente aceitos, pois nas sociedades plurais coexistem inúmeros valores, o problema central da criminologia é redefinido. Durkheim demonstra ser o delinquente não membro doente no interior de sociedade sã, mas elemento catalizador e agregador, agente regulador da vida social. Assim, "*o delito faz parte, enquanto elemento funcional, da fisiologia e não da patologia da vida social.*"[22]

Portanto o crime, o desvio e a violência, em sentido amplo, não são restos bárbaros da ordem primeva em vias de extinção ou de supressão pelo processo civilizatório, mas constantes do agir demasiado humano, presentes em sua primeira natureza e mantidas na cultura.

Neste quadro, o determinismo causal que sustenta a criminologia positivista sofre sua primeira e mais profunda ofensa. E agregada à perspectiva de Durkheim, as conclusões de Sutherland

---

22 BARATTA, *Criminologia Crítica e Crítica do Direito Penal*, p. 60.

sobre os *white collar crimes* destitui da criminologia tradicional seu objeto mais precioso: a patologização do delito e do delinquente – "(...) *las hipótesis de que el delito es debido a patologías personales y sociales no se aplica a los delitos de 'cuello blanco', y si las patologías no explican estos delitos no son factores esenciales en los delitos en general, y, por lo tanto, no son factores esenciales en los delitos que ordinariamente confrontan los departamentos policiales y los tribunales penales y juveniles.*"[23]

Se as condutas adjetivadas como delitos possuem diferenças significativas decorrentes dos distintos resultados lesivos e da pluralidade dos personagens (autores e vítimas), e se as hipóteses de determinação biológica, psicológica, sociológica ou antropológica não se aplicam ao universo dos fenômenos definidos como crime, naturalmente não são estas patologias fatores fundamentais para identificar, sob o mesmo rótulo (delitos), condutas assimétricas.

Outrossim, como variável das conclusões da sociologia criminal, a criminologia demonstra o equívoco da leitura conjugada entre os fenômenos *crime* e *violência*, estabelecendo a necessária desvinculação.

A *mania classificatória* e a *obsessão pela origem* (causal), heranças nosológicas do conhecimento psiquiátrico do século XIX, apropriadas do modelo da Botânica,[24] demonstram-se, definitivamente, inadequadas para análise do crime, não apenas em decorrência da ausência de comprovabilidade das hipóteses etiológicas, mas, sobretudo, pela redução da complexidade das condutas delitivas à simplicidade dos vínculos causais definidos em patologias individuais ou sociais.

Possível concluir, portanto, de forma preliminar, que a psicanálise e a criminologia (crítica) podem ser harmonizadas na qualidade de discursos de desconstrução da pureza do projeto ci-

---

23 SUTHERLAND, *El Delito de Cuello Blanco*, p. 307.
24 BIRMAN, *A Psiquiatria como Discurso da Moralidade*, p. 28.

vilizatório delineado na Modernidade. Em ambas há radical ruptura com a figura angelical do humano civilizado a partir da contundente afirmação da permanência latente do bárbaro. A importante consequência deste processo é a humanização da figura do criminoso, visto apontar sua presença em <u>todos</u> nós.

Todavia, além de conjuntamente densificar a crítica à cultura, a psicanálise proporcionará importante análise das estruturas do direito penal, fundamentalmente em relação ao sistema de culpabilizações. Desde este local estranho ao saber dogmático alinha-se novamente à criminologia na qualidade de referencial externo.

05. Teorias Psicanalíticas da Sociedade Punitiva

No que diz respeito aos estudos específicos da psicanálise em relação ao delito, Baratta sustenta que as teorias psicanalíticas da sociedade punitiva possibilitaram a ruptura com o *princípio da legitimidade do direito penal*.[25] Segundo o criminólogo italiano, em Reik se estrutura o que poderia ser denominada teoria psicanalítica do direito penal.

A tese de Reik sustenta dupla função à pena: do ponto de vista individual, com a satisfação da necessidade inconsciente de punição do criminoso que o conduz à conduta proibida; e do ponto de vista societário, pela realização do desejo comunitário do castigo face à inconsciente identificação com o delinquente – em

---

25 Segundo Baratta, o princípio da legitimidade significa que o "(...) *Estado, como expresión de la sociedad, está legitimado para reprimir la criminalidad, de la cual son responsables determinados individuos, por medio de las instancias oficiales del control social (legislación, policía, magistratura, instituciones penitenciarias). Éstas interpretan la legítima reacción de la sociedad, o de la gran mayoría de ella, dirigida a la reprobación y a la condena del comportamiento desviado individual, y la reafirmación de los valores y de las normas sociales*" (BARATTA, *Criminologia...*, p. 36).

ambas as hipóteses segue a teoria freudiana do criminoso por sentimento de culpa.[26] O efeito catártico da pena e o processo de identificação da sociedade com o criminoso seriam os dois princípios básicos que possibilitariam a construção de *teoria psicanalítica do direito penal*.

Baratta demonstra ainda que as teses elaboradas por Alexander e Staub enriqueceram a teoria psicanalítica da sociedade punitiva, complementando a construção de Reik. Segundo os autores, a pena infligida a quem delinque viria a contrabalançar a pressão dos impulsos reprimidos, representando defesa e reforço do superego. Assim, a tese reikiana é reforçada em razão de avaliar a pena não apenas do ponto de vista da identificação da sociedade com o delinquente (reforço do superego), mas da identificação do sujeito individual com a sociedade punitiva e com os órgãos da reação penal.[27]

Finalmente, na obra de Reiwald, é indicada a análise do mecanismo psicológico inconsciente, que é subentendido na reação punitiva, a partir dos conceitos de *projeção* e de *bode expiatório*. Momento central da interpretação psicanalítica da reação punitiva seria, portanto, a teoria do criminoso como bode expiatório, segundo o conceito de *projeção* elaborado por Freud. O fenômeno da projeção da agressividade e do correspondente sentimento de culpa sobre o delinquente é analisado, na literatura psicanalítica, através da imagem da expiação, que carregada pelos sentimentos de culpa da comunidade, é enviada ao deserto. Na mesma linha Naegeli relaciona as mórbidas e sensacionalistas descrições de crimes com a necessidade de identificar o criminoso como catalizador sobre o qual são projetadas as mais ou menos inconscientes tendências criminosas do corpo social.[28]

---

26 FREUD, *Varios Tipos de Carácter Descubiertos en la Labor Analítica*, pp. 2427-28.
27 BARATTA, *Criminologia...*, pp. 53-54.
28 BARATTA, *Criminologia...*, p. 56.

A penalidade, portanto, diversamente das finalidades oficiais proclamadas pela dogmática do direito penal (retribuição, prevenção geral ou especial) – e aqui reside o núcleo da crítica ao princípio da legitimidade exposto por Baratta –, exerceria, desde o ponto de vista da psicanálise, a função de satisfação das necessidades inconscientes de castigo da sociedade através da eleição de *símbolos de expiação* sobre os quais se projetam suas tendências delituosas, conscientes e/ou inconscientes. A tese encontra eco nos aforismos de *Aurora*: *"quem é castigado já não é aquele que realizou o ato. Ele é sempre o bode expiatório."*[29]

06. O Criminoso por Sentimento de Culpa

Freud, no texto *Os Vários Tipos de Caráter Descobertos no Trabalho Analítico* (1916), aponta como espécie particular os delinquentes por sentimento de culpa. Inicia a reflexão questionando o motivo que leva pessoas honradíssimas e de elevada moralidade a cometer em sua juventude atos ilícitos como fraudes, furtos e incêndios, como frequentemente revelavam nas sessões de análise. A primeira resposta que surge ao autor seria a de não estar, durante este período, fortalecidos os freios morais. Todavia a hipótese é prontamente abandonada, considerada insatisfatória em face de verificar que pacientes em idade adulta igualmente descreviam condutas delituosas.

O psicanalista narra, demonstrando surpresa, que percebera que a prática do crime estava fortemente relacionada ao fato de ser a conduta proibida e de que sua execução produzia profundo alívio na ordem psíquica. Conclui que *"el sujeto sufría, en efecto, de un penoso sentimiento de culpabilidad, de origen desconocido, y una vez co-*

---

29 NIETZSCHE, *Aurora*, p. 172.

metida una falta concreta, sentía mitigada la presión del mismo. El sentimiento de culpabilidad quedaba así, por lo menos adherido a algo tangible."[30-31]

A análise freudiana possibilita o diagnóstico de que o sentimento de culpa precedia ao crime, sendo a conduta contrária à lei penal praticada com intuito de identificar sua angústia a algo concreto, aliviando a angústia do autor.

A tese do crime por sentimento de culpa é reproduzida no clássico texto de 1927, em que analisa a personalidade de Dostoyewski, associando a etiologia do delito à necessidade da sanção: *"la condena de Dostoyewski como delincuente político fue injusta: Dostoyewski tenía que darse cuenta de ello; pero aceptó el castigo inmediato que el zar (el padrecito) le imponía, como sustitución del castigo al que su pecado contra el verdadero padre le había hecho acreedor. Em lugar de entregarse al autocastigo se dejó castigar por el representante del padre. En este punto vislumbramos una parte de la justificación psicológica de las penas impuestas por la sociedad. Es indudable que grandes grupos de delincuentes piden y ansian el castigo. Su super-yo lo exige y evita así tener que imponerlo por si mismo."*[32]

As questões relativas às causas do agir delitivo são definidas por Freud a partir de dois interrogantes: (a) qual a origem do sentimento de culpa que antecede o ato e (b) se é factível crer que este motivo seja efetivamente importante na prática delitiva. A

---

30 FREUD, *Varios Tipos...*, p. 2427.
31 A tese freudiana é defendida em termos praticamente idênticos por Reik e Ferenczi. Segundo Reik *"el sentimiento de culpabilidad no es una consecuencia del delito, sino más bien su causa; el aumento de ese sentimiento de ser culpable es lo que hace a un hombre llegar a ser delincuente. El crimen se experimenta por su autor como una liberación psíquica, puesto que hace que el sentimiento de culpabilidad se apoye en algo efectivo y actual... es decir: el delito se comete para satisfacer los instintos antisociales y para justificar y aliviar el sentimiento de culpabilidad"* (*Apud* ASÚA, *Psicoanálisis Criminal*, p. 30).
32 FREUD, *Dostoyewski e o Parricídio*, p. 3010.

primeira questão é respondida a partir do complexo de Édipo: *"el resultado de la labor analítica fue de que tal oscuro sentimiento de culpabilidad procedía del complejo de Edipo, siendo una reacción a las dos grandes intenciones criminales: matar al padre y gozar a la madre."*[33] Isto explicaria porque não caberia atribuir ao azar o fato de as três obras primas da literatura universal (*Édipo* de Sófocles, *Hamlet* de Shakespeare e *Os Irmãos Karamazof* de Dostoyewski) contemplarem o mesmo tema: o parricídio – *"el parricídio es, según interpretación ya conocida, el crimen capital y primordial, tanto de la Humanidad como del individuo. Desde luego, es la fuente principal del sentimiento de culpabilidad, aunque no sabemos si la única, pues las investigaciones no han podido determinar con seguridad el origen psíquico de la culpa y de la necesidad de rescatarla."*[34]

O parricídio e o tabu do incesto, inscritos como heranças na ordem psíquica e considerados como delitos supremos da história dos homens, pois os únicos perseguidos e condenados como tais nas sociedades primitivas, são considerados por Freud a fonte da qual a Humanidade extraiu sua consciência.

A segunda questão, contudo, é relativizada pelo autor.

Freud nega a universalização do sentimento de culpa como a causa dos delitos ao reconhecer que existem pessoas que efetivamente praticam crimes sem sentimento de culpa ou que atuam crendo justificado seu ato. Todavia, apesar de opor-se ao processo de homogeneização da etiologia e universalização dos pressupostos causais como determinantes das condutas, sustenta que para a maioria dos criminosos tal motivação (culpa) poderia ser aplicada. A hipótese poderia auxiliar, portanto, a esclarecer inúmeros pontos da psicologia do delinquente, estabelecendo um novo fundamento, de ordem psicológica, à pena.

---

33 FREUD, *Varios Tipos...*, p. 2427.
34 FREUD, *Dostoyewski...*, p. 3008.

07. Os Efeitos Corrosivos da Psicanálise na Criminologia e no Direito Penal: a Despatologização do Criminoso e a Crítica à Culpabilidade

Se a psicanálise, em sentido amplo, na análise do sintoma social, possibilita a ruptura com a dicotomia entre o bárbaro e o civilizado, a psicanálise criminal, ao indagar sobre a etiologia delitiva de *pessoas honradíssimas* e de *elevada moralidade* (Freud), contribui significativamente no fundamental processo de despatologização do crime e do criminoso.

Com os questionamentos de Freud e das correntes psicanalíticas subsequentes (Reik e Ferenczi), a imagem do criminoso como ser degenerado, decorrência de sua inferioridade biológica, antropológica e/ou psicológica, é rarefeita. Neste aspecto, a teoria psicanalítica do crime – ou melhor, o espaço de investigação do sintoma social, do crime e dos desvios, criado pela psicanálise –, atinge importância similar aos estudos das cifras ocultas da criminalidade e dos crimes de colarinho branco realizados pela sociologia criminal norte-americana dos anos 30 e 40 do século passado, notadamente nas investigações de Sutherland. Conforme destaca Cristina Rauter, "*dentre os discursos produtores da anormalidade do criminoso, a psicanálise criminal é o que vai aproximar de tal forma as noções de homem honesto, normal/homem criminoso, anormal, que a oposição entre elas deixará de existir.*"[35]

Importante destacar que a universalização das condutas ilícitas a todos os grupos sociais por si só representa avanço digno de aplauso, em face da constante reprodução da noção de patologia individual pela psiquiatria criminal, atualmente revigorada nas neurocriminologias.

---

35 RAUTER, *Criminologia e Subjetividade no Brasil*, p. 50.

Ademais, se a psicanálise fornece elementos importantes à mudança de paradigma em criminologia ao se aliar à sociologia criminal no processo de despatologização do crime e do criminoso, e se desestabiliza o princípio da legitimidade estatal na intervenção punitiva (sanção criminal) ao elaborar conceitos para a avaliação da sociedade punitiva, em relação à dogmática do direito penal produzirá efeitos de igual ordem.

A teoria freudiana do delito por sentimento de culpa permite, conforme sustenta Baratta, corroer o princípio da culpabilidade fundada no livre-arbítrio. A ideia dogmática de culpabilidade pressupõe que o autor do crime seja capaz de compreensão do caráter ilícito do fato e tenha real possibilidade de ação diversa daquela incriminada pelo Estado. A censurabilidade do delito, no discurso jurídico, é relativa à "(...) *atitude interior reprovável, porque contrária aos valores e às normas presentes na sociedade mesmo antes de serem sancionadas pelo legislador.*"[36]

Nota-se, portanto, que a base do conceito de reprovabilidade penal está associada à noção racionalista de ação consciente. Ocorre que, conforme trabalhado em *Ensino e Aprendizado das Ciências Criminais do Século XX*, a inserção da categoria psicanalítica *inconsciente* no direito penal desencadeia processo de esfacelamento da teoria dogmática do delito análogo ao provocado na filosofia da consciência. O efeito da terceira ferida narcísica da civilização é sentido pelo saber jurídico-penal em toda a sua extensão e crueza.

A psicanálise, ao elaborar o conceito de inconsciente e deslocar o psiquismo dos registros do eu, subtraiu "(...) *a última ancoragem da pretensão humana, o último reduto de sua suposta superioridade e arrogância*", pois enuncia que "(...) *a consciência não é soberana e que o eu não é autônomo.*"[37]

---

36 BARATTA, *Criminologia...*, p. 42.
37 BIRMAN, *Freud e a Filosofia*, p. 59.

No entanto é possível verificar que em todos os modelos teóricos elaborados pela teoria do delito contemporânea (causais ou finais) o comportamento humano é qualificado por duas categorias fundamentais que se entrelaçam como pressupostos de atribuição da responsabilidade penal: *consciência* e *vontade*. Conforme leciona Juarez Cirino dos Santos, o conceito de ação, como fundamento psicossomático do crime, ou substantivo qualificado pelos adjetivos da tipicidade, da antijuridicidade e da culpabilidade, representa fenômeno exclusivamente humano caracterizado pela consciência e pela vontade: *"a) para o modelo causal, a ação seria comportamento humano voluntário (Mezger); b) para o modelo final, a ação é acontecimento dirigido pela vontade consciente do fim (Maurach/Zipf e Welzel); c) para o modelo social, a ação representa comportamento humano de relevância social dominado ou dominável pela vontade (Jescheck/Weigend); d) para o modelo pessoal, a ação constitui manifestação da personaldiade (Roxin) etc."*[38]

Assim, em face de a teoria do delito trabalhar como fundamento da responsabilidade da conduta humana consciente – mesmo no crime culposo (culpa consciente ou inconsciente) ou nas hipóteses de erro, há pelo sujeito definição finalística, embora não necessariamente delitiva, do seu agir –, a inclusão do inconsciente desestabiliza qualquer legitimidade de intervenção penal.

Na elaboração de Ferenczi, p. ex., *"los factores externos no tienen nexo causal alguno con el delicto, y si el autor fuese sincero, debería confesar que él mismo ignora, en el fondo por qué lo cometió. Pero, en general, el delincuente no es sincero consigo mismo y busca, encontrandola posteriormente, una causa de su crimen, que en realidad es concomprensible y carente de motivos psíquicos. Esto es: el delincuente racionaliza lo que en verdad es irracional."*[39]

---

38 SANTOS, *Direito Penal*, p. 433/34.
39 *Apud* ASÚA, *Psicoanálisis...*, p. 30 – grifou-se.

A ausência de elementos estáveis ou mínimos de verificabilidade da consciência da ação excluiria qualquer possibilidade de atribuição de responsabilidade penal, visto ser, segundo a construção da teoria do delito, inadmissível aplicação de sanção desprovida do adjetivo *consciência*. Entendida a consciência, segundo a dogmática do delito, como capacidade de escolha livre da conduta delitiva, ou seja, vinculada à possibilidade de anuência com o resultado juridicamente ilícito da conduta.

Na hipótese de Ferenczi, porém, se o próprio delinquente, no fundo, ignora os motivos do seu agir, inegável a dificuldade de atribuição, através dos mecanismos instrumentalizadores do direito penal, da responsabilidade pelo ato. Assim, a teoria do delito, sustentada pela filosofia da consciência e presa aos domínios da razão, é desestruturada pela construção psicanalítica do crime como produção inconsciente do sentimento de culpa.

A questão colocada demonstra a dificuldade de diálogo, sobretudo entre direito penal e psicanálise, apontada desde o início por Jacinto Coutinho. Com isso não se está a afirmar sua impossibilidade, apenas o imenso cuidado que se deve ter em sua aproximação. Sobretudo porque a simples transposição de conceitos poderia, como visto, determinar a exclusão de uma das disciplinas, resultado incompatível com a ética transdisciplinar. Por outro lado, os problemas apontados parecem demonstrar a maior facilidade de diálogo da psicanálise com a criminologia.

Compreensível, portanto, a cautela da dogmática jurídico-penal e a predisposição da criminologia nas aberturas à transdisciplinaridade, em face de o diálogo com saberes alienígenas desestabilizar a primeira e reforçar a segunda. A desestabilidade provocada no direito penal é fruto da rigidez histórica de sua construção dogmática, em sua imagem narcísica autossuficiente e cujo relacionamento com outros campos de saber invariavelmente foi pautado pela postura totalitária da colonização, ou seja, a de visualizar os saberes que se colocavam abertos ao diálogo como auxiliares, menores, servis. Anamnese que permite apontar sua fragilidade epistemológica.

08. A Questão do Diagnóstico Criminal: a Crítica Psicanalítica à Vontade de Verdade no Processo Penal

Para além das importantes questões colocadas pela psicanálise em relação ao direito penal e à criminologia, são relevantes (e reveladoras) as preocupações de Freud com a produção da verdade nos processos criminais.

Em *A Psicanálise e o Diagnóstico dos Fatos nos Processos Criminais*, conferência pronunciada na Universidade de Viena, em 1906, Freud inicia a abordagem chamando atenção para a falta de garantia do depoimento (interrogatório do réu e oitiva de testemunhas), embora a prova testemunhal significasse a base de inúmeras sentenças condenatórias em casos considerados discutíveis. Este dado demandaria dos profissionais (técnicos das áreas da psiquiatria e da psicologia e dos operadores do direito) a necessidade de novos métodos de investigação.

Chama a atenção aos problemas do depoimento, relatando a possibilidade de o neurótico reagir como se culpado fosse, apesar de inocente, em razão da existência de "(...) *sentimiento de culpabilidad preexistente en él y en acecho constante de una ocasión propicia se apodere de la acusación de que se trate.*"[40]

---

40 Na mesma construção exemplifica, questionando o público: "*sucede, en efecto, que un niño al cual se reprocha una falta niega resueltamente la culpa, pero al mismo tiempo llora como un pecador convicto. Opinaréis, quizá, que el niño miente al asegurar su inocencia, pero el caso puede ser muy outro. El niño no ha cometido la falta que le atribuís; pero sí, en cambio, otra que vosotros ignoráis y de la que no le inculpáis. Niega, pues, su culpabilidad – en cuanto a la una –; pero, al mismo tiempo, delata su sentimien-*

Ao apresentar a técnica psicanalítica, demonstra as formas de vencer a resistência, interpretar signos que revelam complexos, ler as vacilações do sujeito, substituir o conteúdo onírico recordado nos sonhos por seu sentido oculto. *"Nuestra experiencia –* sustenta Freud – *nos permite sentar la afirmación de que por médio de técnicas como las apuntadas se consigue hacer consciente al enfermo lo reprimido, su secreto, y suprimir así la condicionabilidad psíquica de sus sintomas."*[41]

Freud apresenta, contudo, duas dificuldades à apropriação das técnicas psicanalíticas na construção da verdade no processo penal, tanto em relação aos juristas que atuam na instrução como em relação aos técnicos convocados para opinar. A primeira delas diz respeito à voluntariedade e à disponibilidade de colaboração do sujeito. Diferentemente do processo analítico no qual o enfermo auxilia o psicanalista a vencer sua resistência, pois espera do tratamento o benefício da cura, no processo judicial (mesmo quando há confissão), o réu não se dispõe (sequer está obrigado) a colaborar e, em muitos casos, trabalhará contra a atividade cognoscitiva. E se a resistência do imputado no processo é racionalizada, na análise é inconsciente. Ademais, enquanto no processo o convencimento objetivo dos atores acerca dos fatos é suficiente, na prática analítica é imprescindível que o próprio enfermo chegue ao convencimento.

No entanto, para além das dificuldades provenientes da relação entre os sujeitos envolvidos – psicanalista e paciente; juiz, perito e réu –, Freud elenca barreira intransponível, relativa às regras delimitadoras do jogo processual penal. *"Sabéis muy bien –* sustenta Freud – *que las normas del procedimiento judicial os prohíben*

---

to de culpabilidad por la otra. El neurótico adulto se conduce en este punto – y en muchos otros – enteramente como un niño" (FREUD, El Psicoanálisis y el Diagnóstico de los Hechos en los Procedimientos Judiciales, p. 1282/3).

41 FREUD, *El Psicoanálisis...*, p. 1281.

toda actuación que pueda sorprender al acusado. Este habrá, pues, de conocer previamente lo importante que es para él no delatarse en el experimento, y nada nos permite afirmar que una vez fija la atención del sujeto en el complejo, sus reacciones hayan de ser las mismas de cuando su atención está apartada de él, ni sabemos tampoco sobre su manera de reaccionar."[42]

Os problemas de harmonização entre os saberes podem ser conjugados em única perspectiva: a dimensão *ética*. Tanto no que diz respeito à voluntariedade e à disponibilidade do paciente no processo analítico, quanto aos limites impostos pelo processo penal para tutelar os direitos fundamentais do imputado (direito ao silêncio e de não ser surpreendido), à pessoa é garantido o *status* de sujeito. Sujeito que intervém na dinâmica analítica; sujeito de direitos no cenário da persecução penal.

Do contrário, sobretudo em relação à posição do réu no processo penal, a admissão de procedimentos técnicos (probatórios) que provoquem a colaboração através da indução ao erro, ou a falsificação e a ocultação de elementos para suscitar contradição, transformam a instrução em *psicoscopia*, reeditando o estilo inquisitorial (Cordero[43]). A conversão do réu em objeto de intervenção processual refunda a posição judicial inquisitória na qual prevalecem *quadros mentais paranoicos* e *tendências policialescas*, conforme apontado em *Desconstruções e Constâncias do Modelo Inquisitorial*.

Importante perceber, para que se possam estabelecer os limites e as possibilidades de diálogo entre a dogmática processual penal e as disciplinas *psi*, a diferença entre as formas de interpretação do caso e os fins almejados.

O indicativo é sugerido por Freud em *Dostoyewski e o Parricídio*. Ao discorrer sobre o protagonista do homicídio, Freud

---

42 FREUD, *El Psicoanálisis...*, p. 1283.
43 CORDERO, *Guida alla Procedura Penale*, p. 51.

sustenta que "*es indiferente quién haya cometido realmente el crimen; para la Psicología lo único que importa es quién lo há deseado en su fuero interno y há acogido gustoso su realización, y por eso son igualmente culpables todos los hermanos (...).*"⁴⁴

A questão é que se o fator *autoria* é indiferente para a psicologia, será 'a' questão a ser discutida no processo criminal.

É que conforme sinaliza Freud, a construção da verdade na análise é independente de qualquer correspondência, por menor que seja, com quaisquer fatos provenientes da experiência do paciente. O que efetivamente interessa para a 'cura' psicanalítica é a interpretação da representação e os efeitos produzidos pelas culpas, para além da dicotomia verdade *versus* mentira. Trata-se, pois, de verdade independente de fatos.

Birman, ao relatar a superação e o abandono definitivo de Freud da teoria da sedução, apresenta o raciocínio utilizado para a mudança de paradigma: "*o que os pacientes diziam era verídico, com efeito, mas a verdade não remetia a um acontecimento real, mas algo que se forjava no registro psíquico. O psiquismo, como objeto teórico autônomo, se constitui somente aqui, de fato e de direito, passando a ser concebido, pois, de maneira descolada dos acontecimentos reais. O que Freud queria dizer com isso? Antes de mais nada, que existia uma* realidade psíquica *ao lado da* realidade material *(...). o acontecimento continuava sendo real para o sujeito, é claro, mas o registro da experiência era a realidade psíquica e não mais material. Enunciar isso seria formular que a verdade dos acontecimentos se fundaria apenas no registro dos signos e não mais no das coisas.*"⁴⁵

Em decorrência disso a psicologia seria arma de duplo fio, conforme sintetiza Freud ao analisar a posição de Dimitri em *Os Irmãos Karamazov*. Lembra o psicanalista que o velho Karamazov se fez odiar pelos seus filhos por força da desregrada opressão que

---

44 FREUD, *Dostoyewski...*, p. 3012.
45 BIRMAN, *Freud e a Filosofia*, p. 35/6, grifos originais.

impunha. Na trama, Dimitri não oculta seu desejo de vingança violenta contra o pai, de forma que se tornou natural a imputação do parricídio, apesar dos protestos de inocência. Não obstante, *"Dimitri es inocente: otro de los hermanos ha cometido el hecho. En la escena del proceso pronúnciase el dicho que há llegado a ser famoso: la Psicología sería un arma de doble filo."*[46]

Análise similar ocorre na apreciação da perícia criminal realizada no famoso processo criminal contra Halsmann, provavelmente um dos primeiros casos de persecução criminal contra judeus na Alemanha nacional-socialista. Realizada pelos *experts* da Faculdade de Medicina de Innsbruck, atribuiu a Philipp Halsmann delito proveniente do complexo do Édipo. Sustenta Freud, contudo, que neste caso *"los autores de la peritación se exceden en su formulación negativa."*[47]

Questões importantes, portanto, são as inadequações e as limitações das técnicas do discurso *psi* na produção da verdade forense. Em sendo distintos os fins, os resultados podem ser assustadores. Isto porque se na construção da verdade processual o discurso jurídico-penal é pautado pelo estilo inquisitório voltado à culpabilização e à punibilização dos autores dos delitos, no discurso psicanalítico a escuta é voltada à compreensão do significado do relato para o sujeito. Adequando os discursos às categorias nietzschianas, possível afirmar que enquanto o processo penal é orientado pela análise dramática, que opõe verdade e mentira, a técnica analítica é fundada em relato trágico, no qual a verdade se constrói independente dos *fatos*.

Se o neurótico pode reagir como se culpado fosse, mesmo quando inocente, ou se a criança chorar a falta não cometida para aderir sua culpa por faltas outras a algo tangível, a verdade cons-

---

46 FREUD, *La Peritación Forense en el Proceso Halsmann*, p. 3073.
47 FREUD, *La Peritación...*, p. 3074.

truída através dos métodos da técnica *psi* não pode ser introduzida como elemento de prova correspondente no processo criminal.

O diálogo entre as disciplinas, segundo Freud, pode ser útil como instrumento de preparação, *"pero jamás lograréis crear en ellos la situación psicológica correspondiente a un proceso criminal."* Conclui de forma taxativa: *"no es posible, por lo tanto, deducir de tales ejercicios la utilidad práctica del experimento en su aplicación a la administración de la justicia."*[48]

Da conclusão resulta o alerta proferido pelo psicanalista aos técnicos e aos operadores do direito processual penal: *"habreis de lograr que los sea permitido, o incluso impuesto como un deber, el desarrollo de tales investigaciones durante un cierto número de años en todos los procesos criminales, pero sin que los resultados de las mismas hayan de influir para nada en la decisión judicial. Lo mejor sería que los jueces no llegaran siquiera a conocer las conclusiones a las que vuestra investigación os hubiera llevado en cuanto a la culpabilidad del acusado."*[49]

O temor de Freud parece ser a substituição da verdade jurídica por aquela construída a partir do método das ciências *psi*. E embora a distinção de meios e de fins, os laboratórios criminológicos, sobretudo nas análises de (in)imputabilidade dos réus e do grau de periculosidade dos condenados, reproduziram o equívoco durante todo o século XX, conforme denunciou Foucault em *Os Anormais* e em *O Poder Psiquiátrico*.

A reconstrução do relato da vida do imputado objetiva, neste perverso entrelaçamento de saberes, tão somente justificar a pena, potencializando a lógica inquisitiva. Apesar da fundamental distinção entre as formas de leitura da história de vida do *objeto de investigação*, o passado é moldado para legitimar a intervenção penal.

---

48 FREUD, *El Psicoanálisis...*, p. 1283.
49 FREUD, *El Psicoanálisis...*, p. 1283, grifos originais.

Cristina Rauter, ao investigar os pareceres técnicos de verificação de periculosidade, fornece os elementos de sustentação da tese: "(...) *a história individual era efetivamente utilizada não para produzir o novo* [finalidade da análise], *mas para buscar na infância os indícios de uma tendência para o crime. E esta busca era sempre coroada de 'êxito': encontrava-se sempre, por trás de um criminoso, a história de uma personalidade criminosa. Tal prática é peculiar, na medida em que se constitui um híbrido – algo entre o discurso jurídico-policial e o dispositivo Psi. No dispositivo jurídico-policial uma história pregressa é buscada para configurar motivos e indícios criminosos. A psicologia e a psicanálise exercidas neste campo são uma peça a mais nesta engrenagem, elas não escapam a esta lógica.*"[50]

09. Os Limites da Psicanálise nas Ciências Criminais: a Questão Etiológica e o Tratamento como Pena

Apesar de o pensamento psicanalítico ter realizado críticas fundamentais às bases da trilogia de matérias que compõe as ciências criminais (criminologia, direito penal e direito processual penal), potencializando o processo de transvaloração dos valores morais que as sustentam (bondade, beleza e verdade), algumas questões se apresentam como de difícil superação para que se possa pensar em maior aproximação transdisciplinar.

Por mais relevante que seja a construção freudiana do criminoso por sentimento de culpa, a indagação acerca das causas do agir delitivo permanece inalterada. Da mesma forma que os estudos sociológicos norte-americanos sobre a associação diferencial e a desorganização social, a psicanálise contribuiu em direção à despatologização do delito e do delinquente. Contudo, em ambos os

---

50 RAUTER, *Clínica do Esquecimento*, p. 02.

casos, permanece inalterada a perspectiva etiológica, ou seja, a persistente busca pela causa da conduta delituosa.

Logicamente, em sendo teorias que refletem o estado da arte de sua época, sequer seria exigível ruptura em tal nível. No entanto as teorias subsequentes – apesar de redimensionar o problema, sustentar a inexistência de instintos criminosos e perceber o criminoso como sujeito e não objeto de intervenção criminológica (Lacan) –, parecem manter a indagação causal,[51] olvidando os avanços que a teoria criminológica crítica alcançou.

A obsessão causal acaba por universalizar determinada concepção de delito e de delinquente, invariavelmente esquecendo que a totalidade da população pratica crimes. Ademais, tende a fundir o conceito de crime ao de violência, sobretudo da violência contra a pessoa, associando direta e quase exclusivamente ao seu tipo ideal de interpretação das condutas delituosas: o parricídio.

Neste sentido, Baratta sustenta que as teorias psicanalíticas não conseguiram superar os limites fundamentais da criminologia tradicional, "*em consequência da visão a-histórica e universalizante com a qual são interpretados, através de estruturas conceituais meramente subjetivas e psicológicas, tanto o comportamento criminoso como a reação punitiva.*"[52] E a universalização do comportamento delitivo reproduziria o falso antagonismo entre o indivíduo e a sociedade, concepção predominante em todos os ramos da criminologia tradicional.

Importante perceber que a tendência de averiguação de *causas* a partir da análise individual do delito tende a produzir demandas classificatórias que, invariavelmente, reproduzem estereótipos, criando condições de maior vulnerabilidade destas pessoas

---

51 Neste sentido, conferir LACAN, *Introdução Teórica às Funções da Psicanálise em Criminologia*, pp. 127-151; LACAN, *Premissas a Todo Desenvolvimento Possível da Criminologia*, pp. 127-131; MELMAN, *Alcoolismo, Delinquência, Toxicomania*, pp. 39-55.

52 BARATTA, *Criminologia...*, p. 58.

ou destes grupos ao processo arbitrário de criminalização deflagrado pelas agências de punitividade.

Por outro lado, a universalização do delito assume perspectiva metafísica, essencializadora de certo tipo de delinquente. A crítica criminológica, ao contrário, nega a existência do crime e do criminoso como realidade natural, pré-constituída às redes de interação social intermediadas pelo poder seletivo de atribuição do adjetivo crime para determinadas condutas. Se o fenômeno crime existe somente em decorrência da lei penal (ente jurídico), e se a própria legalidade estabelece possibilidades de justificação de qualquer ato criminalizado (causas de exclusão da ilicitude), inexiste conduta que represente, universalmente, sob quaisquer hipóteses, o ato criminoso. Por mais violenta que seja determinada conduta, e por maior reprovação que possa produzir, não há ato que não possa ser imunizado do adjetivo crime – *v.g.* o parricídio em legítima defesa, para trabalhar com o problema central proposto por Freud.

Outrossim, a possibilidade de centralizar a etiologia do delito no inconsciente do criminoso e/ou atribuir a prática do delito ao desejo inconsciente da pena, torna, como abordado, juridicamente impossível o processo de atribuição de responsabilidade (penal). Não por outra razão os primeiros autores que realizaram a aproximação da criminologia com a psicanálise optaram pela abolição da pena e sua substituição por medidas pedagógicas.[53] Por

---

53 Porto-Carrero projeta a abolição do direito penal em prol da pedagogia: "*inuteis são os codigos, que são réos de crimes. Inuteis os codigos, que são listas de penas. A idéa de punição deve ser riscada de todo o direito penal, pois que a pena satisfaz somente à culpa intima, infantil, inconsciente, do juiz e da collectividade. Já a pedagogia aboliu a pena; e não nos cansamos de repetir o que temos avançado em outros escriptos: a pedagogia destruirá a penalogia.*" (PORTO-CARRERO, *Criminologia e Psychanalyse*, p. 25/6, grifos originais, sic). Em relação à intervenção no autor do delito, propugna a adoção de saber multidisciplinar orientado à readaptação: "(...) *após um isolamento*

outro lado, a substituição da responsabilidade penal por sistema de medidas terapêuticas, demonstra a experiência, apenas altera formas similares de sanção, fato denunciado amplamente pela antipsiquiatria nos anos 80.

10. Indagações Finais sobre as Possibilidades da Criminologia Contemporânea

A construção realizada permite apontar para a possibilidade de aproximação dos discursos da criminologia e da psicanálise na investigação dos sintomas sociais contemporâneos. Se ambos os discursos carecem de sólida base epistemológica – ou ao menos são criticados por não estarem adequados aos fundamentos científicos tradicionais –, esta mesma condição é que lhes possibilita aberturas transdisciplinares.

A liberdade em relação às bases epistemológicas disciplinares permite que criminologia e psicanálise promovam, desde locais distintos, sérias rupturas com a tetralogia dos valores morais cultivados nas ciências jurídico-criminais: *justiça* (direito), *bondade* (direito penal), *beleza* (criminologia) e *verdade* (processo penal). Ao sair do horizonte científico e ampliar a análise para o campo da política, a integração entre criminologia e psicanálise potencializa a crítica ao quinto valor moral que edifica a arquitetura das ciências integradas: *segurança* (valor político-criminal).

O espaço de diálogo criado entre os discursos da criminologia e da psicanálise possibilita, portanto, a transvalorização dos valores morais que sustentam a cultura punitiva contemporânea.

---

conveniente, sem caracter de prisão, se faria a reeducação, pelos methodos pedagógicos e pela psychanalyse, unico meio actual capaz de mergulhar no inconsciente do indivíduo e de refazer-lhe o SuperEgo, isto é, de reconstruí-lo na capacidade de adaptação" (PORTO-CARRERO, *Criminologia...*, p. 63).

Assim, mais do que gerar nova disciplina (criminologia psicanalítica), importante alargar os campos de intersecção para sofisticar as investigações dos sintomas sociais e compreender as formas de reprodução das violências e dos processos de criminalização.

No entanto inúmeras questões restam inconclusas, fixadas quase como aporias nas margens pelas quais os saberes se encontram. E seu enfrentamento é imprescindível para avançar na experiência transdisciplinar.

XIII – ERICH FROMM E A CRÍTICA DA PENA: APROXIMAÇÕES ENTRE PSICANÁLISE E CRIMINOLOGIA DESDE A TEORIA CRÍTICA DA SOCIEDADE

O Direito aparece aí como uma estrutura ficcional, alheio às circunstâncias da vida, onde se simula um diálogo para realizar um monólogo.
(Agostinho Ramalho Marques Neto)

01. Erich Fromm, a Teoria Crítica da Sociedade e a Criminologia Crítica

No campo das ciências criminais, há uma narrativa relativamente consolidada sobre o impacto da teoria crítica na formação e no desenvolvimento do pensamento criminológico. Embora a Escola de Frankfurt não possa ser tomada como uma unidade, sendo um verdadeiro contrassenso pretender extrair um sentido unívoco do pensamento pulsante e extremamente rico e variado dos intelectuais identificados com o Instituto de Pesquisa Social[1], sua contribuição à criminologia parece estar relativamente estável desde o ponto de vista historiográfico.

A republicação de *Punição e Estrutura Social* (1939), em 1967, é um dos primeiros impulsos para o diálogo entre a teoria crítica e a criminologia radical. Segundo Shecaira, "*os dois primeiros movimentos*

---

1 SOUZA, *Escola de Frankfurt e o Contexto do seu Surgimento*, pp. 53-54.

dessa retomada do livro de Rusche e Kirchheimer que nasceram foram: o da Universidade de Berkeley (Califórnia, EUA), surgido precipuamente entre os professores e alunos da sua escola de criminologia e que se denominou Union of Radical Criminologists (URC), com grande influência de H. e J. Schwendinger e T. Platt; e o movimento inglês, organizado em torno da National Deviance Conference (NDC), encabeçados por I. Taylor, P. Walton e J. Young (...)."[2] A recuperação da obra pelos criminólogos radicais, aliada a uma incomum referência de Foucault, em *Vigiar e Punir* (1975), ao *"grande livro de Rusche e Kirchheimer"*[3], parece fixar uma espécie de marco de referência para as pesquisas em criminologia crítica. Não por outra razão, a maioria dos textos que se propõe a definir as origens da crítica criminológica acaba, inevitavelmente, por apontar o trabalho de Rushe e Kirchheimer como o seu influxo primeiro.

No entanto, como aponta Nietzsche, a origem é sempre cinza.[4] A pretensão moderna de estabelecer um marco causal de desenlace de determinado fenômeno, neste caso, de um fenômeno teórico, é invariavelmente autoritária, pois peca pela exclusão *a priori* de novas possibilidades e invenções.

No caso da criminologia crítica, embora seja inegável a importância do texto de Rusche e Kirchheimer, notadamente pelas suas qualidades e inovações teóricas e metodológicas, é sempre possível (e estimulante) revisitar as fontes e explorar os trabalhos dos autores da Escola de Frankfurt, que enfrentam, direta ou indiretamente, temas criminológicos. Se uma das principais motivações dos teóricos críticos – motivação que se constitui em uma inquietação ética radical – é apresentar o diagnóstico da modernidade a partir do exame minucioso da anatomia da sua crise e dos sintomas do seu colapso, sobretudo nos estudos sobre a edificação do fascis-

---

2 SHECAIRA, *Criminologia*, p. 323.
3 FOUCAULT, *Vigiar e Punir*, p. 27.
4 NIETZSCHE, *Genealogia da Moral*, p. 13.

mo e a formação das personalidades autoritárias, a abordagem de problemas tipicamente criminológicos é inevitável.

Ao compartilhar o entendimento de (*primeiro*) ser a criminologia crítica uma teoria crítica aplicada ao campo das ciências criminais, de (*segundo*) estar a criminologia crítica imersa na perspectiva interdisciplinar que funda a própria ideia de crítica e de (*terceiro*) ser possível e urgente revisitar as investigações dos autores dos núcleos internos e externos da Escola de Frankfurt, que abordam, ainda que lateralmente, temas criminológicos, o presente ensaio propõe recuperar e atualizar o texto *O Estado como Educador: sobre a psicologia da Justiça Criminal*. Publicado originalmente por Fromm em 1930, na *Zeitschrift für Psychoanalytische Pädagogik*, de Viena, o trabalho foi submetido à análise dos editores freudianos Heinrich Meng e Ernst Schneider, e do conselho composto por August Aichhorn, Siegfried Bernfeld, Marie Bonaparte, Sándor Ferenczi, Anna Freud, Fritz Wittels e Jean Piaget.

A contribuição do texto é duplamente inovadora: (*primeiro*) enlaça a criminologia (sociologia do desvio e do controle social) à psicanálise; (*segundo*) questiona, a partir da psicanálise, as funções declaradas da pena nas sociedades contemporâneas. Exatamente por isso o presente o ensaio é dividido em duas partes: (*primeira*) as condições epistemológicas e metodológicas do diálogo interdisciplinar entre sociologia (criminologia, no específico) e psicanálise; e (*segunda*) as falácias apresentadas como funções oficiais (declaradas) da pena na modernidade e a leitura criminológico-psicanalítica da punição.

02. Fromm entre Marx e Freud

Kevin Anderson, em trabalho de referência sobre a contribuição do jovem Fromm à criminologia[5], constata uma espécie

---

5 ANDERSON, *The Young Erich Fromm's Contribution to Criminology*, pp. 667-696.

de esquecimento, tanto da literatura da Escola de Frankfurt quanto dos estudos criminológicos, dos primeiros artigos publicados no início da década de 30, exatamente sobre o sistema de justiça criminal. Anderson menciona *Édipo em Innsbruck* (em *Psychoanalystiche Bewegung*, 1930); *O Estado como Educador: sobre a psicologia da Justiça Criminal* (em *Zeitschrift für Psychoanalytische Pädagogik*, 1930); e *Sobre a Psicologia do Criminoso e a Sociedade Punitiva* (em *Imago: Zeitschrift für Anwendung der Psychoanalyse auf die Natur und Geisteswissenchaften*, 1931). Embora sejam considerados estudos bastante originais, Anderson aponta que esta lacuna é presente, inclusive, nos relatos de Mannheim e Gibbons, autores que identificaram as importantes contribuições de O Medo à Liberdade (1941), considerada uma das maiores obras de Erich Fromm, às teorias psicanalíticas do crime.

A contribuição primeira da Escola de Frankfurt à criminologia crítica parece estar congelada, portanto, na memória de *Punição e Estrutura Social*, pesquisa publicada quase uma década depois da série de ensaios do jovem Fromm. Ocorre que *"apesar da originalidade, o livro [de Rushe e Kirchheimer] mantém uma perspectiva marxista bastante ortodoxa sobre a história da pena no Ocidente. O livro não enfatiza três temas que diferenciam o marxismo da Escola de Frankfurt das suas versões mais ortodoxas: a renovada ênfase na dialética hegeliana, a tentativa de combinar teoricamente Marx e Freud e a crítica à cultura de massa."*[6]

Talvez a crítica de Anderson ao trabalho de Rushe e Kirchheimer seja excessiva, notadamente em razão das condições nas quais o texto foi construído e da significativa contribuição de Kirchheimer, no campo da ciência política, às reflexões marcadamente econômicas do manuscrito original apresentado por

---

6 ANDERSON, *The Young...*, p. 668.

Rushe a Horkheimer.[7] No entanto o alerta relativo à ausência de uma leitura psicanalítica na análise dos fenômenos sociais (crime e pena, no caso), perspectiva interdisciplinar, que é uma das principais contribuições da teoria crítica da sociedade, é extremamente pertinente.

Neste cenário, o ensaio sobre *O Estado como Educador* pretende (*primeiro*) apontar a contribuição de Fromm ao desenvolvimento do pensamento criminológico crítico junto com outros autores do círculo externo da Escola de Frankfurt (Rushe, Kichheimer e Neumann); e (*segundo*) identificar o seu legado na intersecção entre criminologia (crítica) e psicanálise.

A exploração segue a orientação proposta por Anderson, ao perceber em Fromm, Rushe e Kirchheimer e Foucault um núcleo comum de proposição e interrogação: *"quais as reais funções do sistema de justiça criminal e que efeitos concretos produzem sobre o crime?"*[8] A relevância da questão decorre do fato de que em uma era de encarceramento em massa sem precedentes *"precisamos examinar de perto como este sistema cruel e irracional não apenas se perpetua, mas também serve como uma maior fonte de legitimação das classes dominantes."*[9]

---

7 O texto final, redigido exclusivamente por Rusche, estava pronto para publicação em 1935. Todavia, em 1937, Horkheimer designa Kirchheimer para a tarefa de reelaborar o trabalho, *"o que faz sem qualquer contato com Rusche."* (GARCÍA MENDEZ, *Pena y Estructura Social en América Latina*, p. 762) Melossi informa que Rusche, no período de 1936 e 1939, estava na Palestina exercendo funções docentes na Escola Britânica de Jerusalém. Segundo Melossi, além de uma importante parte sobre a situação carcerária nos Estados Unidos ter sido suprimida, provavelmente em razão dos pareceres de Sellin e Sutherland, há uma substancial alteração na perspectiva dos capítulos elaborados exclusivamente por Kirchheimer (capítulos IX a XIII), sendo o conteúdo de análise deslocado da ênfase socioeconômica à política. Forma de construção do texto. (MELOSSI *apud* GARCÍA MENDEZ, *Pena y Estructura Social en América Latina*, p. 762).

8 ANDERSON, *The Young...*, p. 693.

9 ANDERSON, *The Young...*, p. 693.

Os discursos de legitimação edificam uma linguagem que exerce um papel de escamoteação, de acomodação, de mistificação e de encobrimento, que é justamente aquilo que Marx chamou de ideologia. Não por outra razão, nos termos propostos por Casara, é sempre possível perceber no discurso jurídico *"a existência de teóricos dispostos a dar aparência de racionalidade àquilo que é, em essência, irracional (...)."*[10] A ideologia, portanto, conforme Marques Neto, é precisamente esse discurso encobridor, o discurso que ilude.[11] As palavras de justificação, em forma de razão jurídica, *"(...) aludem ao sinistro com a digníssima roupagem da racionalidade"*[12], conforme o preciso diagnóstico de Alicia Ruiz.

Na modernidade, os discursos oficiais sobre a pena e a punição invariavelmente ocuparam esta função ideológica de acomodação e de encobrimento. Coube exatamente à criminologia crítica desenvolver um saber sedicioso que permitiu revelar o real encoberto pelos discursos aparentes das teorias oficiais de justificação.

Fromm, após ingressar na Universidade de Frankfurt, deu seguimento aos estudos acadêmicos em Heidelberg, instituição na qual frequentou aulas de sociologia, filosofia e psicologia e concluiu seu doutorado, em 1922, sob a supervisão de Alfred Weber. Após sua formação acadêmica, ainda em Heidelberg foi introduzido à psicanálise por Frieda Reichmann, pesquisadora que havia inaugurado uma clínica privada de orientação psicanalítica, em 1924.[13] Fromm realizou sua formação em psicanálise, casou-se com Frieda Reichmann e, em 1927, iniciou o trabalho clínico em seu consultório particular.

---

10 CASARA, *Estado Pós-Democrático*, p. 87.

11 MARQUES NETO, *A Censura da Expressão Linguageira e a Hipertrofia do Direito Penal a Serviço do 'Politicamente Correto'*, p. 61.

12 RUIZ *apud* MARQUES NETO, *O Processo Kafkiano*, p. 108.

13 Os dados biográficos de Erich Fromm foram extraídos sobretudo dos trabalhos de WIGGERSHAUS, *La Escuela de Fráncfort*, pp. 71-81 e pp. 335-345; JAY, *A Imaginação Dialética*, pp. 133-194; e FUNK, *Erich Fromm's Life and Work*, pp. 04-18.

A primeira fonte não religiosa a influenciar sua trajetória intelectual, porém, foi Marx, pensador que Fromm afirma ter fornecido *"a chave de compreensão da história e a manifestação, em termos seculares, do humanismo radical no qual se expressava a visão messiânica dos profetas do Velho Testamento."*[14]

No início dos anos 1930, o interesse por uma abordagem social da psicanálise colocou Fromm em contato com Siegfried Bernfeld e Wilhelm Reich, marxistas freudianos do Instituto de Berlin. Entre 1926 e 1931, Erich Fromm e Frieda Fromm-Reichmann frequentam a casa de Georg Groddeck, em Baden-Baden, onde conhecem Karen Horney e Sándor Ferenczi. Rainer Funk, ex-assistente, biógrafo, curador do espólio e responsável pelo Instituto Erich Fromm, de Tuebingen, lembra que um dos consensos deste grupo de jovens psicanalistas era o de que *"(...) a teoria freudiana do complexo de édipo era insustentável, e que os fatores culturais e sociais poderiam fornecer muito mais consistência em relação à formação psíquica dos instintos."*[15]

A interpretação marxista das hipóteses freudianas permitiu a integração de categorias sociais no conjunto dos elementos doutrinários voltados à dimensão individual: *"sendo nos primórdios apenas um método terapêutico, a sua dinâmica interna exigia uma extensão ao homem social para um maior alcance da sua penetração analítica – projeto no qual se empenhou toda uma geração dissidente à ortodoxia freudiana, a 'esquerda psicanalítica', nela se destacando Reich e Marcuse. Com efeito, entre marxismo e psicanálise existe uma possibilidade real de aproximação das suas teses, de que Fromm pretende ser, aliás, uma específica síntese efectiva."*[16]

Martin Jay refere que é impossível avaliar, nos dias atuais, a audácia dos primeiros teóricos que propuseram este "casamento antinatural" entre Freud e Marx, notadamente porque *"conserva-*

---

14 FROMM apud FUNK, *Erich Fromm's...*, p. 05.
15 FROMM apud FUNK, *Erich Fromm's...*, p. 07.
16 REIS & CARVALHO, *Introdução à Leitura de Erich Fromm*, p. 66.

dores e radicais concordavam em que o pessimismo básico de Freud acerca das possibilidades de mudança social era incompatível com as esperanças revolucionárias de um verdadeiro marxista."[17] Segundo Slater, havia um consenso entre os marxistas ortodoxos (leia-se: marxistas-leninistas) de que a psicologia não poderia aprofundar o materialismo histórico e que qualquer tentativa de ampliar, através da psicologia ou da psicanálise, as diretrizes formuladas pelos fundadores Marx e Engels, conduziria a um indesejado ecletismo, a uma espécie de justaposição de ideias distintas de Hegel, Marx e Freud.[18]

O alerta é válido inclusive porque a ousada introdução da psicanálise na teoria crítica neomarxista do Instituto de Pesquisas Sociais foi, efetivamente, uma tentativa de superação da "camisa de força" do marxismo ortodoxo a partir da qualificação interdisciplinar das análises dos fenômenos sociais. A abordagem pouco tradicional produziu, inclusive, importantes resistências dentro do próprio Instituto como, p. ex., as apresentadas por Franz Neumann.[19]

Mas é importante que se diga que a psicanálise freudiana não representou, para a teoria crítica, apenas uma influência ou uma variável que permitisse oxigenar as categorias fundamentais do marxismo. A psicanálise freudiana – única psicologia útil compatível com a teoria crítica, segundo Marcuse[20] –, "*é uma interioridade constitutiva, que habita seu corpo teórico e permite à teoria crítica pensar*

---

17 JAY, *A Imaginação Dialética*, p. 133.

18 SLATER, *Origem e Significado da Escola de Frankfurt*, p. 141.

19 "*Com efeito, uma das divisões básicas entre a geração Grünberg-Grossmann de membros do Instituto e seus sucessores, liderados por Horkheimer, foi o contraste em suas respectivas atitudes para com a psicologia. Em anos posteriores, como veremos, a indiferença geral de Franz Neumann para com a psicologia foi um dos fatores que o impediram de ser plenamente aceito pelo círculo íntimo do Instituto. Quando Neumann finalmente se interessou por Freud, já estava quase no fim da vida, tarde demais para integrar com êxito as duas tradições.*" (JAY, *A Imaginação...*, p. 134)

20 MARCUSE *apud* SLATER, *Origem...*, p. 142.

seu objeto, pensar a si mesma e pensar o próprio freudismo enquanto momento da cultura."[21] Conforme Rouanet, *"se a Escola de Frankfurt é crítica da cultura e da ideologia, o é, em grande parte, através de Freud, mas também* contra *Freud.*"[22]

Logo, assim como a teoria crítica não pode ser lida como um corpo teórico uniforme, inexiste uma abordagem unívoca da teoria freudiana nos distintos autores colocados sob o rótulo Escola de Frankfurt. Aliás, praticamente todos os intelectuais frankfurtianos exploraram, com maior ou menor intensidade, as relações entre marxismo e psicanálise, desde os primeiros estudos na fase germânica pré-experiência nazifascista com Reich, Fromm e Löwenthal; às pesquisas nos Estados Unidos realizadas por Adorno, Horkheimer e Marcuse; ao retorno do Instituto à Frankfurt com a continuidade das investigações e as novas explorações desenvolvidas por Habermas.

As diferenças entre Fromm e Adorno, p. ex., são significativas e podem ser percebidas desde os *Estudos sobre a Personalidade Autoritária* (1950), aos ensaios *Sobre a relação entre Sociologia e Psicologia* (1955, revisado em 1966), passando pelos aforismos de *Minima Moralia* (1951). Embora Adorno e Fromm concordassem na crítica à teoria freudiana, no sentido de que "(...) *os objetivos sociais tinham um papel superior ao dos sexuais, às pretensões de felicidade do indivíduo*", discordavam ao perceber "(...) *na atitude de Freud uma falta de bondade que pudesse ser superada com bondade*", ou seja, que "(...) *com bondade seria possível ajudar à satisfação das pulsões.*"[23] Adorno avança significativa-

---

21 ROUANET, *Teoria Crítica e Psicanálise*, p. 11.
22 ROUANET, *Teoria...*, p. 11.
23 WIGGERSHAUS, *La Escuela...*, p. 337.
WIGGERSHAUS, p. ex., irá dedicar um importante espaço do seu tratado sobre a Escola de Frankfurt para identificar as mais diversas influências da teoria freudiana nos autores e, sobretudo, destacar os pontos de tensão e a crítica de Adorno e Horkheimer à abordagem realizada por Fromm (WIGGERSHAUS, *La Escuela...*, pp. 335-345).

mente na crítica ao pensamento freudiano destacando, inclusive, que não é possível imputar a Freud o desprezo pelo concretamente social, mas por se contentar facilmente com a origem social e a fixidez do inconsciente, situação que produziria uma psique abstrata desligada da dialética social. A fixidez e abstração do inconsciente reduziriam a vida psíquica à repetição do passado, modelo naturalista e mecanicista que acabaria, segundo o autor, condenando o pensamento de Freud.[24] Assim, no que tange às análises realizadas pelos demais pensadores da Escola de Frankfurt, optou-se por apontar, em algumas notas, as convergências e divergências de Fromm com Adorno, notadamente os pontos relacionados à tensa relação entre marxismo e psicanálise, ao problema do desvio social e à formação da personalidade autoritária. Adorno avança sobremaneira nos temas abordados no ensaio, motivo pelo qual as referências se tornaram, em muitos momentos, imprescindíveis.

Neste sentido, é importante delimitar o objeto do presente ensaio, sobretudo em decorrência das distintas formas de recepção da psicanálise freudiana pela teoria crítica. Assim, embora (*primeiro*) os autores da teoria crítica da sociedade, de forma geral, entendam ser fundamental completar a análise do fascismo com a psicanálise e a psicologia social analítica[25] e (*segundo*) não existir uma ruptura radical na construção do pensamento do jovem para o maduro Fromm, na segunda parte a abordagem será concentrada principalmente nos textos de final da década de 1920 e início dos anos 1930. Na primeira parte, porém, em razão do enfrentamento de temas que podem ser identificados como criminológicos, serão apresentados alguns trabalhos cronologicamente posteriores, sobretudo *O Medo à Liberdade* (1941) e *Psicanálise da Sociedade Contemporânea* (1955).

---

24 ADORNO, *Estudos sobre Psicologia Social e Psicanálise*, pp. 96-97.
 Sobre a crítica de Adorno a Freud, conferir ROUANET, *Teoria Crítica e Psicanálise*, pp. 78-98.
25 Neste sentido, ADORNO, *Estudos...*, pp. 71-72.

No entanto, sublinhe-se, a exploração da obra de Fromm *objetiva*, fundamentalmente, estabelecer parâmetros conceituais para o enfrentamento de uma questão específica: a crítica de Fromm às teorias legitimantes da pena, expostas sobretudo no trabalho *O Estado como Educador: sobre a psicologia da Justiça Criminal* (1930).

No ato inaugural do Instituto Psicanalítico de Frankfurt (1929) – primeira organização assumidamente freudiana a estar vinculada a uma universidade alemã –, Fromm ministra a aula *Psicanálise e Sociologia*, posteriormente publicada como ensaio na *Zeitschrift für Psychoanalytische Pädagogik*, no mesmo ano. No breve, mas importante artigo, Fromm estabelece suas premissas iniciais para o diálogo com Marx e Freud, a partir de duas indagações: (*primeira*) qual a aplicação dos distintos métodos e (*segunda*) qual a contribuição possível entre sociologia e psicanálise? O trabalho será posteriormente aprofundado programaticamente em *Método e Função de uma Psicologia Social Analítica*, publicado na *Zeitschrift für Sozialforschung*, em 1932.[26-27]

---

26 A primeira formulação relacionada às possibilidades de integração entre materialismo histórico e psicanálise foi o trabalho *Dogma de Cristo*, publicado originalmente em 1930. Apesar de destacar que um dos méritos da psicanálise havia sido apagar a falsa distinção entre psicologia social e psicologia individual – "*Freud sublinhou que não existe uma psicologia individual do homem isolado do seu meio social, pois um homem isolado não existe*" (FROMM, *El Dogma de Cristo*, p. 05) –, Freud destacava que os fenômenos psicológicos do grupo deveriam ser compreendidos com base nos mecanismos psíquicos individuais, excluindo a possibilidade de existência de um "caráter social", hipótese que será desenvolvida por Fromm. Assim, nos termos de Slater, *Dogma de Cristo* havia exposto tanto as implicações materialistas quanto as distorções a-históricas da psicanálise freudiana (SLATER, *Origem*..., p. 142).

Apesar deste estudo inicial, Slater refere que *Método e Função de uma Psicologia Social Analítica* foi, efetivamente, o primeiro ensaio programático de Fromm (SLATER, *Origem*..., p. 142).

27 Sobre o tema, Adorno, em 1966, redige um longo e consistente estudo intitulado *Sobre a Relação entre Sociologia e Psicologia*, no qual propõe uma psicologia social psicanaliticamente orientada (ADORNO, *Ensaios*..., pp. 71-135).

Fromm inicia sua reflexão indicando que a possibilidade de intersecção entre os saberes psicanalítico e sociológico deve ser precedida por duas ordens de preocupação: (*primeira*) evitar "(...) *o erro de oferecer respostas [eminentemente] psicanalíticas, onde fatos econômicos, técnicos e políticos apontam à explicação real e suficiente das questões sociológicas*"; e (*segunda*) observar que "(...) *a sociedade é sempre composta por indivíduos e que estas pessoas concretas com seu fazer, pensar e sentir são os objetos da investigação sociológica* (...)"[28], isto é, são indivíduos reais e que formam uma sociedade igualmente real, não apenas abstrata. Neste sentido, a contribuição entre os campos se efetivaria na compreensão de como o psiquismo humano atua de maneira causal ou constitutiva no desenvolvimento e na formação social.

A experiência humana não poderia ser simplesmente cindida entre um "ser social" e um "eu individual". Assim, da mesma forma que as pessoas não possuem uma "alma individual" separada da uma "alma de massa", o objeto da psicanálise (indivíduo) não poderia ser isolado do sociológico (coletividade). As pessoas agem como eu individual e como ser social, pois *"não há duas almas no ser humano, mas apenas uma, na qual vigoram os mesmos mecanismos e leis."*[29-30]

Se a sociedade é composta por indivíduos vivos, seria errôneo reduzir a psicanálise à esfera da psicologia individual e negar a sua aplicabilidade aos fenômenos sociais (política e consciência de classe, p. ex.). Assim, para Fromm, *"o fato de um fenômeno ser estudado em Sociologia não significa, certamente, que não possa ser um objeto de Psicanálise (...). A tese de que a Psicologia só trata do indivíduo, ao passo que a Sociologia só se ocupa da 'sociedade', é falsa. Pois assim como*

---

28 FROMM, *Psicanálise e Sociologia*, p. 01.

29 FROMM, *Psicanálise...*, p. 01.

30 "*Pois a 'sociedade' também consiste em indivíduos vivos, que devem estar sujeitos às mesmas leis psicológicas descobertas pela Psicanálise no indivíduo.*" (FROMM, *Método...*, p. 138)

a Psicologia diz sempre respeito a um indivíduo socializado, também a Sociologia trata sempre de um grupo de indivíduos cuja estrutura e mecanismos psíquicos têm de ser levados em consideração."[31]

Um dos problemas essenciais na investigação do autor seria, portanto, desde o ponto de vista *psicanalítico*, relativo ao papel dos impulsos na formação da comunidade. Mas ao mesmo tempo que seria fundamental apontar o modo pelo qual o inconsciente humano atua na estruturação da sociedade, deve-se reconhecer, desde a perspectiva *sociológica*, que o indivíduo igualmente só existe como homem socializado, que o seu psiquismo é formado a partir das relações e interações sociais, o que permite questionar como e em que nível as alterações na estrutura social impactam o processo de desenvolvimento individual.

Na perspectiva de a psicanálise demonstrar como a sociedade é, de fato, formada por indivíduos, e de a sociologia verificar como o indivíduo e a família são produtos de uma estrutura social ímpar, na modernidade ocidental, representada pela sociedade capitalista, os impulsos (instintos) individuais só poderiam ser percebidos em uma interação dialética com as experiências vitais socio-históricas[32]. Não por outro motivo, a teoria social que apresentaria um maior grau de sintonia e intimidade com a psicanálise seria exatamente o materialismo histórico.

A exploração analítica proposta pela psicologia social consistiria, portanto, na apreensão do verdadeiro nó conceitual entre marxismo e psicanálise: *"compreender o dispositivo instintivo de um grupo, seu comportamento libidinal e predominantemente inconsciente, em função da sua estrutura socioeconômica."*[33] A indivisibilidade do objeto

---

31 FROMM, *Método*..., p. 138-9.
32 SLATER, *Origem*..., p. 143.
33 FROMM, *Método*..., p. 141.
No mesmo sentido, conferir REIS & CARVALHO, *Introdução*..., p. 67.

("alma individual" e "alma de massa") conduziria, em consequência, à impossibilidade de uma cisão metodológica: *"do condicionamento mútuo entre ser humano e sociedade resultam vários importantes problemas, onde não se pode se referir à aplicação de um método ao outro, mas onde um único fato, sendo um psicológico quanto sociológico, deve ser investigado por ambos os métodos e entendido por ambos os lados."*[34-35]

---

34 FROMM, *Psicanálise...*, p. 02.

35 Adorno, na análise sobre as relações entre psicologia, psicanálise e sociologia, opõe-se frontalmente ao que chama de *"gritaria dos especialistas pela integração das ciências"*. Segundo o autor, esta demanda de integração refletiria desamparo e não progresso dos saberes. Ao mesmo tempo, se as ciências da sociedade e da psique permanecessem desconectadas, sucumbiriam à divisão do trabalho do conhecimento. Neste sentido, *"a separação entre sociedade e psique é falsa consciência; ela eterniza categorialmente a clivagem entre sujeito vivo e a objetividade que impera ente os sujeitos, mas que provém deles."* (ADORNO, *Estudos...*, p. 74)

A relação entre os campos deve ser, portanto, necessariamente *dialética*. Nem integração totalitária, nem cisão cognitiva, pois *"uma psicologia que nada quer saber da sociedade e que insiste indiossincraticamente no indivíduo e em sua herança arcaica exprime mais da fatalidade social do que uma que se integra à não mais existente universitas literatum, através da consideração dos 'fatores' sociais ou através de uma 'wholistic approach'* [abordagem holística]" (ADORNO, *Estudos...*, p. 75).

Apesar da necessidade de diálogo entre sociologia e psicologia, a partir dos seus objetos e métodos próprios, de forma a não cair na tentação unificadora, para Adorno é inquestionável o primado da economia sobre a psicologia no comportamento do indivíduo. Até mesmo o comportamento psicótico, p. ex., segundo o autor, não seria desprovido de seu aspecto social – *"pode-se muito bem construir certos tipos de doenças psíquicas segundo o modelo de uma sociedade doente"*; *"(...) uma divisão [do trabalho psicoterapêutico] que faz do rico um neurótico e do pobre um psicótico. Isso é confirmado pela estatística que demonstrou correlações entre esquizofrenia e baixo status social* [HOLLINGSHEAD & REDLICH, *Social Stratification and Schizophrenia*]" (ADORNO, *Estudos...*, p. 85 e p. 123, respectivamente).

Assim, "(...) *o indivíduo não é simplesmente indivíduo e substrato da psicologia, mas sempre e ao mesmo tempo – na medida em que de algum modo se comporta racionalmente – portador das determinantes sociais que o marcam. Sua 'psicologia', como zona da irracionalidade, remete a momentos sociais não menos do que a ratio faz. As diferenças específicas*

Apesar do fato de, neste momento, os *Manuscritos de Paris* ainda não estarem em domínio público – os *Manuscritos Econômico--Filosóficos* foram publicados na Alemanha apenas em 1932 –, Anderson percebe a confluência de Fromm à sua perspectiva antropológica: "(...) [Fromm] *interpreta Marx em uma perspectiva humanista, de forma subjetivamente-centrada, mais do que em termos de um materialismo determinista.*"[36-37]

Ao finalizar o estudo sobre as condições de possibilidade epistemológicas da psicologia social analítica, no qual desenvolve e aprofunda os problemas apresentados na conferência de 1929, Fromm expõe de forma bastante objetiva suas conclusões: (*primeira*) o método da psicologia social analítica seria o da psicanálise freudiana clássica aplicada aos fenômenos sociais – "*explica as atitudes psíquicas compartilhadas e socialmente relevantes, em função do processo de adaptação ativa e passiva do mecanismo dos impulsos às condições de vida socioeconômica da sociedade*"[38]; e (*segundo*) a tarefa

---

dos indivíduos são tanto marchas da pressão social quanto cifras da liberdade humana. A oposição dos dois âmbitos não deve ser escamoteada através de um esquema de generalização científica, mas também não deve ser absolutizada (...). A divergência entre indivíduo e sociedade possui uma origem essencialmente social, é perpetuada socialmente, e suas manifestações devem ser explicadas sobretudo socialmente." (ADORNO, *Estudos*..., p. 81).

Conforme referido anteriormente na crítica à Freud, Adorno reivindica uma psique dinâmica, vinculada à dialética social: "*o conceito do eu é dialético, psíquico e não psíquico, um fragmento da libido e o representante do mundo. Freud não tratou dessa dialética.*" (ADORNO, *Estudos*.., p. 107).

No mesmo sentido, ADORNO, *Estudos sobre a Personalidade Autoritária*, pp. 153-167.

36 ANDERSON, *The Young*..., p. 674.

37 "Fromm sempre enfatizou as implicações antropológicas dos *Manuscritos Econômico-Filosóficos* de Marx. Nesse aspecto, aproximou-se mais de Marcuse (pelo menos antes da entrada deste nos assuntos do Instituto) do que de Horkheimer e Adorno." (JAY, *A Imaginação*..., p. 133)

38 FROMM, *Método*..., p. 161.

da psicologia social analítica seria a de analisar os impulsos libidinais socialmente relevantes – "*descrever a estrutura libidinal de uma dada sociedade e explica[r] a origem desta estrutura, assim como a sua função social.*"[39]

Todo grupo social possuiria, para Fromm, uma estrutura libidinal própria, não contingente, mas necessária e dependente das condições socioeconômicas e das relações de poder. Conforme demonstra Rouanet, esta estrutura libidinal típica, comum a todos os homens em determinado espaço e tempo, exerceria uma função decisiva na preservação das estruturas vigentes, pois "*é ela que estabelece os vínculos afetivos pelos quais as classes oprimidas se relacionam com as classes dirigentes, levando as primeiras a aceitar passivamente a sua opressão.*"[40]

Nota-se, portanto, que as primeiras reflexões de Fromm sobre as possibilidades epistemológicas e metodológicas da aproximação entre sociologia (Marx) e psicanálise (Freud) apontam para uma sintonia que pode ser expressa no fato de ambos os campos de conhecimento optarem pelo materialismo, ou seja, abdicarem de uma compreensão idealista ou metafísica para concentrar suas análises nas necessidades reais e terrenas dos homens.

Todavia, se a psicologia freudiana e o materialismo histórico concordam que "(...) *a consciência não [é] o motor principal da história, mas o reflexo de 'outras forças ocultas'*"[41], entram em um conflito aparentemente intransponível na discussão acerca da natureza dos fatores que condicionam esta consciência do homem: "*o materialismo histórico vê a consciência como expressão da existência social; a*

---

39 FROMM, *Método*..., p. 161.
40 ROUANET, *Teoria*..., p. 53.
41 SLATER, *Origem*..., p. 144.

Psicanálise considera-a determinada por impulsos instintivos."[42] Se toda a sociedade possuía uma estrutura libidinal própria, entendida como a combinação dos instintos humanos básicos e dos fatores sociais, a psicologia social deveria examinar "(...) *de que modo esta estrutura libidinal agiria como cimento da sociedade e de que modo afetava a autoridade política.*"[43]

Afastando-se de Freud, Fromm denomina *caráter social* esta soma de características comuns das pessoas inseridas na mesma situação social e condição de classe. O caráter social estabeleceria um *"padrão normativo em função do qual o processo de socialização modela as personalidades individuais. O interesse do grupo (ou da classe dominante) é formulado sob a forma de ideologia, a qual se cristaliza como caráter social, e este, internalizado no curso do processo de socialização, produz um caráter individual."*[44]

A função do caráter social seria a de transformar as necessidades sociais em impulsos individuais. Por isso, para Fromm, o caráter social estabelece uma espécie de mediação entre a base econômica e a ideologia.[45] Em consequência, experiências, como a violência e o autoritarismo, não poderiam ser explicadas pela simples analogia com os fenômenos neuróticos individuais.

Outro ponto relevante, e que se insere nas críticas de Fromm à Freud, diz respeito à tendência de a psicanálise normalizar os valores e os princípios da sociedade burguesa (trabalhar, procriar e gozar). Conforme a psicanálise freudiana, a

---

42 FROMM, *Método*, p. 139.
43 JAY, *A Imaginação...*, p. 140.
44 ROUANET, *Teoria...*, p. 54.
45 *"A base gera o caráter social, que condiciona as ideias e valores, que constituem a ideologia; mas essas ideias e valores, numa ação de retorno, refluem para o caráter social, reforçando-o, o que por vez consolida a base econômica."* (ROUANET, *Teoria...*, p. 55)

neurose, como sintoma ou traço do caráter, resultaria da adaptação defeituosa dos impulsos instintivos dos indivíduos à realidade, situação que definiria comportamentos "desviantes" ou "anormais". Para Fromm, a psicanálise restaria prisioneira da moral burguesa e patriarcal a partir do momento em que o analista, supondo atuar de forma neutra, compartilha acriticamente seus valores e induz o agir conformista de um indivíduo iludido com uma falsa autonomia.[46]

Nas lições de Jay, "a tolerância burguesa era sempre contraditória: no plano consciente, era relativista e neutra, mas, subconscientemente, destinava-se a preservar o *status quo*. A psicanálise, sugeriu Fromm, compartilhava o caráter hipócrita desse tipo de tolerância (...)."[47-48] Neste sentido, o indivíduo completamente adaptado, que não apresenta qualquer manifestação de desconforto, tristeza ou raiva com a sua condição e/ou que nunca subverteu as normas sociais, é precisamente aquele

---

46 Adorno, ao enfrentar este problema, afirma que aquele que na atualidade não se comporta segundo a racionalidade econômica, não naufraga imediatamente, mas projeta um rebaixamento socioeconômico e "*torna visível o caminho para o associal, para o criminoso: a recusa de colaborar torna suspeito e expõe à vingança social quem não precisa ainda passar fome e dormir sob as pontes. O medo [Angst] de ser excluído, a sanção social do comportamento econômico, internalizou-se há muito através de outros tabus, sedimentando-se no indivíduo.*" (ADORNO, Estudos..., p. 77).

47 JAY, *A Imaginação...*, p. 145.
No mesmo sentido, conferir WIGGERSHAUS, *La Escuela...*, p. 336.

48 Segundo Fromm, uma das ideias mais difundidas no campo da psicologia em relação às expectativas sociais e aos critérios de definição do comportamento ajustado "(...) *quer fazer crer que a sociedade ocidental contemporânea, e, de modo especial, o 'estilo de vida americano', corresponde às necessidades mais profundas da natureza humana, e que a adaptação a esse tipo de vida significa saúde mental e maturidade. [Nesta perspectiva] A psicologia social, em vez de ser um instrumento de crítica à sociedade, converte-se, desse modo, em uma apologia ao* status quo." (FROMM, *Psicanálise...*, p. 74)

que poderia ser diagnosticado como menos sadio psiquicamente, se comparado ao neurótico.[49-50-51]

---

49 WIGGERSHAUS, *La Escuela...*, p. 341.

50 Temas relativos à "patologia da normalidade" são desenvolvidos sobretudo na obra *Psicanálise da Sociedade Contemporânea* (1955), considerado pelo próprio Fromm como continuidade de *O Medo à Liberdade*, apesar do intervalo de quase 15 anos.

Segundo Fromm, a psiquiatria e a psicologia ortodoxas entendem o problema da saúde mental a partir da análise estatística do número dos indivíduos desajustados, "*e não do possível desajustamento da própria cultura.*" (FROMM, *Psicanálise...*, p. 17)

No entanto, o autor procura inverter esta concepção estatística da normalidade, ao postular que a atitude mentalmente sadia seria a do próprio questionamento das necessidades criadas pela cultura, e não aquelas condutas que contrariam à satisfação das exigências sociais. Assim, o problema da "normalidade" é alterado: "*a saúde mental passa a avaliar-se pelo grau de adaptação da sociedade à natureza humana, e não o contrário.*" (REIS & CARVALHO, *Introdução...*, p. 69) O conceito de natureza humana referido por Fromm, conforme trabalhado ao longo do texto, é dado a partir da tensa intersecção entre os campos sociológico (Marx) e psicanalítico (Freud).

Neste cenário, Fromm destaca que a análise da saúde mental não pode ser reduzida ao critério da adaptabilidade do ser individual às expectativas do corpo social, mas, ao contrário, "*deve ser definida como adaptação da sociedade às necessidades do homem (...). O fato de o indivíduo estar ou não mentalmente sadio não é primordialmente um assunto individual, pois depende da estrutura da sociedade. Uma sociedade sadia desenvolve a capacidade do homem para amar o próximo, para trabalhar criadoramente, para desenvolver sua razão e sua objetividade, para ter um sentimento de si baseado em suas próprias capacidades produtivas. Uma sociedade insana é aquela que cria hostilidade mútua e desconfiança, que transforma o homem em instrumento de uso e exploração para outros, que o priva do sentimento de si mesmo (...).*" (FROMM, *Psicanálise...*, p. 73/4)

51 Segundo Adorno, a psicanálise foi concebida no âmbito da vida familiar ou, economicamente falando, na esfera do consumo. Assim, mesmo que o sujeito obtivesse todas as vantagens da "*racionalidade calculadora, não conseguiria usufruir com felicidade, pois necessita, como consumidor, adequar-se constantemente ao predeterminado socialmente, pois as necessidades foram sempre socialmente mediadas.*" Neste cenário, "*o indivíduo adaptado à realidade, 'sadio' é tão pouco resistente às crises quanto o sujeito da racionalidade econômica é de fato econômico. A lógica socialmente irracional torna-se tam-*

Rouanet identifica com precisão que é na exploração dos elementos subjetivos que permitiram a emergência do nacional-socialismo que o jovem Fromm irá aplicar de forma mais convincente a sua teoria do caráter social.[52] O problema que move Fromm – muito similar ao proposto quase quatro séculos antes por Étienne de La Boétie, no *Discurso da Servidão Voluntária* (1548)[53] – é relativo à identificação das condições pelas quais as pessoas aceitaram, pacífica e resignadamente, a opressão fascista.

03. O Medo à Liberdade

Embora o problema da psicologia da autoridade já tivesse sido abordado por Fromm no projeto de pesquisa *Estudos sobre a Autoridade e a Família* (1936), é com o seu afastamento do Instituto de Pesquisas Sociais, em 1939, que o pensador ganha autonomia, notadamente em relação às críticas ao pensamento freudiano, para desenvolver as ideias que irão se concretizar em *O Medo à Liberdade* (1941).

A questão central analisada na obra é relativa ao dilema moderno entre *liberdade* e *segurança*, cujas consequências se projetam em modelos específicos de organização e de dominação nas sociedades capitalistas. Democracia e autoritarismo, portanto, são reflexos imediatos das decisões tomadas pelo corpo social em relação

---

bém individualmente irracional. Nessa medida, as neuroses deveriam, de fato, segundo sua forma, ser deduzidas da estrutura de uma sociedade em que elas não podem ser eliminadas (...). Na medida em que o curado se assemelha à totalidade insana, torna--se ele mesmo doente, mas sem que aquele que fracassa em ser curado seja por isso mais saudável." (ADORNO, *Estudos...*, pp. 89-90)

No mesmo sentido, ADORNO, *Estudos sobre a Personalidade Autoritária*, p. 161.
52 ROUANET, *Teoria...*, p. 55.
53 LA BOÉTIE, *O Discurso da Servidão Voluntária*, pp. 12-13.

às formas de controle admitidas e que podem conduzir à aceitação coletiva e voluntária da opressão e, em consequência, à legitimação de uma autoridade fascista.

Afirma Fromm, como tese central do livro, que *"o homem moderno, emancipado dos grilhões da sociedade pré-individualista que simultaneamente lhe davam segurança e o cerceavam, não alcançou a liberdade na acepção positiva de realização do seu eu individual: isto é, a manifestação de suas potencialidades intelectuais, emocionais e sensoriais."*[54] Se a conquista da liberdade assegurou ao homem moderno a autonomia da razão, por outro lado circunscreveu o seu espírito na angústia e na impotência do isolamento. As alternativas à condição insuportável de solidão seriam as de progredir para a liberdade positiva (*alternativa libertária*) ou as de recuar e desistir da liberdade, submetendo-se a novas formas de dependência (*fuga totalitária*). Neste sentido, O Medo à Liberdade explora *"os fatores dinâmicos da estrutura do caráter do homem moderno que o levaram a querer desistir da liberdade nos países fascistas e que predominam de forma tão generalizada entre milhões de nossa própria gente."*[55]

Essa nova condição do indivíduo moderno (livre e isolado) surge como uma espécie de maldição. Fromm identifica duas espécies de manifestação da liberdade que explicariam esta dualidade: (*primeiro*) a liberdade negativa (ou *liberdade de*) que representa a ruptura histórica do homem iluminista com a opressão da autoridade revelada; e (*segundo*) a liberdade positiva (ou *liberdade para*) que significa a possibilidade de realização plena da personalidade individual através da expressão plena das capacidades racionais e emocionais. No diagnóstico de Fromm, a falta de equilíbrio entre liberdade negativa (emancipação da opressão) e liberdade positiva (máxima expressão da liberdade), *"conduziu, na Europa, a uma fuga*

---

54 FROMM, O Medo à Liberdade, p. 10.
55 FROMM, O Medo..., p. 15.

apavorada da liberdade para o jugo de novos grilhões ou, no mínimo, para um indiferentismo total."[56] Os mecanismos culturais de fuga da liberdade identificados por Fromm seriam o autoritarismo, a destrutividade e o conformismo.

O mecanismo autoritário revelaria uma orientação ambígua em relação ao poder, pois apresentaria uma tendência não apenas à submissão, mas também à dominação. A personalidade autoritária afirma-se como dominadora contra aqueles que considera mais fracos e, inversamente, submissa em relação aos poderosos. Ocorre que os anseios à submissão e à dominação, encontrados nos instintos masoquistas e sádicos, estariam presentes não apenas nas pessoas neuróticas, mas igualmente nas consideradas normais.

Os impulsos *masoquistas*, embora na aparência sejam disfarçados como amor ou lealdade, manifestam-se, com frequência, nos sentimentos de inferioridade, impotência e insignificância individual; as tendências *sádicas* são reveladas através da dominação (tornar os outros dependentes de si), da exploração (usar o outro em benefício próprio) e da imposição de dor, sofrimento ou humilhação física ou psicológica. O desejo, na perversão masoquista, é o de *"ser tornado fraco 'moralmente', pelo fato de ser tratado como uma criança ou de ser repreendido ou humilhado de qualquer maneira. Na perversão sádica encontramos a satisfação oriunda de atitudes correspondentes, isto é, de magoar outras pessoas fisicamente, de amarrá-las com cordas ou correntes, ou de humilhá-las por meio de palavras ou atos."*[57]

Ocorre que ambos os impulsos (sádicos e masoquistas) auxiliam o indivíduo na fuga dos insuportáveis sentimentos de solidão e de impotência. Assim, se o autoritarismo seria a *"tendência para renunciar à independência do próprio ego individual e fundi-lo com alguém*

---

56 FROMM, O *Medo...*, p. 39.
57 FROMM, O *Medo...*, p. 123.

ou com algo, no mundo exterior, a fim de adquirir a força de que o ego individual carece"[58], o encontro de determinados padrões culturais, "*como a submissão ao 'chefe' na ideologia fascista*"[59], poderia confortar o sujeito solitário, transmitindo-lhe uma segurança libertadora. Sentimento de segurança que, invariavelmente, é compartilhado com a massa de indivíduos que se encontram nas mesmas condições de isolamento.

Nestas circunstâncias é que Fromm afirma ser o caráter sadomasoquista constitutivo da base pulsional da personalidade autoritária. Em sentido oposto à condição assustadora da liberdade, as pessoas são conduzidas voluntariamente ao porto seguro e confortável das respostas totalizadoras e das ações padronizadas. Qualquer forma de existência desviante ou alternativa representaria, pois, uma ameaça que deve ser eliminada.

Na análise do fenômeno nazista, Fromm sustenta que o caráter sadomasoquista foi representativo de considerável parcela da classe média inferior da Alemanha. Foi exatamente nestes extratos médios que a ideologia fascista exerceu maior fascínio. Ocorre que estes impulsos sadomasoquistas, diferentes da resposta padrão da psicanálise, foram manifestados em pessoas que não poderiam ser classificadas como neuróticas. Assim, em decorrência de o termo sadomasoquismo ser frequentemente associado às formas de perversão e neurose, Fromm utiliza a categoria analítica *caráter autoritário* para identificar os impulsos sadomasoquistas latentes ou manifestos presentes nas pessoas normais. E a justificativa da adequação do termo parece extremamente pertinente: "*esta terminologia* [caráter autoritário] *justifica-se porque a pessoa sadomasoquista sempre é assinalada por sua atitude face à autoridade. Ela admira a autoridade e mostra-se inclinada a submeter-se a esta, mas,*

---

58 FROMM, *O Medo...*, p. 118.
59 FROMM, *O Medo...*, p. 126.

ao mesmo tempo, deseja ser, ela mesma, uma autoridade e fazer com que os outros se lhe submetam."[60]

Se Fromm a princípio enfatiza os aspectos individuais ou coletivos das manifestações dos impulsos sadomasoquistas para definir o caráter autoritário, ao concluir altera o foco micro (indivíduo e sociedade) para o macrossociológico (Estado), indicando haver outra razão para escolher esta denominação: *"o sistema fascista chama-se a si mesmo de autoritário por causa do papel dominante da autoridade em sua estrutura político-social. Pelo nome 'caráter autoritário' subentendemos o que ele representa na estrutura de personalidade que constitui as fundações humanas do fascismo."*[61]

Neste ponto, Fromm justifica a abordagem materialista histórica na qualificação da leitura psicanalítica do fenômeno nazista. A tese proposta, e que sintetiza a reflexão epistemológica e metodológica acerca da possibilidade de aproximação da psicanálise (Freud) com a sociologia (Marx), se desenvolve a partir da relação dialética entre a psicologia individual e as psicologias e sociologias institucionais. Segundo o autor, nenhuma explicação que enfatize os fatores políticos ou econômicos do nazismo, excluindo os psicológicos, está correta (e vice-versa), pois *"o nazismo é um problema psicológico, mas os próprios fatores psicológicos têm de ser interpretados como sendo moldados por fatores socioeconômicos; o nazismo é um problema econômico e político, porém o fascínio por ele exercido sobre um povo inteiro tem de ser interpretado em bases psicológicas."*[62] A decadência econômica e o capitalismo monopolista produziram profundos efeitos psicológicos na população; e se as condições psicológicas não determinaram a experiência nazista, constituíram o solo de sua emanação.

---

60 FROMM, *O Medo...*, p. 134.
61 FROMM, *O Medo...*, p. 134.
62 FROMM, *O Medo...*, p. 167.

Apesar da qualidade e da originalidade da tese sobre personalidade autoritária, em especial sobre o caráter sadomasoquista na formação das condições de possibilidade para a ascensão do nacional-socialismo na Alemanha, há uma evidente resistência aos estudos de Fromm pelos demais membros da Escola de Frankfurt. Não por outra razão, p. ex., em *Behemoth* (1942, incluindo o apêndice de 1944), *"não há uma clara referência de que Neumann aceitasse a ideia do caráter sadomasoquista enunciado por Fromm. Além disso, ao analisar o fracasso da classe trabalhadora durante a República de Weimar, Neumann desconheceu o estudo de Fromm sobre a mentalidade ambivalente do proletário alemão."*[63]

04. Fromm: Criminólogo Crítico

Anderson sustenta que após os textos de 1930 e 1931, ensaios que enfrentavam temas especificamente criminológicos, *"o jovem marxista-freudiano Erich Fromm, crítico do sistema de Justiça Criminal, parece ter desaparecido no oblívio."*[64] Segundo Anderson, Fromm aparentemente nunca mais teria retomado estes temas, não tendo sequer incorporado os artigos em coletâneas posteriores.

A afirmação, embora não possa ser qualificada como incorreta, merece ser problematizada, não apenas porque diz respeito às dimensões epistemológicas e metodológicas da criminologia, mas porque parece desconsiderar exatamente o giro paradigmático provocado pela teoria crítica na criminologia: a constituição de um saber criminológico antipositivista, antiautoritário, macrossociológico e interdisciplinar.

---

63 JAY, *A Imaginação...*, p. 217.
No mesmo sentido, conferir WIGGERSHAUS, *La Escuela...*, p. 336.
64 ANDERSON, *The Young...*, p. 667.

Aniyar de Castro e Codino, ao analisarem o impacto da Escola de Frankfurt nas ciências criminais, destacam algumas funções bastante evidentes da teoria crítica: (*primeira*) desmascarar todo tipo de legitimação ideológica e (*segundo*) realizar uma discussão racional de toda a relação fática de poder. Assim, ao colocar no centro da discussão a dimensão dos poderes ("*o poder, portanto, se senta no banco dos réus*"[65]), a teoria crítica aprimora uma espécie de dúvida metodológica sobre as suas formas de manifestação, sobre o exercício dos poderes mesmos. Não por outra razão, na elaboração do decálogo do pensamento criminológico de inspiração frankfurtiana, Aniyar de Castro e Codino salientam a centralidade da crítica ao autoritarismo como refutação de relações de poder verticais e centralizadas e, neste contexto, destacam nominalmente a importância da denúncia realizada por Fromm em O Medo à Liberdade.[66]

Ocorre que este questionamento das relações fáticas de poder, como objeto de exploração da criminologia crítica, pode ser ampliado para trabalhos posteriores de Fromm, os quais procuram apresentar importantes inovações relacionadas ao saber criminológico tradicional (microcriminologia) – *Psicanálise da Sociedade Contemporânea* (1955)[67] e *Anatomia da Destrutividade Humana* (1973)[68] – e pretendem expor, como objeto central ou como pano

---

[65] ANIYAR DE CASTRO & CODINO, *Manual de Criminología Sociopolítica*, p. 240.

[66] ANIYAR DE CASTRO & CODINO, *Manual*..., p. 241.

[67] Neste sentido, p. ex., os estudos sobre normalidade, desvio e doença mental (FROMM, *Psicanálise*..., pp. 23-30 e pp. 69-78); e as análises comparativas entre taxas de suicídio e homicídios na população adulta (FROMM, *Psicanálise*..., pp. 15-22).

[68] Na sequência, p. ex., as pesquisas sobre as condições para o desenvolvimento do caráter sádico e necrofílico, nos estudos clínicos de Stalin, Himmler e Hitler (FROMM, *Anatomia*..., pp. 376-432 e pp. 435-574); e a revisão da teoria da agressividade (FROMM, *Anatomia*..., pp. 435-574).

de fundo, as formas de constituição da relação entre indivíduo e Estado ou, em última análise, a tensão entre liberdade e autoridade (segurança), democracia e autoritarismo.

Pavarini, na abertura de *Controle e Dominação* (1980), alertava, de forma bastante clara e precisa, para o fato de que a reflexão criminológica estará sempre orbitando a questão da (des)ordem social, em última instância, a relação entre indivíduo e autoridade, a tensão entre desvio e obediência e as formas (verticais e horizontais) e os instrumentos (formais e informais) de controle social.[69] Neste sentido, a afirmação de Anderson de que Fromm não retomou, ao longo de sua trajetória de pesquisa, temas próprios do saber criminológico, só faria sentido se o objeto da criminologia fosse encapsulado no crime, no criminoso e na resposta jurídica ao desvio punível (pena e punição). Só se justificaria, portanto, desde uma leitura microcriminológica, ou seja, desde um marco positivista centrado na questão causal (etiológica). E, mesmo assim, os estudos propostos em *Psicanálise da Sociedade Contemporânea* (1955) e *Anatomia da Destrutividade Humana* (1973) questionariam essa hipótese.

Ocorre que esta limitação quanto ao objeto – que provoca, em consequência, uma redução em relação ao método –, (*primeiro*) contraria a matriz crítica que funda o pensamento de Fromm; (*segundo*) ignora o salto qualitativo provocado pela teoria crítica na análise dos fenômenos sociais, em sentido amplo; e (*terceiro*) esquece o giro imposto pela criminologia crítica ao ampliar a lente reduzida ao indivíduo (microcriminologia) para análises concentradas nas relações e formas de exercício do poder (macrocriminologia), no específico.

Desde esta perspectiva, é possível perceber como questões fundacionais do pensamento crítico e que possuem aplicação ime-

---

69 PAVARINI, *Control y Dominación*, pp. 18-20.

diata para a criminologia crítica são abordadas com frequência ao longo da trajetória investigativa de Fromm.

A afirmação de que uma série de reflexões de Fromm, para além dos temas imediatos relativos ao criminoso, ao crime e à pena, é aplicável diretamente ao debate criminológico serve, inclusive, para justificar algumas opções temáticas enfrentadas neste ensaio. Mais: fornecem importantes pistas sobre a constituição e as condições de possibilidade de uma criminologia (crítica) ancorada na Escola de Frankfurt.

A discussão de Fromm sobre a intersecção entre sociologia (Marx) e psicanálise (Freud) permite, no interior das ciências criminais, refletir sobre conexões mais amplas entre criminologia (sociologia do desvio e do controle social) e psicanálise, para além do estudo microcriminológico relativo aos fatores psicológicos que interferem na conduta delitiva (etiologia do crime). Se a criminologia psicanalítica, notadamente a partir dos estudos freudianos, irá concentrar suas investigações em dois temas preferenciais, quais sejam, a psicologia do criminoso[70] e as formas de tradução do diagnóstico do delinquente no sistema de Justiça Criminal[71], o enlace com o materialismo histórico, a partir da Escola de Frankfurt, estimula a reflexão, no *plano estrutural*, acerca das condições subjetivas de sustentação de determinados modelos político-econômicos, e, no *plano institucional*, sobre o tipo de controle social e as formas punitivas que lhe são inerentes.

---

70 Freud inaugura os estudos em *Vários Tipos de Caráter Descobertos na Prática Analítica* (1916), no qual identifica os criminosos por sentimento de culpa (FREUD, *Varios Tipos de Carácter Descubiertos en la Labor Analítica*, pp. 2.413-2.436).

A hipótese desenvolvida posteriormente, em 1929, por Alexander e Staub, em *O Criminoso e seus Juízes*.

71 Freud realiza esta análise inicialmente em 1906, em *A Psicanálise e o Diagnóstico dos Fatos nos Procedimentos Judiciais*. Em 1930, aprofunda o estudo em *A Perícia Forense no Processo Halsmann*.

Neste sentido, a mudança do eixo micro para o macrocriminológico inevitavelmente provoca a alteração do objeto (do estudo da criminalidade ao estudo dos processos de criminalização) e do método (do modelo causal-explicativo ao dialético-interdisciplinar) da ciência criminológica. Assim, na trilha de Fromm, se o caráter social que se desenvolve em determinada cultura não é acidental, mas historicamente determinado, e se está vinculado a um certo sistema político e econômico, igualmente irá impactar a forma e as demandas punitivas (político-criminais). Se o caráter social, como soma dos traços comuns aos indivíduos inseridos na mesma cultura, ao constituir um padrão normativo e modelar as personalidades individuais, reflete a maior ou menor adesão da sociedade à autoridade (opressão) ou à liberdade (emancipação), também irá espelhar as expectativas em relação às formas punitivas. E neste aspecto o entrelaçamento dialético das análises micro e macro, da psicanálise e da sociologia, é extremamente fértil.

O debate pode ser projetado, inclusive, aos vínculos entre os aparelhos ideológicos e os repressivos do Estado. A família, principal agência psíquica, não atua de forma isolada no processo de socialização. Lembra Rouanet que o aprendizado da autoridade se faz no núcleo familiar, que introjeta na criança a autoridade como personificação da força e como encarnação ética do Bem absoluto. Assim, *"uma vez instilada no indivíduo a crença na legitimidade ética do Poder, é fácil aos aparelhos culturais da burguesia reforçar na intensidade desejada esse aprendizado, apresentando o poder econômico e político [criminal] como prolongamentos naturais da autoridade paterna, investidos, como esta, dos atributos da Verdade e do Bem."*[72]

Compreender os discursos de legitimação dos poderes, dentre eles a do poder punitivo, implica, portanto, na perspectiva

---

72 ROUANET, *Teoria...*, p. 65.

inaugurada por Fromm, uma análise interdisciplinar que interseccione o estudo da formação da personalidade (autoritária) e do caráter social (fascista) com o sistema político-econômico (capitalista patriarcal).

05. Fromm e a Crítica da Pena

A originalidade do mergulho de Fromm na questão punitiva realizada em O Estado como Educador (1930), conforme destaca Anderson, se deve sobretudo a dois direcionamentos teóricos: (*primeiro*) estender as categorias do marxismo-freudiano (não apenas do freudismo) ao estudo do crime (da pena e da punição, acrescente-se); e (*segundo*) demarcar o problema do delito como um tema social, para além da ênfase positivista, no indivíduo ou nos grupos criminosos (microcriminológica).[73]

Conforme destacado, o estudo de Fromm é anterior ao trabalho *Punição e Estrutura Social* (1939), considerado o marco inaugural da criminologia crítica.[74] Logicamente que o ensaio de Fromm não se equipara, em profundidade e extensão, à análise apresentada por Rushe e Kirchheimer. De igual forma, é importante lembrar que o debate sobre a questão punitiva já estava colocado na Escola de Frankfurt, neste mesmo período: Rushe realiza as pesquisas-base de *Punição e Estrutura Social* no final dos anos 1920 e publica *Motins Carcerários ou Políticas Sociais (a Propósito dos Acontecimentos na América do Norte)*[75], *Frankfurter Zeitung*, em 1930,

---

73 ANDERSON, The Young..., p. 678.

74 A tese de Franz Neumann, orientada por Max Ernst Mayer, em 1922, parece ser o trabalho pioneiro na interpretação materialista das funções da pena (NEUMANN, *Rechtsphilosophische Einleitung zu einer Abhandlung über das Verhältnis von Staat und Strafe*, 1922).

75 RUSCHE, *Motines Carcelarios o Política Social*, pp. 265-274.

e *Mercado de Trabalho e Execução Penal (Reflexões para uma Sociologia da Justiça Penal)*[76], no periódico oficial do Instituto de Pesquisas Sociais, o *Zeitschrift für Sozialforschung*, em 1932.

Logicamente que a investigação contemporânea desenvolvida por Rushe em nada desqualifica o mérito do trabalho de Fromm. Inclusive porque Fromm aborda o problema desde a psicologia social analítica, enquanto Rushe, seguindo a tradição marxista ortodoxa, concentra sua análise na economia política do castigo.

Mas apesar de Rushe e Fromm estabelecerem parâmetros de análise distintos, com pontos de partida e de chegada próprios, enfrentam o mesmo objeto (punição) inspirados, indiscutivelmente, pelo mesmo pano de fundo teórico (materialismo histórico), situação que lhes permite compartilhar duas perguntas que irão atravessar os estudos criminológicos críticos ao longo do século XX: (*primeiro*) quais as funções reais e as funções declaradas desempenhadas pela punição e pelo sistema de justiça criminal nas sociedades capitalistas? e (*segundo*) quais os efeitos (reais e simbólicos)[77]

---

76 RUSCHE, *Mercado de Trabajo y Ejecución Penal*, pp. 95-109.

77 O termo *função simbólica* (ou efeitos simbólicos) da penalidade está em conformidade com o uso na tradição das ciências criminais. É comum, sobretudo na literatura do campo criminológico, aproximar as ideias de *funções declaradas* e de *funções simbólicas* da pena para diferenciar os efeitos idealizados (declarados) ou os usos publicitários ou populista (simbólico) dos impactos concretos da pena (*funções reais*). Na segunda fase do penalismo crítico de Frankfurt, sobretudo com Hassemer, Lüderssen e Naucke, é desenvolvida uma profunda crítica aos custos sociais da funcionalização política do direito penal, com a erosão das garantias penais e processuais, a partir da categoria "direito penal simbólico". Como alternativa à expansão, o retorno a um direito penal nuclear em conformidade com os princípios liberais do Estado de Direito (neste sentido, HASSEMER, *Direito Penal*, pp. 209-230; JAHN & ZIEMANN, *A Escola de Direito Penal de Frankfurt*, pp. 164-167). Na criminologia, Garland explora o uso publicitário e eleitoral das campanhas de recrudescimento do sistema punitivo (estilo "lei e ordem" ou "tolerância zero"), ao apontar o ressurgimento do retributivismo.

que a criminalização e a punição exercem sobre a sociedade na prevenção do crime? Fromm, a partir do confronto entre os discursos oficiais legitimadores da pena (funções declaradas) e a realidade empírica da *punição*, parte de um pressuposto que, embora bastante

> Não se utiliza, no trabalho, em especial neste momento, "função simbólica" no sentido psicanalítico, sobretudo a psicanálise de orientação lacaniana. A partir de 1936, Lacan utiliza o termo "simbólico" para referir um sistema de representação baseado na linguagem, ou seja, um sistema de signos e significações "que determinam o sujeito, à sua revelia, permitindo-lhe referir-se a ele, consciente e inconscientemente, ao exercer sua faculdade de simbolização" (ROUDINESCO & PLON, *Dicionário...*, p. 714).
>
> O uso do termo "função simbólica" está fundamentalmente vinculado ao caráter promocional e retributivo que a pena retomou a partir da década de 80, com a crise do correcionalismo. Neste sentido, a síntese de Garland: "*na maior parte do século XX, a manifestação aberta de sentimentos de vingança era virtualmente tabu, ao menos da parte das autoridades públicas. Nos anos recentes, tentativas explícitas de expressar raiva e o ressentimento públicos se tornaram recorrentes para a retórica que acompanha a legislação penal e a tomada das decisões. Os sentimentos das vítimas, das famílias das vítimas ou de um público aviltado e temeroso são agora rotineiramente invocados em apoio às novas leis e políticas penais. Houve uma mudança notável no tom do discurso oficial (...). A linguagem da condenação e da punição voltou ao discurso oficial, e o que se diz representar a 'expressão do sentimento público' tem sido prioritário na análise de especialistas da pena. A aberta aceitação de propósitos anteriormente desacreditados transformou, também, o discurso acadêmico, mais formal, acerca da filosofia da pena. A última onda de teorias normativas salienta os aspectos simbólicos, expressivos e publicitários da sanção penal, bem assim os filósofos começam a criar explicações racionais para medidas retributivas, que melhor expressam as crenças culturais e os interesses políticos atualmente orientadores da prática punitiva.*" (GARLAND, *A Cultura do Controle...*, pp. 52-53, grifou-se)
>
> Assim, embora a pena não realize as suas promessas (funções declaradas e oficiais de prevenção do crime), não se pode desconsiderar que as consequências do discurso: "*a retórica política e as representações oficiais acerca do crime e dos criminosos têm um significado simbólico e uma eficácia prática que efetivamente geram consequências sociais. Às vezes, o 'discurso' é a 'ação'.* (GARLAND, *A Cultura...*, p. 70)

usual na crítica criminológica atual, é inovador: os sistemas de justiça criminal são ineficazes e inadequados para atingir os seus próprios objetivos. Neste cenário, pontua: quais os motivos pelos quais a sociedade se apega irracionalmente, mas com tamanha determinação, a medidas comprovadamente estéreis, impróprias?[78]

Marques Neto chama a atenção para o fato de que a lógica penal inevitavelmente varia em função dos diferentes pontos de partida, que incluem a concepção do direito penal, o conceito de delito, a natureza e as modalidades da pena. Ocorre que, em paralelo aos dados lógicos, existem outros elementos subjetivos e inconscientes que provocam inflexões nesta racionalidade, *"fazendo, com frequência, que ela seja atravessada por uma outra lógica, na qual ficam suspensos princípios fundamentais, como os princípios aristotélicos da identidade e da não contradição (...)"*, tão caros à teoria tradicional. Assim, conclui o autor, *"para a psicanálise o que mais importa é que aquilo que esteja sendo dito pelo sujeito possa significar outra coisa."*[79] Neste cenário, se no processo criminal aquilo que está realmente em julgamento é coisa distinta daquilo que está sendo julgado – conforme é demonstrado por Freud na distinção entre "conteúdo manifesto" e "conteúdo latente"[80] –, em relação à punição, o que interessa, realmente, é o não dito, é aquilo que está encoberto na aparência discursiva. E são as funções reais que o sistema punitivo exerce no corpo social e nas estruturas política e econômica que justificam a permanência da pena como instituição jurídica, para além das evidências da sua total ineficiência em relação às funções declaradas.

---

78 FROMM, *The State as Educator*, p. 124.
79 MARQUES NETO, *O Estrangeiro*, p. 15.
80 FREUD apud MARQUES NETO, *O Estrangeiro*, p. 16.

O sistema de justiça criminal moderno, segundo Fromm, pensa a si mesmo – a construção verbal mais adequada talvez fosse "apresenta a si mesmo" – como uma espécie de pedagogia ao renunciar os discursos de vingança (teorias absolutas ou retributivas) e sustentar, como objetivo da pena, a reforma ou a correção do criminoso (teorias relativas ou de prevenção). A reforma ou correção seria alcançada através de uma dupla orientação: (*primeiro*) negativa, como um meio para intimidar e dissuadir os membros do corpo social (prevenção geral negativa); e (*segundo*) positiva, como sistema de recompensas e discursos de elevação moral para educar o infrator a ser uma pessoa socialmente útil (prevenção especial positiva).

Segundo Fromm, os dados empíricos sobre a experiência dos sistemas penais modernos não apenas demonstram que os métodos tradicionais de intervenção penal são ineficazes, como evidenciam que são inatingíveis, ou seja, não cumprem e sequer poderiam cumprir as finalidades declaradas.

Fromm procura validar sua hipótese a partir da análise de duas situações distintas: os crimes patrimoniais e os crimes sexuais. Em relação aos crimes patrimoniais, sustenta que a violação da lei decorre, fundamentalmente, de uma situação de carência material (fome e outras necessidades elementares). Nestes casos, portanto, "*a única possibilidade [de redução e prevenção do crime] é uma elevação da situação econômica do criminoso ao ponto em que a sua situação seja tão segura que o cometimento do crime para satisfazer necessidades elementares é desnecessária.*"[81] Por outro lado, em relação aos delitos sexuais, o autor sustenta que o sistema de penas tem uma eficácia limitada, pois a psicanálise teria demonstrado que "*(...) poucas ações que são em realidade causadas por impulsos inconscientes podem ser prevenidas influenciando as pessoas no nível consciente*

---

81 FROMM, *The State*..., p. 124.

da sua personalidade"[82], o que seria aplicável para criminosos e não criminosos neuróticos.

A abordagem diferenciada dos crimes patrimoniais e sexuais permite avançar em uma direção sugerida, porém não desenvolvida expressamente por Fromm, e que será tema de exploração recorrente da crítica criminológica após os anos 1960. Fica evidente, em ambas as explicações, que a realidade empírica e as dinâmicas que envolvem e caracterizam os crimes patrimoniais e sexuais são autônomas. Não apenas porque as circunstâncias de cada delito lhes são próprias, mas porque os fatores que tornam um sujeito vulnerável à prática do furto são distintos daqueles que potencializam a violação sexual. Mais: o sentido produzido pela pena, nas condutas futuras dos autores destes delitos, é igualmente ímpar. Assim, é possível concluir, a partir de Fromm, não apenas que o delito não pode ser tomado como um universal, pois a única identidade possível entre o furto e o estupro (e o homicídio e a sonegação fiscal e a fraude à licitação e o aborto *et coetera*) é exclusivamente o fato de serem condutas adjetivadas artificial e normativamente como delitos – o crime, como realidade natural, não existe; o que de fato existem são condutas arbitrariamente selecionadas e qualificadas como crime[83] –, mas que a pena, como resposta jurídica ao delito, não possui qualquer capacidade totalizante, ou seja, as funções que a punição efetivamente realiza só podem ser medidas na concretude da situação real, conforme o sujeito e o fato praticado, sendo impossível atribuir-lhe uma finalidade geral e abstrata.

Nestas condições, a indagação primeira de Fromm adquire um sentido ainda mais relevante: se é comprovadamente ineficaz para atingir suas finalidades, quais as razões que justificam o apego social irrestrito à pena criminal?

---

82 FROMM, *The State...*, p. 124.

83 Neste sentido conferir, exemplificativamente, HULSMAN, *Criminología Crítica y Concepto de Delito*, pp. 87-107.

Em realidade, as sanções criminais não são dirigidas aos criminosos, nem mesmo aos potenciais. É ilusório pensar, portanto, o sentido da punição a partir dos sujeitos envolvidos em crimes, notadamente porque crime e castigo são fenômenos autônomos, linhas paralelas que não se cruzam. Não apenas a pena não é o resultado natural do delito como o delito não é prevenido com a aplicação da pena.

Por esta razão, Fromm entende que antes de produzir uma função interna no sistema de justiça criminal, a punição, como realidade e experiência, adquire um sentido psíquico na estabilização da estrutura social[84], ou seja, a pena atua na produção de uma subjetividade conformista e subordinada aos poderes instituídos.

Para compreender esta aporia representada pela consciência social da incapacidade preventiva da pena que se agrega à necessidade (irracional) da sua preservação como instrumento de controle, Fromm recorre à psicanálise, fundamentalmente à atitude psíquica da criança em relação ao pai. Segundo Fromm, o medo da autoridade é uma das condições para que a criança desenvolva os sentimentos de admiração e de adoração ao pai. Aliás, em "Autoridade e Família" (1936), o autor irá sustentar, como fato sociológico, que o pai é, desde o início, o representante da autoridade externa – "*o pai de família constitui para a criança, em termos cronológicos, o primeiro mediador da autoridade social, mas é, em termos de conteúdo, sua cópia (Abbild) e não o seu modelo (Vorbild).*"[85] O corpo social, seguindo este modelo da relação da criança com a figura paterna, estrutura-se na necessidade de manutenção de relações sociais hierarquizadas e de

---

84 Segundo Fromm, a estabilidade da estrutura social não pode depender apenas das "forças dos instrumentos externos de poder" (exército e polícia, p. ex.), pois tais agências atuam apenas quando há um risco externo de preservação da sociedade, como nos dados de guerra ou revolução. A pena criminal, portanto, adquire o papel de instrumento interno de poder (FROMM, *The State...*, p. 125).
85 FROMM *apud* ROUANET, *Teoria...*, p. 64.

subordinação das massas às instituições, o que significa, em última análise, uma rigorosa renúncia aos instintos (*Triebverzicht*).

Nas palavras de Fromm: "*essa atitude psíquica [seelische Einstellung] da criança perante o pai é a mesma que o Estado deseja e considera necessária entre a grande massa de cidadãos. O Estado deve usar todos os meios possíveis para apresentar-se às massas como uma figura paterna [Vaterimago].*"[86]

O sistema de justiça criminal, portanto, como imagem institucional de autoridade, através da imposição do medo e da exigência de respeito, representaria um dos métodos de presentificação do pai no corpo social. Exatamente por esta razão, pouco importam os efeitos reais das suas técnicas de controle (no caso, a pena) sobre os criminosos. Como instituição do Estado, a justiça criminal impõe-se como figura paterna no inconsciente das massas. O poder institucional de punir seria o reflexo, em escala social, da renúncia aos instintos, representada na ameaça de castração imposta à criança (complexo de castração).[87]

Os exemplos mais evidentes da incorporação simbólica da autoridade do pai pelo Estado, através dos mecanismos do direito penal, são a possibilidade da imposição da pena de morte e o consequente direito ao perdão (graça) dos sentenciados.

Mas para além desta presentificação do pai, Fromm aponta ainda uma segunda justificativa para a necessidade de manutenção da pena criminal como instituição pública, apesar das evidências da sua ineficácia. Se no plano *simbólico* o desempenho da função paterna pelas instituições formais pode estar em harmonia com

---

86 FROMM, *The State*..., p. 125.

87 "*O complexo de castração, além da renúncia parcial à masturbação, implica o abandono dos desejos edipianos: nisso ele [Freud] assinala, para o menino, a saída do Édipo e a constituição, através da identificação com o pai ou seu substituto, no núcleo do superego, que Freud resume na fase lapidar de 1925: '... o complexo de Édipo naufraga pela ameaça de castração'.*" (ROUDINESCO & PLON, *Dicionário de Psicanálise*, p. 106)

modelos mais horizontais e, consequentemente, democráticos de exercício do poder, a segunda função atribuída por Fromm caracteriza o autoritarismo.

Lembra Rouanet que as estruturas sadomasoquistas encontram na família patriarcal pequeno-burguesa suas condições ideais, pois a forma de a criança conseguir evitar a punição e garantir o amor dos pais é através da submissão incondicional à autoridade. No entanto, *"com o tempo, o medo à punição transforma-se em seu contrário, e o sofrimento se converte em fonte de prazer, na medida em que contribui para minorar os sentimentos de culpa resultantes da hostilidade contra o pai."*[88] E foi essa família (patriarcal pequeno-burguesa), atuando como agência psíquica da sociedade, que produziu o caráter sadomasoquista necessário para a emergência do nazismo.

Não é difícil perceber, portanto, como o sistema de justiça criminal, notadamente quando narcotizado pela crença do populismo punitivo, ao concentrar na pena criminal a exclusividade da resposta aos conflitos sociais, ratifica e legitima a perversão sadomasoquista que Fromm identifica como característica dos sistemas autoritários: no plano individual, como base pulsional da personalidade autoritária; e na esfera coletiva, como expressão do caráter social. O culto à autoridade e a crença na legitimidade ética do poder constituem o cimento ideológico que permite a edificação autoritária dos aparelhos formais de controle social (aparelhos repressivos do Estado) e, em consequência, que autoriza o uso da violência extrema como forma de satisfação libidinal, de gozo.

Neste cenário, Fromm afirma que a punição *"provê às massas uma forma de gratificação dos seus impulsos sádicos – e é muito importante para os governantes que estes impulsos sejam desviados de si mesmos para outros objetos – e, ao mesmo tempo, compensa o corpo social, com*

---

88 ROUANET, *Teoria..*, p. 64.

uma certa equivalência, pela renúncia aos seus instintos."[89] Adverte, pois, que aquilo que é vulgarmente identificado como sentimento de justiça das massas nada mais é do que a expressão de impulsos libidinais sádicos. A agressividade que caracteriza esse tipo de expressão popular de justiça é – especialmente em contextos autoritários, acrescente-se – incorporada pelo sistema punitivo, de forma a satisfazer os impulsos sociais sem criar riscos ou produzir danos aos interesses do Estado.

Em conclusão, Fromm sublinha que o significado primordial da justiça criminal, encoberto pelos discursos de proteção da sociedade e da reforma dos criminosos, é o de influenciar psicologicamente o corpo social, satisfazendo seu gozo libidinal. Assim, o usual discurso da ineficácia da justiça em relação ao crime dificilmente conduzirá a uma mudança enquanto as condições de existência da estrutura social prevalecerem. A sociedade necessita do sistema punitivo como um instrumento de "educação" (*Erziehung*) das massas, impondo-lhes artificialmente as condições pelas quais a pessoa é "educada" (*erzogen*): "*a condição da criança que reverencia o pai.*"[90]

06. A atualidade da crítica criminológica de Erich Fromm

Os problemas propostos pelo jovem Fromm, na série de estudos que compreende os textos do final dos anos 1920 até a publicação de O Medo à Liberdade (1941), são inovadores no campo criminológico em relação ao *objeto* e ao *método*. No que tange ao objeto, junto com Rushe, Kirchheimer e Neumann, Fromm realiza o salto qualitativo característico da crítica ao superar a microcriminologia positivista (análise da criminalidade) e inserir o

---

89 FROMM, *The State*..., p. 126.
90 FROMM, *The State*..., p. 127.

debate no campo macrocriminológico (análise das instituições punitivas e dos processos de criminalização). Quanto ao *método*, a adesão à tradição de pesquisa interdisciplinar da Escola de Frankfurt permite a intersecção entre materialismo histórico e psicanálise e seu deslocamento para o campo das ciências criminais.

Mas para além da validade teórica ou da confirmação empírica das conclusões relativas às funções desempenhadas pela punição na sociedade capitalista – (*primeira*) presentificação da figura paterna e (*segunda*) satisfação libidinal das pulsões sadomasoquistas –, uma das virtudes mais evidentes de *O Estado como Educador* (1930) pode ser verificada nos seus *pontos de partida*, nas indagações que movem o autor: se as funções declaradas da pena são inegavelmente irrealizáveis, por qual razão as instituições e, sobretudo, o corpo social necessitam desses discursos de justificação? Se os efeitos reais produzidos pela punição são totalmente distintos da programação oficial que a sustenta (racionalidade penal), qual o sentido simbólico que desempenha? Por que a sociedade demanda de forma irracional, mas ao mesmo tempo com vigor, medidas comprovadamente ineficazes?

Na longa investigação coordenada por Theodor Adorno, nos anos 1945 e 1946, nos Estados Unidos, ao serem enfatizados os mecanismos e o papel da propaganda antidemocrática na formação da personalidade autoritária, os pesquisadores indagaram, de forma similar às proposições de Fromm: "por que as pessoas se enganam tão facilmente?", "por que aderem ativamente a determinadas ideologias?". Sobretudo no caso do fascismo, uma ideologia que, pela sua própria natureza, favorece uma minoria específica contra a massa que a sustenta.[91]

Em realidade, as questões propostas por Fromm, do ponto de vista da análise teórica do sistema de justiça criminal, podem

---

91 ADORNO, *Estudos sobre a Personalidade Autoritária*, p. 165.

valer muito mais do que os *insights* apresentados como resposta. Em um momento no qual o correcionalismo, como discurso relativo de prevenção especial positiva, se apresenta (*primeiro*) como uma radical alternativa aos modelos liberais clássicos de retribuição (teorias absolutas) e de coerção psicológica (teorias relativas de prevenção geral negativa) e, sobretudo, (*segundo*) como uma inovação humanista de inspiração social[92], a opção de Fromm em buscar o sentido não declarado e as funções simbólicas da pena é, inegavelmente, desestabilizadora. Revela, de maneira bastante evidente, o espírito crítico que move a sua curiosidade intelectual.

Além disso, ao evidenciar a falácia dos discursos penais preventivos decorrente da ausência de demonstrabilidade empírica da sua eficácia, Fromm capta, ainda que intuitiva e indiretamente, uma tendência altamente autoritária nas práticas sempre ideológicas da teoria do direito penal: a justificação do injustificável, ponto de partida e ponto de chegada da razão ardilosa.[93]

Mas se as perguntas são altamente provocativas, as respostas propostas pelo jovem Fromm não deixam de apresentar um conteúdo instigante. Por mais que em sua trajetória teórica não tenha submetido, novamente, suas hipóteses relativas à punição a uma reanálise ou a um aprofundamento conceitual e metodológico, na própria tradição da teoria crítica é possível encontrar alguns elementos de diálogo, validação ou reforço. Não necessariamente vinculados às teses sobre a presentificação da figura paterna e do sadomasoquismo, mas relacionados sobretudo às formas de racionalização e de adesão dos discursos e à dinamização de práticas autoritárias.

---

92 Dois trabalhos são exemplares para compreender o contexto histórico em que o correcionalismo se apresenta como uma proposta político-criminal oposta ao liberalismo: a proposição socialista de Pachukanis (PACHUKANIS, *Teoria Geral do Direito e Marxismo*, pp. 117-136); e (*segundo*) a perspectiva social-democrata de Radbruch (RADBRUCH, *Filosofia do Direito*, pp. 313-40).

93 SOUZA, *O Nervo Exposto*, p. 352.

O comprometimento com o fascismo – assim como a incorporação e reprodução dos discursos de justificação da punição – se explica não apenas pelos fatores situacionais de ordem sociopolítica e econômica. Demonstra Casara que a naturalização do autoritarismo se insere em uma tradição composta por convicções políticas, econômicas e sociais que formam um padrão antidemocrático: *"as práticas autoritárias, que, não raro, implicam o uso da violência e da coação, repousam em uma aceitação construída e admitida por pessoas inseridas em uma tradição autoritária."*[94]

Assim, compreender os fenômenos do fascismo e do gozo punitivo também requer análises profundas da condição humana interior. Conforme destaca Adorno, é necessário investigar essas necessidades emocionais, "(...) *os desejos e os medos mais primitivos e irracionais*", sobretudo "(...) *as potencialidades antidemocráticas [que] já existem na grande massa populacional.*"[95]

Na proposição de Fromm, a presentificação da figura paterna, primeira função da pena, é vinculada exatamente ao sentimento de medo à autoridade. A subordinação aos poderes institucionais, conforme exposto, reproduz no plano social a relação da criança com o pai e reflete a renúncia aos instintos pela ameaça de castração.

Ao avançar na hipótese de Fromm, duas questões poderiam ser colocadas sobre essa necessidade de presentificação da figura paterna desempenhada pela instituição penal: (*primeira*) "reflete *a priori* uma função de infantilização do corpo social?" e (*segunda*) "legitima necessariamente práticas autoritárias na resolução dos conflitos?".

A resposta para ambos os questionamentos parece ser negativa em relação ao *a priori* e ao *necessariamente*.

---

94 CASARA, *Estado Pós-Democrático*, p. 87.
95 ADORNO, *Estudos sobre a Personalidade Autoritária*, p. 165.

No plano simbólico, o não que a figura paterna representa pode desempenhar uma importante função de amadurecimento do sujeito, com a introjeção dos limites inerentes à civilização e a sublimação dos instintos. Lacan demonstra que o Édipo em Freud indica a passagem da natureza para a civilização e, *"segundo esta perspectiva, o pai exerce uma função essencialmente simbólica: ele nomeia, dá seu nome, e, através desse ato, encarna a Lei."*[96] Neste cenário, a função paterna seria o exercício de uma nomeação que permitiria à criança adquirir sua identidade.[97] O oposto de um processo de infantilização do sujeito, pois.

No entanto, como precisamente assinalado por Casara, em épocas de crise do simbólico e de inegável enfraquecimento dos valores democráticos, as demandas de restauração da "lei do pai" reforçam a epistemologia inquisitiva e o substancialismo penal, ou seja, deflagram um poder (paterno) autocrático que se materializa em práticas extremamente violentas, como, p. ex., as políticas institucionais de extermínio de indesejáveis.[98] Se o enfraquecimento da função paterna em uma sociedade em crise pode significar um aumento da violência no tecido social, a reivindicação autoritária de uma resposta institucional igual ou superiormente violenta – *"(...) que aposta no incremento da repressão e na legitimação do uso da força em nome do Pai, do Estado (ou de razões de Estado, em princípio, ilimitadas) como Pai"*[99] – conduz, inegavelmente, ao terror de Estado e, em última análise, ao fascismo.

A transposição da figura paterna aos vínculos simbólicos entre sociedade e Estado não legitima, portanto, em si mesma (*a priori*, necessariamente), relações autoritárias ou democráticas,

---

96 ROUDINESCO & PLON, *Dicionário...*, p. 542.
97 ROUDINESCO & PLON, *Dicionário...*, p. 542.
98 CASARA, *O Pai é o Limite*, pp. 116-117.
99 CASARA, *O Pai...*, p. 116.

infantis ou maduras. Inclusive porque o Estado pode presentificar um pai autoritário e violento ("*o pai que castiga e cobra obediência*"[100]) ou um pai tolerante e acolhedor.

Em estruturas sociais sem o enraizamento de uma cultura democrática, nas quais não ocorreram rupturas significativas (inclusive no plano simbólico) com práticas institucionais autoritárias – como é o caso da maioria dos países da América Latina –, há uma forte tendência de convergirem demandas sociais punitivistas e exercícios expressivamente violentos da força pelas agências do sistema penal. A pena, portanto, irá adquirir uma função (real) de imposição de sofrimentos, sem quaisquer limites.

Em sentido oposto, em sociedades edificadas sobre fundações democráticas e que valorizam o diálogo em detrimento da força, a função paterna representa um interdito à barbárie, às violências privadas do *lupus naturalis* (indivíduo), mas, sobretudo, às violências públicas do *lupus artificialis* (Estado). Significa dizer que a lei fixa limites bastante precisos aos indivíduos, no convívio social, e aos agentes públicos, no exercício das práticas punitivas. O limite à resolução violenta e ao uso da força inegavelmente estimula, no plano individual, a autonomia do sujeito e, na esfera pública, o amadurecimento do corpo social e das instituições. Não por outra razão, a tendência nas democracias maduras é a da gradual substituição da pena criminal em suas formas clássicas (retributiva ou preventiva) por formas não violentas de responsabilização penal baseadas em um diálogo entre os envolvidos intermediado (ou facilitado) por outros atores sociais, não necessariamente agentes públicos. Substitui-se, assim, um modelo paternalista autoritário e verticalizado que infantiliza os sujeitos (autor do fato e vítima) ao pressupor sua incapacidade de resolver seus próprios conflitos, por um modelo horizontalizado e plural no qual são criadas condições cognitivas de diálogo e

---

100 CASARA, *O Pai...*, p. 118.

espaços nos quais as pessoas, exercendo sua autonomia, possam definir as melhores condições de responsabilização.

Outra variável é ainda relevante: quanto mais imaturos, tutelados e, consequentemente, infantilizados, mais vulneráveis ficam o sujeito e o corpo social ao engano e às falácias, à crença fundamentalista nos líderes ou partidos carismáticos, à adesão (passiva ou ativa) às ideologias ou, em última análise, aos populismos de todas as ordens. E é exatamente este o caldo de cultura que aprisiona o corpo social aos dogmatismos, dinamiza a obediência cega à autoridade e reforça a fé messiânica nas virtudes dos poderes (razão de Estado).

Neste cenário, não parecem ser tão espantosas as indagações propostas por Fromm – sobre a necessidade de o corpo social acreditar em discursos de justificação da pena (racionalizações) comprovadamente ineficazes – e por Adorno – sobre as razões de as pessoas se enganarem facilmente e aceitarem ativamente sistemas de valores autoritários que as oprimem.

A segunda tese penológica de Fromm é a da punição exercer uma função de gratificação aos impulsos sociais sadomasoquistas, de satisfação do gozo irracional e agressivo das massas. A hipótese é extremamente interessante porque coloca em cena aquilo que Contardo Calligaris define como *"peça chave do quebra-cabeça moderno"*: a erótica do poder.[101]

A perversão sádica, na primeira construção freudiana, está vinculada à fantasia sexual e intimamente ligada ao masoquismo. O sadismo seria anterior ao masoquismo e expressaria uma agressividade violenta contra um sujeito transformado em objeto: *"do ponto de vista clínico, se a neurose obsessiva se caracteriza pelo fato de que o sujeito impõe a si mesmo o sofrimento de que é vítima, o masoquismo se caracteriza pelo fato de que o sofrimento em questão é infligido em outrem."*[102]

---

101 CALLIGARIS, *Os 120 Dias de Sodoma*, p. 12.
102 ROUDINESCO & PLON, *Dicionário...*, p. 682.

A hipótese de Fromm torna-se adequada à análise dos sistemas penais produzidos em ambientes autoritários, cujas práticas se legitimam através de expectativas e de atitudes igualmente fascistas do corpo social, caracterizando aquilo que a criminologia contemporânea denomina *populismo punitivo*. Assim, a afirmação do gozo sadomasoquista do público consumidor do sistema punitivo como uma das possibilidades explicativas da função da punição, como uma das dimensões possíveis desta complexa relação entre pena e estrutura social, parece ser parcialmente adequada. Casara, p. ex., ao diagnosticar as subjetividades pós-democráticas, forjadas neste regime igualmente marcado pelo autoritarismo, refere a compulsão pela submissão e pela dominação e o seu reflexo na gestão dos grupos criminalizados: "[o sujeito da pós-democracia] *é um masoquista e um sádico, que não hesita em transformar o outro em um mero objeto e goza ao vê-lo sofrer.*"[103]

No entanto, para além do caráter sadomasoquista erógeno vinculado à pulsão de morte, talvez seja possível identificar no nível das neuroses obsessivas outros mecanismos de sustentação desta instituição marcadamente moderna que é a pena criminal.

Apesar de insustentável em razão da ausência de demonstração empírica, conforme defende Fromm ao estabelecer os pontos de partida da sua análise, a crença social no mito do direito penal preventivo não pode ser algo simplesmente desprezável, exatamente pelas funções simbólicas que produz.

Agostinho Ramalho Marques Neto lança um olhar psicanalítico ao problema e indaga (*primeiro*) no que consiste a prevenção no campo do direito penal e (*segundo*) se o direito penal preventivo seria compatível com a democracia. Para além dos discursos justificacionistas (discursos oficiais/funções declaradas), a relação entre pena (consequência jurídica do delito) e prevenção (justificativa da pena)

---

103 CASARA, *Estado...*, p. 89.

poderia ser encontrada em uma certa posição subjetiva. Segundo o autor, a busca constante de evitar riscos – no caso penal, o controle da prática de delitos futuros pelo delinquente (prevenção especial positiva: correcionalismo) ou pelo corpo social (prevenção geral negativa: coação psicológica; prevenção geral positiva: reforço normativo e integração comunitária) – está frequentemente associada aos sintomas neuróticos, notadamente o da neurose obsessiva.[104]

A partir de Freud a neurose obsessiva passou a ser comparada não apenas ao fenômeno da histeria[105], mas também ao da paranoia, um delírio que tem "(...) *por corolário um sentimento de ódio que é característico da própria constituição do ser humano.*"[106] Neste registro, Marques Neto percebe que "*o obsessivo está o tempo todo se prevenindo, se precavendo, acautelando-se contra possíveis calamidades que poderão atingi-lo no futuro, organizando todo um aparato de auto defesa, cercando-se de uma muralha para prevenir riscos de invasão da sua subjetividade.*"[107] No entanto, segundo o autor, no limite extremo da tentativa de controle e de defesa, a posição do sujeito atinge o patamar delirante na estrutura da paranoia: "*o paranoico projeta para o outro o perigo que o ameaça a partir de dentro e se reposiciona como aquele que vai eliminar o perigo preventivamente, eliminando o outro.*"[108]

---

104 MARQUES NETO, *A Censura da Expressão Linguageira e a Hipertrofia do Direito Penal a Serviço do 'Politicamente Correto'*, p. 63.

105 Na psicologia pré-freudiana a obsessão significava o oposto da histeria. No medievo ambos os fenômenos estavam relacionados à possessão e à divisão entre corpo e alma: "*no caso da histeria, a possessão é mais sonambúlica, passiva, inconsciente e 'feminina': é o demônio que se apodera de um corpo de mulher para torturá-lo; na obsessão, ao contrário, ela é ativa e 'masculina': é o próprio sujeito que é internamente torturado por uma força diabólica, embora permaneça lúcido quanto ao seu estado.*" (ROUDINESCO & PLON, *Dicionário...*, p. 538)

106 ROUDINESCO & PLON, *Dicionário...*, p. 538.

107 MARQUES NETO, *A Censura...*, p. 63.

108 MARQUES NETO, *A Censura...*, p. 63.

Não obstante a percepção de Fromm em relação à função de satisfação do gozo sádico realizado pela pena criminal, na atual conjuntura de sobreposição de crises nas democracias ocidentais – no campo político criminal, decorrente da vertiginosa ascensão do populismo punitivo a partir da década de 1990; no campo político, deflagrada pela adesão de inúmeros países às demandas neofascistas –, o direito penal parece igualmente captar um elemento obsessivo extremo que é o do delírio paranoide e, ato contínuo, dinamizá-lo em forma de violência institucional extrema.

A coerência entre as perspectivas e as condições de possibilidade de harmonização das duas hipóteses são temas que o futuro próximo fornecerá elementos para testagem e validação.

A tarefa intelectual de revisitar as fundações e recontar a história da criminologia crítica, que de certa forma é proposta neste ensaio, procura se afastar ao máximo e com vigor de uma certa tendência idealista muito presente na pesquisa tradicional em ciências criminais. Não é incomum encontrar na pesquisa jurídico-criminal e criminológica uma "vontade de origem", um desejo profundo que anima os pesquisadores de encontrar novos elementos capazes de inserir uma nova página em uma história já consolidada e repetida *ad nauseam*. Não por outra razão, são frequentes as revisitas aos museus penais e criminológicos. O problema é que invariavelmente estas revisões históricas servem apenas como reforço às matrizes do direito penal liberal. São poucos os trabalhos que apontam, p. ex., os gérmenes antiliberais do liberalismo. O alerta é realizado por Zaffaroni ao comentar a obra de Ferrajoli, *Direito e Razão: Teoria do Garantismo Penal*: é necessário retornar às bases para seguir em frente, *"é necessário 'ritornare indietro' para refazer o debate interrompido pelo advento da 'polícia' positivista."*[109]

---

109 ZAFFARONI, *La Rinascita del Diritto Penale Liberale o la 'Croce Rossa' Giudiziaria*, p. 384.

Fromm, em seus primeiros textos, ao conectar Marx e Freud e colocar em dúvida a aparência discursiva que sustenta a funcionalidade do sistema punitivo, fornece importantes chaves de compreensão ao saber criminológico crítico, sobretudo no que diz respeito à decodificação das relações incestuosas entre o positivismo científico (criminológico), o sistema econômico capitalista (capitalismo monopolista) e o regime político fascista.

Retornar às fundações para seguir em frente; revisitar os clássicos da teoria crítica para avançar na crítica criminológica; compreender o passado para tentar sobreviver ao presente.

XIV – SENSACIONALISMOS A SANGUE FRIO: A RUPTURA NA NARRATIVA DO CRIME (DIÁLOGO ENTRE A CRIMINOLOGIA CRÍTICA E O NOVO JORNALISMO)*

> *E não acendemos mais luz nenhuma. Só a lanterna. Dick estava carregando a lanterna quando fomos amordaçar o senhor Clutter e o rapaz. Pouco antes de eu fechar sua boca com a fita, o senhor Clutter me perguntou – e foram as últimas palavras dele –, queria saber como estava a mulher, se ela estava bem, e eu disse que sim, que ela estava indo dormir, e disse a ele que dali a pouco o dia ia amanhecer, e que de manhã alguém ia encontrar todos eles, e então aquilo tudo, eu, Dick e o resto, ia parecer um sonho. E eu não estava querendo enganá-lo. Eu não queria fazer mal àquele homem. Achei que era um senhor simpático. Que falava manso. E era assim que eu pensava até a hora em que cortei o pescoço dele.* (Capote)

01. As Narrativas do Crime no Jornalismo Investigativo e no Direito Penal: Hiperbolia Sensacionalista e Anemia Sociológica

A análise proposta neste artigo concentra-se na crítica e na tentativa de superação daquilo que se convencionou denominar como *narrativa sensacionalista*, forma de abordagem de fatos delitivos muito específica e caracterizadora de um tipo de discurso presente nos veículos de comunicação social. O termo *sensacionalismo* permite identificar um estilo peculiar de discurso que se faz presente

---

* Capítulo redigido originalmente com Mariana de Assis Brasil e Weigert.

de forma episódica ou constante na imprensa tradicional, mas que marca, sobretudo, uma espécie consagrada de jornalismo: a *imprensa marrom*.[1]

É interessante perceber que a espetacularização da notícia criminal realizada pelo jornalismo sensacionalista, sobretudo nos delitos de sangue praticados com violência contra pessoas "de carne e osso", guarda semelhança com determinadas formas jurídicas de descrição e de julgamento destes eventos trágicos.

Em que pesem algumas peças processuais serem caracterizadas por uma intrigante debilidade informacional – sobretudo aquelas que deflagram o início da persecução criminal e, consequentemente, demarcam aquilo que será o objeto jurídico de discussão (notícia-crime, denúncia ou queixa) –, a tradução da situação delitiva em um processo penal igualmente produz discursos potencialmente sensacionalistas.

Em inúmeros atos processuais é praticamente impossível notar diferenças substanciais entre a narrativa produzida pelos atores jurídicos e o estilo sensacionalista que caracteriza esta espécie peculiar de jornalismo policial e investigativo. Nos crimes violentos, em especial nos crimes sexuais,[2] os detalhes da vida do autor

---

[1] *Imprensa marrom* é a adaptação do termo *yellow press*, que identifica, na virada do século XIX nos Estados Unidos, a utilização publicitária e a finalidade comercial de notícias sensacionalistas por alguns periódicos impressos (AGRIMANI SOBRINHO, *Espreme que Sai Sangue*, p. 21). Em realidade, existe uma simbiose entre os veículos da *imprensa marrom* e as *narrativas sensacionalistas*. Ambos se retroalimentam e se legitimam mutuamente em termos estéticos (estilo), éticos e econômicos (mercadológicos).

[2] Amilton Bueno de Carvalho, em estudo sobre as causas especiais de aumento de pena nos crimes sexuais, adverte que "(...) *com incrível frequência, em interrogatórios de réus condenados por crimes sexuais, bem como em depoimentos de suas vítimas, uma forma peculiar de determinados juízes conduzirem os atos. Magistrados que, em outros tipos de delito, tomam depoimentos quase telegráficos, sempre indo ao cerne do delito, nos crimes sexuais atuam em sentido oposto: são minuciosos, ricos nos detalhes até os de menos importância (...). Num olhar razoavelmente crítico (buscando o que está atrás da realidade*

e da vítima ganham expressões superlativas, muitas vezes obscurecendo o próprio fato noticiado/julgado. Um certo tipo de interesse mórbido, com características fortemente moralistas, emerge nestas situações problemáticas. E a exploração de detalhes que estão para além do caso a ser julgado é potencializada pela lógica inquisitória que rege a atuação dos atores processuais, sobretudo dos magistrados na indagação das testemunhas, na inquirição das vítimas, no interrogatório dos acusados. Exatamente este interesse mórbido, refletido nos discursos sensacionalistas, que define importantes metarregras para a decisão do caso pelos juízes e jurados – lembremos o peso do fato de o *pied-noir* Meursault não ter derramado lágrimas no enterro da mãe no julgamento do assassinato do árabe, na inigualável novela de Camus (*O Estrangeiro*, 1942).

Neste cenário de proliferação de informações redundantes, a narrativa do jornalismo sensacionalista se aproxima de um certo tipo de decisão judicial. O paradoxo, porém, é o de que em ambos os casos (matéria jornalística e decisão judicial) o excesso é concentrado em situações particulares que são insuficientes para *compreender* razoavelmente o delito. O excesso ocorre, na maioria das vezes, na exploração de detalhes pessoais que tenham potencialidade apelativa.

Porém, paradoxalmente, esta demasia no que tange aos aspectos particulares coexiste com uma espécie de anemia informacio-

---

aparente) parece que há interesse de um espectador de filme pornográfico (um voyer?)" (CARVALHO, *As Majorantes nos Crimes Sexuais Violentos*, p. 03).

Marco Scapini confirma a hipótese: "*ao longo dos anos venho tentando analisar e compreender a conduta de Juízes na condução de determinados tipos de processos. Interessante notar como depoimentos, nos processos que tratam de estupro, por exemplo, são minuciosos, contrariando, às vezes, a forma comum de proceder. Isto significa que o questionamento, nesses casos específicos, é minucioso, chegando a detalhes irrelevantes e impertinentes, como se o processo despertasse maior atenção, maior curiosidade, enfim, aguçasse algum sentido*" (SCAPINI *apud* CARVALHO, *As Majorantes...*, p. 104).

nal relativa à complexa cadeia de eventos traumáticos que, de uma forma ou outra, explicam ou justificam a ocorrência do fato ilícito.

Em paralelo à hiperbolia das narrativas sensacionalistas, no laboratório do direito, o caso penal (objeto do processo) é reduzido às consequências das condutas imediatamente anteriores, entendidas como diretamente responsáveis pela ofensa. No que tange aos fatores de vulnerabilidade dos sujeitos que vivenciaram o delito (réu e vítima), por exemplo, percebe-se uma significante ausência. Nos textos sensacionalistas, as circunstâncias de vulnerabilidade e de risco invariavelmente acabam sendo suprimidas do episódio delitivo. Conforme as lições de Baratta, no laboratório do direito (e do jornalismo), o comportamento individual se apresenta como uma variável independente da realidade social, motivo pelo qual a responsabilização ocorrerá a partir de uma construção abstrata que torna irrelevante o conhecimento das raízes do conflito.[3]

---

3 "*Na determinação da responsabilidade no processo penal, a distância entre a realidade e a construção feita no laboratório do Direito se torna demasiado extensa. Assim como se apresenta a diferença entre a investigação extraprocessual da verdade e a investigação da verdade processual. Ao falar em 'realidade' e de 'verdade', não se quer contrapor à determinação da responsabilidade no processo, um conhecimento entendido naturalisticamente. Se quer apenas assinalar a diferença entre uma maneira mais profunda de construir e de interpretar os conflitos em seu contexto situacional àquela forma do Direito. A ciência social estuda os conflitos no interior de um conceito mais amplo de situação que abarca potencialmente todo o sistema social.*

A partir deste conceito, o comportamento individual se apresenta como uma variável dependente. Isto significa que não podemos compreender a situação partindo do comportamento individual; pelo contrário, podemos compreendê-lo apenas partindo da situação. A ciência social permite, ainda, distinguir o lugar no qual ocorreu o conflito e o lugar, no sistema [social], no qual o conflito se origina, que pode ser bastante distante daquele.

Pelo contrário, no laboratório do Direito, o comportamento individual se apresenta como uma variável independente da situação. A determinação da responsabilidade está subordinada a esta independência e ao seu grau. A análise da situação, na lógica do processo de verificação de responsabilidade, deve limitar-se à construção abstrata que a separa do contexto social e torna impossível, ou de todas as formas irrelevante, o conhecimento das raízes do conflito" (BARATTA, La Vida y el Laboratorio del Derecho, p. 279) (tradução livre).

A exploração de elementos que revelam as características pessoais, os traços de personalidade e o ambiente de vida de réus e vítimas permitiria caracterizar o estilo sensacionalista como um típico discurso de *autor*, se tivermos como referência os tipos ideais que identificam os distintos modelos penais (direito penal do autor e direito penal do fato). Não por outra razão, invariavelmente prepondera o silêncio no que diz respeito às circunstâncias político-econômicas e socioculturais que revelam a forma de inserção destes sujeitos no mundo.

Neste aspecto, a alegoria utilizada por Michel Löwy, para explicar o esforço que realiza o pensamento positivista para atingir a objetividade, parece perfeitamente aplicável à cisão que as narrativas sensacionalistas produzem entre o fato delitivo e a realidade social: "*é uma façanha que faz pensar irresistivelmente na célebre história do Barão de Münchhausen, este herói pitoresco que consegue, através de um golpe genial, escapar ao pântano onde ele e o seu cavalo estavam sendo tragados, ao puxar a si próprio pelos cabelos... Os que se pretendem ser sinceramente seres objetivos são simplesmente aqueles nos quais as pressuposições estão mais profundamente enraizadas.*"[4]

Possível concluir, portanto, que nos discursos punitivos do direito e da comunicação social existe uma preocupante simbiose entre a *anemia sociológica* e a *hiperbolia sensacionalista*. Assim, o excesso de informação nos julgamentos e nas reportagens não prioriza, em regra, situar o conflito em seu local de invenção e investigar os agenciamentos, os acasos e as situações que permitiram sua existência. Pelo contrário, seu conteúdo normalmente é direcionado à supervalorização de alguns aspectos mórbidos ou bizarros dos protagonistas e dos coadjuvantes do evento problemático (criminosos, partícipes, vítimas e as suas redes de relações familiar e social). Nas palavras de Marcondes Filho, "*como as mercadorias em*

---

4 LÖWY, *As Aventuras de Karl Marx contra o Barão de Münchhausen*, p. 32.

geral, interessa ao jornalista de um veículo sensacionalista o lado aparente, externo, atraente do fato. Sua essência, seu sentido, sua motivação ou sua história estão fora de qualquer cogitação."[5]

A confluência entre a *anemia sociológica* e a *hiperbolia sensacionalista* provoca, em realidade, um efeito de *cegueira informativa* que oculta ou exclui o conflito do terreno cultural que lhe nutre.

O estilo sensacionalista das reportagens e dos atos processuais revela, pois, o fato de que ambas as narrativas (jurídicas e jornalísticas) operam a partir de uma inegável "vontade de verdade" (Nietzsche) – "vontade de verdade" que pode ser percebida na afirmação de uma hipótese primeira apesar dos fatos; hipótese definida e nitidamente marcada por uma perspectiva moral, com pretensões universais de validade, e que conduz a interpretação do fato criminoso (Cordero).

02. O Conteúdo da Narrativa Sensacionalista

O *valor moral* que orienta e, em determinados aspectos, aprisiona a interpretação do fato criminoso nos *veículos marrons* das agências formais (sistema de justiça penal) e informais (sistema de comunicação social) do controle social punitivo[6] é aquele descri-

---

5 MARCONDES FILHO, *O Capital da Notícia*, p. 15.

6 A possibilidade de aproximação do sistema de justiça penal com o sistema de comunicação social é sustentada nos seguintes pressupostos: (a) em uma sociedade marcantemente punitivista como a ocidental contemporânea, o sistema penal opera como um importante veículo de comunicação (CARVALHO, *O Papel dos Atores do Sistema Penal na Era do Punitivismo*, pp. 07-14); e (b) os meios de comunicação social atuam na configuração do sistema punitivo – "*na realidade social, o verdadeiro e real poder do sistema penal não é o poder repressor que tem a mediação do órgão judicial. O poder não é mera repressão (não é algo negativo); pelo contrário, seu exercício mais importante é positivo, configurador (...)*" (ZAFFARONI, *Em Busca das Penas Perdidas*, p. 22); através da produção de consensos acerca da legitimidade da

to por Alessandro Baratta como *princípio do bem e do mal*. Trata-se de um guia interpretativo que direciona a compreensão da questão criminal em dois sentidos: (primeiro) a percepção do *crime* como um dano irreparável para a sociedade; (segundo) a compreensão do *delinquente* como um elemento negativo e disfuncional do sistema social. Na conclusão de Baratta, *"o desvio é, pois, o mal; a sociedade constituída, o bem."*[7]

Acentuar esta dicotomia entre o "bem" e o "mal" é um dos principais recursos narrativos do jornalismo sensacionalista, do processo penal inquisitorial, do direito penal de autor, da criminologia causal-explicativa e das políticas criminais punitivistas.

No campo da comunicação social, Enne, ao analisar o estado da arte das pesquisas contemporâneas sobre a imprensa marrom, apresenta uma série de características da narrativa sensacionalista que se comunica direta e profundamente com os discursos penais de corte autoritário:

> *"(a) a ênfase em temas criminais ou extraordinários, enfocando preferencialmente o corpo em suas dimensões escatológicas e sexual;*
>
> *(b) a presença de marcas da oralidade na construção do texto, implicando em uma relação de cotidianidade com o leitor;*
>
> *(c) a presença de uma série de marcas sensoriais espalhadas pelo texto, como a utilização de verbos e expressões corporais (arma 'fumegante', voz 'gélida', 'tremer' de terror etc.), bem como a utilização de prosopopeia como figura de linguagem fundamental para dar vida aos objetos em cena;*

intervenção das suas agências, no desencadeamento de campanhas moralizadoras (campanhas de "lei e ordem") e na fabricação de estereótipos criminais – *"o sistema penal atua sempre seletivamente e seleciona de acordo com os estereótipos fabricados pelos meios de comunicação de massa. Estes estereótipos permitem a catalogação dos criminosos que combinam com a imagem correspondente à descrição fabricada, deixando de fora outros tipos de delinquentes (delinquência de colarinho branco dourada, de trânsito, etc.)"* (ZAFFARONI, *Em Busca...*, p. 130).

7 BARATTA, *Criminologia Crítica e Crítica do Direito Penal*, p. 42.

(d) a utilização de estratégias editoriais para evidenciar o apelo sensacional: manchetes 'garrafais', muitas vezes seguidas por subtítulos jocosos ou impactantes; presença constante de ilustrações, com fotos com detalhes do crime ou tragédia, imagens lacrimosas, histórias em quadrinhos reconstruindo a história do acontecimento etc.;

(e) na construção narrativa, a recorrência de uma estrutura simplificadora e maniqueísta;

(f) relação entre o jornal sensacionalista e seu consumo por camadas de menor poder aquisitivo (...)."[8]

Assim, entrelaçado às políticas criminais punitivistas (populismo punitivo), os veículos de comunicação agendam[9] o debate sobre determinados delitos, independentemente da sua correlação com a realidade social ou com o real funcionamento do sistema punitivo. Desta forma, p. ex., embora os crimes contra a liberdade sexual correspondam a uma parcela ínfima dos casos denunciados, julgados e punidos pela justiça criminal, sua ocorrência ganha expressiva notoriedade como notícia espetacular. Além disso, tomando ainda como exemplo os delitos sexuais, apesar de a sua prática ser comum no espaço doméstico, ou seja, na sua grande maioria os

---

8 ENNE, *O Sensacionalismo como Processo Cultural*, p. 71.

9 A teoria do agendamento (*agenda-setting theory*) afirma que a imprensa não detém o poder determinante de formação da opinião pública, mas o de pautar os temas a serem debatidos. Neste sentido, o público consumidor da notícia não é percebido como um recipiente vazio no qual o conteúdo das informações é inserido. Os sujeitos que formam a plateia espectadora interveem diretamente com a notícia e, a partir de suas experiências, criam e recriam o seu significado.

Conforme Melo, "*ainda que a imprensa não seja um* carrier group *único, porque jornais diferentes constroem discursos diferentes, há uma agenda básica que reúne os discursos dos inúmeros meios de comunicação, que torna as instituições jornalísticas um enunciador coletivo*" (MELO, *Histórias que a Mídia Conta*, p. 181). Desta forma, a capacidade que possuem os veículos de comunicação é a de estabelecer uma pauta pública (agenda) de discussão, como ocorre, p. ex., com os crimes violentos.

autores de estupro são pessoas das relações íntimas da vítima (pai, padrastos, irmão, maridos, companheiros, amigos),[10] frequentemente são supervalorizados casos em que o violador apresenta características incomuns, de forma a construir uma imagem atemorizante. A representação do criminoso construída pelos meios de comunicação será sempre, portanto, a de um estranho, de um ser abjeto, infame, anormal; alguém totalmente alheio do corpo social que, violando regras consensualmente aceitas, invade os espaços público e privado e comete um ato de barbárie. O efeito da edificação desta imagem do desviante é a manutenção dos valores e dos princípios configuradores do pensamento criminológico ortodoxo, a grande *permanência* no pensamento social.[11]

Reeditados cotidianamente nas páginas da imprensa sensacionalista, este discurso criminológico marcantemente racista é ancorado nas premissas de degeneração ética e estética do criminoso: "*há indivíduos moralmente inferiores, assim como os há e houve sempre superiores (...)*"; "*se é certo que o senso moral é um produto da evolução, natural admitir que ele seja menos aperfeiçoado nas classes que representam um grau inferior de desenvolvimento físico.*"[12] Assim, o *homo criminalis*, congelado na imagem bárbara do atraso antropopsicológico, será identificado como portador de distintas anomalias, de ordem moral, fisiológica, sexual.

Ao descrever *Os Criminosos na Arte e na Literatura*, Ferri sintetiza:

"*o criminoso nato pode ser um assassino tranquilamente selvagem, um depravado violentamente brutal, um refinado obsceno por conta de uma*

---

10 CAMPOS & CARVALHO, *Tensões Atuais entre a Criminologia Feminista e a Criminologia Crítica*, pp. 143-169.
11 BATISTA, *Introdução Crítica à Criminologia Brasileira*, p. 41.
12 GARÓFALO, *Criminologia*, pp. 14-16.

perversão sexual proveniente de uma defeituosa organização física. Ele pode também ser um ladrão ou falsário. A repugnância em apropriar-se do bem alheio, esse instinto lentamente desenvolvido pela vida social na coletividade, falta-lhe em absoluto (...). Tive ocasião de demonstrar, no estudo psicológico de um homicida nato, que a aparente regularidade de sua inteligência e de seus sentimentos pode encobrir tão completamente sua profunda insensibilidade moral, que seu verdadeiro caráter escapa àqueles que ignoram a psicologia experimental."[13]

A compreensão do criminoso como um ser bárbaro, como um estrangeiro da cultura (civilização), facilita a consolidação de um discurso moralizador que explora os sentimentos de medo e de insegurança social a partir da superexposição de marcadores publicitários como a *impunidade dos crimes* e a *periculosidade dos criminosos*.

A série de elementos narrados – lógica maniqueísta ("bem" *versus* "mal"); naturalização do crime (dano irreparável); estetização do criminoso (bárbaro); exploração político-criminal do medo e da insegurança – permite perceber como os discursos da criminologia ortodoxa (punitivista) e as narrativas do jornalismo sensacionalista criam uma base de compreensão da questão criminal narcotizada, sem correspondência com a realidade empírica do problema.

Sustenta Glassner que os episódios delitivos são frequentemente amplificados pelos meios de comunicação de massa, que interpretam e expressam incidentes isolados como epidemias, situação que facilita a criação de traumas sociais. Ao analisar a forma e o conteúdo da abordagem da questão criminal veiculados pela grande mídia norte-americana, o autor percebe que a construção dos pânicos ocorre a partir da utilização publicitária de falsas imagens ou de representações distorcidas da violência. E dessa forma

---

13 FERRI, *Os Criminosos na Arte e na Literatura*, pp. 32-35.

são consolidados significados acerca de gangues juvenis, de homicidas em série, de cybercriminosos, de adolescentes armados, de maníacos estupradores, de traficantes de drogas e de sequestradores de crianças. O exagero e a inversão dos indicadores oficiais dessas formas de violência possibilitam criar estereótipos de determinadas pessoas ou grupos sociais como superpredadores urbanos.

Em efeito, "(...) *as pessoas tendem a crer que há mais delito do que existe, que o delito é mais grave do que realmente é e que as penas que os Tribunais impõem são menos severas do que realmente são. Ou seja, tendem a crer que a situação está mais descontrolada do que efetivamente está: mais delito, sempre de caráter violento e condenações benevolentes*",[14] conforme amplamente demonstrado em extensa pesquisa realizada no Canadá, nos Estados Unidos, na Inglaterra, na Austrália e na Nova Zelândia.[15] No Brasil, significativos estudos apresentam similares conclusões.[16]

No entanto, apesar da evidente lacuna entre as informações produzidas pela imprensa sensacionalista e a fenomenologia do crime e do desvio,[17] os discursos de *pânico moral* (Cohen)[18] apre-

---

14 LARRAURI, *Populismo Punitivo... y como Resistirlo*, p. 18.
15 ROBERTS et. al. apud LARRAURI, *Populismo...*, p. 18.
16 Nesse sentido, BATISTA, *O Medo na Cidade do Rio de Janeiro*; BUDÓ, *Newsmaking Criminology*; MELO, *Histórias...*; MORETZSOHN, *O Crime que Chocou o Brasil*; PASTANA, *Cultura do Medo*.
17 Os estudos criminológicos críticos têm demonstrado que o *medo do delito* e o *delito* mesmo são fenômenos distintos, e, na maioria dos casos, o sentimento de insegurança excede superlativamente a realidade criminal. Segundo Hassemer, "*criminalidade e medo do crime não são como a coisa e a sua imagem no espelho. Sentimento de ameaça e insegurança não são meros reflexos de ameaças reais, mas também consequência de circunstâncias de dessocialização e intranquilidade sociais*" (HASSEMER, *Segurança Pública no Estado de Direito*, p. 163).
18 O conceito de *pânico moral* foi trabalhado sobretudo por Stanley Cohen, no estudo *Folk Devils and Moral Panics* (1972). Sobre o desenvolvimento da categoria, seus problemas, suas limitações conceituais e as perspectivas contemporâneas, são relevantes as pesquisas de Garland, Fekete e Critcher.

sentam uma alta funcionalidade na consolidação das políticas criminais punitivistas, pois atuam como peças publicitárias e/ou como dispositivos ideológicos na formação do consenso sobre necessidade do enfrentamento violento das violências.[19]

As matrizes do sensacionalismo, conforme destacam Enne e Sodré, podem ser localizadas em alguns gêneros literários muito particulares que se desenvolveram nos séculos XVIII e XIX, como a pornografia, o melodrama, a literatura fantástica e de terror, mas, especialmente, o folhetim e o romance policial.

Aliás, Muniz Sodré afirma que a ficção policial nasce no jornal impresso com a mesma estrutura do texto folhetinesco, *"mas diferentemente da literatura, que inventa linguagem e pode experimentar novas formas, a narrativa de investigação se atém aos conteúdos fabulativos da história, atualizando as modulações míticas da oposição entre o Bem e o Mal."*[20]

O realismo grotesco, a pornografia panfletária, a escatologia exacerbada, a imaginação melodramática, o apelo emocional, a ficção monstruosa e os *fait divers* (o crime, a anomalia, a excentricidade)[21] são elementos-chave que irão compor as narrativas sensacionalistas. Os elementos estéticos que permitem identificar os discursos sensacionalistas apontam para um fazer jornalístico que explora moralmente o excepcional, visto que é exatamente no excesso descritivo de situações que extrapolam a realidade da vida cotidiana que os valores morais são reafirmados. Os *fait divers* atuam, pois, no imaginário coletivo, como espécies

---

19 CARVALHO, *O Papel...*, p. 12.
20 SODRÉ, *A Narração do Fato*, p. 233.
21 Os *fait divers* (fatos diversos) correspondem, na teoria do jornalismo, à classificação daquele tipo de notícia não enquadrável nas editorias tradicionais em decorrência de sua excepcionalidade, da sua estranheza.

de expressão opostas (tipo ideal negativo) daquelas condutas socialmente esperadas. No contraponto da conduta virtuosa, que edifica o *bem*, o ato perverso, que corporifica o *mal*.

Assim, as condutas virtuosas e perversas assumem papéis e funções morais diametralmente opostas. Todavia, para além do maniqueísmo, exatamente em decorrência de serem ações humanas excepcionais, acabam sendo aproximadas como estereótipos (tipos ideais).

Desde a perspectiva criminológica, o procedimento de construção de estereótipos de *criminosos* (e também de *vítimas*, registre-se), sempre facilitado pela intervenção espetacularizadora dos meios de comunicação, adquire algumas funções bastante instrumentais para o sistema penal. Funções operacionais que logicamente se somam à perspectiva totalizadora de reforço dos valores morais.

O *estereótipo* (ou *estigma*) é normalmente construído a partir da superexposição de algumas características particulares que diferenciam o sujeito em foco das demais pessoas. Trata-se de um procedimento caricatural: alguns traços estéticos ou algumas características da subjetividade são hipervalorizados, de forma que o(s) elemento(s) caricaturizado(s) seja(m) confundido(s) com a própria identidade da pessoa objeto da caricatura.

Lembra Goffman que o termo *estigma* esteve historicamente ligado aos procedimentos rituais que impunham uma marca no corpo do criminoso, traidor ou escravo. Tratava-se de uma referência externa a algo de extraordinário ou mau sobre o *status* moral de quem o possuía. O estigma cria um recurso classificatório que permite categorizar pessoas, grupos e locais como normais e anormais, superiores e inferiores, bons e maus. O efeito imediato do processo de estigmatização é a redução da pessoa ao estigma: "*deixamos de considerá-lo* [sujeito estigmatizado] *criatura comum e total, reduzindo-a a uma pessoa estragada e diminuída. Tal característica é um estigma, especialmente quando o seu efeito de descrédito é muito grande (...) e constitui uma discrepância específica entre a identidade social virtual e a identidade social real.*"[22]

Para além dessa inferiorização do sujeito estigmatizado – que será bastante útil para os sistemas punitivos autoritários justificarem o uso desmedido da força para a neutralização social ou, até mesmo, para a eliminação física dos anormais –, a construção de uma identidade gera, no corpo social, determinadas expectativas positivas em relação ao comportamento do portador do estigma: expectativa de que a pessoa considerada anormal realize condutas anormais, ou seja, que o criminoso pratique crimes; que o louco cometa atos insanos; que o viciado se mantenha no vício; que o mau aluno seja reprovado; que o mentiroso produza falseamentos e distorções da verdade; que o enganador induza as pessoas a erro. O processo de consolidação do estereótipo e de atuação conforme as expectativas dele derivadas é identificado a partir da contribuição da teoria social de Merton, como um sintoma de profecias que se autorrealizam (*self-fulfilling prophecy*).

No campo da literatura, Sodré destaca que o romance policial, uma das bases narrativas do jornalismo sensacionalista, adquire uma importante função ideológica com a demonstração da anomalia do crime: "*caracterizando o criminoso como algo à parte, um ser estranho à razão natural da ordem social, o romance policial faz parte desta pedagogia do poder que, através da diferenciação dos ilegalismos, constitui e define a delinquência. O criminoso da ficção é alguém não reconhecido como o sujeito desejável na ordem social, sendo por isso necessário identificá-lo (resolvendo o engano) e puni-lo.*"[23]

Jock Young interpreta as técnicas de representação e de construção social do crime e dos criminosos (estereótipos e estigmas) a partir da categoria *essencialização*. Segundo o autor, a essen-

---

22 GOFFMAN, *Estigma*, p. 12.
23 SODRÉ, *A Narração...*, p. 260.

cialização dos criminosos e dos desviantes é o pré-requisito necessário para a sua demonização e posterior exclusão social.[24] O estereótipo aplicado ao outro, a essencialização da alteridade, permitiria uma conveniente simplificação do problema do crime e do desvio, pois, a partir da identificação de determinadas características de pessoas e de grupos *anormais*, o sistema de responsabilização criminal seria colocado em marcha. O efeito simbólico desta exclusão seria o da reaquisição do sentimento de segurança – sobretudo se as ações nas áreas de segurança pública forem divulgadas pelos meios de comunicação de massa como resultados efetivos (virtuosos) da política criminal.

Neste cenário, os procedimentos punitivos, intermediados pela intervenção da imprensa, criam rituais catárticos de execração dos bodes expiatórios. Exatamente por isso, os criminosos (e as próprias vítimas) são transformados em verdadeiros párias sociais, pois considerados diretamente responsáveis pela emergência da insegurança coletiva.

03. Truman Capote, Perry Smith, Dick Hickcock, a Família Clutter e o Condado de Holcomb

Truman Capote atribuiu a si próprio a criação do gênero literário *nonfiction novel*,[25] o romance de não ficção, que funda as bases do *Novo Jornalismo*.[26] Em realidade, sempre é possível encon-

---

24 YOUNG, *A Sociedade Excludente*, p. 157.

25 "*Trata-se* [nonfiction novel] *de um gênero que parte de uma minuciosa investigação jornalística narrada em forma de romance*" (ARNT, *A Realidade nos Trilhos da Ficção*, p. 153).

26 "'*Novo Jornalismo' é o rótulo que se convencionou dar à tendência de se introduzir técnicas ficcionais na descrição de eventos reais, cristalizada na década de 50 nos Estados Unidos (...). No decorrer dos anos 60, os trabalhos do 'Novo Jornalismo' foram publicados*

trar referências históricas de uma nova forma de narrativa ou interpretação – o procedimento é próprio daqueles que possuem uma espécie de obsessão pela origem. Mas independente de ter sido o criador do gênero, o relevante é que Capote *nomina* essa nova forma de narrativa na qual jornalismo e literatura se entrelaçam. Capote, em *A Sangue Frio* (1965), populariza uma forma de descrever notícias como se fosse um romance ou, em sentido inverso, procura trazer realidade ao que aparentemente seria uma novela.

Percebe Andretta que a narrativa de Capote se distancia do jornalismo tradicional, caracterizado pela técnica de *"coletar gente falando para um gravador, sofrendo um processo editorial."*[27] Parece evidente, desde as primeiras linhas de *A Sangue Frio*, que o autor desejava fazer algo que realmente alterasse a forma de o leitor se relacionar com a notícia, especialmente pelo fato de o assassinato de todos os membros da família Clutter ter tocado profundamente a América, especialmente os habitantes do Condado de Holcomb, Kansas.

Embora seja perceptível que Capote explora circunstâncias pessoais e familiares de Perry Smith, de Dick Hickock, dos Clutter e de todos os demais envolvidos no delito (investigadores, advogados, juízes, testemunhas e habitantes do Condado), de forma a provocar sensações que penetrem na alma dos leitores, sua narrativa é radicalmente oposta àquela do jornalismo sensacionalista.

A *primeira ruptura* que a narrativa de Capote provoca, pensando na contraposição entre o jornalismo sensacionalista e o jornalismo literário, é em relação à *forma*, ao *procedimento de análise* do *objeto* de investigação. O estilo tradicional de narrar o crime, tanto nos veículos tradicionais de comunicação quanto na impren-

---

em abundância, escritos por nomes como Tom Wicker, Truman Capote, Paul Cowan, Robert Coles, Tom Morgan, Studs Terkel e Jack Newfield, entre outros" (FAERMAN, O Crime no Novo Jornalismo, p. 36).

27 ANDRETTA, *Análise de Três Romances do Jornalismo Literário*, p. 23.

sa marrom, é o de apresentar o *fait divers* como o resultado direto de um definido processo causal. Não por outra razão há uma preocupação constante com a identificação de um antecedente lógico que explique ou justifique o fato. Nesse aspecto, os protagonistas da cena delitiva (réus e vítimas) serão compreendidos como objetos privilegiados de conhecimento, como os únicos detentores de uma *verdade* que necessita ser exposta. O jornalista, portanto, atua como uma espécie de detetive na busca de informações capazes de ilustrar e de resolver o delito. Logicamente que na perspectiva sensacionalista essa ilustração do crime, do criminoso e da vítima irá privilegiar os elementos estranhos, as anomalias e as circunstâncias bizarras que envolvem a notícia.

Note-se, p. ex., como toda a expectativa da reportagem converge para a confissão do crime. Se o delinquente detém uma *verdade histórica* não mais passível de experimentação, a confissão da autoria e a exposição detalhada das circunstâncias do crime aniquilam com quaisquer outras questões. Todo o restante será secundário, irrelevante. Nesse aspecto, essa forma de produzir a notícia é extremamente similar ao estilo processual penal inquisitório, no qual o inquisidor (investigador, acusador ou julgador) fixa o seu olhar apenas no fato, naquele fragmento temporal da vida, e cria uma hipótese explicativa. A partir desse momento, todos os fatos coletados, explorados ou excluídos servem exclusivamente para validar aquela hipótese – primado das hipóteses sobre os fatos, nos termos expostos por Franco Cordero.[28]

Capote, porém, afastando-se dessa narrativa espetacularizadora, parece ter presente que inexiste 'a' verdade, que somente é possível acessar alguns fragmentos de verdade. Além disso, é nítido em sua obra que, ao narrar o crime, o autor não parte de uma hipótese previamente construída, mas cria uma dinâmica na qual

---

28 CORDERO, *Guida alla Procedura Penale*, p. 51.

o caso vai sendo construído a partir da fala dos seus protagonistas e dos moradores de Holcomb.

Para coletar dados sobre o assassinato da família Clutter, Capote conviveu intensamente com a comunidade durante praticamente dois anos, entrevistando moradores, conversando com amigos e familiares das vítimas e dos acusados, visitando o local dos fatos, acompanhando as audiências de instrução e de julgamento, ouvindo os réus e, finalmente, assistindo à execução da pena capital imposta a Perry Smith e Dick Hickock. O trabalho, que culmina com a publicação fragmentada em quatro partes no magazine *The New Yorker*, foi finalizado após seis anos da primeira viagem de Capote a Holcomb.

O mergulho no ambiente em que o delito ocorre permite ao autor apresentar (ou propor) uma interpretação particular do caso, dentre as inúmeras versões possíveis, na qual não serão excluídos os elementos que tornam o evento intenso. A narrativa de Capote necessita expor a maior quantidade possível de informações para que o seu leitor possa sentir a angústia que envolve a comunidade. Não se contenta, pois, com a redução da complexidade do caso (anemia sociológica) ou com a hipervalorização de elementos de natureza moral (hiperbolia sensacionalista). O objetivo de expor com fidedignidade os dramas pessoais e familiares dos protagonistas do crime, de propor uma profunda interpretação psicológica dos envolvidos no assassinato, não pretende criar anjos ou demônios, muito menos desculpar o indesculpável, mas compreender como é possível acontecer um evento trágico daquela natureza. Capote procura apresentar os sujeitos em toda a sua profunda complexidade, para além das (naturais) tendências essencializadoras.

Nesse estudo de caso marcado por uma "investidura antropológica",[29] nessa aproximação ou encontro metodológico,

---

29 RAMOS, *Capote*, p. 34.

o assassinato da família Clutter emerge sem pudores ou moralismos, mas com muito respeito às vítimas e, inclusive, aos réus, que em nenhum momento são transformados em párias sociais. Isso porque Capote, de forma exuberante, permite que todos sejam ouvidos e exponham suas virtudes e perversões, opondo-se à objetificação dos sujeitos, própria das narrativas jurídicas, criminológicas e jornalísticas.

A técnica de investigação utilizada por Capote se aproxima muito da observação participativa.[30] No entanto, para além das classificações metodológicas, é possível concluir que o autor, em sua forma invulgar de abordar o problema, realiza um *mergulho antropológico* que permite uma imersão (sociológica) no ambiente/campo comunitário do Kansas, em termos opostos aos verificados por Baratta ao perceber a frieza das análises e a construção artificial do caso no processo penal.

"*Estou escrevendo sobre como a morte da família Clutter afeta a cidade, não dou a mínima se você vai pegar ou não quem fez isso*", objeta sarcasticamente Capote, na exuberante interpretação de Philip Seymour Hoffman, a Alvin Dewey, chefe das investigações do Condado de Holcomb, representado por Chris Cooper, no filme dirigido por Bennett Miller.

A orientação indicada na película de Miller permite perceber a *segunda ruptura* realizada por Capote, relativa ao *conteúdo* da notícia. Se o procedimento narrativo (jornalismo literário) indica uma nova orientação metodológica (forma), o problema pontuado altera a substância da investigação jornalística (ou da investigação criminológica).

Desde o início, *A Sangue Frio*, em suas versões literária e cinematográfica, demonstra uma intensa preocupação em narrar as condições que permitiram que aquele evento trágico se tornasse

---

30 ANDRETTA, *Análise*..., p. 34.

possível. Não existe qualquer dúvida sobre a culpabilidade de Perry Smith e Dick Hickock. O leitor e o espectador não são remetidos a um universo de tramas policiais no qual os responsáveis são gradualmente descobertos, como seria próprio de um roteiro policial. Os problemas jurídicos, inclusive em relação à pena capital, estão resolvidos de antemão. E igualmente não há nenhuma notícia extraordinária a ser publicada além do próprio evento.

Capote indaga, nesse cenário pós-delito de poucas surpresas, quais os agenciamentos, as vulnerabilidades, os acasos que interferem e permitem que o imprevisto aconteça. Outrossim, o mais significativo na indagação de Capote é o de como aquele evento desestabiliza o imaginário de segurança que sustenta o *american dream*. O diálogo entre Capote e Dewey parece, portanto, simbolizar um desejo de submergir no cotidiano do Condado a fim de conhecer todos os personagens possíveis, não apenas aqueles diretamente envolvidos no assassinato, e compreender o legado de angústia deixado pelo assassinato.

Na película de Miller há ainda um segundo diálogo, igualmente revelador. Capote retorna a Manhattan e, em um sofisticado restaurante, explica a um jornalista o processo de escrita do seu romance de não ficção: *"na noite de 14 de novembro, dois homens invadiram uma pacata fazenda no Kansas e mataram toda a família. Agora, por que fizeram isso? Existem dois mundos neste país. A vida conservadora, pacata e a vida daqueles dois homens. A parte inferior. Criminalmente violenta. E esses dois mundos convergiram naquela noite sangrenta. Eu passei os últimos três meses entrevistando gente no Kansas afetada por aquela violência. Fiquei horas falando com os assassinos e vou passar outras mais. Porque pesquisar este trabalho mudou minha vida. Sabe, alterou meu ponto de vista sobre quase tudo. E acho que aqueles que o lerem sofrerão o mesmo efeito."*

Dois anos antes da publicação de *A Sangue Frio*, Howard Becker lança *Outsiders: estudos de sociologia do desvio* (1963), livro que irá mudar os rumos da criminologia contemporânea. Ao realizar dois estudos etnográficos com distintos grupos desviantes (consumidores de maconha e músicos de jazz), Becker propõe abandonar as perguntas clássicas realizadas pela criminologia positivista: *"por que os desviantes praticam atos de desvio?"*, *"por que transgridem as regras sociais?"*, *"o que há de diferente nestas pessoas que possa explicar o seu comportamento desajustado?"*[31] O autor procura abdicar das orientações de tipo médico-psiquiátricas que explicam o *delito* como expressão de uma patologia individual e o *delinquente* como uma unidade homogênea passível de identificação, classificação e intervenção – *"o desvio não é uma qualidade do ato que a pessoa comete, mas a consequência da aplicação das regras e das sanções a quem é considerado 'criminoso'. O desviante é uma pessoa a quem foi aplicado um rótulo com sucesso; o comportamento desviante é aquele etiquetado como inadequado."*[32] Não por outra razão o autor desloca o centro de suas investigações das características pessoais e sociais dos desviantes para os processos pelos quais são identificados como criminosos e qual a sua reação frente à rotulação.

O esforço principal de Becker é no sentido da criação de dispositivos que permitam produzir fissuras na lógica essencializadora da criminologia ortodoxa, que, ao naturalizar o crime e o criminoso como patologias (individuais ou sociais), converte um fragmento (o crime) na própria vida do seu protagonista. Ao absolutizar (essencializar) o crime, toda a história do sujeito passa a ser explicada a partir do episódio e a sua subjetividade será congelada nas circunstâncias do ato. Assim, todos os fatos relevantes do passado são interpretados como momentos preparatórios do crime; todo o futuro é resumido à expectativa de repetição do delito.

Para romper esse ciclo vicioso que orienta o pensamento ortodoxo, Becker propõe alterar a indagação primeira que orienta

---

31 BECKER, *Outsiders*, p. 03.
32 BECKER, *Outsiders*, p. 09.

a abordagem criminológica: *"pergunte 'como?' – não 'por quê?'"*, sugere o autor em seu *Método de Pesquisa em Ciências Sociais*. Conforme Becker, *"quando se pergunta por que, na verdade se está pedindo, e é isso que se receberá, dadas as convenções de nossa fala comum, uma justificativa, uma explicação, uma seleção a partir do vocabulário disponível de motivos."*[33] Considera muito mais eficaz, portanto, dirigir a investigação no sentido de conhecer a sequência de eventos que conduz ao desvio, isto é, indagar "como" o fato ocorreu, pois *"as perguntas que sondam em busca de detalhes concretos de eventos e suas sequências produzem respostas que são menos ideológicas e mitológicas, e mais úteis para a reconstrução de vivências e eventos passados."*[34]

Em realidade, a inversão proposta por Becker permite perceber que a indagação acerca dos motivos (*"por quê?"*) carrega uma imensa carga de significados e, não esporadicamente, indica *a priori* qual a resposta esperada por quem realiza a pergunta. Inexiste, pois, interlocução com o sujeito abordado, visto que as hipóteses e as suas variáveis explicativas estão previamente postas. Ao contrário, ao perquirir as circunstâncias (*"como?"*), o investigador não apenas abre um espaço para que o interlocutor efetivamente "conte a sua história", como lhe transfere a responsabilidade pelo conteúdo da sua fala. Assim, criam-se condições de um encontro do investigador com verdades outras que estão fora do seu universo de compreensão, verdades duras, verdades chãs, que podem surpreendê-lo e mudar a sua percepção.

Nas palavras de Faerman, *"se o crime é também a história de angústias e horrores, como a sombra de um patíbulo avistado das galerias de um presídio, é em algumas poucas obras escritas com as técnicas da reportagem literária que sua verdade terrível vai ser resgatada."*[35]

---

33 BECKER, *Método de Pesquisa em Ciências Sociais*, p. 163.
34 BECKER, *Método...*, p. 164.
35 FAERMAN, *O Crime...*, p. 37.

04. *A Sangue Frio* e *Outsiders*: Algumas Considerações

As perspectivas na abordagem do crime e do desvio, as condições do encontro com as pessoas envolvidas nesses eventos trágicos e a forma de vivenciar essas experiências são radicalmente similares em Capote e em Becker.

Em ambos é perceptível um esforço pessoal, para além do teórico e do metodológico, para abandonar os processos de rotulação naturalizados em uma cultura que se reflete nas notícias do jornalismo sensacionalista e nas hipóteses da criminologia causal-explicativa (positivista). Em sentido oposto à racionalidade essencializadora que em um curto espaço de tempo distribui etiquetas e consolida estigmas, os autores superam as leituras fragmentadas que isolam as pessoas do complexo contexto em que vivem.

Capote e Becker redigem seus textos para além do fato criminoso, de forma a não permitir que o crime se transforme nos suspeitos e os suspeitos sejam consumidos pelo seu crime. No caso de Capote, por mais reprovável que tenha sido o assassinato da família Clutter, o autor não permite que a dignidade de Perry Smith e Dick Hickcock seja vulnerada, tratando ambos como humanos, demasiado humanos, profundamente imersos em suas contradições e idiossincrasias.

A conclusão de Becker poderia, sem quaisquer dúvidas, ser redigida *com* ou *para* Capote: "*acho que é igualmente indiscutível que não se pode estudar desviantes sem abandonar um moralismo simplório que exige que nós denunciemos abertamente qualquer atividade deste tipo em todas as ocasiões. De fato, o pesquisador deve cultivar uma atitude deliberadamente tolerante, tentando compreender o ponto de vista a partir do qual seus sujeitos empreenderam as atividades que ele acha desagradáveis. Um moralismo que exclui a investigação empírica, decidindo a priori questões de fato, é cientificamente imoral.*"[36]

---

36 BECKER, *Método...*, p. 175.

REFERÊNCIAS BIBLIOGRÁFICAS

Por que Antimanual de Criminologia?

BECCARIA, Cesare de Bonesana, Marquês de. *Dos Delitos e das Penas*. 6. ed. São Paulo: Atena, 1959.

FERRAJOLI, Luigi. *Diritto e Ragione: Teoria del Garantismo Penale*. 5. ed. Roma: Laterza, 1998.

MORIN, Edgar. *Breve Historia de la Barbarie en Occidente*. Buenos Aires: Paidós, 2007.

TIMM DE SOUZA, Ricardo. *Em Torno à Diferença: aventuras da alteridade na complexidade da cultura contemporânea*. Rio de Janeiro: Lumen Juris, 2007.

PARTE I
I – ENSINO E APRENDIZADO DAS CIÊNCIAS CRIMINAIS NO SÉCULO XXI

ANCEL, Marc. *A Nova Defesa Social*. Rio de Janeiro: Forense, s/d.

ANDRADE, Lédio Rosa. Aproximando a Psicologia do Direito. *In:* CERQUEIRA, Daniel Torres & FRAGALE FILHO, Roberto. *O Ensino Jurídico em Debate*. Campinas: Millennium, 2007.

APONTE, Alejandro. Derecho Penal de Enemigo vs. Derecho Penal del Ciudadano. *Revista Brasileira de Ciências Criminais* (51). São Paulo: RT, 2004.

ASÚA, Luis Jiménez. *Psicoanálisis Criminal*. 6. ed. Buenos Aires: Depalma, 1982.

BAETHGEN, Walter Eduardo. Contra a Ideia de uma Teoria Geral do Processo. *Revista da Consultoria Geral do Estado* (19), Porto Alegre, 1977.

BARATTA, Alessandro. *Criminologia Crítica e Crítica do Direito Penal: Introdução à Sociologia do Direito Penal*. Rio de Janeiro: ICC/Revan, 1997.

_____. La Vida y el Laboratório del Derecho: a propósito de la imputación de responsabilidad en el proceso penal. *Doxa* (05), Alicante, 1998.

BARROSO, Luís Roberto. *Interpretação e Aplicação da Constituição*. 3. ed. São Paulo: Saraiva, 1999.

BECCARIA, Cesare de Bonesana, Marquês de. *Dos Delitos e das Penas*. 6. ed. São Paulo: Atena, 1959.

BETTIOL, Giuseppe & BETTIOL, Rodolfo. *Instituciones de Derecho Penal y Procesal*. 6. ed. Padova: CEDAM, 1995.

CARNELUTTI, Francesco. La Cenicienta. In: *Cuestiones sobre el Proceso Penal*. Buenos Aires: EJEA, 1961.

CORDERO, Franco. *Guida alla Procedura Penale*. Torino: Utet, 1986.

COUTINHO, Jacinto Nelson de Miranda. *A Lide e o Conteúdo do Processo Penal*. Curitiba: Juruá, 1989.

CUNHA, Rosa Maria Cardoso. *O Caráter Retórico do Princípio da Legalidade*. Porto Alegre: Síntese, 1979.

DESCARTES, René. *O Discurso do Método*. São Paulo: Nova Cultural, s/d.

DURKHEIM, Émile. *Las Reglas del Método Sociológico*. Madrid: Akal, 1985.

FERRAJOLI, Luigi. *Diritto e Ragione: Teoria del Garantismo Penale*. 5. ed. Roma: Laterza, 1998.

FEUERBACH, Anselm von. *Tratado de Derecho Penal*. Buenos Aires: Hammurabi, 1989.

FOUCAULT, Michel. *Vigiar e Punir: História da Violência nas Prisões*. 8. ed. Petrópolis: Vozes, 1991.

_____. *Os Anormais*. São Paulo: Martins Fontes, 2002.

FREUD, Sigmund. Varios Tipos de Caracter Descubiertos en la Labor Analítica. *In: Obras Completas* (III). Madrid: Biblioteca Nueva, 1996.

GRAMATICA, Filippo. *Princípios de Defensa Social*. Madrid: Montecorvo, 1974.

HASSEMER, Winfried. *Fundamentos del Derecho Penal*. Barcelona: Bosch, 1984.

IHERING, Rudolf von. *O Espírito do Direito Romano*. Rio de Janeiro: Alba, 1943.

KELSEN, Hans. *Teoria Pura do Direito*. 4. ed. Coimbra: Arménio Amado, 1979.

KHUN, Thomas. *A Estrutura das Revoluções Científicas*. 3. ed. São Paulo: Perspectiva, 1991.

LACAN, Jacques. Introdução Teórica às Funções da Psicanálise em Criminologia. *In: Escritos*. Rio de Janeiro: Zahar, 1998.

_____. Premissas a todo Desenvolvimento Possível da Criminologia. *In: Outros Escritos*. Rio de Janeiro: Zahar, 1998.

LARRAURI, Elena. *La Herencia de la Criminología Crítica*. Madrid: Siglo Veintiuno, 1991.

_____. Una Defensa de la Herencia de la Criminología Crítica. *Revista de Derecho Penal y Criminología* (vol. 17, 2ª época), Madrid, 2006.

LISZT, Franz von. *Tratado de Derecho Penal*. 3. ed. Madrid: Instituto Editorial Reus, s/d, tomo 01.

_____. *La Idea de Fin en Derecho Penal*. México: UNAM, 1994.

LOPES JR., Aury. *Direito Processual Penal e sua Conformação Constitucional*. Rio de Janeiro: Lumen Juris, 2007.

LÖWY, Michel. *As Aventuras de Karl Marx contra o Barão de Münchhausen*. 5. ed. São Paulo: Cortez, 1994.

MARAT, Jean Paul. *Disegno di Legislazione Criminale*. Milano: Cisalpino, 1971.

MUÑOZ CONDE, Francisco. Prólogo. *In:* HASSEMER, Winfried. *Fundamentos del Derecho Penal*. Barcelona: Bosch, 1984.

OLMO, Rosa del. *Ruptura Criminológica*. Caracas: Universidad Central de Venezuela, 1979.

PORTO-CARRERO, J. P. *Criminologia e Psychanalyse*. Rio de Janeiro: Flores & Mano, 1932.

ROCCO, Arturo. *El Problema del Método de la Ciencia del Derecho Penal*. 2. ed. Bogotá: Temis, 1982.

SANTOS, Juarez Cirino. *Direito Penal: parte geral*. 2. ed. Rio de Janeiro: Lumen Juris/ICPC, 2007.

STRECK, Lenio. *Jurisdição Constitucional e Hermenêutica: uma nova crítica do Direito*. Porto Alegre: Livraria do Advogado, 2002.

SUANNES, Adauto. *Os Fundamentos Éticos do Devido Processo Penal*. São Paulo: RT, 1999.

TIMM DE SOUZA, Ricardo. *Em Torno à Diferença: aventuras da alteridade na complexidade da cultura contemporânea*. Rio de Janeiro: Lumen Juris, 2007.

TUCCI, Rogério Lauria. Considerações acerca da Inadmissibilidade de uma Teoria Geral do Processo. *In:* PIERANGELI, J. H. (coord.). *Direito Criminal III*, Belo Horizonte: Del Rey, 2001.

WARAT, Luis Alberto. *Introdução Geral ao Direito I: Interpretação da Lei e Temas para uma Reformulação*. Porto Alegre: Fabris, 1994.

WEBER, Max. *Ciência e Política: duas vocações*. São Paulo: Cultrix, s/d.

WELZEL, Hans. *Derecho Penal Alemán*. 4. ed. Santiago: Editorial Jurídica de Chile, 1993.

ZAFFARONI, Eugenio Raúl. *Origen y Evolución del Discurso Crítico en el Derecho Penal*. Buenos Aires: Ediar, 2004.

ZAFFARONI, Eugenio Raúl; BATISTA, Nilo; ALAGIA, Alejandro. & SLOKAR, Alejandro. *Direito Penal Brasileiro I*. Rio de Janeiro: Revan, 2003.

II – A ATUALIDADE DA CRIMINOLOGIA CRÍTICA: PENSAMENTO CRIMINOLÓGICO, CONTROLE SOCIAL E VIOLÊNCIA INSTITUCIONAL

ADORNO, Theodor W. & HORKHEIMER, Max. *Dialética do Esclarecimento*. Rio de Janeiro: Zahar, 1985.

ADORNO, Theodor W. Educação após Auschwitz. *In: Adorno: textos escolhidos*. São Paulo: Ática, 1986.

ARENDT, Hannah. *Eichmann em Jerusalém: um relato sobre a banalidade do mal*. São Paulo: Companhia das Letras, 1999.

BENJAMIN, Walter. Sobre a Crítica do Poder como Violência. *In: O Anjo da História*. Belo Horizonte: Autêntica, 2012.

FRANKENBERG, Günter. Teoría Crítica. *Academia: Revista sobre Enseñanza del Derecho*, v. 9, n. 17, 2011.

FROMM, Erich. *O Medo à Liberdade*. 14. ed. Rio de Janeiro: Editora Guanabara, 1983.

FROMM, Erich. On the Psychology of the Criminal and the Punitive Society. *In:* ANDERSON, Kevin; QUINNEY, Richard (eds.). *Erich Fromm and Critical Criminology: beyond the punitive society*. Chicago: University of Illinois Press, 2000.

FROMM, Erich. *Psicanálise da Sociedade Contemporânea*. São Paulo: Circulo do Livro, 1985.

FROMM, Erich. The State as Educator: on the Psychology of Criminal Justice. *In:* ANDERSON, Kevin; QUINNEY, Richard (eds.). *Erich Fromm and Critical Criminology: beyond the punitive society*. Chicago: University of Illinois Press, 2000.

HORKHEIMER, Max. Teoria Tradicional e Teoria Crítica. *In:* BENJAMIN, W.; HORKHEIMER, M.; ADORNO, T.;

HABERMAS, J. *Textos Escolhidos*. 2 ed. São Paulo: Abril Cultural, 1983.

MARX, Karl. *Manuscritos Econômicos-Filosóficos*. São Paulo: Boitempo, 2010.

MASCARO, Alysson Leandro. *Filosofia do Direito*. 4. ed. São Paulo: Atlas, 2014.

MATOS, Olgária. *A Escola de Frankfurt: luzes e sombras do Iluminismo*. São Paulo: Moderna, 1993.

NEUMANN, Franz. *Behemoth: the structure and practice of national socialism*, 1933-1944. Chicago: Dee Publisher, 2009.

NEUMANN, Franz. *O Império do Direito: teoria política e sistema jurídico na sociedade moderna*. São Paulo: Quartier Latin, 2013.

NEUMANN, Franz. *Rechtsphilosophische Einleitung zu einer Abhandlung über das Verhältnis von Staat und Strafe*. Diss. jur., Frankfurt am Main, 1922.

PANDOLFO, Alexandre Costi. *A Criminologia Traumatizada: um ensaio sobre violência e representação dos discursos criminológicos hegemônicos no século XX*. Rio de Janeiro: Lumen Juris, 2010.

SOUZA, Ricardo Timm. A Escola de Frankfurt e o Contexto do seu Surgimento: inquietações éticas no coração dos dilemas de uma época. In: *Adorno & Kafka: paradoxos do singular*. Passo Fundo: IFIBE, 2010.

SOUZA, Ricardo Timm. O Nervo Exposto: por uma crítica da razão ardilosa desde a racionalidade ética. In: *Anuário do Programa de Pós-Graduação em Filosofia da PUCRS*. Porto Alegre: EDIPUCRS, 2015.

III – FRONTEIRAS ENTRE CIÊNCIA (CRIMINOLÓGICA) E ARTE

ALVES, Marcelo. *Camus: entre o Sim e o Não a Nietzsche*. Florianópolis: Letras Contemporâneas, 2001.

ANDRADE, Vera Regina Pereira de. *Dogmática Jurídica: escorço de sua configuração e identidade*. Porto Alegre: Livraria do Advogado, 1996.

BIRMAN, Joel. *Mal-Estar na Atualidade: a psicanálise e as novas formas de subjetivação*. 2. ed. Rio de Janeiro: Civilização Brasileira, 2000.

BOBBIO, Norberto. *Teoria do Ordenamento Jurídico*. São Paulo: Polis; Brasília: Edunb, 1989.

CARTA DA TRANSDISCIPLINARIDADE. *Revista de Estudos Criminais* (03). Porto Alegre, 2001.

CARVALHO, Salo. A Ferida Narcísica do Direito Penal. *In: A Qualidade do Tempo*. GAUER, Ruth (org.). Rio de Janeiro: Lumen Juris, 2004.

_____. Criminologia e Transdisciplinaridade. *Revista Brasileira de Ciências Criminais* (56). São Paulo: Revista dos Tribunais, 2005.

DECLARAÇÃO DE VENEZA. A Ciência Diante das Fronteiras do Conhecimento. *Revista de Estudos Criminais* (07). Porto Alegre, 2002.

DESCARTES, René. *O Discurso do Método*. São Paulo: Nova Cultural, s/d.

GIACÓIA JR., Oswaldo. *Nietzsche*. São Paulo: Publifolha, 2000.

KANTOROWICZ, Germán. La Lucha por la Ciencia del Derecho. *In: La Ciencia del Derecho*. Buenos Aires: Losada, 1949.

KIRCHMANN, J. G. El Carácter a-Científico de la Llamada Ciencia del Derecho. *In: La Ciencia del Derecho*. Buenos Aires: Losada, 1949.

KLOSSOWSKI, Pierre. *Nietzsche e o Círculo Vicioso*. Rio de Janeiro: Pazulin, 2000.

MACHADO, Roberto. *Nietzsche e a Verdade*. Rio de Janeiro: Graal, 1999.

MAFFESOLI, Michel. *O Eterno Instante: o retorno do trágico nas sociedades pós-modernas*. Lisboa: Piaget, s/d.

_____. Mediações Simbólicas: a imagem como vínculo social. *In: Para Navegar no Século XXI*. 3. ed. Porto Alegre: Sulina/EDIPUCRS, 2003.

MARTON, Scarlet. *Nietzsche: uma Filosofia a Marteladas*. São Paulo: Brasiliense, 1999.

MELMAN, Charles. *O Homem sem Gravidade: gozar a qualquer preço*. Rio de Janeiro: Companhia de Freud, 2003.

MORIN, Edgar. Da Necessidade de um Pensamento Complexo. *In: Para Navegar no Século XXI*. 3. ed. Porto Alegre: Sulina/EDIPUCRS, 2003.

NIETZSCHE, Friedrich. *Genealogia da Moral*. São Paulo: Cia. das Letras, 1998.

_____. *Sobre a Verdade e a Mentira no Sentido Extra-Moral*. In: Obras Incompletas. 3. ed. São Paulo: Abril Cultural, 1983.

_____. *O Nascimento da Tragédia (ou Helenismo e Pessimismo)*. 2. ed. São Paulo: Cia. das Letras, 1992.

_____. *Aurora: reflexões sobre os preconceitos morais*. São Paulo: Cia. das Letras, 2004.

_____. *Crepúsculo dos Ídolos (ou como filosofar com o martelo)*. 2. ed. Rio de Janeiro: Relume Dumará, 2000.

_____. *Humano, Demasiado Humano*. São Paulo: Cia. das Letras, 2000.

PESSIN, Liane. *A Potência do Trágico Nietzschiano na Clínica Psicoterápica*. Dissertação do Programa de Mestrado em Psicologia Clínica da PUCSP, São Paulo, s/d.

SAVIGNY, F. K. *De la Vocación de Nuestro Siglo para la Legislación y la Ciencia del Derecho*. Buenos Aires: Atalaya, 1976.

VATTIMO, Gianni. *Introducción a Nietzsche*. Barcelona: Península, 1985.

WARAT, Luis Alberto. A partir de Kelsen. *In: Estudos de Filosofia do Direito: uma visão integral da obra de Hans Kelsen*. São Paulo: RT, 1985.

_____. *Mitos e Teoria na Aplicação da Lei*. Porto Alegre: Síntese, 1979.

ZAFFARONI, Eugenio Raúl; BATISTA, Nilo; SLOKAR, Alessandro; ALAGIA, Alessandro. *Direito Penal Brasileiro I*. Rio de Janeiro: Revan, 2003.

ZITELMANN, Ernest. Las Lagunas del Derecho. *In: La Ciencia del Derecho*. Buenos Aires: Losada, 1949.

Parte II
IV – DESCONSTRUÇÕES E CONSTÂNCIAS DO MODELO INQUISITORIAL: CRÍTICA CRIMINOLÓGICA AO PROCESSO PENAL

ASUA BATARRITA, Adela (coord.). *El Pensamiento Penal de Beccaria: su actualidad*. Bilbao: Universidad de Deusto, 1990.

BAUBÉROT, Jean. Laicidade. *In: Dicionário de Ética e Filosofia Moral (II)*. CANTO-SPERBER, Monique (org.). São Leopoldo: Ed. UNISINOS, 2003.

BECCARIA, Cesare de. *Dos Delitos e das Penas*. 6. ed. São Paulo: Atena, 1959.

BOFF, Leonardo. Inquisição: Um espírito que continua a existir. *In:* EYMERICH, Nicolau. *Manual dos Inquisidores*. Rio de Janeiro: Rosa dos Tempos; Brasília: EdUnB, 1993.

BORNHEIM, Gerd. A Descoberta do Homem e do Mundo. *In:* NOVAES, Adauto (org.). *A Descoberta do Homem e do Mundo*. São Paulo: Companhia das Letras, 1998.

CARVALHO, Salo. *Pena e Garantias*. 2. ed. Rio de Janeiro: Lumen Juris, 2003.

_____. Tântalo no Divã. *Revista Brasileira de Ciências Criminais* (50). São Paulo: RT, 2004.

CORDERO, Franco. *Guida alla Procedura Penale*. Torino: UTET, 1986.

_____. *Procedura Penale*. 5. ed. Milano: Giuffrè, 2000.

COUTINHO, Jacinto. Introdução aos Princípios Gerais do Direito Processual Penal Brasileiro. *Revista de Estudos Criminais* (01). Porto Alegre: ITEC/Notadez, 2000.

_____. O Papel do Novo Juiz no Processo Penal. *In: Direito Alternativo: Anais do Evento Comemorativo do Sesquicentenário do Instituto dos Advogados Brasileiros.* Rio de Janeiro: IAB, 1994.

DUSSEL, Enrique D. Da Secularização ao Secularismo da Ciência Europeia, desde o Renascimento até o Iluminismo. *In: Caminhos para Libertação Latino-Americana* (II). São Paulo: Paulinas, 1984.

ECO, Umberto. *Il Nome della Rosa*, Milano: Bompiani, 1998.

EYMERICH, Nicolau. *Directorium Inquisitorum* [Manual dos Inquisidores]. Rio de Janeiro: Rosa dos Tempos; Brasília: EdUnB, 1993.

FERRAJOLI, Luigi. *Diritto e Ragione: Teoria del Garantismo Penale.* 5. ed. Roma: Laterza, 1998.

FOUCAULT, Michel. *Vigiar e Punir.* 8. ed. Petrópolis: Vozes, 1991.

_____. *Historia de la Locura en la Época Clásica.* 2. ed. México (DF): Fondo de Cultura, 1992.

_____. *Microfísica do Poder.* 6. ed. Rio de Janeiro: Graal, 1986.

FREUD, Sigmund. Una dificultad del Psicoanalisis. *In: Obras Completas* (III). Madrid: Biblioteca Nueva, 1996.

GONZAGA, João Bernardino. *A Inquisição em seu Mundo.* São Paulo: Saraiva, 1993.

IBAÑEZ, Perfecto Andrés. Sentença Penal. *In: Revista de Estudos Criminais* (14). Porto Alegre: Notadez, 2004.

JARDIM, Afrânio Silva. *Ação Penal Pública: princípio da obrigatoriedade.* 2. ed. Rio de Janeiro: Forense, 1994.

KRAMER, Heinrich & SPRENGER, James. *Malleus Maleficarum* [O Martelo das Feiticeiras]. 8. ed. Rio de Janeiro: Rosa dos Tempos, 1991.

LEGENDRE, Pierre. *O Amor do Censor: ensaio sobre a ordem dogmática.* Rio de Janeiro: Colégio Freudiano; Forense Universitária, 1983.

LEVACK, Brian. *A Caça às Bruxas*. 2. ed. Rio de Janeiro: Campus, 1989.

MANDROU, Robert. *Magistrados e Feiticeiras na França do Século XVII*. São Paulo: Perspectiva, 1979.

NOVINSKY, Anita. *A Inquisição*. 2. ed. São Paulo: Brasiliense, 1983.

NOVINSKY, Anita & CARNEIRO, Ma. Luiza Tucci (orgs.). *Inquisição: Ensaios sobre mentalidade, heresias e arte*. Rio de Janeiro: Expressão e Cultura; São Paulo: EDUSP, 1992.

SANCHÍS, Luis Prieto. *La Filosofía Penal de la Ilustración. Aportación a su estudio*. Anuario de Derechos Humanos (03). Madrid: Universidad Complutense, 1985.

VERRI, Pietro. *Observações sobre a Tortura*. São Paulo: Martins Fontes, 1992.

VOLTAIRE, François Ma. Arouet. Comentário sobre o Livro Dos Delitos e Das Penas por um Advogado de Província. *In: Comentários Políticos*. São Paulo: Martins Fontes, 2001.

ZAFFARONI, Eugenio Raúl. *Criminología: aproximación desde un margen*. Bogotá: Temis, 1988.

ZAFFARONI, Eugenio Raúl; BATISTA, Nilo; SLOKAR, Alessandro e ALAGIA, Alessandro. *Direito Penal Brasileiro I*. Rio de Janeiro: Revan, 2003.

V – A FERIDA NARCÍSICA DO DIREITO PENAL: CRÍTICA CRIMINOLÓGICA À DOGMÁTICA JURÍDICO-PENAL

BARATTA, Alessandro. Funções Intrumentais e Simbólicas do Direito Penal. *Revista Brasileira de Ciências Criminais* (05). São Paulo: RT, 1994.

_____. La Vida y el Laboratorio del Derecho. *Doxa* (05). Madrid, 1998.

BAUMAN, Zygmunt. *Globalização: as consequências humanas*. Rio de Janeiro: Zahar, 1999.

_____. *O Mal-estar da Pós-modernidade*. Rio de Janeiro: Zahar, 1998.

BECK, Ulrich. *La Sociedad del Riesgo*. Barcelona: Paidós, 1998.

BIRMAN, Joel. *Estilo e Modernidade em Psicanálise*. São Paulo: Editora 34, 1997.

CARTA DA TRANSDISCIPLINARIDADE. *Revista de Estudos Criminais* (03). Porto Alegre: Notadez, 2001.

CARVALHO, Salo. *Pena e Garantias*. Rio de Janeiro: Lumen Juris, 2001.

_____. As Reformas Parciais no Processo Penal brasileiro. *In: Anuário do Programa de Pós-Graduação em Direito da UNISINOS*. São Leopoldo: Ed. UNISINOS, 2001.

_____ et al., *Canotilho e a Constituição dirigente*. Rio de Janeiro: Revan, 2002.

COUTINHO, Jacinto. Atualizando o discurso sobre Direito e neoliberalismo no Brasil. *In: Estudos Criminais* (04). Porto Alegre: Notadez, 2001.

_____. Glosas ao "Verdade, Dúvida e Certeza", de Francesco Carnelutti, para os Operadores do Direito. *In:* RUBIO, David Sánchez; HERRERA, Joaquin & CARVALHO, Salo. *Anuário Ibero-Americano de Direitos Humanos*. Rio de Janeiro: Lumen Juris, 2002.

_____. Jurisdição, Psicanálise e o Mundo Neoliberal. *In:* COUTINHO, Jacinto et al. *Direito e Neoliberalismo: Elementos para uma Leitura Interdisciplinar*. Curitiba: Ed. IBEJ, 1996.

_____. O Papel do Pensamento Economicista no Direito Criminal de Hoje. *In: Revista Brasileira de Ciências Criminais* (32). São Paulo: RT, 2000.

DAHRENDORF, Ralf. *Quadrare il Cerchio*. 8. ed. Roma: Laterza, 1998.

DECLARAÇÃO DE VENEZA, A Ciência Diante das Fronteiras do Conhecimento. *In: Revista de Estudos Criminais* (07). Porto Alegre: Notadez, 2002.

DIAS, Jorge de Figueiredo. O Direito Penal entre a 'Sociedade Industrial' e a 'Sociedade do Risco'. *In: Revista Brasileira de Ciências Criminais* (33). São Paulo: RT, 2001.

FARIA, José Eduardo. Globalização e direitos humanos. *Jornal Folha de São Paulo*, 11/10/1997.

FERNANDES, Paulo Silva. *Globalização, 'Sociedade de Risco' e o Futuro do Direito Penal*. Coimbra: Almedina, 2001.

FERRAJOLI, Luigi. Crisis del sistema político y jurisdicción. *In: Pena y Estado* (01). Buenos Aires: Ed. Del Puerto, 1995.

_____. El Estado Constitucional de Derecho, Hoy. *In:* Ibáñez, Perfecto Andrés (org.). *Corrupción y Estado de Derecho*. Madrid: Trotta, s/d.

FERRI, Enrico. *Os Criminosos na Arte e na Literatura*. Porto Alegre: Lenz, 2001.

FREUD, Sigmund. *O Mal-estar na Civilização*. São Paulo: Abril Cultural, 1978.

_____. Una Dificultad del Psicoanalisis. *In: Obras Completas* (III). Madrid: Biblioteca Nueva, 1996.

GAUER, Ruth. Interdisciplinaridade e Ciências Criminais *In:* FAYET JR., Ney. *Ensaios Penais em Homenagem ao Professor Alberto Rufino Rodrigues de Souza*. Porto Alegre: Lenz, 2003.

GRAU, Eros Roberto. *A Ordem Econômica na Constituição de 1988*. São Paulo: Malheiros, 2001.

HASSEMER, Winfried & MUÑOZ CONDE, Francisco. *Introducción a la Criminología y al Derecho Penal*. Valencia: Tirant lo Blanch, 2003.

HOENISCH, Julio César Diniz. *Divã de Procusto*. Dissertação apresentada ao curso de Pós-Graduação em Psicologia Social da PUCRS para obtenção do título de Mestre. Porto Alegre, 2003.

LARRAURI, Elena & CID, José. *Teorías Criminológicas*. Barcelona: Bosch, 2001.

OST, François. *O Tempo do Direito*. Lisboa: Piaget, 1999.

ROUANET, Sérgio Paulo. *Mal-estar na Modernidade*. São Paulo: Cia. das Letras, 1993.

ROXIN, Claus. *Derecho Penal*. Madrid: Civitas, 1997.

RUDINESCO, Elisabeth & PLON, Michel. *Dicionário de Psicanálise*. Rio de Janeiro: Zahar, 1998.

SILVA SÁNCHES, Jesús-María. *La Expansión del Derecho Penal*. Madrid: Civitas, 2001.

SUTHERLAND, Edwin. H. *El Delito de Cuello Blanco*. Madrid: La Piqueta, 1999.

THOMPSON, Augusto. *Quem São os Criminosos?* Rio de Janeiro: Lumen Juris, 1998.

WACQUANT, Loïc. *As Prisões da Miséria*. Rio de Janeiro: Zahar, 2001.

_____. *Punir os Pobres*. Rio de Janeiro: ICC/Freitas Bastos, 2001.

ZAFFARONI, Eugenio Raúl. *Em Busca das Penas Perdidas*. Rio de Janeiro: Revan, 1991.

ZAFFARONI, Eugenio Raúl; BATISTA, Nilo; ALAGIA, Alejandro & SLOKAR, Alejandro. *Direito Penal Brasileiro I*. Rio de Janeiro: Revan, 2003.

VI – CRIMINOLOGIA E TEORIA CRÍTICA DOS DIREITOS HUMANOS: CRÍTICA CRIMINOLÓGICA À POLÍTICA CRIMINAL

AGAMBEN, Giorgio. *Estado de Exceção*. São Paulo: Boitempo, 2004.

BARATTA, Alessandro. *Criminologia Crítica e Crítica do Direito Penal: introdução à sociologia do direito penal*. Rio de Janeiro: Revan/ICC, 1997.

BAUDRILLARD, Jean. A Conjuração dos Imbecis. *In:* MARTINS, Francisco Menezes & SILVA, Juremir Machado (orgs.). *Para Navegar no Século XXI.* Porto Alegre: EDIPUCRS/Sulina, 2003.

BOBBIO, Norberto. *L'Età dei Diritti.* Torino: Einaudi, 1997.

CAPELLA, Juan Ramón. *Fruta Prohibida: una Aproximación Histórico-Teorética al Estudio del Derecho y del Estado.* Madrid: Trotta, 1997.

CARVALHO, Salo. Teoria Agnóstica da Pena. *In: Crítica à Execução Penal.* 2. ed. Rio de Janeiro: Lumen Juris, 2006.

_____. A Ferida Narcísica do Direito Penal. *In:* GAUER, Ruth (org.). *A Qualidade do Tempo.* Rio de Janeiro: Lumen Juris, 2004.

_____. Criminologia e Transdisciplinaridade. *In:* GAUER, Ruth (org.). *Sistema Penal e Violência.* Rio de Janeiro: Lumen Juris, 2007.

_____. Revista à Desconstrução do Modelo Jurídico Inquisitorial. *In: Ciências Penais* (02). São Paulo: RT/ABPCP, 2005.

CORDERO, Franco. *Guida alla Procedura Penale.* Torino: UTET, 1986.

FERRAJOLI, Luigi. *Diritto e Ragione: Teoria del Garantismo Penale.* 5. ed. Roma: Laterza, 1998.

FOUCAULT, Michel. *Vigiar e Punir: História da Violência nas Prisões.* 8. ed. Petrópolis: Vozes, 1991.

HERRERA FLORES, Joaquín. Hacia una Visión Compleja de los Derechos Humanos. *In: El Vuelo de Anteo: derechos humanos y crítica de la razón liberal.* Bilbao: Desclée de Brouwer, 2000.

_____. Introducción. *In: El Vuelo de Anteo: derechos humanos y crítica de la razón liberal.* Bilbao: Desclée de Brouwer, 2000.

_____. Los Derechos Humanos en el Contexto de la Globalización: tres precisiones conceptuales. *In:* SÁNCHEZ RUBIO, David; HERRERA FLORES, Joaquín; CARVALHO,

Salo (orgs.). *Direitos Humanos e Globalização: fundamentos e possibilidades desde a teoria crítica.* Rio de Janeiro: Lumen Juris, 2004.

HINKELAMMERT, Franz. La Inversión de los Derechos Humanos: el caso John Locke. *In:* HERRERA FLORES, Joaquín (ed.). *El Vuelo de Anteo: derechos humanos y crítica de la razón liberal.* Bilbao: Desclée de Brouwer, 2000.

_____. La Rebelión en la Tierra y la Rebelión en el Cielo: el ser humano como sujeto. *In:* SÁNCHEZ RUBIO, David; HERRERA FLORES, Joaquín; CARVALHO, Salo (orgs.). *Anuário Ibero-Americano de Direitos Humanos (2001/2002).* Rio de Janeiro: Lumen Juris, 2002.

LARRAURI, Elena. *La Herencia de la Criminología Crítica.* Madrid: Siglo Veintiuno, 1991.

LEGENDRE, Pierre. *O Amor do Censor: ensaio sobre a ordem dogmática.* Rio de Janeiro: Colégio Freudiano; Forense Universitária, 1983.

LÓPEZ CALERA, Nicolás Maria. *Yo, el Estado: bases para una teoría substancializadora (no substancialista) del Estado.* Madrid: Trotta, 1992.

MAFFESOLI, Michel. *O Eterno Instante: o retorno do trágico nas sociedades pós-modernas.* Lisboa: Piaget, 2001.

SÁNCHEZ RUBIO, David. *Filosofía, Derecho y Liberación en América Latina.* Bilbao: Desclée de Brouwer, 1999.

_____. Acerca de la Democracia y los Derechos Humanos: de espejos, imágenes, cegueras y oscuridades. *In:* SÁNCHEZ RUBIO, David; HERRERA FLORES, Joaquín; CARVALHO, Salo (orgs.). *Anuário Ibero-Americano de Direitos Humanos (2001/2002).* Rio de Janeiro: Lumen Juris, 2002.

_____. Ciencia-Ficción y Derechos Humanos: tramas sociales y principios de imposibilidad. *In: Repensar Derechos Humanos: de la anestesia a la sinestesia.* Sevilla: MAD, 2007.

_____. Reversibilidade do Direito: os Direitos Humanos na Tensão entre o Mercado, os Seres Humanos e a Natureza.

Revista de Estudos Criminais (22). Porto Alegre: Notadez/PPGCCrim PUCRS/ITEC, 2006.

SILVA SÁNCHEZ, Jesús-María. *La Expansión del Derecho Penal*. 2. ed. Madrid: Civitas, 2001.

TIMM DE SOUZA, Ricardo. Humano, Hoje: sobre a questão da dignidade humana no discurso filosófico contemporâneo. *In:* CARBONARI, Paulo César (org.). *Sentido Filosófico dos Direitos Humanos: leituras do pensamento contemporâneo*. Passo Fundo: IFIBE, 2006.

ZAFFARONI, Eugenio Raúl. La Rinascita del Diritto Penale Liberale o la 'Croce Rossa' Giudiziaria. *In:* GIANFORMAGGIO, Letizia (org.). *Le Ragioni del Garantismo: Discutendo com Luigi Ferrajoli*. Torino: Giappichelli, 1993.

ZAFFARONI, Eugenio Raúl; BATISTA, Nilo; ALAGIA, Alejandro & SLOKAR, Alejandro. *Direito Penal Brasileiro I*. Rio de Janeiro: Revan, 2003.

VII – TEORIA AGNÓSTICA DA PENA: CRÍTICA CRIMINOLÓGICA AOS FUNDAMENTOS DO POTESTAS PUNIENDI

BARRETO, Tobias. Fundamentos do Direito de Punir. *Revista dos Tribunais* (727). São Paulo: Revista dos Tribunais, 1996.

BASAGLIA, Franco. *Escritos Selecionados em Saúde Mental e Reforma Psiquiátrica*. Rio de Janeiro: Garamond, 2005.

BATISTA, Nilo. *Introdução Crítica ao Direito Penal Brasileiro*. Rio de Janeiro: Revan, 1990.

CARVALHO, Salo de. *Pena e Garantias*. 2. ed. Rio de Janeiro: Lumen Juris, 2003.

_____. Em Nome do Pai. *In:* CARVALHO, Amilton Bueno. *Garantismo Penal Aplicado*. Rio de Janeiro: Lumen Juris, 2003.

CHRISTIE, Nils. *Los Límites del Dolor*. Cidade do México: Fondo de Cultura Econômica, 1984.

_____. Las Imagenes del Hombre en el Derecho Penal Moderno. *In:* SCHEERER, Sebastian *et al. Abolicionismo.* Buenos Aires: Ediar, 1989.

COOPER, David. *Psiquiatria e Antipsiquiatria.* 2. ed. São Paulo: Perspectiva, 1989.

COYLE, Andrew. *Alternatives to Imprisionment.* Londres: EAI, 1999.

FERRAJOLI, Luigi. *Diritto e Ragione: Teoria del Garantismo Penale.* 5. ed. Roma: Laterza, 1998.

_____. Note Critiche ed Autocritiche intorno alla Discussione su Diritto e Ragione. *In:* GIANFORMAGGIO, Letizia. *Le Ragioni del Garantismo: Discutendo com Luigi Ferrajoli.* Torino: Giappichelli, 1993.

FOLTER, Rolf. Sobre la Fundamentación Metodológica del Enfoque Abolicionista del Sistema de Justicia Penal: una comparación de ideas de Hulsman, Mathiesen y Foucault. *In:* SCHEERER, Sebastian *et al. Abolicionismo.* Buenos Aires: Ediar, 1989.

FOUCAULT, Michel. *Vigiar e Punir: história da violência nas prisões.* 8. ed. Petrópolis: Vozes, 1991.

_____. Os Intelectuais e o Poder: Conversa de Michel Foucault e Gilles Deleuze. *In: Microfísica do Poder.* 6. ed. Rio de Janeiro: Graal, 1986.

HULSMAN, Louk. Criminología Crítica y Concepto del Delito. *In:* SCHEERER, Sebastian *et al Abolicionismo.* Buenos Aires: Ediar, 1989.

_____. Temas e Conceitos numa Abordagem Abolicionista da Justiça Criminal. *In:* PASSETI, Edson & SILVA, Roberto Dias. *Conversações Abolicionistas: uma Crítica do Sistema Penal e da Sociedade Punitiva.* São Paulo: IBCCrim/PEPG Ciências Sociais PUC-SP, 1997.

_____. & CELIS, J. B. *Penas Perdidas.* Niterói: Luam, 1993.

MATHIESEN, Thomas. *La Política del Abolicionismo. In:*

SCHEERER, Sebastian *et al. Abolicionismo*. Buenos Aires: Ediar, 1989.

_____. A Caminho do Século XXI: abolição, um sonho possível. PASSETI, Edson & SILVA, Roberto Dias. *Conversações Abolicionistas: uma Crítica do Sistema Penal e da Sociedade Punitiva*. São Paulo: IBCCrim/PEPG Ciências Sociais PUC-SP, 1997.

SANTOS, Juarez Cirino. *Direito Penal: a nova parte geral*. Rio de Janeiro: Forense, 1985.

SCHEERER, Sebastian. Hacia el Abolicionismo. *In*: SCHEERER, Sebastian *et al. Abolicionismo*. Buenos Aires: Ediar, 1989.

WUNDERLICH, Alexandre & OLIVEIRA, Rodrigo Moraes. Resistência, Prática de Transformação Social e Limitação do Poder Punitivo a partir do Sistema de Garantias. *In:* WUNDERLICH, Alexandre (coord.). *Política Criminal Contemporânea*. Porto Alegre: Livraria do Advogado, 2008.

ZAFFARONI, Eugenio Raúl. *Em Busca das Penas Perdidas: a perda de legitimidade do sistema penal*. Rio de Janeiro: Revan, 1991.

_____. Elementos para uma Leitura de Tobias Barreto. *In: Ciência e Política Criminal em Honra de Heleno Fragoso*. ARAUJO JR., João Marcelo (coord.). Rio de Janeiro: Forense: 1992.

_____. La Rinascita del Diritto Penale Liberale o la 'Croce Rossa' Giudiziaria. *In*: GIANFORMAGGIO, Letizia. *Le Ragioni del Garantismo: Discutendo com Luigi Ferrajoli*. Torino: Giappichelli, 1993.

_____. Qué Hacer con la Pena? Las Alternativas a la Prisión (conferência). Ciudad de México, *La Experiencia del Penitenciarismo Contemporáneo: aporte y experiencias*, julho, 1993.

_____. Sentido y Justificación de la Pena. *In: Jornadas sobre Sistema Penitenciario y Derechos Humanos*. FREIXAS, Eugenio & PIERINI, Alicia (dir.). Buenos Aires: Del Puerto, 1997.

VIII – REPROVABILIDADE E SEGREGAÇÃO: AS RUPTURAS PROVOCADAS PELA ANTIPSIQUIATRIA NAS CIÊNCIAS CRIMINAIS

ANIYAR DE CASTRO, Lola. *Criminologia da Reação Social*. Rio de Janeiro: Forense, 1983.

ARRIGO, Bruce & BERNARDT, Thomas. Postmodern Criminology in Relation to Radical and conflict Criminology. *Critical Criminology*, vol. 08 (02), Londres, 1997.

BARRETO, Tobias. Fundamentos do Direito de Punir, in *Revista dos Tribunais* (727). São Paulo: RT, 1996.

_____. Menores e Loucos. In: *Estudos de Direito II*. Rio de Janeiro: Record; Aracaju: SCMA, 1991.

_____. Prolegômenos ao Estudo do Direito Criminal. In: *Estudos de Direito*. Campinas: Bookseller, 2000.

BASAGLIA, Franco. *A Psiquiatria Alternativa*. 2. ed. Rio de Janeiro: Brasil Debates, 1979.

_____. Escritos Selecionados. Em Saúde Mental e Reforma Psiquiátrica. Rio de Janeiro: Garamond, 2005.

_____. La Antipsiquiatria y las 'Nuevas Tecnicas'. *Zona Erógena – Revista Abierta de Psicoanálisis y Pensamiento Contemporáneo*, vol. 03, Buenos Aires, 1991.

BIRMAN, Joel. *Mal-estar na atualidade*. 2. ed. Rio de Janeiro: Civilização Brasileira, 2000.

CARVALHO, Salo. *Antimanual de Criminologia*. Rio de Janeiro: Lumen Juris, 2008.

_____. Substitutivos Penais na Era do Grande Encarceramento. In: *Depois do Grande Encarceramento*. BATISTA, Nilo (org.). Rio de Janeiro: Revan, 2009, prelo.

COOPER, David. *Psiquiatria e Antipsiquiatria*. 2. ed. São Paulo: Perspectiva, 1989.

FERRAJOLI, Luigi. *Diritto e Ragione: Teoria del Garantismo Penale*. 5. ed. Roma: Laterza, 1998.

FERRI, Enrico; LOMBROSO, Cesare; GARÓFALO; Rafaele & FIORETTI, Giulio. *Polemica in difesa della Scuola Criminale Positiva*. Bologna: Zanichelli, 1886.

FOUCAULT, Michel. *Vigiar e Punir: história da violência nas prisões*. 8. ed. Petrópolis: Vozes, 1991.

_____. *Historia de la Locura en la Época Clásica*. Ciudad de México: Fondo de Cultura Económica, 1986.

GARLAND, David. *The Culture of Control: crime and social order in contemporary society*. Oxford: Oxford University Press, 2001.

_____. Penal Modernism and Postmodernism. In: *Punishment and Social Control*. New York: Aldine de Gruyter, 2004.

GASTAL, Fábio Leite *et al*. Reforma Psiquiátrica no Rio Grande do Sul: uma análise histórica, econômica e do impacto da legislação de 1992. *Revista Psiquiátrica do Rio Grande do Sul*, vol. 29(01), Porto Alegre, 2007.

GOFFMAN, Erving. *Asylums: le instituzioni totali*. Torino: Edizioni di Comunitá, 2001.

GUARESCHI, Neuza *et al*. Usuários do Hospital-Dia: uma discussão sobre performatividade em saúde e doença mental. *Revista Mal-Estar e Subjetividade*, vol. 08(01), Fortaleza, 2008.

KODA, Mirna Yamazato & ASSUMPÇÃO FERNANDES, Maria Inês. A Reforma Psiquiátrica e a Constituição de Práticas Substitutivas em Saúde Mental. *Cadernos de Saúde Pública*, vol. 23(3), Rio de Janeiro, 2007.

LÜCHMANN, Lígia Helena Hahn & RODRIGUES, Jefferson. O Movimento Antimanicomial no Brasil. *Ciência e Saúde Coletiva*, vol. 12(2), Rio de Janeiro: Associação Brasileira de Pós-Graduação em Saúde Coletiva, 2007.

MELMAN, Charles. *O Homem sem Gravidade: gozar a qualquer preço*. Rio de Janeiro: Companhia de Freud, 2003.

RAUTER, Cristina. Manicômios, Prisões, Reformas e Neoliberalismo. *Discursos Sediciosos*, vol. 03, Rio de Janeiro: Revan/Instituto Carioca de Criminologia, 1997.

ROUDINESCO, Elizabeth. *Filósofos da Tormenta*. Rio de Janeiro: Zahar, 2007.

RUSCHE, Georg & KIRCHHEIMER, Otto. *Punição e Estrutura Social*. Rio de Janeiro: Freitas Bastos/Instituto Carioca de Criminologia, 1999.

SZASZ, Thomas S. *A Fabricação da Loucura: um estudo comparativo entre a Inquisição e o movimento de saúde mental*. 3. ed. Rio de Janeiro: Guanabara, 1984.

WEIGERT, Mariana. O Discurso Psiquiátrico na Imposição das Medidas de Segurança. *In: Crítica à Execução Penal*. CARVALHO, Salo (org.). 2. ed. Rio de Janeiro: Lumen Juris, 2007.

ZAFFARONI, Eugenio Raúl. Tobias Barreto y la Crítica de Nina Rodrigues. *In: Anais do Fórum Internacional de Direito Penal Comparado*. Salvador: Tribunal de Justiça da Bahia, 1989.

_____. Elementos para uma Leitura de Tobias Barreto. *In: Ciência e Política Criminal em Honra de Heleno Fragoso*. ARAÚJO JR., João Marcelo (coord.). Rio de Janeiro: Forense: 1992.

_____. La Rinascita del Diritto Penale Liberale o la 'Croce Rossa' Giudiziaria. *In: Le Ragioni del Garantismo: Discutendo com Luigi Ferrajoli*. GIANFORMAGGIO, Letizia. Torino: Giappichelli, 1993, pp. 385-395.

_____. Sentido y Justificación de la Pena. *In: Jornadas sobre Sistema Penitenciario y Derechos Humanos*. FREIXAS, Eugenio & PIERINI, Alicia (dir.). Buenos Aires: Del Puerto, 1997.

_____. (coord.) *Sistemas Penales y Derechos Humanos*. Buenos Aires: Depalma, 1986.

IX – CRIMINOLOGIA E TRANSDISCIPLINARIDADE: AUTOCRÍTICA

ANDRADE, Vera. Do Paradigma Etiológico ao Paradigma da Reação Social: Mudança e Permanência de Paradigmas Criminológicos na Ciência e no Senso Comum. *In: Revista Brasileira de Ciências Criminais* (14). São Paulo: RT, 1996.

BARATTA, Alessandro. *Criminologia Crítica e Crítica do Direito Penal: Introdução à Sociologia do Direito Penal.* Rio de Janeiro: ICC/Revan, 1997.

BIRMAN, Joel. *Mal-Estar na Atualidade: a psicanálise e as novas formas de subjetivação.* 2. ed. Rio de Janeiro: Civilização Brasileira, 2000.

CARVALHO, Salo. *A Política Criminal de Drogas no Brasil.* 4. ed. Rio de Janeiro: Lumen Juris, 2007.

CUNHA MARTINS, Rui. Localismo Independente e Historicidade: nostalgia do limite, utopia regressiva e 'restauração' do futuro. *In: Municipalismo em Debate.* Canas de Senhorim, março de 2002 (mimeo.).

DESCARTES, René. *O Discurso do Método.* São Paulo: Nova Cultural, s/d.

FERRI, Enrico. *Os criminosos na arte e na literatura.* Porto Alegre: Lenz Editor, 2001.

GARLAND, David. *As contradições da 'sociedade punitiva': o caso britânico.* Discursos Sediciosos (11). Rio de Janeiro: ICC/Revan, 2002.

GAUER, Ruth. *Interdisciplinaridade e Ciências Criminais. In:* FAYET JR., Ney. *Ensaios Penais em Homenagem ao Professor Alberto Rufino Rodrigues de Sousa.* POA: Lenz, 2003.

GIACÓIA JR., Oswaldo. *Nietzsche.* São Paulo: Publifolha, 2000.

LARRAURI, Elena. *La Herencia de la Criminología Crítica.* Madrid: Siglo Veintiuno, 1991.

LÉVINAS, Emmanuel. *Entre Nós: ensaios sobre a alteridade.* Petrópolis: Vozes, 1997.

MARTON, Scarlet. *Nietzsche: uma filosofia a marteladas.* São Paulo: Brasiliense, 1999.

NIETZSCHE, Friedrich. *Genealogia da Moral.* São Paulo: Cia. das Letras, 1998.

_____. Sobre a Verdade e a Mentira no Sentido Extra--Moral. *In: Obras Incompletas.* 3. ed. São Paulo: Abril Cultural, 1983.

PAVIANI, Jaime. Disciplinaridade e Interdisciplinaridade. *Revista de Estudos Criminais* (12). Sapucaia do Sul, 2002.

RAUTER, Cristina. *Clínica do Esquecimento: construção de uma superfície.* Tese apresentada ao curso de Pós-Graduação em Psicologia Clínica da Pontifícia Universidade de São Paulo para obtenção do título de doutor. São Paulo, 2002.

ROCCO, Arturo. *El Problema y el Método de la Ciencia del Derecho Penal.* 2. ed. Bogotá: Temis, 1982.

SOUZA, Ricardo Timm. Derrida e a Razão Diferencial; Lévinas e a Razão Ética. *In: Razões Plurais: itinerários de Racionalidade Ética no Século XX.* Porto Alegre: EDIPUCRS, 2004.

_____. Nietzsche e a Festa da Totalidade. *In: Totalidade e Desagregação: sobre as fronteiras do pensamento e suas alternativas.* Porto Alegre: EDIPUCRS, 1996.

STEIN, Ernildo. *Introdução ao Pensamento de Martin Heidegger.* Porto Alegre: EDIPUCRS, 2002.

PARTE III
X – MEMÓRIA E ESQUECIMENTO NAS PRÁTICAS PUNITIVAS: DIÁLOGOS ENTRE A CRIMINOLOGIA E A FILOSOFIA

BARATTA, Alessandro. *Criminologia Crítica e Crítica do Direito Penal: Introdução à Sociologia do Direito Penal.* Rio de Janeiro: ICC/Revan, 1997.

BARRETO, Tobias. Fundamentos do Direito de Punir. *Revista dos Tribunais* (727). São Paulo: RT, 1996.

BOEIRA, Nelson. *Nietzsche.* Rio de Janeiro: Zahar, 2002.

CAMUS, Albert. *O Homem Revoltado.* 5. ed. Rio de Janeiro/São Paulo: Record, 2003.

CARVALHO, Salo. *Pena e Garantias*. 2. ed. Rio de Janeiro: Lumen Juris, 2003.

CARVALHO, Salo. Fronteiras entre Ciência (Criminológica) e Arte. In: *Antimanual de Criminologia*. 6. ed. São Paulo: Saraiva, 2015.

COUTINHO, Jacinto. *A Lide e o Conteúdo do Processo Penal*. Curitiba: Juruá, 1989.

DESCARTES, René. Discurso do Método. *In: Discurso do Método; As Paixões da Alma; Meditações*. São Paulo: Nova Cultural, 2004.

FERRAZ, Maria Cristina Franco. *Nove Variações sobre Temas Nietzschianos*. Rio de Janeiro: Relume Dumará, 2002.

FOUCAULT, Michel. *A Verdade e as Formas Jurídicas*. Rio de Janeiro: Nau, 1999.

_____. Nietzsche, a Genealogia e a História. *In: Microfísica do Poder*. 6. ed. São Paulo: Graal, 1986.

GIACÓIA JR., Oswaldo. *Nietzsche*. São Paulo: FSP, 2004.

_____. *Nietzsche como Psicólogo*. São Leopoldo: Unisinos, 2002.

HOBBES, Thomas. *Leviatã ou Matéria, Forma e Poder de um Estado Eclesiástico e Civil*. 3. ed. São Paulo: Abril Cultural, 1983.

KLOSSOWSKI, Pierre. *Nietzsche e o Círculo Vicioso*. Rio de Janeiro: Pazulin, 2000.

LEGENDRE, Pierre. *O Amor do Censor: ensaio sobre a ordem dogmática*. Rio de Janeiro: Colégio Freudiano; Forense Universitária, 1983.

LEITE, Alex. Codificação, Memória, Coesão: um paralelo entre Nietzsche e Clastres. *In: Cadernos Nietzsche* (17). São Paulo: GEN, 2004.

MACHADO, Roberto. *Nietzsche e a Verdade*. Rio de Janeiro: Graal, 1999.

MARTON, Scarlett. *Nietzsche*. 5. ed. São Paulo: Brasiliense, 1999.

MELO, Eduardo Rezende. *Nietzsche e a Justiça: crítica e transvaloração*. São Paulo: Perspectiva/Fapesp, 2004.

NIETZSCHE, Friedrich. *Assim Falou Zaratustra: um livro para todos e para ninguém*. 12. ed. Rio de Janeiro: Civilização Brasileira, 2003.

_____. *O Nascimento da Tragédia (ou Helenismo e Pessimismo)*. 2. ed. São Paulo: Cia. das Letras, 1992.

_____. *Genealogia da Moral*. São Paulo: Cia. das Letras, 1998.

_____. *Aurora: reflexões sobre os preconceitos morais*. São Paulo: Cia. das Letras, 2004.

_____. Sobre a Verdade e a Mentira no Sentido Extra--Moral. *In: Obras Incompletas*. 3. ed. São Paulo: Abril Cultural, 1983.

_____. *Crepúsculo dos Ídolos (ou como filosofar com o martelo)*. 2. ed. Rio de Janeiro: Relume Dumará, 2000.

_____. *Segunda Consideração Intempestiva: da utilidade e desvantagem da história para a vida*. Rio de Janeiro: Relume Dumará, 2003.

RAUTER, Cristina. Clínica do Esquecimento: estudo de um "caso". *In*: RAUTER, Cristina *et al.* (org.). *Clínica e Política: subjetividade e Violação dos Direitos Humanos*. Rio de Janeiro: Te Corá/Instituto Franco Basaglia, 2002.

ZAFFARONI, Eugenio Raúl; BATISTA, Nilo; SLOKAR, Alessandro; ALAGIA, Alessandro. *Direito Penal Brasileiro I*. Rio de Janeiro: Revan, 2003.

XI – A CRIMINOLOGIA NA ALCOVA: DIÁLOGOS COM A LITERATURA

ANSELL-PEARSON, *Nietzsche como Pensador Político (uma Introdução)*. Rio de Janeiro: Zahar, 1997.

BORGES, Contador. A Revolução da Palavra Libertina. *In:* SADE, Marquês. *A Filosofia na Alcova.* São Paulo: Iluminuras, 2003.

CALLIGARIS, Contardo. *Os 120 Dias de Sodoma. Ilustrada,* Jornal *Folha de São Paulo,* São Paulo, 11.05.06.

FERRI, Enrico. *Os Criminosos na Arte e na Literatura.* Porto Alegre: Lenz, 2001.

GARÓFALO, Raffaelle. *Criminologia.* Campinas: Peritas, 1997.

GIACÓIA JR., Oswaldo. *Nietzsche.* São Paulo: Publifolha, 2000.

KLOSSOWSKI, Pierre. *Sade, mi Prójimo.* Madrid: Arena, 2005.

LOMBROSO, Cesare. *O Homem Delinquente.* Porto Alegre: Lenz, 2001.

MORAES, Eliane Robert. *Lições de Sade (Ensaios sobre a Imaginação Libertina).* São Paulo: Iluminuras, 2006.

NIETZSCHE, Friedrich. *O Nascimento da Tragédia (ou Helenismo e Pessimismo).* 2. ed. São Paulo: Cia. das Letras, 1992.

_____. *Genealogia da Moral (uma Polêmica).* São Paulo: Cia. das Letras, 1998.

_____. *Humano, Demasiado Humano (um Livro para Espíritos Livres).* São Paulo: Cia. das Letras, 2000.

_____. *Além do Bem e do Mal (Prelúdio a uma Filosofia do Futuro).* 2. ed. São Paulo: Cia. das Letras, 1992.

SADE, Marquês. *A Filosofia na Alcova.* São Paulo: Iluminuras, 2003.

_____. *Diálogos entre um Padre e um Moribundo (e outras diatribes e blasfêmias).* São Paulo: Iluminuras, 2003.

_____. *Os 120 Dias de Sodoma (ou a Escola da Libertinagem).* São Paulo: Iluminuras, 2006.

XII – FREUD CRIMINÓLOGO: A CONTRIBUIÇÃO DA PSICANÁLISE NA CRÍTICA AOS VALORES FUNDACIONAIS DAS CIÊNCIAS CRIMINAIS

ANDREAS-SALOME, Lou. *Friedrich Nietzsche en sus Obras.* Barcelona: Editorial Minúscula, 2005.

ASÚA, Luis Jiménez. *Psicoanálisis Criminal*. 6. ed. Buenos Aires: Depalma, 1982.

BARATTA, Alessandro. *Criminologia Crítica e Crítica do Direito Penal*. Rio de Janeiro: Revan, 1997.

BIRMAN, Joel. *A Psiquiatria como Discurso da Moralidade*. Rio de Janeiro: Graal, 1978.

_____. *Freud e a Filosofia*. Rio de Janeiro: Zahar, 2003.

_____. *Mal-estar na Atualidade: a psicanálise e as novas formas de subjetivação*. Rio de Janeiro: Civilização Brasileira, 2000.

CORDERO, Franco. *Guida alla Procedura Penale*. Torino: UTET, 1986.

COUTINHO, Jacinto. O Estrangeiro do Juiz ou o Juiz é o Estrangeiro? In: *Direito e Psicanálise: intersecções a partir de 'O Estrangeiro' de Albert Camus*. Rio de Janeiro: Lumen Juris, 2006.

FREUD, Sigmund. Dostoyewski e o Parricídio. In: *Obras Completas* (III). Madrid: Biblioteca Nueva, 1996.

_____. El Psicoanálisis y el Diagnóstico de los Hechos en los Procedimientos Judiciales. In: *Obras Completas* (II). Madrid: Biblioteca Nueva, 1996.

_____. Lou Andreas-Salome. In: *Obras Completas* (III). Madrid: Biblioteca Nueva, 1996.

_____. La Peritación Forense en el Proceso Halsmann. In: *Obras Completas* (III). Madrid: Biblioteca Nueva, 1996.

_____. Varios Tipos de Carácter Descubiertos en la Labor Analítica. In: *Obras Completas* (III). Madrid: Biblioteca Nueva, 1996.

_____. *O Futuro de uma Ilusão*. São Paulo: Abril Cultural, 1978.

_____. *O Mal-estar na Civilização*. São Paulo: Abril Cultural, 1978.

FOUCAULT, Michel. *Os Anormais*. São Paulo: Martins Fontes, 2002.

_____. *El Poder Psiquiátrico*. Mexico D.F.: Fondo de Cultura Económica, 2003.

GIROUD, Françoise. *Lou: historia de una mujer libre*. Barcelona: Paidós, 2002.

KEHL, Maria Rita. *Ressentimento*. São Paulo: Casa do Psicólogo, 2004.

LACAN, Jacques. Introdução Teórica às Funções da Psicanálise em Criminologia. *In: Escritos*. Rio de Janeiro: Zahar, 1998.

_____. Premissas a Todo Desenvolvimento Possível da Criminologia. *In: Outros Escritos*. Rio de Janeiro: Zahar, 2003.

LYOTARD, Jean-François. *Lo Inhumano: charlas sobre el tiempo*. Buenos Aires: Manantial, 1998.

MAFFESOLI, Michel. *O Eterno Instante: o retorno do trágico nas sociedades pós-modernas*. Lisboa: Piaget, s/d.

MAJOR, René & TALAGRAND, Chantal. *Freud*. Porto Alegre: L&PM, 2007.

MELMAN, Charles. *Alcoolismo, Delinquência, Toxicomania: uma outra forma de gozar*. São Paulo: Escuta, 2000.

NIETZSCHE, Friedrich. *Aurora*. São Paulo: Cia. das Letras, 2004.

_____. *Ecce Homo: como alguém se torna o que é*. São Paulo: Cia. das Letras, 1995.

_____. *Genealogia da Moral (uma Polêmica)*. São Paulo: Cia. das Letras, 1998.

PORTO-CARRERO, J. P. *Criminologia e Psychanalyse*. Rio de Janeiro: Flores & Mano, 1932.

RAUTER, Cristina. *Clínica do Esquecimento: construção de uma superfície*. Tese de Doutorado apresentada no Programa de Pós-Graduação em Psicologia Clínica da PUCSP. São Paulo: 2003.

_____. *Criminologia e Subjetividade no Brasil*. Rio de Janeiro: Revan, 2003.

SANTOS, Juarez Cirino. *Direito Penal: parte geral*. 2. ed. Rio de Janeiro: Lumen Juris/ICPC, 2007.

SUTHERLAND, Edwin. H. *El Delito de Cuello Blanco*. Madrid: La Piqueta, 1999.

XIII – ERICH FROMM E A CRÍTICA DA PENA: APROXIMAÇÕES ENTRE PSICANÁLISE E CRIMINOLOGIA DESDE A TEORIA CRÍTICA DA SOCIEDADE

ADORNO, Theodor W. Estudos sobre a Personalidade Autoritária. *In*: *Obra Completa: Estudos Sociológicos II*, v. 9, n. 1, Madrid: Akal, 2009.

ADORNO, Theodor W. Estudos sobre Psicologia Social e Psicanálise. *In: Ensaios sobre Psicologia Social e Psicanálise*. São Paulo: Unesp, 2015

ALEXANDER, Franz; STAUB, Hugo. *O Criminoso e seus Juízes*. Rio de Janeiro: Guanabara, 1934.

ANDERSON, Kevin. The Young Erich Fromm's Contribution to Criminology. *Justice Quarterly*, v. 15, n. 04, 1998.

ANIYAR DE CASTRO, Lola; CODINO, Rodrigo. *Manual de Criminología Sociopolítica*. Buenos Aires: Ediar, 2013.

CASARA, Rubens. *Estado Pós-Democrático: neo-obscurantismo e gestão dos indesejáveis*. Rio de Janeiro: Civilização Brasileira, 2017.

FOUCAULT, Michel. *Vigiar e Punir*. 8. ed. Petrópolis: Vozes, 1991.

FREUD, Sigmund. El Psicoanálisis y el Diagnóstico de los Hechos en los Procedimientos Judiciales. *In: Obras Completas*, vol. 2. Madrid: Biblioteca Nueva, 1996.

FREUD, Sigmund. La Peritación Forense en el Proceso Halsmann. *In: Obras Completas*, vol. 3. Madrid: Biblioteca Nueva, 1996.

FREUD, Sigmund. Varios Tipos de Carácter Descubiertos en la Labor Analítica. *In: Obras Completas*, vol. 3. Madrid: Biblioteca Nueva, 1996.

FROMM, Erich. *Anatomia da Destrutividade Humana*. 2. ed. Rio de Janeiro: Guanabara, 1987.

FROMM, Erich. *El Dogma de Cristo*. Barcelona: Paidós, 1994.

FROMM, Erich. *O Medo à Liberdade*. 14. ed. Rio de Janeiro: Guanabara, 1986.

FROMM, Erich. Método e Função de uma Psicologia Social Analítica. *In: A Crise da Psicanálise: Freud, Marx e a Psicologia Social*. 2. ed. Rio de Janeiro: Zahar, 1977.

FROMM, Erich. *Psicanálise da Sociedade Contemporânea*. São Paulo: Círculo do Livro, 1985.

FROMM, Erich. Psicanálise e Sociologia. *Revista Espaço Acadêmico*, n. 110, 2010.

FROMM, Erich. The State as Educator: on the Psychology of Criminal Justice (1930). ANDERSON, Kevin; QUINNEY, Richard (eds.). *Erich Fromm and Critical Criminology: Beyond the Punitive Society*. Chicago: University of Illinois Press, 2000.

FUNK, Rainer. Erich Fromm's Life and Work. *In:* ANDERSON, Kevin; QUINNEY, Richard (eds.). *Erich Fromm and Critical Criminology: beyond the punitive society*. Chicago: University of Illinois Press, 2000.

GARCÍA MENDEZ, Emilio. Pena y Estructura Social en América Latina. *Nuevo Foro Penal*, v. 22, 1983.

GARLAND, David. *A Cultura do Controle: crime e ordem social na sociedade contemporânea*. Rio de Janeiro: Revan, 2008, pp. 52-53.

HASSEMER, Winfried. *Direito Penal: fundamentos, estrutura, política*. Porto Alegre: Fabris, 2008.

HULSMAN, Louk. Criminología Crítica y Concepto de Delito. *In: Abolicionismo Penal*. Buenos Aires: Ediar, 1989.

JAHN, Matthias; ZIEMANN, Sacha. A Escola de Direito Penal de Frankfurt: tentativa de uma revisão provisória. In: BOLDT, Raphael. *Teoria Crítica e Direito Penal*. Belo Horizonte: D'Plácido, 2020.

JAY, Martin. *A Imaginação Dialética: história da Escola de Frankfurt e do Instituto de Pesquisas Sociais (1923-1950)*. Rio de Janeiro: Contraponto, 2008.

LA BOÉTIE, Étienne de. *O Discurso da Servidão Voluntária*. 3. ed. São Paulo: Brasiliense, 1986.

MARQUES NETO, Agostinho Ramalho. A Censura da Expressão Linguageira e a Hipertrofia do Direito Penal a Serviço do 'Politicamente Correto'. *In*: VESCOVI, Renata Conde (coord.) *Psicanálise e Direito: uma abordagem interdisciplinar sobre ética, direito e responsabilidade*. Vitória: ELPV, 2013.

MARQUES NETO, Agostinho Ramalho. Direito Alternativo e Marxismo: apontamentos para uma reflexão crítica. *In*: CARVALHO, Salo et al. (orgs). *Para Além do Direito Alternativo e do Garantismo Jurídico: ensaios críticos em homenagem a Amilton Bueno de Carvalho*. Rio de Janeiro: Lumen Juris, 2016.

MARQUES NETO, Agostinho Ramalho. O Estrangeiro: a Justiça Absurda *in* Coutinho, Jacinto Nelson de Miranda (coord.). *Direito e Psicanálise: interseções a partir de 'O Estrangeiro' de Albert Camus*. Rio de Janeiro: Lumen Juris, 2006.

MARQUES NETO, Agostinho Ramalho. O Processo Kafkiano. *In*: COUTINHO, Jacinto Nelson de Miranda (coord.). *Direito e Psicanálise: interseções a partir de 'O Processo' de Kafka*. Rio de Janeiro: Lumen Juris, 2007

NEUMANN, Franz. *Rechtsphilosophische Einleitung zu einer Abhandlung über das Verhältnis von Staat und Strafe*. Diss. jur., Frankfurt am Main, 1922.

NIETZSCHE, Friedrich. *Genealogia da Moral*. São Paulo: Companhia das Letras, 1998.

PACHUKANIS, Evgeny. *Teoria Geral do Direito e Marxismo*. São Paulo: Acadêmica, 1988.

PAVARINI, Massimo. *Control y Dominación: teorias criminológicas burguesas y proyecto hegemónico*. 2. ed. Madrid: Siglo XXI, 1988.

RADBRUCH, Gustav. *Filosofia do Direito*. 6. ed. Coimbra: Arménio Amado, 1979.

REIS, Carlos; CARVALHO, Eurico. Introdução à Leitura de Erich Fromm. *Revista da Faculdade de Letras da Universidade do Porto*, n. 04, segunda série, 1987.

ROUANET, Sérgio. *Teoria Crítica e Psicanálise*. Rio de Janeiro: Tempo Brasileiro, 1986.

ROUDINESCO, Elisabeth; PLON, Michel. *Dicionário de Psicanálise*. Rio de Janeiro: Zahar, 1998

RUSCHE, Georg. Mercado de Trabajo y Ejecución Penal (reflexiones para una sociología de la justicia penal). *Derecho Penal y Criminología*, v. 06, n. 19, 1983.

RUSCHE, Georg. Motines Carcelarios o Política Social (a propósito de los acontecimientos en Norteamérica). *Doctrina Penal*, v. 07, n. 26, 1984.

RUSHE, Georg; KIRCHHEIMER, Otto. *Punição e Estrutura social*. Rio de Janeiro: Freitas Bastos, 1999.

SHECAIRA, Sérgio Salomão. *Criminologia*. 2. ed. São Paulo: Revista dos Tribunais, 2008.

SLATER, Phil. *Origem e Significado da Escola de Frankfurt: uma perspectiva marxista*. Rio de Janeiro: Zahar, 1978.

SOUZA, Ricardo Timm. A Escola de Frankfurt e o Contexto do seu Surgimento. *In: Adorno & Kafka: paradoxos do singular*. Passo Fundo: Ifibe, 2010.

SOUZA, Ricardo Timm. O Nervo Exposto: por uma crítica da razão ardilosa desde a racionalidade ética. *In: Anuário do Programa de Pós-Graduação em Filosofia da PUCRS*. Porto Alegre: EDIPUCRS, 2015.

WIGGERSHAUS, Rolf. *La Escuela de Fráncfort*. Buenos Aires: FCE, 2010.

ZAFFARONI, Eugenio Raúl. La Rinascita del Diritto Penale Liberale o la 'Croce Rossa' Giudiziaria. *In:* GIANFORMAGGIO,

Letizia. *Le Ragioni del Garantismo: discutendo com Luigi Ferrajoli.* Torino: Giappichelli, 1993.

XIV – SENSACIONALISMOS A SANGUE FRIO: A RUPTURA NA NARRATIVA DO CRIME (DIÁLOGO ENTRE A CRIMINOLOGIA CRÍTICA E O NOVO JORNALISMO)

AGRIMANI SOBRINHO, Danilo. *Espreme que Sai Sangue: um estudo do sensacionalismo na imprensa.* São Paulo: Summus, 1995.

ANDRADE, Vera Regina Pereira. Do Paradigma Etiológico ao Paradigma da Reação Social. *In: Revista Brasileira de Ciências Criminais*, vol. 14, 1996.

ANDRETTA, Cyntia Belgini. Análise de Três Romances do Jornalismo Literário. *In: Anais do Seta*, vol. 02, 2008.

ARNT, Héris. A Realidade nos Trilhos da Ficção: a notícia no século XXI. *In: Revista Rio de Janeiro*, n. 20-21, 2007.

BARATTA, Alessandro. *Criminologia Crítica e Crítica do Direito Penal.* Rio de Janeiro: Revan, 1997.

_____. La Vida y el Laboratorio del Derecho. *In: Doxa*, n. 05, 1988.

BATISTA, Vera Malaguti. *Introdução Crítica à Criminologia Brasileira.* Rio de Janeiro: Revan, 2011.

_____. *O Medo na Cidade do Rio de Janeiro.* Rio de Janeiro: Revan, 2003.

BECKER, Howard. *Métodos de Pesquisa em Ciências Sociais.* São Paulo: Hucitec, 1992.

_____. *Outsiders.* New York: The Free Press, 1991.

BUDÓ, Marília N. Newsmaking Criminology. *In: Comunicação e Cultura*, n. 14, 2012.

CAMPOS, Carmen & CARVALHO, Salo. Tensões Atuais entre a Criminologia Feminista e a Criminologia Crítica: a experiência brasileira. *In: Lei Maria da Penha.* Rio de Janeiro: Lumen Juris, 2011.

CAMUS, Albert. *O Estrangeiro*. 11. ed. São Paulo: Record, s/d.

CAPOTE. Direção Bennett Miller. Sony Pictures, 2006. DVD (114 min.), HD, color.

CAPOTE, Truman. *A Sangue Frio*. São Paulo: Companhia das Letras, 2003.

CARVALHO, Amilton Bueno. As Majorantes nos Crimes Sexuais Violentos. *In: Aplicação da Pena e Garantismo*. 4. ed. Rio de Janeiro: Lumen Juris, 2008.

CARVALHO, Salo. *O Papel dos Atores do Sistema Penal na Era do Punitivismo*. Rio de Janeiro: Lumen Juris, 2010.

COHEN, Stanley. *Folk Devils and Moral Panics*. 3. ed. London: Routledge, 2002.

CORDERO, Franco. *Guida alla Procedura Penale*. Torino: Utet, 1986.

CRITCHER, Chas (ed.) *Critical Readings: Moral Panics and the Media*. Maidenhead: Open University Press, 2003.

ENNE, Ana Lucia S. O Sensacionalismo como Processo Cultural. *In: Eco-Pós*, vol. 10, n. 02, 2007.

FAERMAN, Marcos. O Crime no Novo Jornalismo. *In: Crítica da Informação*, n. 03, 1983.

FEKETE, John. *Moral Panic: biopolitics rising*. 2. ed. Montreal: Robert Davies Publishing, 1995.

FERRI, Enrico. *Os Criminosos na Arte e na Literatura*. Porto Alegre: Lenz, 2001.

FONTANA, Mônica. Os Limites entre Fato e Ficção. *In: Anais do Evento do Pós-Graduação em Letras 30 Anos*, vol. 01, n. 01, 2006.

GARLAND, David. On the Concept of Moral Panic. *In: Crime, Media, Culture*, vol. 04, n. 01, 2008.

GARÓFALO, Raffaelle. *Criminologia*. Campinas: Peritas, 1997.

GLASSNER, Barry. *The Culture of Fear*. 30. ed. New York: Baxic Books, 2009.

GOFFMAN, Erving. *Estigma*. 4. ed. Rio de Janeiro: Guanabara, 1988.

HASSEMER, Winfried. Segurança Pública no Estado de Direito. In: *Revista da Ajuris*, vol. 62, Porto Alegre, 1994.

LARRAURI, Elena. Populismo Punitivo... y como Resistirlo. In: *Revista de Estudos Criminais*, vol. 25, 2007.

LÖWY, Michel. *As Aventuras de Karl Marx contra o Barão de Münchhausen*. 5. ed. São Paulo: Cortez, 1994.

MARCONDES FILHO, Ciro. *O Capital da Notícia*. São Paulo: Ática, 1989.

MELO, Patrícia Bandeira. *Histórias que a Mídia Conta*. Recife: UFPE, 2010.

MORETZSOHN, Sylvia. O Crime que Chocou o Brasil. In: *Anais do VI Encontro Nacional de Pesquisadores em Jornalismo*, UMESP, 2008.

PASTANA, Débora Regina. *Cultura do Medo*. São Paulo: IBCCrim, 2003.

PENA, Felipe. Jornalismo Literário como Gênero e Conceito. In: *Anais do Encontro dos Núcleos de Pesquisa da Intercom*, Niterói, 2006.

RAMOS, Roberto. Capote: uma abordagem complexa. In: *Sessões do Imaginário*, n. 19, 2008.

SODRÉ, Muniz. *A Narração do Fato*. Petrópolis: Vozes, 2009.

YOUNG, Jock. *A Sociedade Excludente*. Rio de Janeiro: Revan, 2002.

ZAFFARONI, Eugenio Raúl. *Em Busca das Penas Perdidas*. Rio de Janeiro: Revan, 1991.